法学阶梯
INSTITUTIONES
普通高等教育**法学规划教材**
“十二五”普通高等教育本科国家级规划教材

消费者保护法

Consumer Protection Law

| 第五版 |

李昌麒　许明月 | 编著

法律出版社
——北　京——
始创于 1954 年

好书,同好老师和好学生分享

出版说明

法律出版社在其奋进发展的六十年光辉历程中,秉精诚之心,集全社之力,服务于我国法学教育事业,致力于法学教材出版。尤其在改革开放三十余年间,本社以“传播法律信息,推进法制进程,积累法律文化,弘扬法治精神”为宗旨,协同司法部法学教材编辑部,规划并组织出版了国家“八五”、“九五”期间的法学规划教材,为我国改革开放之初的法学教育和法治建设作出了开创性贡献;进入21世纪之后,法律出版社又根据教育部的部署和指导,相继规划并组织出版了“十五”、“十一五”和“十二五”法学规划教材,为我国法学教育事业的发展与改革付出了艰辛努力。

承蒙法学教育领域专家作者的信任,以及广大法律院校师生的支持,法律出版社经过三十年的发展与积累,相继出版各类法学教材达四百余种。在学科范围方面,完成以法学核心课程为重心,涉及法学诸学科的“全品种”横向结构;在培养层次方面,健全以本科教育为根本,兼顾职业教育和研究生教育的“多层次”纵向结构,进而打造“法律版”法学教科书体系,以期更好地为法学教育服务,为法治建设贡献绵薄之力。

近年来,法律出版社应因法学教育的发展变化,在教材编写体例及系列安排方面做出相应调整。在教材编写体例方面,结合当前教学实际与培养方案,将系统、全面的理论知识讲授与灵活、丰富的法律实践和能力训练相结合,倡导教材内容差异化,增加教材可读性,以期更好地培养法科学生的思维能力和法学素养。在教材系列安排方面,全力推进新品教材编写与注重既有教材修订相结合,根据教材风格与特色进行适当的套系整合,集中现有的国家级规划教材和在编的规划教材,形成以“普通高等教育法学规划教材”为名的全新教材系列。

本系列教材多为出版多年并广受好评的经典教科书。此次全新推出,既是向长期以来关心支持法学教育出版事业的专家作者的崇高致敬,也是法律出版社为中国当代法学教育事业发展拳拳努力之情的真诚表达。法律出版社将以高度的精品意识和质量标准,不断丰富、完善本系列教材的结构和内容;除教材文本之外,还将配有多层次、多形式的教辅材料,更好地为广大师生服务。

“好书,同好老师和好学生分享”,法律出版社愿与法律共同体诸同仁,分享好书,分享智识,分享法治进程中的点点滴滴!

法律出版社　谨识
2014年10月

出版说明

[illegible]

作者简介

李昌麒 西南政法大学教授、博士生导师。主要著作有:《经济法——国家干预经济的基本法律形式》(个人专著)、《寻求经济法真谛之路》(个人专著)、《产品质量法学研究》(主编,中华社科基金项目成果)、《经济法教程》(主编,高等法学教育通用教材)、《经济法学》(主编,高等政法院校法学主干课程教材)、《中华人民共和国法律大辞书》(全书副主编,经济法篇主编)等。

许明月 1963 年 2 月出生于安徽省桐城市。1985 年毕业于华东政法学院,获法学学士学位;1989 年毕业于西南政法大学研究生班,1991 年获法学硕士学位;1997 年毕业于中国社会科学院研究生院,获法学博士学位;1998 年破格晋升为教授。曾任重庆大学法学院教授、院长、博士生导师;现为西南政法大学教授、博士生导师,《现代法学》主编。主要从事经济法学、民商法学研究。2000 年获得国务院政府特殊津贴,2005 年入选教育部新世纪优秀人才。独著、合著、主编、参编各类法学专著、教材、译著共 28 部;在《法学研究》《中国法学》《政法论坛》《现代法学》《法商研究》《法学评论》等重要期刊发表论文 70 余篇;11 项科研成果获省部级以上奖励。

第五版修订说明

2014年本书第四版出版以后，中国法治领域发生了极大的变化。2020年《民法典》的出台，使我国民事法律的基本方面以一部法典的形式完整地展现出来，协调了各领域民事法律制度的关系，优化了民法的体系结构，为消费者权益保护提供了更有力的基础法律制度支撑。一方面，近年来，与消费者保护相关的法律规范也进行了大规模的修改：《产品质量法》（2018年修改）、《食品安全法》（2015年、2018年修改）、《药品管理法》（2015年、2019年修改）、《化妆品监督管理条例》（2020年制定）、《计量法》（2015年、2017年、2018年修改）、《反不正当竞争法》（2017年、2019年修改）、《进出口商品检验法》（2018年修改）、《广告法》（2015年、2018年修改）、《旅游法》（2016年、2018年修改）等，均作了不同程度的修订或修正。另一方面，2018年出台的《国务院机构改革方案》对国务院组成机构也进行了重大调整，对大量执法机构的职责进行了重新整合和配置，使新设立的国家市场监督管理总局成为最重要的消费者保护行政执法机构，地方各级人民政府也相应对各自的行政执法机构和职责进行了整合和调整，消费者保护执法领域同样发生了重大的变化。为及时反映我国消费者保护法律制度和执法机制的变化，反映近年来消费者保护法研究的最新成果，我们对本书进行了再次修订。

本次修订维持了原有版本的基本结构，但对各章节的内容都进行了不同程度的修改、补充，甚至重写。特别是有关消费者安全保障、消费者公平交易保障、商品服务表示管理等与消费者权益保护特别法律制度相关的内容，均根据最新的法律规定进行了大幅度修改。本次修订还对以前版本中存在的一些过时的或不适当的提法、不够准确的表述等，进行了必要的调整。

本次修订的具体工作全部由许明月同志执笔完成。由于我们水平有限，加上时间、篇幅和资料等方面的限制，本次修订后，书中难免存在问题，我们诚恳地欢迎广大读者批评指正。

本书自1997年第一版面世至今已经24年，广大读者的勉励和喜爱伴随着我们走过了一个又一个春夏秋冬，不断为我们注入信心和动力。在本书第五版即将出版之际，谨在此对本书的广大读者致以衷心的感谢。

许明月

2021年1月于重庆

第四版修订说明

2013 年 10 月 25 日，第十二届全国人民代表大会常务委员会第五次会议通过了《关于修改〈中华人民共和国消费者权益保护法〉的决定》，对该法进行第二次修改。本次修改补充、修改了大量法律条文，内容涉及消费者保护制度的各个方面。为了及时、全面地反映《消费者权益保护法》修改的情况，我们对本书进行了第四次全面修订。

本次修订以新修改的《消费者权益保护法》为依据，对本书内容进行了全面的修改和补充，修订内容涉及消费者保护法基本原则以及消费者保护的各项制度，修订过程中还尽可能地吸收了消费者保护法理论研究比较成熟的最新研究成果。本次修订维持了本书第三版的基本结构，但为使本书体系尽可能与《消费者权益保护法》保持一致，对第三版中的第十一章“消费者保护法中的法律责任”和第十二章“消费者争议”在本书中的位置进行了对调。在修订过程中我们还对以前版本中存在的一些过时的或不适当的提法、不够准确的表述等，作了必要的调整。

本次修订具体工作由许明月同志执笔完成。由于我们水平有限，加上时间、篇幅和资料等方面的限制，本次修订后，书中难免还存在不少问题，甚至是严重的问题，我们诚恳地欢迎广大读者批评指正。

本书自出版面市以来，深受广大读者喜爱，在此一并致谢。

许明月

2014 年 7 月

第三版修订说明

自本书第二版修订以来，与保护消费者紧密相关的立法获得了快速的发展。近年来，我国相继颁布了《农产品质量安全法》《反垄断法》《食品安全法》《侵权责任法》等法律，《产品质量法》《药品管理法》《刑法》涉及严重侵犯消费者权益犯罪行为的有关条文等也作了重要修改。有关消费者保护法的理论研究在最近几年也有重大的突破，一些学者引入风险社会理论，对消费者安全保护制度的构建提出了系统的设想，一些学者针对服务消费的特殊性，提出了服务消费法律调整的基本理念和制度建设新框架，更多的学者则对消费者保护的不同领域展开了专门、深入的探索，形成了大量很有价值的研究成果。为了及时反映立法和理论研究的最新进展，我们对本书进行了第三次全面修订。

本次修订紧紧围绕消费者保护立法的新发展，并尽可能吸收消费者保护法理论研究比较成熟的最新研究成果。补充了有关农产品安全质量、食品安全法律制度等内容，并在反垄断法律制度、产品质量制度（特别是产品责任制度）、药品管理制度和侵犯消费者权益的刑事责任制度等方面进行了大量的修改。此外，还就以前版本中存在的一些过时的或不适当的提法、不够准确的表述等，作了必要的调整。

本次修订具体工作由许明月同志执笔完成。由于我们水平有限，加上时间、篇幅和资料等方面的限制，本次修订后，书中难免还存在不少问题，甚至是严重的问题，我们诚恳地欢迎广大读者批评指正。

本书自出版面市以来，深受广大读者喜爱，在此一并致谢。

许明月
2011 年 7 月

再版说明

《消费者保护法》第一版出版后，深受广大读者厚爱，曾多次加印，并列入法律出版社的畅销书目。在此，我们谨向广大读者表示衷心的感谢。

本次修订维持了原书的基本体系，但在内容上进行了大量更新。消费者权益保护法颁布以后，我国相继修改了产品质量法、出台了合同法等重要的与保护消费者权益密切相关的法律，同时，为了配合消费者权益保护法的实施，国务院颁布了药品管理法实施细则等法规，国务院各部门还发布了大量的新规章，保护消费者的法律体系在我国正逐步形成并日臻完善，本次修订充分反映了我国消费者保护立法的新发展。

消费者权益保护法颁布以后，保护消费者的意识在我国空前高涨，对消费者保护法的学术研究也进一步加强，本次修订，也在篇幅允许的范围内，充分反映了消费者保护法理论研究的新成果。

尽管我们尽了最大的努力，但由于水平有限，加上时间仓促，书中错误之处一定还有不少，诚望读者不吝赐教，批评指正。本书初稿由许明月执笔完成，李昌麒教授进行了认真详细的修改、补充和审阅。相关文责由执笔人许明月承担。特此说明。

许明月
2005 年 4 月于重庆

目　　录

第一章　消费者问题与消费者保护立法 …………………………（1）
第一节　消费者问题 ……………………………………………（1）
第二节　消费者运动 ……………………………………………（9）
第三节　消费者保护立法 ………………………………………（16）

第二章　消费者保护法基本理论 ………………………………（31）
第一节　消费者保护法概述 ……………………………………（31）
第二节　消费者保护法的价值取向 ……………………………（35）
第三节　消费者保护法的地位 …………………………………（39）
第四节　消费者保护法的基本原则 ……………………………（43）
第五节　消费者保护法的体系 …………………………………（47）

第三章　消费者及其权利 ………………………………………（49）
第一节　消费者 …………………………………………………（49）
第二节　消费者主权与消费者权利 ……………………………（52）
第三节　我国消费者的权利 ……………………………………（56）

第四章　经营者的义务 …………………………………………（67）
第一节　经营者义务概述 ………………………………………（67）
第二节　经营者的一般义务 ……………………………………（70）

第五章　消费者利益的国家保护 ………………………………（85）
第一节　消费者利益国家保护概述 ……………………………（85）
第二节　行政机关在消费者保护中的职责 ……………………（88）
第三节　司法机关在消费者保护中的职责 ……………………（91）

第六章　消费者组织 ……………………………………………（94）
第一节　消费者组织概述 ………………………………………（94）
第二节　消费者协会 ……………………………………………（97）
第三节　国际消费者保护组织 …………………………………（103）

第七章 商品与服务质量法律制度 …………………………………………… (106)
第一节 商品与服务质量法律制度概述 ……………………………………… (106)
第二节 商品、服务质量管理法律制度 ……………………………………… (108)
第三节 经营者的质量义务 …………………………………………………… (112)
第四节 商品、服务品质担保责任制度 ……………………………………… (115)

第八章 消费者安全保障法律制度 …………………………………………… (122)
第一节 消费者安全保障法律制度概述 ……………………………………… (122)
第二节 食品安全法律制度 …………………………………………………… (126)
第三节 农产品质量安全法律制度 …………………………………………… (143)
第四节 药品管理法律制度 …………………………………………………… (148)
第五节 化妆品管理法律制度 ………………………………………………… (163)
第六节 产品责任法律制度 …………………………………………………… (167)

第九章 消费者公平交易保障法律制度 ……………………………………… (179)
第一节 消费者公平交易保障法律制度概述 ………………………………… (179)
第二节 竞争法律制度 ………………………………………………………… (184)
第三节 价格管理法律制度 …………………………………………………… (199)
第四节 计量管理法律制度 …………………………………………………… (203)
第五节 消费合同法律制度 …………………………………………………… (208)

第十章 商品、服务表示管理法律制度 ……………………………………… (227)
第一节 商品、服务表示管理制度概述 ……………………………………… (227)
第二节 商品标示管理制度 …………………………………………………… (229)
第三节 广告管理法律制度 …………………………………………………… (235)

第十一章 消费者争议 ………………………………………………………… (244)
第一节 消费者争议概述 ……………………………………………………… (244)
第二节 消费者争议中的当事人 ……………………………………………… (246)
第三节 消费者争议的协商和解 ……………………………………………… (248)
第四节 消费者协会和调解组织调解 ………………………………………… (249)
第五节 消费者争议的行政处理 ……………………………………………… (250)
第六节 消费者争议的仲裁 …………………………………………………… (252)
第七节 消费者纠纷的诉讼解决途径 ………………………………………… (255)

第十二章 消费者保护法中的法律责任 ……………………………………… (262)
第一节 消费者保护法中的法律责任概述 …………………………………… (262)

第二节 经营者的民事责任 …………………………………………………………（266）
第三节 消费者保护法中的行政责任 …………………………………………………（270）
第四节 常见的损害消费者利益的犯罪行为及其刑事责任 ……………………………（275）

主要参考书目 ……………………………………………………………………………（280）

第一章　消费者问题与消费者保护立法

第一节　消费者问题

一、消费者问题的产生前提

消费者问题是经济生活中接受生活资料和生活服务的消费者的利益受到提供消费资料和消费服务的经营者损害而发生的问题。消费者问题的产生以社会发展到一定历史阶段而出现的商品交换以及交换中各方当事人追求的利益形态的差异为基本前提。作为交换媒介的货币的出现及广泛使用加速了消费者问题的普遍化。消费者问题的普遍存在和日益恶化是现代消费者保护法产生的基本动因。

生存与发展是人类生活的两大主题。人类的一切活动无不围绕这两大主题而展开。在人类社会的早期,人的需求主要表现为生存需求。这种需求的满足在最初是靠自身的活动而实现的。人们以自然存在的各种可利用资源充饥、蔽体、居住,以满足最基本的生存需要。然而,完全依赖大自然的供给而实现需求的满足带有很大的随机性:人们不得不在食物充足时暴饮暴食,而在食物匮乏时忍饥挨饿。这种原始生活方式使人类随时都可能面临生存危机。

为了克服完全依赖自然提供生活资料而可能发生的生存危机,人们开始种植谷物、果蔬,驯化、饲养禽畜,进而使采撷自然果实的原始采集业发展成原始农业,围猎野生动物的原始狩猎业发展成原始畜牧业。于是,人类历史上出现了第一次社会大分工:农业与畜牧业的分工。一些人专门利用土地等自然条件种植农作物,以满足自身需要;另一些人则专事禽畜的驯化与饲养,并以此作为生活的来源。当社会发生第一次大分工以后,从事农作物种植的人若想获得肉类食物,便不必再亲自去捕猎,只要从事畜牧业的人群中有人需要种植物食品,他们便可以以自己生产的农作物与从事畜牧业的人进行交换。由此可见,社会分工促进了交换的发展。交换的出现使人类的需求可以通过其他人提供的生活资料而得到满足,即通过与其他人相互交换其劳动成果而使自身的生存得以维持。社会分工使人类的生产活动专业化,大大增强了劳动的熟练程度,因而,也迅速地推动了社会生产力的发展。生产力的发展又使人们生产越来越多的剩余产品,于是,交换便更为频繁,交换的主体及交换的生活资料的范围进一步扩展;与此同时,人们的生活需求也越来越产生了对他人劳动成果的依赖。当人们直接以自己的劳动成果满足自身的生活需求时,不可能发生消费者受到侵害的问题。因为在这种情况下,消费资料是由他自己提供的,即使对他的人身或财产造成损害,也只能说是自食其果。而在以交换获得生活资料的时候,情况却迥然不同,这时,他人的劳动成果便可能对自己产生侵害。由此可见,交换的出现使提供生活资料的交换者一方有可能侵害消费该生活资料的另一方的利益。交换是消费者问题产生的第一前提。

尽管可以说,没有交换就不可能产生消费者问题,但是,交换却不是消费者问题产生的直接、唯一的客观条件。我们所说的消费者问题是消费者利益集团在总体上所面临的利益受到外部损害的问题,并不涵盖消费者利益受到损害的一切情形(如消费者自己对自己的侵害),仅指作为生活资料的消费者利益集团受到来自其外部的损害的问题。交换虽然可能产生他人的劳动成果造成对接受这一劳动成果的人的损害,但这种损害并非都属于源于消费者利益集团外部的损害,作为消费者问题必须要有消费者利益集团存在。

当交换双方为了获得同一种类利益而进行交换时,并不会发生消费者问题。例如,在物物交换的情况下,若交换双方均以自有的生活资料相互交换(第一次社会大分工而产生的交换大多如此),这时,双方希望获得的利益属于同种利益,他们都是为了满足自己的生活需要,交换双方均属于"消费者",如果一方受到来自另一方的损害,由于对方也是消费者,因而,这种损害仍是来自消费者利益集团内部的损害,不会发生我们这里所指的消费者问题。在以生产资料相互交换时,情况正好相反,交换双方都不是为了获得生活资料而交换的"消费者",因而,更不可能产生消费者利益受损害的问题。只有在以生产资料与生活资料进行交换的场合,接受生活资料的一方才可能受到来自其外部的其他主体的侵害。因此,在人类社会出现第二次社会大分工时,消费者问题的出现才带有一定的必然性。因为,第二次社会分工使社会上出现了一批必然依靠他人提供生活资料而生存的阶层(手工业者)。他们以自己生产的生产资料作为交换条件而获得他人生产的生活资料,在这里,交换双方的利益形态出现差异,从而使社会中形成了依赖非消费者提供的生活资料而生存的消费者集团以及非消费者集团与消费者集团之间的利益冲突,消费者利益集团受外来侵害便成为可能。由此可见,交换双方利益形态的差异是消费者问题产生的又一基本前提。

如果说交换及交换双方的利益形态的差异导致了消费者问题产生,那么,货币作为交换媒介的介入则促进了消费者问题普遍化。

首先,货币作为一种特殊的商品介入交换,克服了物物交换的种种局限。它不仅使商品交换几乎在任何时间、地点都可以发生,而且使交换极为方便,从而极大地增加了交换的发生总量,使人们有可能在更大的程度上依赖他人提供的生活资料而生存。

其次,货币作为一种特殊的中性商品,既不属于生产资料,也不属于消费资料。当货币介入交换时,便将物物交换中的消费品与消费品交换关系分解为"货币—消费品"及"消费品—货币"两次交换关系。这不仅从数量上增加了交换的次数,而且在内容上使原来的消费资料互换转化为非消费资料与消费资料的交换,成倍地增加了消费资料与非消费资料交换的总量,使原本不会产生消费者损害的交换关系转化为可能产生消费者损害的社会关系。

再次,货币的出现使得交换更为便捷,从而大大地降低了交易成本,激发了人们通过商品交换而满足生活需要的内在需求。在物物交换条件下,自行生产某些消费资料可能比以交换方式获得这种消费资料更为经济。但在货币介入交换以后,由于交换成本的大幅度降低,自行生产就显得不甚经济了,这又进一步刺激了人们的消费欲望,使依赖交换而获得生活资料的人越来越多。

最后,货币作为交换媒介而频繁地使用,不仅使交换更为发达,而且也导致了与消费者利益相对立的以追逐商品货币价值为目的的商人阶层即经营者集团的出现(第三次社会大分工)。商人作为商品生产者的"代理人",广泛地聚积着各类商品生产者的产品,专门进行各种消费资料的交换,向人们提供各种消费资料,收取货币,而不是其他商品。商人阶层的出现,一方面使商品交换更为便利;另一方面又进一步刺激了货币交换形式的发达。商品的货币交换形式成为最一般地、最广泛使用的交换形式,成为人们获得他人生产的消费资料的一般形式。货币交换形式的盛行,必然使消费者问题成为普遍的社会问题。

二、消费者问题产生的基本原因

交换、交换中的利益形态差异以及货币交换形式的盛行只是产生消费者问题及使消费者问题普遍化的基本前提。当这些因素具备时,消费者的利益就可能受到损害,但这些因素并不是导致消费者利益损害的原因,消费者利益受损害的原因主要包括以下几个方面。

(一)人类认识能力的局限性

导致消费者利益损害的客观原因首先表现为人类认识的局限性。客观世界是无限的,而人类对客观世界的认识却是有限的。人类认识客观世界是一个循序渐进的过程,真理永远不可能穷竭。客观的物质世界及其规律总是有某一部分或某一方面对人类来说仍然是未知的。当我们利用还不完全了解的客观物质存在的时候,就难免会因为无知而受到损害。

就整个人类的认识能力而言,尚且存在对客观世界认识的局限性,那么,就具体的个人来说,其知识的局限就更可想而知了。在有限的人类的知识总体中,每一个具体的人所能掌握运用的知识只能是沧海一粟、九牛一毛。如果依靠人类现有的全部知识尚不足以使人类摆脱来自客观世界的所有危险的话,那么,每一个人所能掌握的知识就更难以避免这种危险。

就经济生活中的经营者和消费者而言,作为人类的个体,他们不可能克服人类认识能力的局限性,甚至也不可克服个体掌握人类全部知识的局限性。经营者在生产消费资料的过程中,不可能对用于生产此类消费资料的原材料的所有物理、化学、生物等属性完全了如指掌。在某种物质的特性尚不被人们了解的时候,也就谈不上对其负面作用会采取积极有效的防范措施。因此,就经营者而言,认识能力的局限性决定其不可能向广大消费者提供绝对安全,并且最能满足其生活需求的至为完美的消费资料;就消费者来说,作为单个的自然人,其认识能力更为有限,而且,消费者各种需求都需要满足,他们不可能像经营者那样深入、全面地了解掌握某种消费品的功能、效用及各方面的特点。当消费者对消费对象缺乏正确消费所必需的知识的时候,不适当地使用和消费也很可能导致自我损害。这两种情况的存在都可能产生消费者问题。

(二)商品经济中的信息不均衡分布

商品经济促成了消费资料的生产者与消费者的分离。在商品经济条件下,消费者取得的消费资料是由他人提供的,这就产生了一个矛盾,即对商品比较了解的生产、经营者自己并不使用、消费这些商品,而使用、消费这些商品的消费者却对商品的基本构成、基本结构、功能、原理、生产过程以及最佳的消费条件等一系列问题一无所知。他们只能依靠一般常识及经营者提供的信息进行消费。商品经济导致了商品信息的不均衡分布,信息的占有与对信息的需求之间的矛盾,使消费者的无知和误解进一步加深,消费者的利益受损害的可能性也会因此大大增加。

解决信息不均衡问题,最基本的方法是将信息从占有信息的经营者一方转移到需要信息的消费者一方。然而,信息的转移(传递)并不是不需要任何成本便可以实现的。加工、存储、传递、接受信息都需要一定的成本。信息成本的存在表明,经营者只有在传递信息获得的利益大于其信息传递成本的时候,才会有动力将信息传递给消费者。因此,对于与商品、服务有关的信息,经营者一般不会自愿地传递,特别是那些对其不利的信息,经营者不仅不会主动地传递给消费者,甚至还可能采取一定的保密措施防止信息的传递。在虚假的信息可能给其带来更多的利益时,经营者还有可能制造一些虚假信息,欺骗消费者。由于信息不均衡分布,消费者更可能受到来自经营者的侵害。

(三)消费需求的个体差异

人类的需求是多种多样的,不同的个体之间由于他们自身的具体情况不同,对消费资料的要求也不一样。对某些消费者来说可以获得最大满足的某种消费品,对其他消费者却会构成损害。当经营者根据一般消费者的普通的身体状况、知识构成、兴趣爱好、风俗习惯等要求生产某种消费品时,并不能排除对于在上述各方面有特殊要求的特定消费者会造成损害。消费者相互之间的个体差异使至为完美的消费品几乎是不可能存在的。

人类认识能力的局限性,商品经济条件下消费品信息的不合理分布以及消费者自身的个体差异是导致消费者利益可能受到损害的最主要的客观原因。从这些客观原因中我们可以看出,消费者问题将伴随人类社会而长期存在。按照马克思主义经典作家的假设,在人类进入共产主义社会以后,商品经济不复存在,商品经济条件下的经营者对消费者损害问题会随之消失。但更广义上的消费者问题,即消费资料提供者通过消费资料对消费者利益损害的问题,仍然可能存在。

(四)商品经济条件下经营者与消费者之间的利益对立

在货币介入商品交换后,交换双方要么获得商品,要么获得商品的另一种形态——货币。经营者与消费者在交易中追求不同的利益,消费者通过支付货币获得消费资料,而经营者通过提供消费资料获得货币。作为经营者,其所关心的是商品的交换价值能否得到实现;而消费者所关心的则是商品是否具有满足其生活需求的特定效用(使用价值)。然而,在商品经济条件下,经营者控制着消费资料的生产,商品的使用价值的状况完全是由经营者的能力、主观努力及客观的生产条件所决定的。从某种意义上讲,由于商品的使用价值与经营者没有直接的利害关系,其生产出来的产品不是为自己所用,而是为他人消费使用,因而,只有在能够最大限度地满足其利益追求的前提下,经营者才会对商品的质量等问题给予关心。

经营者与消费者之间不仅存在各自所追求的利益形态的差异,而且,其互相之间还存在尖锐的利益冲突。对于经营者来说,投入某一商品的成本很少,而该商品又能以很高的价格出售,这时对他最为有利。而对于消费者来说,某一商品最好既能最大限度地满足其消费需求,又能以较低的价格获得。这里就产生了消费者与经营者之间的利益冲突,当经营者为了满足消费者的需求对某商品的生产投入过多的成本而又以较低的价格出售时,其自身的利益就不能得到保障。为了追求自身利益的最大化,经营者往往牺牲消费者的利益,尽可能地减少生产消费品的劳动(活劳动与物化劳动)投入,并尽可能地提高该产品的价格。从某种意义上说,经营者与消费者之间的利益关系是此消彼长的,由于这种利益关系的存在,经营者为了追求自身利益的最大化,就只能牺牲消费者的利益。

三、消费者的弱者地位

在消费者与经营者的商品交易中,消费者总是处于弱者地位。这种弱者地位要求法律为了维护社会正义,必须站在消费者的立场上,对消费者利益给予特殊的法律保护。消费者的弱者地位源于商品经济本身。当人们以支付货币的方式从他人那里获得消费资料的时候,他在这种交易中就总是处于弱者的地位。

首先,在消费者交易中,经营者与消费者的利益形态不同。经营者所承担的是经济风险,而消费者承担的除了经济风险外还有生存风险。经营者获得作为价值符号的、一般不可能对其造成人身或财产损害的货币,其在交易中所追求的目标的实现不附带任何危险。消费者获得消费资料,而消费资料却可能具有这样或那样的危险,并在消费过程中对消费者的人身或财产产生一定的损害。消费品对人身或财产造成损害的各种风险天然地落到广大消费者身上,只要是消费者,就不能逃脱这种风险。

其次,在消费品交易中,经营者的利益可以得到即时的满足,而消费者的需求只能在交易完成、获得并使用消费品以后才能得到满足。消费者交易一般为即时清结的交易,消费者在交付商品的价款以后,经营者的利益即可得到实现;而消费者的利益大多只能在支付价金、获得并使用消费品后才得以实现。经营者获得的货币一般不存在瑕疵,即便存在瑕疵(如货币残缺、假币),经营者亦可即时发现并采取必要的措施;而消费者在交易过程中,只能按一般常识或经验对商品的质量进行判断,而这种判断往往又只能发现商品的明显瑕疵,很难发现其内在的问题。商品是否具备满足其需求的特定用途?是否值得支付如此高的价款?是否会对其人身安全构成威胁?是否会含有对人身有害的物质而损害其健康?这些问题只有在消费或使用过程中才能发现,而在此时,消费者则很难获得及时的救济。即便是在非即时清结的交易场合,消费者境况也不会有多大改善。例如,在分期付款交易中,经营者往往能够利用消费者迫切需求的心理,规定苛刻的付款条件、严厉的逾期付款罚则、严密的担保措施,使其自身利益不仅能够获得充分的保障,而且,通过分期付款交易甚至可以牟取超额的利润;而消费者稍有耽搁,就要承担严重的后果,有时不仅得不到消费品,而且已经支付的价款也不能得到退还。由此可见,消费者的消费需求与经营者经济利益的满足方式不同,这也使消费者在与经营者的交易中处于不利的地位。

最后,消费者正确消费要依赖于经营者。如前所述,商品经济使得消费者与生产者产生分离,消费者获得的消费资料由他人生产、制造,因而,有关这类消费资料的信息是由经营者垄断支配的。对信息源的垄断,亦使得他在与消费者的交易中处于优势地位。经营者可以根据自身的需要公开对自己有利的信息,而隐瞒对其不利的信息,甚至虚构捏造其产品不具有的假信息,诱使消费者上当受骗,牟取高额利润。而消费者对其购买的消费品除了依常识、经验外,只能依赖经营者提供的信息进行鉴别、选择、消费。由此可见,消费者无论在购买还是在消费过程中对经营者都具有很大的依赖性。实际生活中,一些经营者正是利用消费者的这种依赖,对消费者提供片面和虚假的信息,损害消费者利益,谋求自身利润的最大化。

从以上的分析中可以看出,商品经济的本质决定了消费者在与经营者的交易过程中,总是处于劣势的地位。如果将消费者与经营者放在同等的地位上给予相同的保护,那么,对消费者来说是极为不利的。公正的立法者应该认识到消费者的弱者地位,在法律保护上对消费者给予适当的倾斜,唯有如此,才能实现实质意义上的公平与正义。

四、现代社会消费者问题的恶化

在自给自足的农业社会中,人们生活消费的需求大多通过自己或家庭的劳动得到直接满足,商品交换仅在很少的情况才会发生,消费资料和消费服务的范围亦非常有限。商品由一般常见的物质原料而制造,技术含量低,工艺过程简单,人们可以凭经验和常识而对其品质、价值作出准确的判断,并能凭经验、常识正确地使用、消费这些商品。由于交通不便,商品一般源于附近一定的范围,纵使商品存在缺陷,消费者亦可自力或通过公力而获得及时的救济。消费者与经营者大多同为自然人,其经济实力相当,在交易过程中,相互讨价还价,易于达成对双方都比较公正的交易条件。尽管自古就有“王婆卖瓜,自卖自夸”之说,但由于商品结构简单,消费者可以凭借自己的经验和常识来鉴别。因此,经营者对商品的不实宣传对消费者的影响也非常有限。在小商品经济的社会中,作为经营者和消费者的人大多同为自然人,他们之间不存在难以逾越的鸿沟,消费者与经营者的位置随时都可能发生互换。从乡村挑菜进城的农民,在卖菜时,他是经营者,而当他卖完菜而用卖菜所得购买油盐酱醋、布匹、点心时,他就摇身变为消费者。经营者与消费者位置的互换性决定,尽管在作为消费者时其利益可能受到损失,但在其作为经营者时,这种损失又会得到补偿。故从总体上说,消费者与经营者之间的利益冲突不可能尖锐化。所以,尽管商品经济本身就蕴含着对消费者的不利因素,但在自然经济时代,这些不利因素受到自然经济本身的有效制约,不可能充分地表现出来。尽管消费者问题也在一定程度上存在,但这种问题不可能对人类的生存和发展构成实质性的威胁。正因如此,传统法律体系中并不存在专门以保护消费者利益为宗旨的法律类型,消费者与经营者的关系完全可以由立法者基于当事人地位平等的基础而进行调整。

现代社会,特别是现代市场经济社会,消费者的地位进一步恶化。这不仅表现在现代生产方式使得商品经济中固有的消费者问题由潜在的问题转化为现实的问题并使之进一步恶化;而且,现代市场经济还滋生了使消费者利益更容易受到侵害的新因素,消费者的处境更加困难。

(一)现代生活方式使人类普遍依赖商品而生存

随着市场经济的发展,人们的生活方式也发生了根本性的变化。由于社会分工的日益精细,人们各自从事着非常专业化的劳动。这些劳动往往与个人需求没有任何直接的联系,人们不可能以劳动的成果直接满足自己的生活需要。同时,现代社会化生产常常以缔结各种劳动关系的方式实现生产资料与劳动力的结合。劳动者以自己的劳动与他人提供的生产条件相结合,生产各种商品,获得以货币形式而支付的劳动报酬,而对其所生产的产品没有任何支配权。职业劳动者与劳动成果的分配权发生分离,他们获得劳动报酬,并且只能以这些劳动报酬去购买生活资料,满足个人的生活需要。此外,随着商品经济的发展,人们逐步采取了城市化的生活方式,城市使人类各种不同的专业化劳动高度集中,各种商品的生产经营者集于一处,向社会提供着日益繁多的生活消费资料。城市化的生活方式,一方面使人类的生活内容大大扩展,生活需求的满足更为方便;另一方面,又进一步削弱了人类个体的独立生活能力,使人类相互之间的依赖性进一步加强。人们不仅需要通过市场提供的各种消费资料,而且也需要他人为其生活提供各种服务。现代社会,人们一刻也离不开商品。没有商品,人们的生存就会受到威胁,人们的发展也无从谈起。商品无时无刻地伴随着人们而存在,来自商品的危险也时刻威胁着人们的生命安全与健康,影响着人们的生活质量和生活水平。

(二)现代经济组织形式改变了消费者与经营者之间交易实力的对比

现代经济组织形式打破了传统商品交易中经营者与消费者之间势均力敌的力量对比,单个消费者难以凭自身的力量与经营者抗衡。现代经济活动大多在组织形式上采用企业的形态,经营者不再是单个的自然人,而是庞大的企业或企业集团(集市贸易等少数情况除外)。它们具有雄厚的经济实力,拥有庞大的组织机构和各类专门人才。特别是现代股份制经济的发展,使经营者在顷刻之间便可以聚集巨额的资本,形成超级的经济巨人,迅速取得市场的支配地位。面对强大的企业和企业集团,势单力薄的消费者再也不能像在传统的交易中那样与经营者在平等的地位上讨价还价,他们不得不屈从于经营者单方提出的交易条件,纵有不公,也只能忍气吞声,自认倒霉。进言之,随着市场经济的发展,企业股份制改造、收购、兼并等形式的出现,大大加速了资本集中的过程,形成了各种垄断企业。垄断企业利用其在市场中的支配地位,操纵着各类消费品的生产、销售,市场的竞争性受到严重破坏。在不完全竞争的条件下,价格的形成便不再受价值规律的自发支配。垄断组织为了获取高额利润,往往利用其支配地位,影响市场价格的形成。经营者为了避免在竞争中两败俱伤,还往往相互勾结、联合行动,一致对外,通过协议控制市场,商定市场价格,共同剥夺消费者。消费者迫于生存所需,不得不接受不合理的价格条件,忍受经营者的专横暴戾。

(三)现代科技的发展使消费者对商品更难了解

随着科学技术的发展,现代商品的特征发生了根本性变化。这不仅使消费者选购商品的独立判断能力几乎丧失殆尽,而且,还进一步加剧了消费中的危险。

在简单商品经济条件下,生产者与消费者的分离造成了商品信息的不合理分布,消费者正确选择消费商品所必需的信息偏存于商品生产者。但是,由于商品结构、功能简单,技术含量低,消费者凭经验和常识,大多能作出正确的判断,并在此基础上决定是否购买。基于同样的理由,他们也可以凭经验和常识,适当、安全地使用和消费这些商品。然而,现代消费品与这种传统的消费品不仅在外观形态上发生了根本的变化,而且在内部结构、功能、成分、危险性等方面也大相径庭。按照经验与常识对现代商品往往不能作出准确的了解和判断。

首先,现代科技的高速发展,使产品的技术构成越来越高,商品成分和构造日益复杂。许多产品,尤其是各种精密的电器,综合运用了各种科学技术,对其功能、原理,即使专业人员也不易全面了解,一般消费者更是望而生畏。由于产品的技术含量高,对于消费者来讲,很难凭借自己的经验和常识对商品的质量与其标示的价格是否相当以及如何消费、使用这些商品作出准确的判断。

其次,包装技术的提高,使消费者难以判断商品的真正价值。许多商品外部包装极为精美,而商品本身却存在许多问题,消费者支付昂贵的价格买回后,才大呼上当,悔之莫及。精美的包装刺激了消费者的购买欲,同时又掩盖了商品的一切瑕疵,消费者独立判断能力又一次受到挑战。

最后,现代科技的发展导致了新材料、新原料的不断发现和运用,食物中的各种添加剂和色素的使用大大延长了食物的保存时间,增强了对人类食欲的刺激。现代科技的发展,在为消费者带来更加丰富多彩的商品的同时,也往往为消费者增加了许多潜在的危险。比如有些有害的原材料、包装材料与同类无害原材料、包装材料根本无法区别(如无毒塑料袋与有毒塑料袋),若混同使用,就会使消费者人身安全与健康时刻受到威胁。

总之,现代科技的发展使消费者对其消费的商品和服务越来越感到陌生,面对结构、功能、成分异常复杂的各类商品和高度专业化、技术化的服务,消费者犹如双目失明的人在危机四伏的迷宫中摸索一样,随时都可能因飞来的横祸而受到伤害。

(四)现代社会化生产使经营者与消费者在大多数情况下无法实现位置的互换

尽管在今天我们仍然可以在集市上看到小商品经济社会中典型的交易形式,但这种形式只是现代社会化生产的一个例外而已。在现代经济生活中,社会化生产已取得了绝对的优势。商品生产和服务的提供已广泛实现了企业化。人们通过与企业签订劳动合同,实现劳动力与生产资料的结合,制造出各种各样、品质各异的商品。当这些商品投入市场时,人们所面对的已不是生产这些商品的具体的有血有肉的自然人生产者,而是追求利益最大化的企业。企业永远是经营者,而绝大多数的个人却永远只能是消费者,他们只能一次一次地忍受着商品交换中的不公平待遇,而不能与经营者发生位置的互换,再享受一次作为经营者的优越。社会化生产而引起的经营者与消费者身份互换可能性丧失,使消费者只能永远是商品交换中的弱者。

(五)经济全球化与产销多层化使消费者救济更加困难

随着国内统一大市场和国际市场的形成,消费品的来源越来越广。不同地区、不同国家的各种消费品汇集于市,令人眼花缭乱、目不暇接。这固然丰富了消费生活的内容,但也使消费者与生产者的距离越来越远。商品产销的多层化,使一个商品通常要经过几个、几十个甚至上百个不同的生产者,才能形成最终产品出厂。在商品出厂后,又要经过几个甚至几十个销售者才能最终由消费者获得。各种不同的经营者在商品产销的各个环节层层剥夺,至消费者手中,商品的价格往往早已翻了几番。而且,经济全球化和产销的多层化,还使消费者与经营者的关系更加复杂。商品缺陷的形成究竟产生在哪一个环节,消费者无从判断。消费者与生产者相距万里,加上风俗、语言、文化的差异及政府、法律设置的重重障碍,即使能发现致其损害的经营者,也难以求得合理补偿。消费者救济出现了前所未有的危机。

(六)现代营销技术的发展,使消费者不得不面临来自经营者的强大心理攻势

在市场经济条件下,经营者为了获得更多的货币选票,往往不惜动用巨资(最终亦由消费者承担),大肆进行广告宣传,甚至目无国法、道德,极尽坑蒙拐骗之能事。他们有些在广

告中为过分夸大、不实之渲染，引诱消费者上钩；有些利用消费者的投机心理而设置巨奖销售；有些利用人们崇尚名牌的心理，假冒他人著名商标而推销自己的劣质商品；有些利用人们追求时髦的心理，故意为奇形怪状之设计；有些利用人们追求完善的心理，故意将本来可以融于一体的功能分开，制造所谓的系列商品；有些利用人们喜新厌旧的心理，进行有计划的废品化，故意制造内在缺陷，加速产品的更新换代，刺激消费者新的需求欲望；有些利用父母对子女的爱心，对儿童用品漫天要价等。人类的一切心理、情感上的弱点无不被经营者所利用。

总之，现代经济的发展，使隐藏于商品经济中固有的经营者与消费者之间的矛盾日益表面化，消费者的处境日益恶化。基于一切主体完全平等的观念而建立的传统私法体系，由于忽视了消费者与经营者之间的现实差异，逐步暴露出其对消费者利益保护的局限性。这就要求国家从保护消费者的利益出发，对经济生活实行适度干预。这种呼声越来越高，终于在全世界范围内掀起一场轰轰烈烈的消费者运动。消费者运动的兴起，迅速地推动了现代消费者保护的立法进程，为消费者保护法律制度的建立和发展提供了强劲的社会动力。

第二节　消费者运动

一、消费者运动的历史背景

消费者运动是消费者自发或有组织地进行的旨在维护自身权益、争取社会公正，改善其地位，与各种损害消费者利益的行为进行斗争的社会运动。消费者运动的兴起与发展，对现代消费者保护法律体系的形成和完善，发挥了极为重要的推动作用。引发消费者运动产生、发展的因素主要有以下几个方面：

（一）在现代商品经济条件下，消费者地位的日益恶化

资本主义的发展，使人们的生活逐渐产生了对商品的依赖。19 世纪末 20 世纪初，主要资本主义国家渐次进入垄断资本主义阶段，垄断资本为了攫取高额利润，控制着各种消费品的生产和销售，消费者与垄断经营者的交易实力悬殊越来越大；科技与现代营销技术的发展，使消费者自我保护能力进一步削弱，消费者的地位日益恶化，侵害消费者权益的事件不断发生。

（二）传统法律制度的局限，使消费者难以得到有效的保护

随着资本主义的发展，建立在自由资本主义基础上的各种法律制度，越来越暴露出其自身的局限性，消费者利益不能得到充分的保护，消费者在其权益受到侵害时，难以获得及时、充分、有效的救济。法律制度的不完善，不仅使消费者不得不忍受经营者的盘剥与侵害，而且使经营者在侵害消费者利益时可以逃避应有的惩罚，经营者对消费者的盘剥与侵害更加不择手段，肆无忌惮。

(三)经济发展特别是买方市场的形成使人们有可能对经营者提出更高要求

资本主义生产方式的形成有力地推动了生产力的发展,至19世纪末20世纪初,主要资本主义国家开始进入富裕社会。各种商品种类齐全、货源充足,人们无须担心因基本消费品供应不足而影响生存。在基本生活需求的满足不受威胁的条件下,人们便有可能对消费品的质量、安全性、消费交易的公平合理性等提出更高的并有可能引起经营者集团和政府关注的要求。

资本主义现代化大生产及科学技术的进步,大大地提高了生产效率,商品生产能力进一步增强,商品供给量大幅度上升,导致出现商品总量供给在一般情况下大于需求的局面,形成所谓的买方市场。买方市场的形成在总体上使消费者团体在与经营者的交易中取得优势地位。消费不再像往常那样,只注重商品的有无及数量的多少,而更注重商品的质量如何,消费需求逐步由量的需求转化为质的需求。消费者对商品质量的评价、对商品经营者的利益发挥着决定性的影响,从而使商品经营者愿意接受更高的要求。

消费者地位的恶化和现有法律对消费者保护的不足,使消费者深切地认识到有必要通过自己的行为改善处境,从而为消费者运动的开展提供了强大的内驱力。经济的发展使消费者的基本生活需求不断得到保障,这便使消费者产生了对生活质量的更高需求;而买方市场的形成则加强了经营者对消费者的依赖,这又为消费者通过消费者运动表达诉求、改善处境创造了必要的条件。

二、国外消费者运动概况

消费者运动发端于美国。1891年,世界上第一个旨在保护消费者利益的消费者组织——纽约消费者协会在美国纽约市成立。自此之后,全美各地相继成立了各种消费者组织。1898年,这些消费者组织联合组成了一个全国性的消费者联盟(Consumer Federation of American),形成了世界上第一个全国性的消费者组织。到1903年,该组织已发展到全美20个州,共设分支机构64个。[1]

消费者组织的成立,点燃了消费者运动的星星之火。消费者组织成立后,首先在与消费者利害关系最大、问题最多的食品和药品领域掀起了一场以争取洁净食品和药品为目标的斗争。20世纪初期,一些经营者为了无限度地追求利润,无视消费者的健康,掺杂使假、偷工减料,使用发霉、变质,甚至有毒原料的现象非常普遍。食物在制造过程中的卫生条件极为恶劣,食物商品的卫生状况极差,食物中毒事件不断发生。1906年1月尼普顿·辛克莱出版的《丛林》(另译《屠场》)一书,无情地揭露了肉类食品加工过程中令人作呕的卫生状况:工人们将面包染毒毒死老鼠,然后将有毒的面包和被毒死的老鼠一起丢进料斗,作为加工食品的原料……这段时间,药物生产状况也非常令人担忧,各种假药、有毒药物充斥市场。1937年,美国发生了一起震惊世界的药物中毒事件。一种新的磺胺特效药投放市场后,造成107人死亡,该药的发明者亦畏罪自杀。[2] 不卫生、不安全的食品与药物严重地损害了消费者的健康,威胁着消费者的安全,引起了消费者的愤慨,将以争取洁净的食品和药物的

---

〔1〕 王江云等:《消费者的法律保护问题》,法律出版社1990年版,第9页。

〔2〕 贾俊玲、张智勇:《中国消费者权益保护法讲座》,改革出版社1995年版,第2页。

消费者运动推向了高潮。

1929—1933 年,西方世界经历了人类历史上最深刻的一次经济危机。经济危机使美国经济濒临崩溃,物资供应匮乏,物价飞涨,各种劣质消费品充斥市场,要求便宜、安全卫生的商品的呼声越来越高。在这种条件下,美国兴起了以指导和教育消费者自我保护为主要内容的消费者运动。1928 年,在美国出现了世界上第一个民间消费者教育机构——消费者研究所,并出版了《消费者纪要》。1936 年,美国成立了消费者联盟(Consumer union of united states lnc.)。联盟成立后发行了自己的刊物——《消费者月刊》,要求对消费品生产销售实行适度的国家干预,对产品实施公正的检验并向市民提供情报,[3]第二次世界大战期间该组织中止活动。消费者刊物的出现,对提高消费者觉悟、唤醒消费者的权利意识、提高消费者的自我保护能力发挥着重大作用。

进入 20 世纪 60 年代,由于经济和技术的高速发展,美国消费者运动呈现新的特征。这一时期,消费者运动所涉及的领域进一步拓展,开始从食物和药品等一般消费品,逐步延伸到汽车等耐用消费品领域,并进而扩及公私机构对消费者受害事件受理的态度、服务的质量及环境损害等领域。1965 年,美国国会举行了关于轮胎和汽车安全的听证会,暴露了汽车工业生产过程中诸多不安全的问题。但由于汽车生产商将汽车安全事故归咎于司机,因而,该听证会未能得出结论。1965 年,拉尔夫·纳德《任何速度均不安全》一书出版。在书中,作者无情地抨击了美国汽车工业一味追求利润,不顾汽车质量和安全的现象,在美国引起极大的社会反响,将美国的消费者运动又推向一个新的高潮。拉尔夫·纳德也因此成为美国消费者运动的领袖。1966 年,美国国会迫于消费者运动的强大压力,通过《全国交通和汽车安全法》。据估计,由于该法的颁行,每年约有 12000 人得救。[4] 20 世纪 60 年代以后,美国消费者运动亦更加重视消费者自身的教育。1961 年,美国消费者同盟主办的刊物《消费者报道》(Consumer Report)每期发行量已近 100 万份,拥有大约 400 万读者,目前该刊物的发行量已达 380 万份。该杂志每期均对各种商品拟订评检计划,将各种商品分成三级供消费者参考,并按月公布检验结果。威斯康星大学设有消费者研究中心,从事成人消费教育,发行月刊。有些民间企业亦自觉从事消费者教育工作,各方面的专家踊跃加入消费者运动,成为运动的核心力量,他们或从事研究工作,或担任指导和监督职务。美国消费者联盟中还有许多志愿参加的法律系学生和退任国会议员担任游说工作。各大城市还相继成立了公众利益调查小组(PIRG)以及汽车安全小组、保健问题小组、追究企业责任小组等各种专门性的消费者组织机构。消费者运动还深入到美国的大学校园,在 20 世纪 70 年代末,30 个州的 106 所院校都成立了学生消费者组织,会员达 50 万人。这一期间美国消费者运动的另一个重要特征是消费者运动越来越受到政府的重视,并且得到了来自美国政府的大力支持。1962 年,美国总统肯尼迪在向美国国会提交的一份咨文中,明确提出了消费者的四大权利,即安全权(消费者有要求其人身、财产免受损害的权利)、了解权(消费者有了解其所购商品的性能、质量、安全等方面真实情况的权利)、选择权(消费者有自由选择其所需的商品的权利)、意见受尊重权(消费者有向生产者及政府机构表达有关意见的权利)。尼克松任美国

---

〔3〕 贾明如、王燕东:《中华人民共和国消费者权益保护法问题解答》,中国经济出版社 1994 年版,第 5 页。

〔4〕 [日]野村加枝子:《美国消费者问题的动向》,载《法学家》增刊合特集第 13 期。

总统后,又于1969年提出消费者的第五项权利——索赔权(消费者因瑕疵产品致害有要求赔偿的权利)。据统计,仅20世纪60年代,美国就颁布有关消费者保护方面的法律二十余件(见本章第三节),各级政府都设立了消费者保护的机构,联邦政府中涉及消费者保护的行政机构就有三十余个,其中包括联邦贸易委员会、食品药物管理局(FOA)、消费者商品委员会(CPSE)等。在州一级,各州根据自身情况有的设立了诸如消费者防诈单位(Consumer Fraud Unit)、消费者事务部(Dept. of Consumer Affairs)等专门机构。这些机构有的由州检察署统一管辖,有的则由数个不同的部门分别主管,在地方,一般由郡、市政府有关机构负责。此外,各地还设有小额诉讼法庭,受理消费者诉讼,及时解决消费者争议。[5]

日本的消费者运动兴起于第二次世界大战以后。日本帝国主义发动的侵略战争,不仅给亚洲各国人民带来了深重的灾难,而且也使本国经济全面瘫痪。"二战"以后,日本消费品奇缺,物价飞涨,假冒伪劣商品比比皆是。1948年9月,深受劣质火柴之害的一些家庭主妇将擦不着的火柴集中起来,并请其生产厂家到场,召开了一次"清除劣质火柴大会",会后成立了日本主妇协会,这次大会揭开了日本消费者运动的序幕。

20世纪50—60年代,日本经济高速发展,伴随经济的发展,一些严重损害消费者利益的事件也频频发生,1955年,日本森永奶粉公司生产的奶粉因含有砒霜致使12000名婴儿中毒,死亡130人。[6] 1962年,大日本制药股份公司生产的用于治疗妇女妊娠反应的沙利度胺安眠药,致使1000多胎儿畸形。1968年,九州大牟田市的一家粮食加工厂在生产食用米糠油过程中,使用有毒的多氯联苯液体作载热体,因管理不善,流入米糠油中,致使14000人中毒,53人死亡。[7] 面对一系列重大消费者受害案件的发生,日本消费者要求消费品安全的呼声越来越高。他们以提高消费品安全、卫生为目的,开展了一系列的抵制和驱逐有害消费品的运动。1951年,日本主妇协会要求禁止使用某种有毒染料而促使厚生省于次年对其明令禁止。1954年,日本消费者发起反对配给变黄米运动;1957年,他们发起反对果汁不实标示及添加人工糖精的运动;1966年,他们又掀起反对使用尿素树脂制造餐具而促使厚生省公告塑胶餐具的卫生标准。1970年,美国人发现人工糖精具有致癌作用,故而在日本引起一场驱逐糖精运动。1972年,人们发现米糠油事件罪魁祸首的多氯联苯仍然广泛地使用于生产电器制品、塑料、油墨等商品,从而发动了一场驱逐多氯联苯运动。1974年,普遍加工豆腐、火腿、鱼糕等食物的AF2合成杀菌剂被发现有毒,日本36个消费者团体联合发动了驱逐AF2合成杀菌剂运动。1975年,针对人工合成洗涤剂对人体安全和水质污染,日本45个消费者团体又发动了一场抵制合成洗涤剂运动。1977年,一种用于水果保鲜的防腐剂OPP在尚未确定对人体是否有害的情况下由厚生省批准使用,引起日本453个消费者团体发表抵制OPP宣言。

20世纪70年代以后,日本消费者运动目标进一步扩大,除了食品及日用消费品的卫生和安全问题外,在实现消费交易公平、制止不正当营销手段、取缔不公平交易习惯等方面也提出了更高要求。1970年,针对日本彩电价格过高的问题,主妇联合会等发起了拒买彩色

---

〔5〕 李坤一:《消费者生活的法律》,台北,消费者报道杂志社出版,第10~11页。

〔6〕 [日]北川善太郎等:《消费者保护法之基础》,青林书院新社1986年版,第5页。

〔7〕 贾俊玲、张智勇:《中国消费者权益保护法讲座》,改革出版社1995年版,第3页。

电视机的运动，促使厂商降低15%的价格。为了推销产品，一些不法商贩上门兜售劣质商品骗取消费者信任（访问贩卖）；一些商店利用分期付款买卖对消费者附加苛刻的条件，谋取暴利；一些厂家利用邮购消费者不能事先对商品进行检验、挑选的特点，邮售劣质商品；等等。针对这些严重损害消费者利益的商业手段，1975年，"老鼠商法对等委员会"要求取缔恶德商业手段，从而促使政府颁布对访问贩卖、连锁销售、通信销售、分期付款买卖等进行限制的法令。

在日本的消费者运动中，消费者组织发挥了极其重要的作用。日本消费者组织非常多，除1948年成立的主妇联合会以外，还有1952年成立的全国地域妇人团体联络协议会，1955年成立的新生活运动协会，1961年成立的日本消费者协会等。迄今为止，仅全国性的消费者团体就有29个，各种民间性消费者团体近4000个。在日本消费者运动中，女性发挥了重要的作用。在29个全国性消费者团体中，有13个是纯女性组织，其中，主妇联合会是日本规模最大、影响最广的消费者民间团体。消费者团体的主要活动包括接受消费者投诉、进行市场调查、举办展示会、进行消费者教育、进行产品检验等，活动范围非常广泛。

日本消费者运动对日本政府产生了深刻的影响，消费者运动的成果也不断得到来自政府方面的认可。日本政府先后颁布了大量的保护消费者方面的法律法规（详见本章第三节），并于1970年设立专门保护消费者利益的行政机构——国民生活中心。国民生活中心隶属日本经济企划厅，独立行使职权，提供有关改善国民生活的情报，举办各种消费生活展示和消费问题讲座，进行产品比较检验，出版消费者保护刊物，接受申诉和面谈，负责消费者行政人员的进修及情报交换等。另外，在全国各都、道、府、县，还设有消费生活中心，作为地方消费者保护行政机构。

除美国、日本之外，消费者运动在其他国家也蓬勃兴起。1957年，英国成立了消费者协会；1953年，德国消费者同盟成立，1964年，德国又设立商品检验财团；1969年，韩国成立国内第一个消费者团体——主妇俱乐部联合会。在荷兰、法国、澳大利亚等也相继成立了消费者民间团体。1962年，欧洲消费者同盟（BEVC）成立。到1984年，全世界就有90多个国家和地区设立了消费者保护组织。1960年，由美国、英国、荷兰、澳大利亚、比利时五国消费者组织在海牙（现总部设在英国伦敦）发起成立国际消费者联盟组织（IOCU）。到2004年，该组织已有250多个会员。中国消费者协会亦于1987年被该联盟接纳为正式会员。1983年，国际消费者联盟组织将每年的3月15日定为"国际消费者权益日"。消费者运动已经形成席卷全球、势不可当的历史潮流。

三、我国的消费者运动

改革开放以前，我国实行高度集中的计划经济，消费品主要按国家计划实行定额供应，消费者凭票购买。国家是消费品的主要生产者和提供者，典型的商品经济关系并不普遍。而且，因为经营者没有自身的经济利益，故而缺乏损害消费者利益的内在动力。同时，由于长期以来我国实行重生产、轻消费的经济政策，因而消费品极其短缺，在这种情况下，消费者关心的主要是能否获得足够消费品的问题，尽管亦有一些损害消费者利益的现象发生，但消费者问题尚未成为一个严重的社会问题。

十一届三中全会以后，我国实行改革开放的经济政策，企业改变了过去作为国家机关附属机构的性质,具备自己独立的经济地位,成为独立的商品生产经营者。随着商品经济的发展,各种消费品的品种和数量也日益增加,人们的生活消费逐渐形成了对市场的依赖,消费的范围进一步拓展。随着经营者独立利益的形成与消费品市场的发展,损害消费者利益的现象也层出不穷,并且呈现愈演愈烈的趋势。

随着侵犯消费者利益的现象日益增多,广大消费者也逐步增强了自我保护的意识。1983年5月,河北省新乐市成立了全国第一个消费者组织。1984年8月,广州市消费者委员会成立。1984年12月26日,中国消费者协会在北京成立。1989年,中国保护消费者基金会成立。到2016年,31个省、自治区、直辖市都建立了消费者协会,县以上消费者协会已达3235个。其中,除中国消费者协会外,有省级消费者协会31个,地级消费者协会351个,县级消费者协会2852个。各级消费者组织以保护消费者利益为宗旨,在对商品和服务进行社会监督、提供消费信息、进行消费咨询、受理消费者投诉、反映消费者意见、支持受害消费者提起诉讼等方面做了大量的工作。1987年4月,中国消费者协会组织13个大中城市的消费者协会对食品包装标志进行了检查;1987年5月至10月,其又组织上海、沈阳、广州等10个城市的地方消协,对常用药品及包装标签进行检查;1987年10月,其会同原国家工商行政管理局在北京举办"全国打击假冒行为,保护名优商品展览会"。1995年,中国消费者协会召开燃气热水器安全问题研讨会,提出尽快淘汰直排式燃气热水器,导致国家技术监督局修改了直排式燃气热水器的标准。1996年,根据消费者投诉反映商品房质量方面存在的问题,中国消费者协会与建设部、原国家工商局联合召开全国电话会议,共同研究、解决商品房投诉问题。自1997年起,中国消费者协会把投诉、比较试验、消费调查等工作过程中发现的对消费者人身、财产安全存在的重大隐患和消费陷阱,以"消费警示"的形式向社会公布,提醒消费者免受危险消费方式的伤害。在1997—1998年,全国各级消费者协会就发布了各类消费警示9474条,[8]避免了大量的消费事故的发生。此外,自1997年以来,中国消费者协会每年都确立一个主题进行消费者保护宣传和工作安排,如1997年开展了以"讲诚信、反欺诈"为主题的宣传,1998年开展了"为了农村消费者"专题宣传,1999年展开了"安全健康消费"为主题的宣传活动,2006年开展了"消费与环境"为主题的宣传,2010年开展了"消费与服务"为主题的宣传活动,2011年开展了"消费与民生"的主题宣传活动,2012年开展了"消费与安全"为主题的宣传活动。2013年,中国消费者协会将该年确定为消费维权年,并开展了"让消费者更有力量"为主题的宣传活动。2014年,结合我国《消费者权益保护法》的修订,中国消费者协会确立了"新消法、新权益、新责任"的年度主题,围绕这一主题,中国消费者协会和全国各地消协组织采取多种形式,宣传新"消法",组织对消费者和经营者的培训,开展保护消费者权益的理论研究,并根据新"消法"的要求,加大对重点领域的社会监督,倡导理性文明的消费新理念。这些活动强化了消费者保护意识,提高了我国消费者保护的水平。2015—2020年,中国消费者协会又相继确立了"携手共治,畅享消费"(2015年)、"新消费,我做主"(2016年)、"网络诚信,消费无忧"(2017年)、"品质消费,美好生活"(2018年)、"信用让消费更放心"(2019年)、"凝聚你我力量"(2020年)的年度主题,通过确立年度主题,凝聚共识,明确消费者保护的重点,逐年推进,取得了良好的效果。

---

〔8〕 吕勇:《为了亿万消费者——中国消费者权益运动回顾》,载《人民日报》(海外版)2000年5月22日,第2版。

中国是一个发展中国家，市场经济在我国起步较晚，广大消费者的权利意识差，自我保护能力弱，因此，加强消费者教育，正确引导消费，便成为我国消费者保护工作面临的一项紧迫任务。在这方面，我国的大众传播媒介发挥了非常重要的作用。全国各类报刊、广播电视都争相报道有关侵害消费者权益的案件，提供消费信息，传播商品知识，宣传消费者的权利保护法律知识。有些报刊、广播、电视还开辟“消费者之声”“消费者之友”“消费者咨询窗口”“消费知识讲座”“知识竞赛”等专题栏目。此外，我国还出现了一些消费者保护方面的专门性报刊，主要有《中国消费者报》《中国质量万里行》《消费时报》《消费者》《消费经济》《中国消费者通讯》等。

在中国消费者运动中，尤其值得一提的是自 1992 年开始的“中国质量万里行”活动和 1995 年启动的“百城万店无假货”活动。1992 年，由《人民日报》和首都 64 家新闻媒体共同发起“中国质量万里行”活动，围绕扶优治劣、规范市场、引导消费的宗旨，利用新闻媒体遍布全国的网络和有效的监督手段，揭露“假冒伪劣”行为，宣传和扶持名优精品、名优企业，围绕产品、服务和工程质量问题，组织调研、理论探讨和经验交流活动，受理用户和消费者投诉，提供质量法律咨询服务，取得了良好的效果。1993 年，“中国质量万里行”组委会提议并由《人民日报》经济部、中国新闻文化促进会共同发起创办了《中国质量万里行》杂志。该杂志坚持“打假扶优，维护企业和消费者权益，提高全民的质量意识”的办刊宗旨，组织、指导、协调全国质量万里行活动，开展消费者教育，不遗余力地打击假冒伪劣，揭露制假、售假行为，维护消费者权益，取得了良好的效果，被广大消费者誉为“打假斗士，维权卫士，曝光勇士”。1994 年，“中国质量万里行促进会”成立（CAQP）。2002 年，《中国质量万里行》杂志社创办了自己的网站，设立了“‘3·15’投诉”“消费指南”“企业红黑板”“质检之窗”等栏目。受理消费者投诉，并进行曝光；传递消费信息，指导合理消费；揭露侵害消费者权益经营者，褒奖自觉维护消费者权益经营者，产生了良好的社会效果。为了适应互联网时代的消费模式，中国质量万里行在原有投诉网站的基础上，打造了全新的“中国质量万里行消费投诉平台”（以下简称“质量在线”），并于 2016 年 9 月 8 日正式上线。“质量在线”为企业提供投诉的在线转接、在线调解、线下调解、质量数据分析报告、市场调研报告和产品质量在线追踪等服务，并为监管部门和研究机构提供强大的大数据服务，提高了消费投诉的便捷性和消费投诉的解决率。

1995 年年底，中宣部等六部门组织开展的“百城万店无假货”活动，从倡导、引导、指导经营者诚实经营的角度，通过树典型、列示范等形式，鼓励经营者加强自我约束，自觉遵守商业道德准则，拒绝假货，维护消费者的合法权益，优化经济环境。通过公布“示范街”“示范店”等方式，推动商业企业树立有序竞争、文明经商、热心服务的风尚；通过督促商家完善制度，从内部建立抵制假冒伪劣产品进入市场的屏障；同时，加强监督管理力度，形成外部约束机制，如由各级宣传部门与商家签订“不售假货”的责任状，设立商品质量赔偿基金，打假奖励基金，鼓励社会各界监督。这些活动有效地减少了侵害消费者权益的现象，提高了消费者保护的水平。截至 2006 年，该活动确认了 6 批 101 条全国“百城万店无假货”活动示范街。2008 年，经中央和各地有关部门核查，重新确认了 99 条示范街（2 条因不合格等原因被取消）；公布过的 5 批 375 家示范店，2008 年经中央和各地有关部门核查，重新确认了 305 家（68 家因不合格等原因被取消）。

综上所述,尽管我国消费者运动起步晚,消费者保护方面还存在许多问题,但是消费者运动作为一种时代浪潮已蓬勃兴起,并对我国的经济发展、人民生活水平的提高产生了深刻的影响。

消费者运动的发展为现代消费者保护法的产生提供了坚实的社会基础,它改变了现代经济生活立法的方向,为消费者保护立法提供了丰富的素材和经验,有力地推动了现代消费者保护立法的进程。

第三节　消费者保护立法

一、现代消费者保护立法的由来和特点

现代消费者保护立法是在市场经济条件下,基于对消费者弱者地位的充分认识,为了给予消费者特殊保护而进行的立法。尽管人类社会早期的法律规范中就存在对商品交换关系进行调整的法律,但其赖以存在的经济基础以及所体现的基本价值与现代消费者保护立法都有本质的差别,因而,不能认为在人类文明社会早期的法律体系中就存在消费者保护法这一部门法。

现代消费者保护立法是在资本主义进入垄断阶段以后开始的,它的兴起是与世界性的消费者保护运动紧密联系在一起的。消费者保护立法的状况如何,已经成为衡量一个国家社会文明发展程度和法制建设完善程度的重要标志。在19世纪后半叶以前,资本主义经济处于自由竞争阶段,经济活动由价值规律自发地进行调节,国家超越于经济生活之外,扮演着"夜警"和"仲裁人"的角色,对经济生活实行不干预政策,经济关系的调整主要依赖于民商法。受资产阶级启蒙哲学及古典自由主义经济学的影响,近代民商法基于"人人平等"的观念确立了四大基本原则,即所有权绝对原则、契约自由原则、主体平等原则、过失责任原则。〔9〕根据契约自由原则,契约当事人可以自由地选择交易对象,自由地协商交易的条件,契约一经成立,则在当事人之间具有法律效力。在消费交易领域普遍遵循"买者留意""货物出门,概不退换"的交易准则。在交易双方当事人势均力敌且商品结构功能不甚复杂的情况下,遵循这一原则,对消费者利益尚未致造成普遍的损害。

19世纪末期,资本主义开始进入垄断时期,资本主义社会的基本矛盾进一步尖锐化,连续不断的经济危机宣告了古典自由经济理论的破产。"看不见的手"对资源的自发配置不仅会出现失灵,而且会将社会引向灾难。随着垄断资本主义的形成,市场竞争的秩序遭到了彻底的破坏,垄断资本家集团利用自己的优势地位,操纵市场,人为地控制市场的供求关系,决定着市场的价格形成。一些不法商人为了避免在竞争中两败俱伤,相互联合、统一口径、形成各种形式的价格卡特尔,共同对付广大消费者。垄断的形成,使垄断资本家可以利用其

〔9〕［日］北川善太郎等:《消费者保护法之基础》,青林书院新社1986年版,第46页。

支配地位，自由地决定商品的价格，从中轻易地谋取超额的剩余价值，而无须通过提高商品和服务质量使自己在竞争中一直保持优势地位，从而严重地阻碍了经济的正常发展。另外，垄断的形成也彻底改变了消费者与经营者在交易中的力量对比。消费者所面对的不再是一般的经营者，而是庞大的垄断组织。它们垄断了消费品的供应，消费者不得不购买它们的商品，因而，传统消费者所享有的自由选择交易对象的权利实际上已名存实亡。垄断资本家为了获得更多的剩余价值，加速交易过程、减少交易成本，在消费交易中利用标准合同（格式合同）单方面决定交易条件，规定不合理的价格条款和免责条款。消费者迫于生活需要，不得不违心地接受，交易公平原则也失去保障。因此，在垄断资本主义条件下，所谓的"契约自由"，对消费者来说仅仅是徒具形式而已。他们既不能根据自己的意愿自由地选择交易对象，也不能在平等的基础上与交易对方当事人协商决定交易的内容。

资本主义的发展还引起了一系列的外部性问题。在无限度地追逐剩余价值的驱动下，资本家掠夺性地开发和利用资源，从而严重地破坏了资源的代际分配，为人类的未来蒙上了一层浓厚的阴影。无限度地开发利用自然资源，还引起了自然生态平衡的破坏，人类生存环境日益恶化。在市场经济条件下，"货币选票"决定着社会财富的流向，决定着人们的行为模式。随着资本主义的发展，社会分配不公、道德沦丧等社会问题也越来越多。

随着各种经济和社会问题的出现，资产阶级政府越来越感到，听任"看不见的手"自发地调节经济生活，不仅不能给其带来更多的利益，而且会动摇其统治的基础。于是，资产阶级政府一改过去"仲裁人"的面目，开始对社会经济生活进行适度地介入，通过各种法律、法规的颁布和执行，对各种市场主体的行为进行规制和引导，从而导致作为国家用以干预市场、矫治市场失灵和外部负面效应的经济法这一新的法域的出现。消费者问题涉及每一个人的利益，消费领域中出现的各种损害消费者利益的现象若听任其存在，必然会影响经济发展和社会稳定，与资产阶级政权的巩固关系极大。随着消费者问题的日益普遍和严重，以及消费者由此而进行的争取权利的抗争日益高涨，资产阶级政府明确地意识到再也不能听任自流、不闻不问了，于是便颁布一系列旨在保护消费者权益的法律规范。

一般认为，以体现国家对消费关系的适度干预为特征的现代消费者保护法是与现代经济法同时产生的。1890 年，美国国会通过的《保护贸易和商业不受非法限制和垄断损害法》（《谢尔曼法》）是最早的现代消费者保护法。尽管该法主要以规制市场垄断行为为宗旨，但由于垄断行为不仅会破坏市场的竞争，损害市场经营者的利益，而且会严重地损害消费者利益，因此，该法也被认为是第一部现代意义的保护消费者利益的法律。

继美国之后，其他资本主义国家也相继颁布了类似的法律，如德国在 1894 年颁布了《分期付款买卖法》，在 1896 年制定了《反不正当竞争法》，奥地利和法国也分别于 1896 年和 1900 年制定了《分期付款买卖法》。这些法律一改过去基于当事人地位平等而对交易双方一视同仁的立场，开始从交易一方，即消费者的利益出发，通过对经营者的权利行使进行限制，使消费者能获得更充分的保护。受自由主义经济学的影响，资产阶级政府深恐国家干预过度会破坏经济发展，因而对经济的干预显得特别谨慎。这些早期保护消费者利益的法律大多表现为对传统私法的修正，其对消费者利益的保护亦大多表现为间接的形式。但从这些法律中，人们也不难看出，由《法国民法典》首先确立的作为近代民法四大原则之一的契约自由原则在这里已开始发生动摇。

进入20世纪,经济发展导致消费者问题日益恶化,加上消费者运动的兴起和不断高涨,资产阶级政府更深切地认识到消费者问题的严重性。一方面,其继续通过传统私法的修正对消费领域的社会关系重新进行调整;另一方面,其又开始更直接地干预经济,制定各种消费者保护方面的管理规范。即在对传统私法不断进行有利于消费者修订的同时,资产阶级国家还直接介入消费领域,运用国家公权强化消费领域的管理,颁布了各种管理性法规。自1906年美国《联邦食品和药品法》在这方面开先河之后,美国和其他国家都相继颁布了大量的旨在保护消费者利益的管理性法律规范。其涉及的领域,从一开始的食物和药品逐渐扩展到化妆品等一般日用消费品以及汽车、家用电器等高科技消费品和服务。到目前为止,各发达资本主义国家都形成了结构严密、内容完善的庞大的消费者保护法律体系。

从现代消费者保护的发展轨迹中,我们可以看出,现代消费者保护法与传统法律体系中偶尔出现的涉及消费者利益保护的零星规定根本不可同日而语。与后者相比,它具有以下特点:

第一,现代消费者保护法是商品经济发展到一定阶段的产物,是国家通过法律干预经济生活的重要体现。商品经济的发展经历了不同的时期。在早期的简单商品经济时代,市场对社会资源的配置只能起到非常有限的作用。在这种条件下,虽然也存在涉及消费者利益保护的法律,但由于消费者问题并未普遍化,因而这类法律规范大多以与其他法律合体的形态而存在。在我国古代,它主要存在于古代刑法体系中,而在古代罗马社会,则分散存在于罗马公法与私法规范中。这些规定与其他法律规范一起,形成简单商品生产条件下对经济关系进行调整的法律规范。进入资本主义社会,商品经济迈入市场经济阶段,市场在社会资源的配置过程中逐渐取得支配地位。早期的资本主义经济属于自由竞争的市场经济,在这种商品经济条件下,国家的职能极度萎缩,经济关系主要由基于平等观念而制定的民商法进行调整。消费者保护法律规范的存在遇到了难以克服的制度上的障碍,在数量上极其贫乏。这些零碎的规范只不过是资本家任意胡来的最低界限,是政府对资本家胡作非为的最大容忍限度,因而,它们的存在不可能发挥对市场的矫治作用。资本主义进入垄断阶段以后,随着资产阶级国家公权对经济的介入,资本主义经济进入现代市场经济阶段。在现代市场经济条件下,国家制定了各种保护消费者利益的法律,这些法律不仅在数量上急剧膨胀,而且在性质上也发生了变化。它体现了国家对市场的干预,是对市场配置资源产生的负面效应的有效救治。因此,现代消费者保护法与体现在传统民法中涉及消费者的规定在性质上是不同的。

第二,现代消费者保护立法是在充分认识到消费者弱者地位的基础上对消费者利益的特殊保护。传统法律体系中的各种保护消费者利益的规定,无论是在简单商品经济还是在自由资本主义的条件下,一般都是基于双方地位平等的观念将经营者和消费者同视为交易双方当事人给予同等的保护。它无视消费者的苦情,无视消费者与经营者的差别,旨在追求消费者与经营者的形式平等和权利义务对等。而现代消费者保护法则基于对消费者的具体人格识别,在充分认识到消费者弱者处境的前提下,站在消费者的立场上,对消费者给予特殊保护。因此,它往往对于消费者一方规定更多的权利,而对经营者一方则设置更多的义务,经营者与消费者的权利义务并不对等。现代消费者保护法具有与传统法律中涉及消费者的规定完全不同的价值取向。

第三,现代消费者保护立法已在形式和内容上获得了充分的发展,形成了完整、有机的法律体系。随着经济、社会的发展,各国消费者保护法逐步形成了相当完善的法律体系。许多国家都制定了保护消费者利益的基本法,它们与各种保护消费者利益的具体法律制度相配套,形成庞大的消费者保护法律系统。在内容方面,它们涉及消费生活的各个领域,从一般日用品到高档消费品,直至服务领域,都有相应的消费者保护法律。从其保护的利益来看,它不仅涉及消费者的人身安全与健康,而且涉及消费交易的公平、消费环境的改善以及消费者的社会角色等各个方面。这更是散见于其他法律法规、适用范围极为有限的传统消费者保护规范所无法比拟的。

二、美国、英国、日本消费者保护立法概况

消费者保护立法以美国、英国、日本最为典型,为了对各国消费者保护立法有一基本了解,我们将就以上三个国家消费者立法的基本情况作一介绍。

(一)美国的消费者保护立法

美国是典型的普通法系国家,在传统上,美国有关消费者问题大多通过判例法加以解决。然而在现代,美国消费者保护方面却出现了大量的联邦和州立法机构颁布的制定法,这使美国的消费者保护立法在渊源上出现了判例法与制定法并驾齐驱的局面。从内容上看,这些法律主要包括以下几个方面:

1. 竞争法

竞争法包括反垄断法、反限制竞争法和反不正当竞争法(在美国立法中并未对此作严格区分)。它们对消费者保护起着极为重要的作用。美国之所以要通过制定竞争法保护消费者的利益,一方面是因为垄断、限制竞争和不正当竞争的出现,会破坏市场的竞争性,限制竞争性商品进入市场,削弱市场优胜劣汰的功能,妨碍产品质量提高,损害消费者的利益;另一方面也是因为在交易过程中垄断企业还可以利用自己的垄断地位肆无忌惮地提高价格,规定不合理交易条件,使用不正当竞争手段进行竞争,或进行不当免责等,从而损害消费者利益。美国是世界上第一个制定反垄断法的国家,也是竞争法十分完善的国家。目前,这方面的法律主要有1890年的《谢尔曼法》、1914年的《克莱顿法》和《联邦贸易委员会法》。其中,《谢尔曼法》对垄断行为进行了界定,并对其规定了严厉的制裁。它规定,任何以托拉斯或其他形式,或以相互勾结的形式签订协议或联合以限制州际贸易和对外贸易的行为均属违法。垄断或企图垄断贸易或与他人联合、共谋以垄断州际或对外贸易与商业的行为均属犯罪,对行为人要处以罚款或监禁。《克莱顿法》对价格歧视、独家交易及搭售、兼并、连锁董事会等限制竞争行为作出规定。《联邦贸易委员会法》规定设立联邦贸易委员会调查及制止上述两法中规定的妨碍竞争的行为。根据该法规定,联邦贸易委员会下设消费者保护局,具体负责消费者投诉案件的受理、消费者分期付款事项、消费者教育、广告规划及指导、消费商品资料等事务。联邦贸易委员会有权进行调查、颁布禁令、禁止商品进入市场,并可对不法行为提起民事诉讼。此外,为了保护消费者利益,联邦贸易委员会还颁布了一系列的交易规则,如《商品广告规则》《上门推销规则》《邮购规则》《纺织品洗涤方法标示规则》等。除上述三项法律之外,属于竞争法范围的还有1936年《罗宾逊·帕特曼法》、1950年《赛维·

凯弗维尔法》、1976年《哈特·斯科特·诺迪罗反托拉斯改进法》、1988年《综合贸易和竞争法》等。

2. 消费品安全、卫生管理法

美国于1906年颁布了《联邦食品和药品法》,1938年对其进行修订,改名为《联邦食品、药品和化妆品法》。该法规定了重要的食品、药品和化妆品的质量标准,禁止对食品、药品掺杂使假、使用不实说明,并规定设立食品和药品管理局(隶属健康教育福利部),具体负责食品、药品和化妆品的管理工作,以确保食品安全、洁净、卫生,药品安全有效和化妆品无毒无害。1958年,美国又制定了《食品添加剂修正法》,规定食品使用的添加剂必须在确认其安全的条件下才能使用。1962年,美国又制定了《凯佛·哈里斯药品修正法》,要求药品制造商在新药进入市场前必须向食品和药物管理局提出报告,接受检验。1967年,美国制定了《肉类食品卫生法》,要求各州改进肉类食品检疫。1973年,美国颁布了《化妆品真实法》,要求厂商在产品的显著位置标明化妆品配料。在其他消费品方面,1966年,美国制定了《全国交通和汽车安全法》,授权交通部制定新旧汽车和轮胎的安全标准;1966年美国制定了《儿童安全法》,禁止销售不安全的玩具。除此之外,有关消费品安全、卫生管理方面的法律还有《联邦危险品法》《电冰箱安全法》《食品安全法》《毒品包装法》《天然气、管道煤气安全法》《公共健康吸烟法》等。1972年,美国颁布《消费品安全法》,根据该法设立了消费品安全委员会,对具有潜在危险的消费品的生产、销售进行管理,协助消费者,对消费品的安全性进行鉴定,并制定统一的消费品安全标准。

3. 商品标示及商标管理法

正确客观地对商品进行标示可以帮助消费者选择商品,并进行正确的消费。为此,美国亦颁布了一系列的法律。其中,在1965年制定的《正确包装和标示法》,规定了消费品包装和标示标准,要求商品应标明特性、制造商的名称、地址等事项。在1966年制定的《香烟标示法》,要求厂商标明吸烟危害健康的字样。1989年,美国对酒类商品标示作了规定,要求对各种含酒精饮料必须标明政府规定的健康忠告。除此之外,还有《绒毛产品标示法》《汽车信息披露法》等。在商标管理方面,1870年美国制定了第一部《商标法》,1946年对商标法进行了修订,加强了商标管理的规定。

4. 契约法

在美国,契约关系传统上一直属于普通法的调整范围。为了适应保护消费者利益的需要,契约法领域也发生巨大的变化。一方面,判例法中出现了对消费者更为有利的发展趋势;另一方面,在契约法领域还出现了一系列的制定法。例如,1968年制定的《消费者信用保护法》,规定分期付款买卖合同应明确规定付款的期数、金额及利率,消费者在其信用利益受到损害时,可以解除合同。1970年通过的《马克尤逊—摩西保证法》,规定违反明示或默示担保而使消费者利益受损时,消费者可以请求赔偿。1976年制定的《消费者租赁法》,规定出租人必须明示租赁消费品的全部代价,出租人在租期届满时超出常规收取过高租金和利息的,承租人有权提出诉讼,对违法的出租人可以处两倍于租金的罚款。

5. 产品责任侵权法

美国侵权法一直是判例法的范围,但20世纪以来侵权法领域却发生了翻天覆地的变化。例如,在产品责任方面,根据美国传统普通法,受害人只有在与产品提供者之间存在契约关系时,其所受的损害才能依法获得赔偿,这就是所谓的"合同相对性原则"(privity of contract)。美国法院在处理产品缺陷致人损害的案件时也一直坚持这一原则。1852 年,纽约最高法院在托马斯诉温切斯特一案中动摇了这一原则,开始把特殊危险的产品作为合同相对性原则的例外,要求被告在存在疏忽的情况下承担责任。1916 年,又在麦克弗森诉布伊克汽车公司一案中彻底摆脱了合同关系的限制,将产品责任视为侵权责任,并正式确立了产品责任的疏忽责任原则(过失责任原则)。为了克服疏忽责任中受害人一方举证的困难,在 1944 年埃斯科拉诉可口可乐瓶装公司一案中,法院援引"案情自证"原则,允许法官在一定情况下,直接推定产品提供者一方存在疏忽,并在此基础上要求其承担责任,从而免除受害人举证责任。1963 年,在格林曼诉尤巴电力公司一案中,进而确立了产品制造人的严格责任原则(strict liability)。1965 年,美国法学会出版的《第二次侵权行为法重述》将严格责任原则与"选择责任理论""泛行业责任理论""市场份额理论"结合运用而使其更加完善。近年来,产品责任又与社会保险制度紧密相连,使消费者在受到缺陷产品损害时能够获得更为快捷、充分的补偿。

综上所述,美国的消费者保护立法较为完善,在可能出现的对消费者利益损害的各个方面都有相应的法律对其调整。不仅在普通法方面发生了有利于消费者的重大变化,而且联邦政府还颁布了大量的制定法保护消费者的利益。同时,在消费者保护工作的很多方面都设有专门的机构进行管理,保障了消费者保护法的贯彻落实。

(二)英国的消费者保护立法

英国也是消费者保护立法相对完善的少数国家之一。与美国一样,英国是最典型的普通法系国家,在传统上,与消费者利益相关的问题由判例法进行调整。但 20 世纪以来,为了实现对消费者利益的充分保护,英国亦相继颁布了大量的成文法规范。

与美国不同的是,英国于 1987 年制定了一部消费者保护基本法,即《1987 年消费者利益保护法》。该法是参照欧洲经济共同体有关产品责任方面的政策而制定的,于 1988 年 3 月 1 日施行。除此之外,在消费者生活的各种具体方面,英国也有相当完善的法律规范。

英国是标榜自由竞争的国家,因而对维护竞争、禁止垄断非常重视。英国于 1948 年颁布了《垄断与限制性质贸易惯例(调查与管理)法》,1956 年制定了《限制性贸易惯例法》,1969 年又颁布了《限制性贸易惯例(通知协议)令》。此外,还有 1976 年的《限制性贸易惯例法庭法》,1979 年的《竞争法案》等。这些法律对禁止垄断、取缔各种限制竞争的商业习惯做法发挥了重要的作用。

在消费品安全、卫生管理方面,英国亦非常重视,并在食品、药品、汽车及一般日用品等方面颁布了大量的法律。其中,属于食品、药品管理的主要有 1933 年的《制药与毒品法》、1936 年的《公共卫生法》、1941 年的《制药与制剂法》、1955 年的《食品与药品法》、1966 年的《食品卫生条例》、1968 年的《医药法》、1970 年的《食品卫生总条例》。有关车辆、电器等有较大危险性的消费品管理性法律主要有 1968 年的《机动车辆(检测)条例》、1973 年的《机动车辆(构造与使用)条例》、1977 年的《液化气贩卖机条例》、1969 年的《电器用具条例》和《电动设备条例》。属于一般危险性消费品管理方面的法律有 1967 年的《睡衣安全条例》、1972 年的《炊事用具(安全)条例》、1974 年的《玩具(安全)条例》、1978 年的《化妆品条例》

及《接触食品的工具和物品条例》等。

为了维护交易公平,保护消费者的经济利益,英国还制定了对市场价格进行管理的法律。其中,主要有1964年的《转售价格法》、1966年的《价格及收入法》、1974年的《价格法》、1976年的《转售价格法》、1977年的《价格委员会法》《汽油价格陈列令》《旅游(提供"睡眠设备")价格陈列令》、1978年的《价格标示(食品)令》、1979年的《价格标示(交易要约)令》等。

在传统契约法领域,为了实现对消费者的充分保护,英国也制定了许多新规定,这些规定对传统的契约原则有明显的突破,扩大了消费者一方的权利,加重了经营者一方的义务。例如,在1974年颁布的《消费者信用法》(适用于50—15000英镑的消费者信用合同),就对经营消费者信用业务的商人设立许可证管理制度,规定零售商向消费者提供信用必须经过特别许可,无证经营者订立的消费信用合同原则上对消费者不具有强制执行力。同时,该法还规定消费者有信用信息的知悉权,消费信用合同的消费者一方享有在法定的冷静考虑期内决定最终成交或解除合同的权利。属于这一类型的法律还有1938年的《分期付款购买法》、1961年的《虚假拍卖法》、1964年的《商品附带赠券法》、1969年的《分期付款购买法》、1967年的《虚伪陈述法》、1977年的《不公平合同条款法》。

在商标及消费品宣传管理方面,为了制止假冒商标、欺骗消费者的行为,保证消费者正确判断、选择商品,英国也颁布了大量的法律。其中,有1938年的《商标法》、1970年的《不当广告法》、1969年的《乳品(特别指示)条款》、1970年的《食品标签条例》、1977年的《商业广告(揭示)令》、1988年的《危险品包装与标签条例》等。

英国的消费者立法与美国有很多相似之处,在判例法方面由于相互影响、彼此吸收,因而与美国呈相同的发展趋势。在制定法方面,英国消费者保护立法亦与美国大致相同。但与美国不同的是,英国就消费者保护问题专门制定了一部消费者保护基本法。而且由于美国在经济上竭力倡导自由竞争,因而在价格及契约法方面,英国制定法较美国为多。

(三)日本的消费者保护立法

日本的消费者保护立法较英国、美国为晚。"二战"以后,日本作为战败国,经济全面瘫痪,发展经济成为战后日本政府面临的最急迫的任务,因此,在战后较长的一段时间内,企业优先一直作为日本政府的一项基本政策。因而,消费者问题没有受到应有的重视。20世纪60年代以后,日本经济发展飞速,损害消费者的现象频频发生,愈演愈烈,消费者运动蓬勃兴起,要求给予消费者利益特别关注的呼声越来越高。面对强大的社会压力,日本政府开始重新审视消费者问题,并改变了原有的立场。由于政府的重视,日本在消费者保护方面也很快形成了比较完善的法律体系。从其涉及的内容来看,主要包括以下四大部分:

1. 消费者保护基本法

日本的《保护消费者基本法》于1968年5月30日公布施行,该法共4章、20条,是日本消费者保护法的总纲,是一部宣言性的法律。第一章"总则"规定了该法的目的,国家及地方公共团体的职责、企业的义务,消费者的权利及法制上的措施等内容。第二章"关于消费者保护之措施"规定:国家为了防止消费者利益受到危害,应制定必要的标准,以确保商品及服务的适当度量;应订立商品及服务的适当规格并推广适用;应对商品及服务中有关其品质及其他内容标示准则的订立、虚伪或夸大标示的管理采取必要的对策；为确保商品及服务价格的公正及维护自由竞争所必须采取的对策；在对消费品及服务的价格形成进行必要的干预时，应充分考虑其对消费者生活的影响；国家应加强消费者教育及启发、普及消费知识，提供消费情报，以使消费者提高自我保护能力；国家为保护消费者的意见能得到尊重，应设立各种试验和调查机构，并将试验调查的结果即时公布；企业及国家应设立机构确保消费者的申诉能够得到迅速处理。第三章“行政机关”对行政机关及消费者组织作了规定，它要求对消费者保护事项应设立行政机关，改善行政运作；国家应鼓励、推动消费者组织的工作。第四章“消费者保护会议和国民生活审议会”规定，总理府应设立消费者保护会议，审议消费者保护政策，并推进其实施。另外，在经济企划厅设立国民生活审议会，负责消费者保护基本事项的调查、审议工作。

2. 消费者行政立法

消费者行政，按日本学者解释，是指国家积极地、有组织地介入涉及消费者利益的自由营业和自由交易，以谋求消费品安全，价格、规格和说明等的合理化，对消费者进行启发教育，提供商品信息，处理消费者投诉，为消费者的利益主动进行调查并解决问题的活动。[10]消费者行政法在内容上包括国家对各种消费品计量、消费品规格、标示说明、价格等方面进行管理以及对消费者进行教育，对消费者投诉进行处理等方面的法律。

在消费品安全卫生管理方面，日本颁布的法律有 1947 年的《食品卫生法》、1948 年的《农药管理法》、1950 年的《高压煤气管理法》、1951 年的《毒物和剧毒药物管理法》和《关于汽车安全的道路运输车辆法》、1952 年的《煤气事业法》、1960 年的《药事法》、1961 年的《电气用品管理法》、1967 年的《关于确保液化煤气安全和贸易合理化的法律》、1973 年的《消费生活用品法》《关于规制化学物质审查及制造等的法律》《关于含有有害物质的家庭用品规制的法律》（即所谓的“安全三法”）、1979 年的《医药品副作用被害救济基金法》等。

在计量和标准方面，主要颁布了《计量法》（1951 年颁布，1983 年修改）、《工业标准化法》（1949 年颁布）。

在商品说明与标示方面，主要颁布的法律有 1962 年的《家庭用品质量表示法》《不当赠品及不当表示防止法》和 1963 年的《纤维制品质量表示法》等。

在控制物价、稳定人民生活方面，颁布的主要法律有 1942 年的《粮食管理法》、1946 年的《物价统制令》、1948 年的《农产品价格稳定法》、1973 年的《国民生活安定紧急措施法》和《关于与生活有关物资等囤积居奇的紧急措施法》等。

此外，在消费者教育方面，1976 年日本制定了《国民生活中心法》，规定成立国民生活中心，为消费者生活提供服务，反映消费者意见，提供消费信息，进行消费教育。

3. 保护消费者的民事特别法

为了实现对消费者利益的保护，日本还对消费领域中的民事活动进行干预，对传统私法进行修正，颁布了一些民事特别法。其中主要包括 1954 年的《关于管理存款利率和收受出资的法律》、1957 年的《关于取缔存款手续中非法合同的法律》、1961 年的《分期付款销售法》、1973 年的《关于贷款业务规则的法律》、1976 年的《关于访问销售等的法律》、1994 年的

---

[10] ［日］小享刚：《保护消费者行政法》，载《世界法学》1986 年第 6 期。

《制造物责任法》等。《分期付款销售法》规定,消费者在接受分期付款销售契约的提议或缔结契约后,享有4日的“冷却期”,在此期间,消费者可以撤回自己的承诺或解除契约,而不负违约责任。消费者未按期付款时,享有20日的催付期,只有在催付期届满后,业主才能解除契约。消费者违约支付损害赔偿金不得超过分期付款销售价格加上法定利息,为了防止消费者在作出部分付款后而得不到商品,该法对预付式分期付款销售作出了更严格的规定。访问销售是指上门挨户推销自己的商品。关于访问销售的法律规定,业者进行访问销售时,必须通报自己的姓名、企业名称和商品的种类,进行现金即付交易时,必须向消费者呈交记载销售价格和其他事项的文件。若缔结书面契约书,则消费者亦享有4日的“冷却期”,在此期间消费者可以解除合同,等等。从这些规定可以看出,消费领域的民事活动中,缔约当事人“绝对平等”“契约自由”的传统民法观念已受到挑战,法律对消费者利益实行倾斜,以避免消费者受到不应有的侵害。

4.禁止垄断和反不正当竞争法

1934年日本颁布了《不正当竞争防止法》(后多次修改),对具体的商业和交易过程中商品、商标混同、虚伪表示等使用不正当手段进行竞争的现象进行规制。1947年,日本颁布了《关于禁止私人垄断和确保公平交易法》,并进行了10次修改,其中1953年和1957年的修改较大。该法对不当限制交易的卡特尔、商业交易中的歧视对待、不等价交易、引诱交易、强制交易、附约束条件交易、滥用交易地位、妨碍交易行为等垄断和限制性交易手段作出禁止性规定,对企业相互持股、干部兼任等亦作了限制。

日本的消费者保护法以强调国家对市场的介入为特色,有关消费领域的行政管理性法律数量多、涉及面广,这与日本式的强调国家引导作用的市场经济体制不无联系。此外,日本的消费者保护法重在防止损害消费者利益事件的发生,因而侧重于商品和服务质量的提高。但日本战后一直以谋求经济发展为基本国策,企业界势力强大,因而在产品责任等方面立法较为薄弱。1994年日本颁布的《制造物责任法》仅6条,反映了日本政府深恐对企业制裁过重而影响经济繁荣的顾虑重重的心态。

三、消费者保护的国际立法

20世纪70年代以来,随着经济全球化的发展,消费者保护法的发展还呈现出国际化趋势。一方面,各国消费者保护立法日益趋同;另一方面,在这一领域还出现了一批国际规范。这种国际化趋势,是国际贸易发展及国际统一市场形成的必然结果。目前,消费者保护方面的国际立法包括1972年海牙国际私法会议通过的《关于产品责任法律适用的公约》(《海牙公约》)、1976年欧洲理事会通过的《关于人身伤亡产品责任的欧洲公约》(《斯特拉斯堡公约》)、1980年联合国《控制限制性商业行为的多边协议的公平原则和规则》、1985年欧共体《关于使成员国产品责任法相互接近的指令》、1985年联合国《保护消费者准则》及欧洲理事会《消费者保护宪章》等。

(一)《保护消费者准则》

《保护消费者准则》(以下简称《准则》)是在国际消费者联盟组织的倡导下制定的,由1985年4月9日联合国大会投票通过,第39/248号决议予以核可,是目前影响最大的全球性消费者保护方面的综合性国际立法。该准则分4个部分，共46条。

《准则》第1条规定了该准则的目标，包括：(1)协助各国为本国消费者争取和保持适当的保护；(2)使生产和分配形式适应消费者的需要和愿望；(3)鼓励为消费者生产与销售商品和劳务的各方遵守行为道德标准；(4)协助各国限制所有企业在国家一级和国际上采用对消费者有不利影响的商业陋习；(5)鼓励发展独立的消费者团体；(6)推进关于保护消费者的国际合作；(7)鼓励发展市场条件，以较低价格向消费者提供更大的选择。

为了实现上述目标，《准则》要求各国政府应当考虑本准则的要求拟订、加强或保持有力的保护消费者政策，以确保消费者的健康与安全，促进和保护消费者的经济利益，使消费者获得充足的信息，实现良好的消费教育，使消费者获得有效的赔偿办法，享有能组织影响国家决策过程的消费者组织的自由。《准则》还强调各国政府制定政策时应特别注意确保执行保护消费者的措施，并要求所有企业应当遵守其所在国的法律政策。

《准则》还分别就身体安全、消费者经济利益、消费品和服务的标准、基本消费品和服务的分配设施、消费者赔偿、教育和宣传方案以及具体领域的措施等问题提出了具体的要求。在消费者安全方面，《准则》要求各国政府应当采取适当的措施（包括制定法律，采用或制定标准）确保产品安全可靠；制定适当的政策约束生产、经销者的行为，以确保产品安全；制定适当政策，保证制造商和经销商在发现上市产品存在未曾预见的危险时，能及时让消费者获得这一信息，并对有严重缺陷或重大危险的产品能及时收回、修改、更换。在促进和保护消费者经济利益方面，《准则》要求，各国政府应设法使消费者获得最大的利益，并有效保护消费者不受不利惯例的影响；应对可能有害消费者的限制性和其他滥用性商业惯例进行管制；应制定政策，明确制造商责任；鼓励公平有效竞争；督促制造商和零售商提供售后服务和条件；保护消费者免受片面标准合同等契约之害；取缔不公平的销售和推销做法，使消费者获得独立判断的充分信息；鼓励各方面参与正确信息流通，鼓励企业与消费者合作，制定有利于消费者的商业守则；应定期审查有关度量衡方面的法律。在消费品和服务安全质量标准方面，《准则》要求各国政府应制定国家标准、国际标准，并保证其实施；尽快提高低于国际上普遍接受的标准，提供检验设施。在基本消费品和服务的分配设施方面，《准则》要求各国政府应制定或维持保证消费者有效分配货物和服务的政策，并特别分配有断绝之虞的地区；应鼓励设立消费者合作社并开展有关贸易活动。在消费者赔偿方面，《准则》要求各国政府应采取措施使消费者或有关组织能通过迅速、公平、花费不多、容易进行的正式或非正式程序获得赔偿；应鼓励所有企业以公平、迅速和非正式的方式解决消费者争端；并应向消费者提供赔偿和其他解决争端程序的资料。在消费者教育方面，《准则》要求各国政府制定全面的消费者教育、宣传方案，应使消费者教育成为教育制度基本课程的组成部分；消费者教育宣传方案应包括关于消费者保护的重要内容；应鼓励消费者组织和其他团体执行教育和宣传方案；商业界应从事或参与消费者教育宣传方案；应考虑将信息传播到农村及不识字的消费者；应举办或鼓励有关消费者保护专业人员的培训。在具体领域的措施方面，《准则》就粮食、饮水、药品等领域的消费者保护措施提出了具体的要求。

《准则》号召各国政府应加强国际合作，互相交流有关资料和信息。

（二）《消费者保护宪章》

《消费者保护宪章》（以下简称《宪章》）是由欧洲理事会于1973年制定的，共分5个部分,分别对消费者要求保护和援助的权利、要求损害赔偿的权利、获得信息的权利、接受教育的权利和成立代表机构获得咨询的权利作了规定。

为了实现消费者要求保护和援助的权利,《宪章》要求:各国政府应制定商品和服务安全标准;禁止销售或提供可能危害消费者的商品和服务;必须保护消费者免遭经营者滥用实力的损害;各国立法应规定各种广告不得欺骗消费者,标示和广告应提供必要准确的信息;应对现行不合理的法律进行修改。

为了实现消费者损害赔偿权,《宪章》规定:各国政府应保证消费者能够方便而无代价地利用有关法律程序和公正的小额索赔仲裁方式;在因产品、服务的错误说明而致消费者损害的表面证据确凿时,应由业者承担举证责任。

为了实现消费者获得正确充分的信息权,《宪章》规定:商品或服务的购买者应有权获得包括提供者身份在内的足够信息,以便其能够在竞争的产品和服务之间作出适当的选择;购买者有权获得保证其安全满意地使用产品和服务的各种信息和通知;政府必须制定有关质量、使用方法、价格等方面的强制性规定。

为了实现消费者成立代表机构和获得咨询的权利,《宪章》规定:政府应当赞助消费者自愿组织,并在立法、司法、消费者的管理和咨询服务等方面征求其意见;各国应建立独立、有效、代表消费者利益的权力机构,对产品成分、性能、标示、用途和服务效能等事项进行调查研究,并公布其结果;尽可能向消费者提供咨询服务,实施消费者保护方面的法律。

此外,《宪章》还要求在西欧应举国一致地共同促使行业团体制定高标准的行为规则,并提交国内消费者保护权力机构批准。

(三)欧共体《产品责任指令》

欧共体《产品责任指令》(以下简称《指令》),全称为《关于使成员国产品责任法相互接近的指令》,其前身是欧共体《产品责任指令(草案)》,由欧共体于1976年公布,但一直未生效,1979年对该草案进行了修改,1985年经再次修改后,由欧共体批准通过。《指令》的主要目的在于促进欧共体各国产品责任法的统一,其适用范围是因产品缺陷导致消费者人身伤害和财产损害的产品责任。制定《指令》基本的动因是试图以此推动在当时的欧共体国家统一确立产品责任的严格责任原则。《指令》要求成员国通过国内立法实施《指令》,尽管当时规定的最后期限是1988年,但是多数国家并没有按期对国内法进行修改,到2004年,25个欧盟国家中仍只有15个国家按照《指令》要求对本国法进行了修改。

《指令》规定了生产者承担产品责任的严格责任原则,只要受害人经证明产品存在缺陷,受害人损害存在,产品缺陷与损害之间存在因果关系,就可确定生产者承担责任。但生产者如果能证明:(1)未将产品投入流通;(2)引起损害的缺陷在产品投入流通时并不存在;(3)产品不是生产者为销售或具有经济目的的任何形式的分销而制造,亦非生产者在其商业活动过程中生产或分销;(4)产品缺陷是为了使产品符合政府强制性法规而导致的;(5)缺陷是投入流通时的科学技术水平不能发现的;(6)产品缺陷是由于零部件产品的设计或制造者的指示造成的,则可免除责任。

《指令》规定了产品责任承担者的范围,可承担产品责任的经营者包括成品制造者,原材料的生产者,零部件的制造者,将其名字、商标或其他识别标志表示于产品之上以表明其为生产者的人,以销售、出售或其他形式的分销目的将产品输入欧共体的进口人以及在不能确认生产者的情况下的产品供应者。

《指令》还对损害的范围和最高赔偿金额进行了规定。指令所指的损害是指人身伤害、死亡以及不低于5000欧洲货币单位的财产损失。但财产不包括缺陷产品本身及商业性使用的财产,对同一产品同一缺陷引起的人身伤害、死亡,总赔偿额不超过7000万欧洲货币单位。

《指令》规定产品责任的诉讼时效为3年,从原告知道或应当知道或应当被合理地推定为已知道损害、缺陷、生产者身份之日起算,索赔权自产品投入流通10年后消灭。

四、我国消费者保护立法概况

在我国,消费者保护立法主要是在改革开放以后逐步制定的。在改革开放前,我国实行高度集中的计划经济体制,由于消费品供应普遍存在短缺现象,因此,消费者所面临的主要是消费需求得不到满足的问题。随着改革开放的深入发展,社会主义商品经济市场逐步形成,依赖商品而生活的人越来越多,侵犯消费者利益的事件也不断发生。在这种情况下,党和政府充分意识到消费者问题严重性,并采取各种手段保护消费者的利益,通过法律保护消费者利益是其中最重要的手段之一。除《中华人民共和国刑法》(以下简称《刑法》)及《中华人民共和国民法典》(以下简称《民法典》)外,多年来,我国进行了大量专门的消费者保护立法。目前,消费者保护立法已初成体系。举其要者,包括以下几个方面。

(一)消费者保护基本法

1993年10月31日,第八届全国人民代表大会常务委员会第四次会议以满票通过了《中华人民共和国消费者权益保护法》(以下简称《消费者权益保护法》),并于同日予以公布。《消费者权益保护法》的颁布标志着我国消费者保护法制建设发展到了一个新的阶段。实际上,在该法颁布以前,我国各地就制定了保护消费者权益的综合性立法。例如,1987年9月4日福建省率先制定了《福建省保护消费者合法权益条例》。此后,湖北、江苏、贵州、吉林、浙江、重庆等省、市亦相继颁布了类似的地方性法规。到1989年10月,全国已有27个省、自治区、直辖市颁布了地方性的消费者权益保护法规。这些法规为我国消费者立法的出台提供了充分的准备。全国性消费者权益保护法的立法工作始于1985年,此间,原国家工商行政管理局曾组织草拟了《保护消费者权益条例》,前后修改了18稿,于1989年报送国务院。1990年,"保护消费者权益的法律问题"课题组起草了《中华人民共和国消费者保护法》(建议稿),后经多次修改、征求意见,于1993年3月提交国务院审议。1993年8月,由时任国务院总理李鹏提交八届全国人大常委会两次会议初步审议,10月底交第八届全国人大常委会第四次会议审议,并以满票127票通过。《消费者权益保护法》是一部宣言性的法律,在我国保护消费者法律体系中起统帅作用,类似于消费者保护法总纲。其内容包括总则、消费者的权利、经营者的义务、国家对消费者合法权益保护、消费者组织、争议的解决、法律责任及附则,共8章55条。

《消费者权益保护法》颁布后历经了两次修订。其中,第一次修订是由全国人大常委会通过决定的方式进行的。2009年8月27日,第十一届全国人民代表大会常务委员会第十次会议作出《关于修改部分法律的决定》,对一系列现行立法中因形势发展而显得过时或不当的法律条文进行集中修订。其中,第68条规定,将《消费者权益保护法》第52条原文中使用的“治安管理处罚条例”修改为“治安管理处罚法”。2005年8月28日,全国人大常委会已经审议通过了《中华人民共和国治安管理处罚法》,并通过该法同时废止了《中华人民共和国治安管理处罚条例》,原有条文的表述已与实际情况不符,故应予以修改。通过本次修订,使《消费者权益保护法》与其他法律更加协调。但本次修订仅涉及其中的个别条文的表述问题,内容上没有进行实质性的改动。

《消费者权益保护法》制定于1993年,当时,中国市场经济的建设刚刚起步。经过20年的发展,我国的经济、社会发生了翻天覆地的变化,人们的消费观念和消费方式也随着经济的发展而不断地更新。例如,网络技术的发展,使通过网络而进行的消费逐渐成为一种普遍的消费形式。但网络消费在为消费者带来极大便利并空前拓展其消费选择范围的同时,也带来了一些可能损害消费者利益的新问题,需要消费者保护法作出及时回应。又如,随着中国经济的飞速发展,金融在经济生活中的地位日益凸显,金融产品与金融服务消费也逐渐成为人们消费的重要内容,金融消费中损害消费者利益现象也不断发生,由于金融产品与服务的特殊性,金融消费者的权益保护也应有特殊的规定。此外,近年来,环境问题逐渐成为社会普遍关注的焦点,文明、健康、节约资源与保护环境的消费理念逐渐形成并成为社会主流的消费意识,这种消费理念的变化,也应当在消费者保护法中充分体现。为适应新的经济社会发展形势要求,2013年10月25日,第十二届全国人民代表大会常务委员会第五次会议通过了《关于修改〈中华人民共和国消费者权益保护法〉的决定》,对该法进行第二次修订。本次修订补充、修改了大量条文,修订内容涉及消费者保护制度的各个方面。经本次修订后,《消费者权益保护法》的条文也从原有的55条增加到63条。

(二)消费者安全方面的立法

这方面的立法主要有:2009年2月28日第十一届全国人民代表大会常务委员会第七次会议通过并于同年6月1日施行的《中华人民共和国食品安全法》(以下简称《食品安全法》,2015年、2018年修改,1995年10月30日第八届全国人大常委会第十六次会议通过并于同日实施的《中华人民共和国食品卫生法》在该法施行时废止),1984年第六届全国人大常委会第七次会议通过《中华人民共和国药品管理法》(以下简称《药品管理法》,2001年、2013年、2015年、2019年修改)。2002年国务院发布的《中华人民共和国药品管理法实施条例》(2002年9月15日施行,2016年,2019年修改),1988年国务院发布的《医疗用毒性药品管理办法》,1989年国务院发布的《放射性药品管理办法》(2011年修改)及《化妆品卫生监督条例》(2020年修改),2001年5月23日国务院发布并于2011年1月8日修改《农业转基因生物安全管理条例》。2005年8月3日国务院发布并于2013年12月7日修改的《麻醉药品和精神药品管理条例》。2012年10月10日国务院通过的《缺陷汽车产品召回管理条例》(2019年修改)。1991年5月原卫生部发布的《进口食品卫生监督检验工作规程》,2013年2月5日经原卫生部部务会审议通过的《新食品原料安全性审查管理办法》(2013年10月1日起施行,2017年修改)等。

(三)商品质量方面的立法

在商品质量方面,目前已颁布的法律规范主要有:1989年2月21日第六届全国人大常委会第六次会议通过的《中华人民共和国进出口商品检验法》(2002年、2013年、2018年修改),1993年2月22日第七届全国人大常委会第三十一次会议通过的《中华人民共和国产品质量法》(以下简称《产品质量法》,2000年、2009年、2018年修改),1985年9月6日第六届全国人大常委会第二十一次会议通过的《中华人民共和国计量法》(以下简称《计量法》,2009年、2013年、2015年、2018年修改),1988年12月29日第七届全国人大常委会第五次会议通过的《中华人民共和国标准化法》(以下简称《标准化法》,2017年修改);1987年国务院批准发布的《中华人民共和国计量法实施细则》,1987年国务院发布的《强制检定的工作计量器具检定管理办法》,1990年国务院发布的《中华人民共和国标准化法实施条例》,1992年国务院批准发布的《中华人民共和国进出口商品检验法实施细则》;1990年原国家技术监督局发布的《国家标准管理办法》,1990年国家质量技术监督局发布的《计量违法行为处罚细则》(2015年修改)、1999年国家质量技术监督局发布的《商品量计量违法行为处罚规定》(2020年修改),1994年8月原机械部发布的《汽车质量监督检验和新产品鉴定试验机构暂行管理办法》,1997年国家技术监督局发布的《游乐园(场)安全和服务质量》,2001年国家出入境检验检疫局发布的《进出口质量认证认可管理办法》等。

(四)商品标示宣传方面的立法

在商品标示宣传方面,我国目前的主要法律规范有:1982年第五届全国人大常委会第二十四次会议通过的《中华人民共和国商标法》(以下简称《商标法》,1993年、2001年、2013年、2019年修改),1994年10月27日第八届全国人大代表大会常务委员会第十次会议通过的《中华人民共和国广告法》(以下简称《广告法》,2015年、2018年修改),1992年10月国家工商局、医药管理局联合发布的《医疗器械广告审查办法》(2009年、2018年修改),2009年9月8日国家广播电影电视总局发布的《广播电视广告播出管理办法》(2017年修改),等等。这些法律规范的出台,有效地保护了消费者的知情权,净化了市场环境。

(五)物价、市场管理方面的立法

在物价和市场管理方面,目前我国出台的法律规范主要有:1997年12月第八届全国人大常委会第二十九次会议通过的《中华人民共和国价格法》(以下简称《价格法》),1987年国务院发布的《中华人民共和国价格管理条例》,1995年1月11日国务院批转国家计委发布的《制止牟取暴利的暂行规定》(2011年修改),1995年国家计委等发布的《餐饮、修理业价格行为规则》,1998年9月国家计委、建设部发布的《城市供水价格管理办法》,1999年9月7日国务院批准发布的《价格违法行为行政处罚规定》(2002年、2006年、2010年修改),等等。通过这些法律规范,有效地规范了经营者的价格行为,打击了不法经营者,维护了消费者的合法权益。

(六)侵犯消费者权益救济方面的立法

为了保证消费者救济渠道的畅通,为受害消费者提供及时、充分的救济,除了《消费者权益保护法》、《产品质量法》以及《中华人民共和国民事诉讼法》(以下简称《民事诉讼法》)、《中华人民共和国仲裁法》(以下简称《仲裁法》)中的有关规定外,国家有关部门和组织还制定了专门的法律规范或准法律规范。其中包括1995年12月中国消费者协会发布的《中国消费者协会受理消费者投诉规定》、2004年3月国家工商行政管理总局颁布的《关于处理侵害消费者权益行为的有关问题的规定》等。这些规范的颁布,对便利消费者索赔,强化对经营者的约束,发挥了重要的作用。

此外,1993 年 9 月 2 日第八届全国人大常委会第三次会议通过了《中华人民共和国反不正当竞争法》(以下简称《反不正当竞争法》,2017 年、2019 年修改),2007 年第十届全国人大常委会第二十九次会议通过了《中华人民共和国反垄断法》(以下简称《反垄断法》)。由于采用不正当手段进行市场竞争的行为和各种类型的垄断行为大多会损害广大消费者的利益,因此,《反不正当竞争法》和《反垄断法》也是我国消费者保护法的重要组成部分。

同时,一些典型的民事法律规范,尽管不是为了保护消费者权益而专门制定的,但是,其中也存在大量的保护消费者权益的制度,如《民法典》中有关格式合同、产品责任的规定等。

通过以上立法,我国逐步建立了以《消费者权益保护法》为核心,各方面消费者保护法律规范较齐全的完整的保护消费者的法律规范体系。随着我国市场经济法制建设的发展,我国消费者保护法将逐步完善,消费者权益也将会得到更加严密、充分的法律保护。

第二章　消费者保护法基本理论

第一节　消费者保护法概述

一、消费者保护法的含义

通常所说的消费者保护法有广义与狭义之分。狭义上的消费者保护法仅指消费者保护基本法，在我国即指1993年10月31日第八届全国人大常委会第四次会议通过、并于1994年1月1日施行的《中华人民共和国消费者权益保护法》；广义上的消费者保护法，是指由国家制定、颁布的具有保护消费者功能的各种法律规范。本书使用的消费者保护法除以《消费者权益保护法》标明外，皆为第二种意义上的消费者保护法。

《消费者权益保护法》作为消费者保护基本法，在消费者保护法律体系中具有极为重要的地位，它集中规定了消费者保护法的基本原则和制度，内容涉及消费者权益保护的各个方面。但是，仅有消费者保护基本法的消费者保护法律体系是不完整的，因为作为基本法，它不可能对消费者保护个方面的内容均作出详细而具体的规定。面对各种特殊情形下侵犯消费者利益的行为，还需要法律作出针对性的特别规定。例如，一般的产品责任侵权与生产、经营有毒有害的食品、药品、化妆品等侵害消费者权益，无论在防范措施、行为处理，还是在责任认定、责任形式等方面，都有不同的要求。消费者保护基本法，只能就其共同适用的规则作出规定，而对特定类型的侵害消费者利益的行为，只能通过专门的法律作出特别的规定。正因如此，《消费者权益保护法》第2条规定，消费者为生活需要购买、使用商品或接受服务，其权益受本法保护，本法未作规定的，受其他有关法律、法规保护。

关于广义上的或实质意义上的消费者保护法的定义，我国法学界有不同的认识，归纳起来主要有两种定义方法。第一种定义方法是从调整对象的角度对消费者保护法进行界定，对此又有两种观点。第一种观点可以称为“三方关系说”，[1]认为消费者保护法的调整对象是围绕保护消费者利益而产生的各种社会关系。这种社会关系包括三种类型：一是国家与生产经营者之间的关系；二是国家与消费者之间的关系；三是经营者与消费者之间的关系。消费者保护法就是调整国家、经营者、消费者三方之间的这三类社会关系的各种法律规范的总称。第二种观点可以称为“双方关系说”，认为消费者保护法是指通过调整经营者（生产

---

〔1〕谢次昌等：《消费者保护法通论》，法律出版社1994年版，第96～99页。

者、销售者、服务提供者)与消费者之间的关系,以保障消费者的合法权益的法律规范的总称。[2] 消费者保护法只调整经营者与消费者之间的关系,而不调整国家与消费者及经营者之间的关系。第二种定义方法是从法律的基本功能的角度来对消费者保护法进行界定。但由于在对消费者保护法基本功能的认识上有不同看法,因而定义的表述也不一样。一种观点认为,消费者保护法是指那些旨在保护消费者避免因有偿获得商品或接受服务而遭受侵害或损害的法律规范的总称。[3] 另一种观点认为,消费者保护法是指保护消费者权利的法律规范的总和,凡是以保护消费者权利为内容的法律规范都可称为消费者保护法。[4] 就这两种观点而言,第一种定义的外延较窄,它将消费者保护法限于有偿获取商品或接受服务而造成损害的领域;第二种定义的外延较广,涵盖了一切对消费者权利具有保护功能的各种法律规范。

我们认为,对消费者保护法采用第二种方式进行界定比较合理。消费者保护法调整各种不同性质的社会关系,其中有些属于行政性质的社会关系,有些属于具有民事性质的社会关系,消费者保护法对这些社会关系进行调整以实现保护消费者的目的。在内部构成方面,消费者保护法亦是由带有民事性质、行政管理性质以及刑事性质的各种法律规范所构成。消费者保护法作为法律体系中的一个非独立法律部门,不是由于其具有与其他法律规范不同的调整对象而决定的。因此,从调整对象的角度对其进行界定不可能准确揭示其内在含义。实际上,"消费者保护法"这一法律类别的出现,并非由于它调整其他法律未作调整的社会关系,而是因为作为其组成部分的各种法律规范都具有相同的功能,即保护消费者的利益。正是由于这种相同的功能,才使调整不同性质社会关系的法律规范集合起来,构成法律体系中的一个类别。消费者保护法特定的法律功能是区别消费者保护法与其他法律门类的重要标志,忽视消费者保护法的特定功能,我们将无法判断哪些法律规范属于消费者保护法。据此,我们认为,消费者保护法是国家基于消费者的弱者地位而制定、颁布的对消费者给予特别保护的各种法律规范的总称。

二、消费者保护法的基本特征

消费者保护法与其他法律类型相比,具有以下几个明显的特征:

(一)消费者保护法是对消费者利益给予特别保护的法律

这是消费者保护法最根本的特征,是消费者保护法区别于其他法的标志。凡是以消费者利益作为保护对象的法律都应当属于消费者保护法。在市场经济条件下,消费者利益表现为各种不同的形态。归纳起来主要有两种:一种是人身利益,即消费者对其生命、健康、荣誉、名誉等所享有的不受经营者(直接或通过商品)非法侵害的利益;另一种是经济利益,它包括消费者所享有的财产不受侵害的利益及消费者在消费交易过程中享有的公平交易的利益。与消费者利益没有直接联系的法律不属消费者保护法。

消费者与经营者从法律地位上说是平等的,但是,由于消费者以他人生产的消费品满足

---

〔2〕 邹振旅、夏文欣编:《消费者利益法律知识问答》,北京工业学院出版社1988年版,第1页。

〔3〕 王淑焕:《消费者权益法律保护问答》,中国计量出版社1994年版,第3页。

〔4〕 梁慧星主编:《社会主义市场经济管理法律制度研究》,中国政法大学出版社1993年版,第251页。

自己的需求,因而,消费品的信息偏存于经营者一方,消费者不仅了解商品、选择商品、正确的判断商品的价值需要依赖于经营者,而且,正确使用、消费也要依赖于经营者。在现代市场经济条件下,除“信息不均衡”因素外,由于垄断的出现,消费者失去了自由选择经营者并与其讨价还价的优势。由于消费者是单个的个人,而经营者却有着庞大的组织机构、雄厚的经济实力,且集聚着各种专门人才,消费者在与经营者的交易中总是处于劣势地位,因而消费者的利益极易受到来自经营者的侵害。所以,在商品经济特别是在市场经济条件下,需要对消费者给予特别的保护。

除了经济上的弱势以外,对消费者给予特别保护也是由于消费者利益的特殊性所要求的。消费者购买消费品和服务以满足其个人生活需要为目的,因此,其在消费过程中涉及的利益除了经济利益外,消费者的需求能否得到满足直接关系到他的生存,消费品是否安全卫生更直接关系到消费者的生命安全与健康。生命权、安全权、健康权等是人类最基本的生存利益,是最基本的人权。而经营者所关心的则是经济利益,尽管经济利益亦与经营者的生活质量有密切的联系,但是,在其经济利益不能满足的情况下,个人经营者或法人经营者成员的生存利益只是受到间接的影响,而且,这种影响还可以通过社会保险、社会救济等途径得到缓解。对消费者利益给予特殊的保护,充分体现了现代法律珍视生命、关注民生的人文精神。

贯彻对消费者特殊保护的原则,要求消费者保护法应当在充分认识消费者的弱者地位及其利益特殊性的基础上,站在消费者的立场上,对经营者的活动进行一定的限制与约束,在法律中全面规定消费者的权利,并为消费者权利提供严密的保障机制。在消费者保护立法中,不必拘泥于经营者与消费者地位的绝对平等,消费者的权利义务与经营者的义务与权利也无须对等,法律应当体现对消费者利益的倾斜,对消费者规定更多权利,并对经营者设置更多的义务。如果刻意追求消费者与经营者之间的绝对平等和权利义务的互补对应,那么,由于消费者的弱者地位及其利益的特殊性,消费者的利益就会不可避免地受到来自经营者一方的严重损害。

虽然我们强调消费者保护法是对消费者利益的特别保护,但这并不是说经营者的利益无足轻重,不需要保护。如果经营者丧失了利益驱动和利益保障,社会经济就不可能得到发展,这就必然会出现消费者利益普遍得不到满足的状况,对消费者更为不利。因此,法律也必须保护经营者的利益。但对经营者的利益保护不是消费者保护法的主要任务,民法、公司法、各种企业法、合同法等,都要保护经营者。随着我国法制建设的完善,对经营者的保护也将日益严密。

我国消费者保护法充分体现了对消费者利益特殊保护的原则。《消费者权益保护法》对消费者规定了九项权利。同时,为经营者规定了相应的义务,突破了传统法律中权利义务相对应的局限。食品安全、药品管理、广告、商标等管理制度也主要规定了对经营者行为的约束,体现了消费者保护法强调对经营者的制约和对消费者特别保护的基本立场。

(二)消费者保护法是具有预防、救治功能的法律

消费者保护法对消费者利益的保护主要通过两种途径而实现。一是通过法律对各种商品、服务的质量应当达到的标准、经营者的生产经营活动应当遵守的规则等作出规定,约束

生产经营者,使生产者生产出高质量、安全、卫生的商品,并通过正确标示,指导消费者合理地使用商品,以预防消费者损害事件的发生。二是通过法律规定在经营者违反规定要求,侵害消费者利益时,为消费者提供及时、充分的救济。在市场经济条件下,损害消费者利益的现象虽然可以通过各种手段而逐步减少,但不可能完全绝迹。当损害消费者利益的行为或现象发生时,由于消费者保护法的存在,消费者便可以依照法律,通过消费者协会、国家有关部门或司法机构,使自己所受的损害能够获得充分及时的弥补。在这两种途径中,前者体现了消费者保护法的预防功能,后者则体现了消费者保护法的救治功能。

(三)消费者保护法是具有综合性质的法律

消费者保护法具有综合性的特征,主要表现在:首先,消费者保护法调整着多种不同性质的社会关系,既有消费者与经营者在平等基础上发生的社会关系,也有国家与消费者、经营者之间在不平等基础上发生的社会关系。在平等主体的社会关系中,既包括契约关系,如消费品买卖关系;亦包括侵权关系,如因产品责任侵权以及经营者对消费者进行人格侮辱、搜查消费者人身、殴打消费者等直接人身侵害而发生的关系等。在不平等主体的社会关系中,既有直接的组织管理关系,又有间接的监督调控关系。调整对象的综合性质决定消费者保护法只能是由多种不同性质的法律规范组成。其次,从内容上看,消费者保护法既包括了对消费者及经营者实体权利义务的规定,又含有对消费者争议进行处理的程序性规定,体现了消费者保护法在内容上实体法与程序法的统一。最后,从法律责任上看,由于侵害消费者的行为在性质上具有多种不同的表现形态,在程度上亦呈现轻重不一的层次性,因而,对其进行的制裁也各不相同。消费者保护法中既有对严重侵害消费者权益的犯罪行为的刑事责任规定,又有对一般侵害消费者利益行为的行政责任和民事责任的规定。

消费者保护法的综合性是由消费者权益及权利侵害的复杂性所决定的。消费者的利益在不同的场合表现为不同的形态,有时表现为人身利益,有时则表现为经济利益。然而,无论其利益形态如何,只要是属于消费者的合法权益,法律就应当予以保护。同时,从经营者方面来看,对消费者利益的侵害也表现为多种性质、多种形态,既有严重侵害消费者利益、具有很大的社会危害性的犯罪行为,亦有对消费者利益侵害的一般违法行为;既有侵犯消费者个人利益而与社会利益关系不大的侵权行为,亦有既侵犯具体消费者又具有明显社会危害性的违法行为。对于这些行为,法律必须进行区分,并在此基础上区别对待。由于消费者利益的不同以及经营者侵害消费者利益行为的性质和程度不同,因而,在保护方式上亦不可能千篇一律。消费者保护法应当根据不同情形,采用民事的、行政的和刑事的多种手段,对消费者的各种利益都予以充分的保护。对于一般侵害消费者个人利益的行为,应当按照民事侵权、违约等来处理,对消费者予以民事保护。在民事保护中,应坚持当事人意思自治原则,由受害消费者自行决定采用何种方式处理争议,维护自己的权益。国家和社会应积极支持并为受害者提供帮助。对于既侵害消费者利益又侵害社会公共利益的一般违法行为,则由国家行政机关依职权追究违法经营者的行政责任。对于严重侵害消费者权益和社会利益,构成犯罪的行为,应当由国家司法机关追究其刑事责任。

我国《消费者权益保护法》第七章对侵犯消费者利益行为的法律责任作了全面的规定,其内容亦包括民事责任、行政责任和刑事责任。《产品责任法》第四章“损害赔偿”中就规定了违反该法的民事责任，而在第五章“罚则”中则规定了违反该法的行政责任和刑事责任。《食品安全法》《药品管理法》等法律，对违反该法的民事、行政和刑事责任也都作了全面的规定。这些规定，对于全面实现法律对消费者利益的保护功能是非常必要的。

（四）消费者保护法是法律渊源非常广泛的法律

由于消费者保护法是以其独特的功能特征而构成的一种法律类别，因此，其在法律渊源上必然具有广泛性的特征。这一特征主要表现在两个方面：第一，在消费者保护法体系中，既包括宪法中的保护消费者利益的若干条文、国家立法机关颁布的消费者保护法律、国家最高行政机关及其所属部门颁布的行政法规和部门规章、地方立法机关制定的消费者保护的地方法规，又包括国家最高司法机关作出的有关消费者保护的司法解释和我国缔结或参加的保护消费者权益的国际规范。第二，消费者保护法分散在各种法律规范之中，其中有些法律规范是专门为了保护消费者利益而制定的，因而整个法律皆属消费者保护法的范围，如《消费者权益保护法》《食品安全法》等。有些法律只是部分涉及消费者保护的问题，因而，仅与消费者保护有关的部分才属消费者保护法的范围，如《反不正当竞争法》。还有些法律只是个别条文中涉及消费者保护，因而，仅与消费者保护有关的条文才属于消费者保护法。总之，消费者保护法广泛地存在于各种法律规范之中，不受法律规范的部门、类别限制。凡对消费者利益具有保护功能的法律规定，都是消费者保护法的组成部分。

第二节 消费者保护法的价值取向

法律的价值，是指法律规范所体现的立法者所追求的基本目标。立法者制定任何一项法律都不是凭空任意杜撰的，任何法律都具有一定的价值取向，不了解法律的价值取向，便不能准确地理解和适用法律。因此，明确法律的价值取向，对正确地立法、执法、适用和遵守法律，都具有非常重要的意义。

法律的价值是一个多层次的有机整体，大体上可以归纳为三个层次。第一个层次是法律作为一种社会存在，在总体上所具有的一般价值。这种价值追求通常被描述为实现社会公正、效率、自由和福利。第二个层次是每一个法律部类的特定价值。例如，民事诉讼法以公正、及时地解决各种民事纠纷，保护当事人的合法权益为价值追求；劳动法以保障劳动者的劳动权的实现，改善劳动者经济社会地位，保障劳动者的安全健康为基本的价值追求。第三个层次是各种法律制度的价值。例如，民法中的无行为能力制度，其目的是保护未成年人、精神病人的利益；劳动法中的女工特殊保护制度是以女工的同工同酬、人身安全、健康为其基本价值追求。由于法律部类、法律制度还可以进行多层次划分，因而对第二个和第三个层次还可以进行多次分解。消费者保护法作为一种类型的法律（第二个层次）亦有其明确的价值取向，即消费者的人身、财产安全，交易公平和消费者福利。

一、消费者安全

安全是消费者保护法最基本的价值追求。安全包括人身的安全和财产的安全。消费者的人身安全,是指消费者在购买、使用商品或接受服务时,其身体及健康状况不会因经营者或其提供的商品、服务而受到不良的影响。其基本内容包括:

一是不受商品、服务不合理危险的侵害。它是指消费者购买、使用的消费品或接受的服务不会因具有不合理的危险而使消费者人身受到伤害。不合理的危险是指消费品不具有人们合理期待的安全。这种不合理危险有时是由于设计上的不合理造成的,如设计时对暴露在外的毛边刺角未作处理,易使消费者被刺伤;有时是由于制造上存在疏忽而使商品不具备一般功能而产生的,如某一零件漏装或错装而致消费者在使用时被伤害;有时则是在出厂经过一定时间以后才出现的,如由于时间过长食物变质、家用电器功能丧失等;还有些则是由于对商品未作适当说明而引起的,某些商品本身就有一定的危险(如烟火),但若对消费者作出适当的指示则不致使危险发生,如厂商未进行此项说明,则这种危险亦属不合理的危险。

二是不受不卫生因素的侵害。它是指消费者在购买或使用消费品时,不会因为该消费品不卫生而使其健康受到损害。不卫生是指商品中含有对人身有害的细菌、微生物等有害物质。它包括因存在有害生物而造成的不卫生,如发霉变质,受有害细菌感染等;也包括因存在有害物质而造成的不卫生,如食物中含有砒霜、铅、汞等有害物质。

三是不受经营者行为和经营环境的不安全因素而受损害。它是指消费者在接受服务时其人身、财产安全不会因经营者的行为或服务设施和服务用料存在的不合理危险而受到伤害。消费在有偿接受服务时,既可能因经营者不适当的服务方式而受到损害,如理发师由于技术或疏忽而致消费者被剃刀刮伤;也可能因经营者经营场所的设施存在不合理的危险而受伤害,如饮食店中桌椅不牢而使消费者跌伤;还可能是由于服务过程中提供的商品不安全不卫生而受到伤害,如饮食服务经营者提供的食品变质或含有有害物质而使消费者中毒等。

消费过程中各种不安全的因素不仅可能危及消费者的人身安全,而且可能影响消费者的财产安全。前者指造成消费者死亡、肢体残缺、功能障碍、机械性损伤、内分泌失调、精神失常和精神痛苦等。后者指造成消费者既有的财产发生损害或价值上的减损。例如,劣质电视机发生爆炸、起火,毁坏消费者的财产;旅馆经营者未采取恰当措施而使旅客行李丢失;等等。

消费者安全是消费者最基本的利益,现代各国消费者保护法无一不是从消费者安全保护这一出发点而发展起来的。

消费者保护法主要通过以下方式体现其基本价值:第一,从保护消费者的安全需要出发,对各种消费品和消费服务制定安全标准或对商品生产、销售、保管及消费服务的提供方式等提出基本的安全要求,促使经营者严格按标准和要求从事生产、经营活动。第二,通过各种市场管理制度,防止不安全、不卫生的商品流入市场,及时清除消费市场中的不安全商品和其他安全隐患,使消费者安全能获得充分的保障。第三,通过各种消费教育和消费信息提供制度,促进消费信息的传播,提高消费者的素质,保证消费者掌握正确使用商品、接受服务的方法,防止不安全事故的发生。第四,通过产品责任制度及其他消费者救济制度,加重经营者的责任，使经营者在经营活动中充分考虑消费者安全。

二、消费者交易公平

交易公平，是指消费者在与经营者的交易中能够获得公正、平等的对待，消费者获得的商品和服务与其支付的货币按照一般的观念在价值上平衡、相当。由于市场的垄断、信息的不适当分布、现代消费交易形式的变化，消费者在消费交易中往往得不到公平的对待，因而，必须通过法律对消费交易关系进行适度矫正。正视消费者与经营者之间的现实差异，通过规范经营者的行为而实现交易公平，正是消费者保护法的基本价值所在。

首先，交易公平要求在消费交易中消费者能获得公正、平等的对待。第一，消费交易关系的建立与否，应当由消费者自主地作出决定，不得进行强迫交易。在实际生活中，消费者往往迫于经营者的势力进行其所不愿进行的交易。例如，某些经营者在消费者试穿其出卖的服装后便强迫消费者购买；有些服务性行业经营者强制要求消费者必须在最低消费额以上消费；有些则在销售紧俏消费品时强行搭售消费者不需要的劣质消费品等，都是对消费者利益的严重侵害。第二，消费者进行交易是在其对交易条件充分了解的基础上自愿作出的。在现代市场经济条件下，很多消费品结构异常复杂，消费者难以从商品外形凭经验对商品的构成、功能、价值、使用方法等作出准确的认识和了解。在这种情形下，要保证交易的公正性，必须使经营者充分公开有关信息，唯有在消费者对交易内容充分了解的基础上，交易公平才有保障。第三，在交易过程中，消费者的意志应当得到充分的体现。在现代市场经济实践中，格式合同被经营者广泛地运用。经营者提出的格式合同，往往并没有站在消费者的角度，未充分考虑消费者的利益，一些合同技术性极强且极为复杂，消费者难以正确地把握合同所表达的内容。尽管消费者最终签订了这种合同，但很难说消费者的意志在合同中得到了充分的体现。因此，法律应当要求：经营者提供的格式合同，应当能够为一般消费者所理解，并应给予消费者表达自己意思的机会，对于有关消费者重大利益的交易条款，应当提醒消费者给予特别注意，在必要时，应给予消费者一定的“冷却期”，使消费者在冷静考虑的基础上作出慎重的选择和决策。

其次，交易公平还要求交易结果对消费者公平。所谓交易结果的公平，是指消费者支付的货币与其获得的商品和服务在价值上相当。它主要有以下内容：第一，消费者支付的代价与其获得的商品和服务价值相当。是否相当，应根据市场平均价格水平或一般价格水平进行判断。消费者获得商品、服务的价格应当接近同一市场同质、同量的商品和服务的价格，不得差距过大。第二，对消费者不得施加交易之外的其他附加条件。即便消费者在某一交易中支付的价格合理，但若经营者在此之外对消费者附加了其他交易外的条件，则这种交易仍然有可能是不公平交易。

最后，在消费者保护法中，公平交易价值主要是通过以下途径实现的：第一，通过各种市场竞争制度，维护公平竞争的市场环境，使消费者能在充分竞争的市场中获得有利于自己的交易环境。第二，通过消费合同等法律制度，直接规定交易条件，使经营者按照法律规定的条件与消费者进行交易。例如，对某些商品、服务，法律直接规定了其价格或定价幅度，经营者必须按照法律规定的价格或在法律规定的价格幅度内与消费者进行交易，以避免交易结果的严重不公。第三，通过各种市场管理制度，取缔不诚实的交易行为和交易习惯，使经营者依法诚实地进行各种经营活动。

三、消费者福利

增进消费者福利亦是消费者保护法最基本的价值追求。从广义上说,消费者安全和消费交易公平也属于消费者福利的重要内容,但由于这两种价值在消费者保护法中具有特别重要的地位,因此,我们将其单列出来作为独立的价值类别而进行阐述。在这里,消费者福利主要是指消费者消费需求的满足问题。

消费者福利是人类福利的一个重要组成部分。消费者保护法以此作为其基本的价值取向意味着它应当从消费者的利益出发,通过对消费关系的法律调整,不断提高消费者的生活质量,提高消费者的物质文化生活水平。

在社会主义市场经济条件下,社会生产的目的仍然是满足人们日益增长的物质文化生活需求,这一生产目的决定了我国经营者与消费者的根本利益是一致的。但是在具体方面,经营者与消费者的利益又存在剧烈的冲突。在市场经济条件下,经营者以追求利润最大化为目标,这便有可能使经营者为了自身利益而损害消费者的利益。

消费者福利的基本内容是消费需求的满足。消费需求的满足包括两方面内容:第一,从量的角度来看,应当有能够满足消费者某种需求的消费品或服务存在。如果消费品和消费服务严重匮乏,则消费者的需求就无法得到满足,此时,消费者受到的损害最大。计划经济体制最主要的弊端就在于它不能充分调动人们的生产积极性,不能提供充分的消费资料和消费服务,因而,它不利于消费者福利的实现。在市场经济条件下,人们的生产积极性被充分地调动起来,消费者需求严重得不到满足的状况得到了根本的改善。第二,从质的角度来看,各种消费资料和消费服务应能最大限度地满足消费者的需求。在市场经济条件下,市场本身具有促进经营者不断提高商品、服务质量的内在机制。经营者要实现自身利益,首先必须获得顾客,而要获得顾客,就必须不断地提高商品、服务质量。但这种机制只有在市场充分竞争的条件下才能充分发挥出来,在许多特殊情况下,这种机制的作用都可能受阻。例如,在市场垄断状态下,垄断经营者可以坐收垄断利润,而消费者由于缺乏选择,只能接受其经营的劣质商品。再如,由于市场中信息的不适当分布,消费者对商品、服务本身的信息及有关经营者的信息严重缺乏,因而,不法经营者可以利用此点来进行欺骗性交易。通过对自己商品、服务的虚假宣传或假冒其他经营者的名义,来使自己的商品获得市场。消费者保护法对消费者福利的促进主要体现在保障消费者上述第二个方面需求的实现。

消费者保护法主要通过两种方式实现其促进消费者福利价值:第一,通过直接规定对消费品和服务的质量要求,迫使经营者生产的消费品和提供的服务符合这些要求,从而保证消费者获得的消费品和服务能够满足其需要;第二,通过各种市场管理制度,消除遏制市场竞争的各种因素,使市场本身固有的促进经营者改善经营管理,提高商品、服务质量的功能能够充分地发挥出来。市场本身具有优胜劣汰的功能,如果市场的这一功能能够充分地发挥,那么,通过市场不断地选择,符合消费者要求、为消费者喜爱的商品和服务就会越来越多,消费者的生活状况就会越来越好,生活质量就会日益提高,消费者保护法增进消费者福利的基本追求也就能得到真正地实现。

第三节　消费者保护法的地位

一、消费者保护法是经济法的重要组成部分

（一）对经济法产生的历史考察

对商品经济关系的调整在传统上是由民商法承担的。在自由资本主义阶段，资产阶级为了摆脱中世纪封建人身依附关系，主张人生而平等、天赋人权。在政治哲学上，出现了以卢梭社会契约论为代表的政治思想。在法学上，形成了以孟德斯鸠、霍布斯等为代表的自然法学派。自然法学派从天赋人权的哲学思想出发，认为法律是“自然理性”的表现，是客观存在的普遍规律。法律面前人人平等，法官、法学家、律师的职责在于发现法律，而不是创造法律。在经济学上，出现了以亚当·斯密为代表的古典自由主义经济学。其通过对社会分工的研究，发现在社会分工发展到一定阶段，客观经济规律会自发地实现“自然秩序”。在这里，每一个人在追求其自私自利的目标时，好像被一只“看不见的手”引导着去实现公共的最好福利，因而，政府对经济的任何干预几乎肯定是有害的。启蒙政治哲学、自然法学及古典自由主义经济学对近代资本主义法律体系形成产生了深刻的影响。由于这些思想的影响，近代法律在公法领域强调对国家权力的制约，而在私法上则强调个人的平等和自由。“夜警国家”的观念表明，国家权力主要应体现在维护社会秩序和安全方面，从而划定了国家公权的行使范围，而立法权、行政权和司法权三权分立的思想则确定了国家权力结构的内部关系，强调国家权力行使的内部制衡与约束。在私法领域，则普遍从一切主体地位平等的观念出发，确定了近代民法的四大原则，即所有权绝对、主体平等、契约自由、过错责任原则。作为民法主体的人是高度抽象的，它忽略了客观存在的人所处的环境和其自身所具备的一切具体特征。由于将作为民事主体的人视为完全相同的人，因而也只能给予他们同样的保护。

启蒙政治哲学、自然法学及古典自由主义经济学对人类的发展作出了重大的贡献，它确立了近代的政治体制、对人权高度尊重的法律体系和适合自由资本主义发展的经济制度，对人类的自由民主和经济发展都产生了极大的推动。然而，进入现代市场经济社会以后，资本集中而产生的垄断导致了竞争秩序的破坏；现代科技的发展扩展了人类征服自然的能力，但对资源的无限度开发却导致了生态平衡的破坏，各种工业废料的排放，大大超过了自然的吸收能力，人类的生存环境日益恶化；市场的发展导致人类生活的城市化，城市化的生活方式又加深了人们对商品的依赖性，而市场竞争的规律必然导致财富的集中，社会分配不公的现象日益加剧。随着经济的发展，启蒙政治哲学、自然法学及古典经济学也逐渐暴露出其历史的局限性。人们开始对这些思想进行反思，进而在哲学领域出现了存在主义、实证主义等哲学思想，强调社会连带的社会学法学思想以及强调价值判断的规范经济学思想。它们重视现实中的个体差异，并重视通过公权对私的领域的介入，缩小由于这种差异而可能造成不同

个体之间政治、经济、社会地位及利益分配上的不公。现代法治进程出现了对法律传统否定之否定的趋向,这一倾向首先出现在对劳动关系的调整方面。由于工人运动的高涨,资本主义各国出现了以保护经济中的弱者——劳动者为内容的现代劳动法。19 世纪末,又出现了体现国家干预市场竞争的竞争法。以后又相继出现了从特殊的社会或经济主体情况出发,对他们的利益进行特殊保护的法律,如妇女权益保护法、未成年人权益保护法、老年人保护法、小企业保护法、农业保护法等。这些法律调整的社会关系大多为传统私法的调整范围,但与传统私法有着不同的价值追求、不同的功能和调整手段。这些法律往往从客观实际情况出发,针对特定主体的具体情况而制定,强调对特定主体利益倾斜或限制,强调各种利益关系的协调,从而抛弃了传统私法的一切主体绝对平等的立法思想。它们承认传统私法确定的权利,但又特别强调公共利益对这些权利行使的约束,在一定程度上摆脱绝对所有权、契约自由、意思自治和过错责任等传统私法原则的束缚,体现了国家对私法领域的干预和对私法调整结果的矫正。它们在运用传统私法调整方法的同时,又大量采用了行政法、刑法等公法调整手段,反映了调整某些既涉及私人利益又涉及社会公共秩序的社会关系对综合法律调整手段的需求,这些法律日积月累、逐渐形成了一个介于公法与私法之间的新的法域——广义的社会法。[5] 它们都有一个明显的特征,即以社会正义作为其基本的价值追求。在这个新的法域,存在不同的法律类别,其中包括对劳动者利益给予特殊保护的劳动法,对垄断者进行限制的反垄断法,对妇女儿童利益特殊保护的妇女儿童权益保护法,对消费者利益进行特殊保护的消费者保护法,对教师给予特殊保护的教师法,对残疾人给予特殊保护的残疾人保护法,对贫困者给予特殊保护的社会救济法,促进社会经济全面发展的宏观调控法、产业振兴法,等等。在这个庞大的法律体系中,根据其涉及的领域不同可以大致分为两个部分:一是与社会经济活动没有密切联系的部分,构成狭义的社会法;二是与社会经济生活存在密切联系的法律,构成现代经济法,其中包括反垄断法、反不正当竞争法、宏观调控法等。

(二)消费者保护法的经济法性质

消费者保护法具有经济法的性质。这是因为:

第一,消费者保护法体现了国家对经济生活的干预。消费者保护法是从消费者的利益出发,在充分考虑消费者弱者地位的基础上给予消费者特殊的法律保护。它是对特定法律主体进行保护的法律,体现了国家对消费者利益的倾斜,体现了国家对社会经济生活的干预。

第二,消费者保护法是社会本位的法律。在现代社会,消费者问题已经成为普遍的社会问题。经营者不法经营行为并非仅仅针对某一具体的消费者,而是针对不特定多数的消费者。其对人们的安全、健康和经济利益构成普遍的威胁,而这种威胁单靠个体消费者自身力量,哪怕是消费者有组织的力量,都是难以克服的。在这种情况下,只有国家运用自身的权力,适度干预社会消费关系,才能达到维护消费者整体利益的目的。因此,消费者保护法明确地体现了社会本位的观念。

---

〔5〕[日]丹宗昭信、厚谷襄儿:《现代经济法入门》,群众出版社 1995 年版,第 48 页。

第三,消费者保护法是调整经济关系的法律。消费者的需求是通过市场提供的商品、服务得到满足的,消费者通过交换而获得商品或服务。尽管消费品在消费者购入后便脱离市场流通的环节,但消费者用于消费的商品和服务源于市场,要保护消费者免遭损害,只能通过法律对市场进行必要和适度的干预。因此,从调整对象的角度来看,消费者保护法所调整的仍然是社会经济关系。这与经济法所调整的社会关系是一致的。

第四,消费者立法是追求实质正义的法律。消费者保护法是国家基于消费者处于弱者地位的考虑,作为一项社会法律对策而制定的。消费者保护法在不少方面体现了国家对消费者权益的特别保护,这种特殊保护并不是为了谋求形式正义的实现,而是追求实质的正义。这一点也恰恰符合现代经济法的特征。

第五,消费者保护法是回应性极强的法律。对消费者的保护必须与经济发展水平保持一致。脱离实际,一味强调对消费者的保护,而忽视客观的经济发展水平,不仅会严重妨碍社会经济的发展,而且消费者的根本利益也不会得到保障。众所周知,一个国家的消费水平决定于这一国家的经济发展状况。经济越发达,消费者的需求就越能得到更好地满足。如果经济一直处于落后状态,消费者的各种需求就难以实现。因此,改善消费者的处境,提高消费者生活水平,首先必须发展生产。经济发展了,消费者才能获得最基本的生活保障。在市场经济体制下,消费者与经营者的利益存在相互对立的一面,也存在相互依存的一面,过分强调哪一方的利益都会造成对他方的损害。在一定程度上要求对消费者给予特别保护虽然也会造成对经济发展的影响,但这种影响符合人类社会的基本价值观念,因而是必要的。过于严格的保护不仅会使生产者投资信心不足,影响经济发展,而且会使消费者负担加重。因此,对消费者的保护水平只能根据经济发展的状况量力而行,逐步提高。在制定各种消费者保护法律制度时,既要考虑我国经济的发展现状,又要考虑经营者的接受能力,不能一味照搬照抄他国立法。其次,要根据经济的发展,不断提高对消费者的保护水平。消费者保护制度不应是一成不变的。经济发展了,消费者保护法对消费品的安全性,各种食品的卫生标准,各种电器、机械、用品的功能和质量等,也应该提出更高的要求,只有这样才能推动消费者生活水平的不断提高。我国早在改革开放初期就针对与人民生命安全关系最为密切的食品卫生问题制定了《食品卫生法》(1982 年)。随着我国经济的发展,又相继制定了《药品管理法》(1984 年)、《标准化法》(1988 年)、《化妆品卫生监督条例》(1989 年)、《产品质量法》(1993 年)、《反不正当竞争法》(1993 年)、《消费者权益保护法》(1993 年)等法律规范。同样基于经济发展的变化,2013 年我国对《消费者权益保护法》进行了及时的修改。由此可见,随着经济发展,消费者保护法对消费者的保护不仅在范围上日益拓展,而且在程度上也日益提高。从与消费者生命安全等重大利益相关的领域到保证交易公平的领域,从个别零星的规定到相对完整的体系形成,从各种具体的立法制定到消费者保护基本法的出台,对消费者的法律保护越来越趋于完善。这充分表明,消费者保护法与其他经济法一样,具有极强的回应性。

综上所述,我们认为,从总体上说,消费者保护法具有经济法的性质,是经济法的重要组成部分。

消费者保护法尽管是经济法的重要组成部分,但这并不意味着它的体系内部不能包含其他性质的法律规范。由于某些民事、行政、刑事法律规范同样具有明显的保护消费者的功能,因而也应当纳入消费者保护法体系。尽管如此,消费者保护的经济法性质仍然不会改变。因为从总体上说,消费者保护法仍然具备经济法调整经济关系、体现国家干预、维护社会利益及追求实质正义的基本特性。

二、消费者保护法与其他法律部门的关系

(一)消费者保护法与民法的关系

消费者保护法是以法律的功能为标准而形成的带有综合性质的法律系统,这个法律系统的形成与民法、行政法以调整对象为标准对法律体系进行划分而形成的法律部门不是同一层次的概念。民法调整平等主体之间的财产关系和人身关系,是保护公民人身权和财产权不受侵犯的重要法律手段。公民在消费过程享有的人身权和财产权,理所当然地属于民法保护的范围。民法亦具有保护消费者权益的功能,民法中涉及消费者权利保护的内容是消费者保护法的重要组成部分。因此,民法与消费者保护法的关系并不是相互排斥而是相互交叉的关系,消费者保护法中包含着大量的民事法律规范。

消费者保护法中的民事法律规范,大多为应现代经济发展需要而产生的新型民事法律规范,如分期付款买卖法、产品责任法等。这些法律制度都是民法在现代市场经济条件下出现的新领域,是对传统民法的修正。从调整对象的角度来看,这些法律调整的是市场经济关系,但是在价值追求、调整原则和方法上却与传统私法有着明显的区别,它体现了国家对经济的干预,体现了对不同主体的差别保护。因而,法学界也有不少人主张它具有经济法的性质,还有些人则认为这些法律既属于民事特别法,又属于经济法,是民法与经济法的交叉。我们也赞同这种观点。

消费者保护法虽然包含了大量的民事法律规范,但就其总体来说并非都属于民法。也不能说消费者保护法是一种民事特别法,因为在消费者保护法中还包含着大量的管理性质的法律,这些管理性质的法律调整的不是平等主体之间的关系。因而,无论从传统的民法还是从现代民法的观念来看,消费者保护法都不具有民事法律规范的性质。

(二)消费者保护法与行政法

消费者保护法与行政法也存在交叉关系。消费者保护法中包含了大量的行政管理性质的规范,但这些行政管理性规范又并不构成消费者保护法的全部。消费者保护法中的行政性规范也大多是传统行政法中不具备的。传统行政法基于“夜警国家”的观念,强调对国家权力的制约,国家的存在是为了维护社会的安全与秩序,使社会免受外来侵犯或避免依照“丛林规则”运行而陷入混乱,因此,维护社会治安是传统国家的基本职能。随着现代经济的发展,国家改变了传统观念中的角色,由“夜警国家”“中立国家”逐步过渡到福利国家、职能国家。国家开始对社会生活进行一定的干预,特别对经济生活的干预具有越来越强的趋势。这样便形成了对社会经济进行管理的各种法律制度,类似食品、药品管理法、旅馆业管理法、交通安全管理法、化妆品管理法之类的带有行政管理性质的法律亦越来越多。这些法律是国家权力扩张的结果,与传统行政法以限制国家权力膨胀为目的的内向型行政法有着明显不同的价值取向。但它确实是国家用于对社会进行管理的法律,与传统行政法又无本质的区别。因此,法学界有人认为它是行政法的一部分,也有人认为它属于一个新的法域,

即经济法。我们赞同后一种观点。

(三)消费者保护法与刑法的关系

刑法作为一个法律部门与行政法和民法有着不同的特点。刑法这一法律部门的确定，不是以调整对象的特殊性为标准的，至少它不是以与民法和行政法处于同一层次的调整对象为基础而确立的。刑法以社会中危害性最大的行为——犯罪行为为规范对象，表现了一个治安国家对社会自治的最大容忍限度。刑法的基本功能是为人们提供最初级的保护。在消费领域，也存在对消费者利益侵害的具有严重社会危害性的犯罪行为，因而也要通过刑罚手段对其予以制裁。所以，在消费者保护法中也存在对严重侵害消费者利益的犯罪行为及其应承担的刑事责任的规定，这些规定既是刑法也是消费者保护法的重要组成部分。

第四节　消费者保护法的基本原则

法律的基本原则是指法律所体现的基本精神，它体现了法律的基本价值和调整方法，是各种具体法律制度的高度概括和抽象，对立法、执法、法律的解释与适用都具有普遍的指导意义。消费者保护法的基本原则是指集中体现消费者保护法的基本价值和调整方法，对消费者保护法制定、执行、解释和适用具有普遍指导意义的基本精神。我国消费者保护法的基本原则包括以下几项：

一、消费交易自愿、平等、公平、诚信原则

消费交易是消费者为生活消费需要而与经营者进行旨在获得经营者提供的商品或服务的交易。自愿、平等、公平、诚实信用是民事活动必须遵循的基本原则，消费交易作为民事活动的一种类型，同样应遵循这些基本原则。正因如此，《消费者权益保护法》第 4 条规定，经营者与消费者进行交易，应当遵循自愿、平等、公平、诚实信用原则。

在消费交易中，由于经营者一方占有优势地位，因而在很多情形中，受到损害的一方往往是消费者，而消费者侵害又往往是经营者一方违背自愿、平等、公平、诚信的商业道德准则所造成的；同时，《消费者权益保护法》是一部以消费者权益保护为宗旨的法律，将遵守这些基本原则作为对经营者的一般要求，也符合消费者保护法的宗旨。基于这种考虑，《消费者权益保护法》规定，经营者与消费者进行交易应当遵循这些原则。从字面上看，该条似乎是对经营者提出的一般要求，但这并不意味着消费者一方就可以违反或不遵守这些原则。实际上，作为交易的一方当事人，消费者在与经营者进行交易时也同样应当遵循这些基本原则。

所谓自愿，在这里主要是指交易的自愿，即消费交易之达成必须出于双方当事人的真实意愿。从消费者的角度来看，它意味着：第一，对经营者的选择应出于消费的真实意愿。经营者不得利用自己的交易优势，强迫消费者与自己进行交易，购买其生产经营的商品或接受

其提供的服务。第二,交易内容的安排应当充分体现消费者的意愿。经营者应当在与消费者进行充分协商的基础上进行交易,不得强迫消费者接受其单方安排的交易内容。第三,自愿应当是消费者真实的意愿,是消费者在充分信息的前提下的自愿,因此,经营者不得通过隐瞒信息或通过欺骗手段骗取消费者"自愿"购买其产品或接受其服务。

所谓平等,在这里主要是指双方当事人地位平等。它有以下方面的基本要求:第一,经营者在与消费者进行消费交易时,应当将所有消费者视为与其平等的交易对方当事人对待,在考虑自身利益的同时,充分考虑消费者的利益。第二,经营者在进行交易时,应当通过与消费者协商的方式对交易进行安排,不得利用自己的交易优势,强迫消费者交易或要求消费者接受不合理的交易条件。第三,经营者在与消费者进行交易时,应当对所有消费者都平等对待,对某些特殊的消费者,如残疾人、儿童、老年人等,应当一视同仁,不得歧视。第四,经营者在与消费者发生纠纷时,应当本着平等协商的精神处理纠纷,不得武断地要求消费者接受其提出的处理方案,在双方不能达成纠纷处理协议时,应通过司法程序或其他法律途径解决问题,不得限制消费者行使诉权或寻求合法的其他法律救济。

所谓公平,在这里主要是指消费者交易的公平,即交易双方的利益应当平衡。将公平原则纳入消费者保护法中作为对经营者的一项要求,目的在于防止经营者利用其交易优势,在谋求自身利益最大化的同时损害消费者的利益。从消费者保护的角度来看,公平原则首先要求经营者在交易过程中,应当充分考虑消费者的利益,并给予消费者表达利益诉求的机会,交易条件和其他相关的交易安排应当充分考虑双方的利益平衡,不能只考虑自身的利益。其次,在交易定价方面,应根据市场行情对自己经营的商品和服务进行合理的定价;在成本的负担方面也应考虑双方负担的均衡。再次,经营者进行交易时,应当对各类消费者同等对待,不得利用消费者急需或生理、心理等方面缺陷,进行对消费者不利的交易安排。最后,经营者应当提供与交易有关的充分信息,使消费者在充分知情的情况下,对交易公平与否作出合理的判断,并基于此种判断,最终做出是否进行交易的决定。

所谓诚实信用,有两个方面的基本内容:一是诚实,二是信用。"诚实"的基本内涵,就是要求交易当事人相互之间应诚实不欺。尤其在有关信息方面,交易双方都应当主动向对方提供与交易有关的真实、充分的信息,不得隐瞒与对方当事人利益相关的信息,更不能提供虚假的信息。"信用"的基本内涵是讲求信用,它是对交易双方履行承诺方面的要求。即交易一旦达成,双方都有履行的义务。交易过程中,对交易对方作出的承诺应当恪守,不得单方面失约、毁约。在消费者保护法中纳入诚实信用原则,主要是为了防止经营者一方违反诚实信用,隐瞒信息或进行虚假宣传,欺骗消费者,或违反承诺,不履行对消费者的义务。消费者保护法中的诚实信用原则主要有以下基本要求:第一,经营者在进行交易时,应当向消费者提供与交易有关的真实、充分的信息,以确保消费者在充分信息的前提下对交易是否公平等作出合理的判断,并在此基础上就是否进行交易做出决定。第二,经营者不得对自己经营的商品、服务存在的缺陷等不利于自己的信息进行隐瞒,也不得对自己经营的商品、服务作虚假不实、引人误解的宣传。第三,经营者通过各种方式做出的承诺应当严格履行。第四,对交易过程中各种交易条件和承诺等应当本着诚信的精神进行解释,不得为逃避或减轻自己的义务、责任而刻意做有利于自己或不利于消费者的解释。

二、消费者权益国家保护原则

消费者是单个的社会成员，其经济能力及掌握各种知识的能力都非常有限，因而较难与经营者抗衡。这就需要国家与社会站在消费者一方，对消费领域进行适度干预，在消费者利益受到侵害的情况下，对消费者提供各种帮助。《消费者权益保护法》第 5 条规定，国家保护消费者的合法权益不受侵害。国家采取措施保障消费者依法行使权利，维护消费者的合法权益。

保护人民生命财产安全，维护社会正义是国家的基本职责。对消费者给予各种帮助，国家更是责无旁贷。贯彻这一原则，首先要求国家应制定保护消费者的各种法律，反映消费者的合理诉求，对消费者合法的权益进行界定和宣示，使广大的消费者明确自己享有的权利，并在自己的权利受到侵害时，积极地维护自己的权利；同时，使经营者在明确消费者权利的前提下尊重消费者的权利，避免给消费者的权利造成侵害。其次，应通过立法，加强对经营者的约束，明确经营者的各项义务，并通过执法和监督，确保经营者义务的履行。再次，国家应设立各种保护机构，开展消费者保护宣传，指导消费者进行合理消费，建立消费信息平台，为消费者正确选择商品、服务，正确使用商品、接受服务提供信息、技术和法律等方面的支持，使消费者合法权利免受来自经营者和自己不当消费的侵害。又次，国家应采取各种措施，加强消费市场的监督与管理，及时发现并纠正侵害消费者权益的各种行为，将侵害消费者权益的现象控制在最低的限度。最后，国家应建立便利、高效的消费者纠纷解决机制。确保消费者在权利受到侵害时，能够便利地获得救济。在发生消费纠纷时，当事人能够通过适当的纠纷解决机制获得及时、便利、高效、公正的解决。

三、消费者权益社会保护原则

保护消费者的合法权益，不仅是国家的基本职责，也是全社会的共同责任。《消费者权益保护法》第 6 条明确规定："保护消费者的合法权益是全社会的共同责任。国家鼓励、支持一切组织和个人对损害消费者合法权益的行为进行社会监督。大众传播媒介应当做好维护消费者合法权益的宣传，对损害消费者合法权益的行为进行舆论监督。"

各种社会组织和个人，特别是以消费者保护为本职的消费者保护组织，应当明确地站在消费者的立场上，对可能损害消费者合法权益的有关行为进行社会监督，通过广泛的社会监督，揭露各种侵害消费者合法权益的行为，使各种侵害消费者权利的现象彻底曝光，无处遁形。这必将对各种企图侵害消费者权益的不法经营者形成持续的高压态势，有效抑制其侵害行为。消费者保护法明确规定维护消费者权益是全社会的共同责任，并对各种组织和个人履行消费者保护监督职责的行为表明支持和鼓励的立场，对在全社会范围内形成有利于消费者权利保护的氛围，具有十分重要的意义。

大众传播媒介是实现社会监督和消费者教育的重要工具，在消费者保护工作中负有特别重要的责任。报刊、广播、电视、网络等应当对侵害消费者利益的行为进行及时的揭露、曝光，使其受到社会的普遍谴责。同时，要通过各种传播媒介，宣传法制和消费知识，提高消费者的保护能力，督促经营者树立"消费者主权"与"消费者至上"的观念，为消费者提供更多、更好的消费品和服务。

四、倡导文明、健康、节约、环保消费方式的原则

消费是人类满足自身生活需求的各种活动,不同的生活方式决定了消费方式的基本形式。在自然经济社会,人们主要通过自己的劳动成果满足自身的生活需求;而在现代市场经济社会,人类的生存和发展需求则主要是通过不断从市场获得的消费资料和服务来满足的。城市化的高度发展,更使人们生活的相互影响日益增强,特别是群体化消费(如众多人在同一餐馆吃饭等)的发展,使每个人的消费行为都可能对众多人产生影响。与此同时,由于消费的市场化,通过市场获得消费品和消费服务的消费者越来越多,消费规模的空前扩展,使人们消费行为对资源消耗和环境都可能产生巨大的影响,不合理的消费理念和消费方式,不仅可能影响消费者的利益,而且可能造成资源的巨大浪费和对环境的严重破坏。提倡文明、健康、节约、环保的消费方式,不仅有利于消费者的身心健康,有利于营造和谐、文明、健康向上的社会环境,也有利于节约资源,维护良好的生态环境。近年来,随着我国经济的发展,一些不文明(如在餐馆就餐时大声喧哗等)、不健康(如色情消费等)、不节约资源(如餐馆就餐时不按照需要点菜造成大量剩菜而不打包带走等)和不环保(如乱丢消费垃圾等)的消费方式非常普遍,不仅影响了消费者自身的安全、健康,也破坏了良好的消费环境,造成资源的浪费和生态环境的破坏。为有效防止这些消费方式的蔓延,倡导文明、健康、节约 资源和保护环境的消费方式,2013 年《消费者权益保护法》修改时,在第 5 条增加了一款,即第 3 款,明确规定:“国家倡导文明、健康、节约资源和保护环境的消费方式,反对浪费。”

文明消费作为一种消费方式,可以从广义和狭义两种不同意义上来理解。从广义上说,健康、节约资源和环境保护的消费方式都属于文明消费方式的范围;从狭义上说,文明消费则是与健康、节约资源和环境保护消费方式并列的一种消费方式。这里的文明主要是从狭义上来理解的,指消费行为的文明,即消费行为应当符合社会主义道德准则和社会公德、有益于他人和社会的行为。不文明的消费行为就是不符合社会主义道德准则和社会公德,有损于他人和社会的消费行为。例如,在公开场合消费时行为粗俗,说话粗鲁;不顾其他消费者感受在消费场所吸烟、吐痰,着衣过分裸露、肮脏等可能引人反感的行为;不考虑消费环境高声喧哗、吵闹影响他人正常生活、消费的行为;等等。

健康消费作为一种消费方式,也可以从广义和狭义来理解。广义的健康消费与文明消费意义相当,具有极为丰富的内涵。狭义的健康消费,主要指满足消费者正常生活需求,有利于消费者身心健康的消费。不健康的消费通常指满足低级趣味,有损消费者身心健康的消费。例如,毒品消费、色情消费,以侮辱或奴役他人或使他人承受痛苦取乐的各种消费,追求暴力、血腥、恐怖效果的各种消费等。

节约资源的消费,主要是指在最大限度地利用资源效用基础上进行合理的消费,不无谓的耗费资源,并尽可能减少资源消耗的消费方式。节约资源的消费方式是与浪费资源的消费方式对立的。浪费资源的消费方式主要指在消费过程中不合理地利用资源,造成资源过度消耗的消费方式。例如,大量购置功能相同的耐用消费品而对其中大部分弃之不用,大量购置食品(包括点餐)而只是消费其中的一部分,造成其中大部分被直接丢弃或因为变质不能食用而被丢弃,超过自身需求合理的限度,暴饮暴食,过度消费;在消费过程中不进行科学的安排而是有些消费品丢失、毁坏;为炫耀自己的经济实力故意购置不需要的消费品而毁

损、丢弃或听任其在自然力作用下变质、毁损；等等。

保护环境的消费方式主要指在消费过程中尽可能地防止对环境造成破坏，将消费对环境造成的不良影响降低到最低限度的一种消费方式。消费过程中往往会产生大量的废弃物，如果不妥善处理，便可能对环境造成破坏。例如，乱丢消费垃圾不仅可能影响市容整洁，而且有些消费垃圾经长期堆积产生化学反应，会生成有毒有害气体、液体，还会造成对大气或水源的污染。同时，不适当的消费行为本身也可能直接对环境造成影响。如娱乐消费时产生的噪声对周围就可能造成不良影响，而食用野生动物的消费则可能导致野生动物的灭绝。

消费者保护法倡导文明、健康、节约资源和保护环境的消费方式，体现了现代消费理念的要求，顺应了历史发展的趋势。由于《消费者权益保护法》是保护消费者权益的法律，在该法中仅仅倡导这些消费方式，并没有就违反该条规定的责任作出规定，但这并不意味着消费者在进行不文明、不健康或浪费资源、破坏环境的消费时，可以不承担责任。消费者在消费时因其粗鲁行为造成他人的人身伤害或受到人格侮辱，受害人可以要求其承担民事责任，公安机关和其他管理部门可以根据有关治安管理的规定，给予其行政处罚，构成犯罪的，还可以通过司法机关追究其刑事责任。对各种不文明、不健康的消费、浪费资源或破坏环境的消费行为，如侵害了他人合法权益或损害了公共利益，依法应承担责任，都应根据相关法律追究行为人的法律责任；即便有些行为不宜追究责任，也应受到社会舆论的谴责。

第五节　消费者保护法的体系

一、消费者保护法体系的含义

对于法的体系，通常有狭义和广义两种不同的理解。前者认为法的体系就是指法的渊源和法律规范内容体系，即某一法律部类的立法在渊源上由哪些法律文件及其内容所构成。后者认为法的体系还包括以一定法律现象为研究对象的法学体系。我们是从广义上来理解消费者保护法体系的。按照系统学的观点，任何系统的建立都必须遵循整体性原则、互相联系原则、有序原则和动态原则。因此，按照整体性原则建立的消费者保护法的体系不是被分割的体系，而是由各部分所组成的、其总体功能大于部分简单相加的功能总和的有机整体；按照互相联系原则建立的消费者保护体系，不是各种现象孤立存在的，而是互相联系互相依存的整体；按照有序原则建立的消费者保护体系，不是一个现象之间无规律的杂乱无章的联系，而是一个本质的、普遍的必然联系结构；按照动态原则建立的消费者保护法体系，不是一个凝固不变的机械式体系，而是一个体系内部各个要素之间通过对立统一的运动而不断优化并适应客观需要的高级活动的动态体系。由此可以认为，消费者保护法体系是消费者保护法的理论体系、渊源体系、法规规范内容体系和实施体系所构成的互相联系的、有序的、动态的有机整体。了解消费者保护法体系，可以从总体上俯视其内部构成，对全面理解掌握消费者保护法，正确地选择、解释、适用法律都具有重要的指导意义。

二、消费者保护法体系的构成

消费者保护法的体系可以从以下几个方面来理解:

(一)消费者保护法理论体系

消费者保护法的理论体系,是以消费者保护法及其发展的一般规律作为研究对象的法学理论体系。消费者保护法的理论体系,由消费者保护法的一般理论、消费者保护法制度理论和消费者保护法实施理论三个基本的部分构成。消费者保护法一般理论阐明消费者保护法一般原理,其内容主要涉及消费者保护法的定义、调整对象、功能、价值、立法基础、地位、原则、历史发展等理论性的问题。消费者保护法制度理论,是以各种消费者保护法律制度为对象进行研究而形成的法学理论,其内容主要包括有关消费者权利、经营者义务的法学理论,有关消费者保护国家和社会责任的理论,有关消费者组织的法学理论,有关消费者权益保护措施的法学理论等。消费者保护法实施理论是以消费者保护法实施环节的各种问题为对象进行研究而形成的理论。其内容主要包括有关消费者救济渠道和维权方式的法学理论,有关消费者执法、司法机构的设置与权利配置的理论,有关执法与法律适用的程序与规则方面的法学理论等。

(二)消费者保护法的渊源体系

消费者保护法的渊源是消费者保护法借以表现的形式。消费者保护法的渊源体系是由各种不同层级的法律规范构成的有机系统。包括国家宪法中有关消费者利益保护的规定、国家权力机关及其常设机构制定的消费者保护法律、国家最高行政机关颁布的消费者保护法规、地方省级及国家授权的其他重要城市的权力机关颁布的地方性法规、国家最高行政机关直属部门及省级地方政府颁布的行政规章等。此外,与消费者保护有关的司法解释及我国参加的国际条约,也是消费者保护法的渊源。

(三)消费者保护法律规范内容体系

它是指体现在不同层级的消费者保护法律规范中对消费者权益进行有效保护的规范体系。主要包括:(1)保护消费者的基本法。即1993年第八届全国人大常委会第四次会议通过的《中华人民共和国消费者权益保护法》,其基本内容包括消费者保护法的宗旨、原则、消费者的权利、经营者的义务、国家机关的职责、消费者组织、争议的解决、法律责任等,是消费者保护法的统帅,在整个规范体系中处中心地位。(2)关于消费者安全的法律规范。其中包括与消费者安全密切相关的食品安全、药品管理、化妆品管理、机动车辆安全管理等方面的法律规定。(3)关于维护消费交易公平的法律规范。这是为实现消费者与经营者的交易公平,保护消费者经济利益方面的法律规范。它包括反垄断、反不正当竞争法中的有关规定,关于商品、服务价格、计量方面的规定,关于消费合同方面的规定,等等。(4)关于商品、服务质量保障的法律规范。主要包括产品质量法、标准化法等方面的法律。(5)关于商品、服务标示管理方面的法律。主要包括广告法和其他各种商品、服务标示方面的法律规范。(6)关于消费者权利保护与救济方面的法律。主要包括与消费者利益相关的协商、仲裁、行政申诉和诉讼等方面的法律规范。

第三章 消费者及其权利

第一节 消 费 者

一、人的需求与消费

准确地把握和理解消费者的定义,必须首先明确什么是消费,以及人的需求与消费之间的关系。“消费”(consuming)一词通常在不同的意义上使用着。第一种意义上的“消费”涵盖了人类生产生活领域的一切物质消耗。它将人类在生产过程中各种生产资料的消耗及人类在满足个人需求时所进行的生活资料的消耗均归入消费的范畴。第二种意义上的“消费”是将消费仅仅局限于人类为满足自己及家庭的生活需要而进行的物质消耗。消费者保护法中所指的消费是从第二种意义来理解的。它是消费者通过市场而获得消费资料和消费服务,用以满足个人或家庭生活需要的活动。

人是一种生命形态,同时,人也具有社会属性。无论是作为动物的人还是作为社会的人,都存在各种各样的欲望和要求,这些欲望和要求需要以各种方式得到一定程度的满足,唯有如此,人类的生存与发展才有可能。作为一种生命形态的人,要生存就必须有食物充饥、居所安住、衣服蔽体与御寒等,缺乏这些基本的物质资料,人类的生存就会受到威胁。作为一种社会的人,除上述基本的生存需要以外,还需要交往,需要尊重,需要社会的承认。

需求首先是个人的需求,家庭的、集团的和社会的需求都是以个人需求为基础的。由于每一个人天生的生理特征以及后天的环境、经历不同,人的需求也不完全一样。此外,需求还要受到民族、风俗、习惯、宗教等因素的影响。

需求具有一定的层次性。马克思把人的需求分为两个层次,即人们对衣食住等方面的第一需求和作为人们劳动与自由个性发展需要的高级需求。[1] 马斯洛把人的需求区分为“匮乏”与“后需要”两类:前者指人的生存基本需求,包括生理需求,安全、归属及爱的需求,尊严的需求等;后者指人的发展性需求,包括自我实现、知识与理解、审美等需求。[2]

需求通过各种途径获得满足,消费便是人类满足其需求的一种重要途径。但并非人类的各种需求都是通过消费来满足的。例如,社会交往、尊重、信赖等方面需求的满足就不是通过消费来实现的。从最一般意义来看,生活消费是为满足其自身需求而对外在物质及能

---

〔1〕《马克思恩格斯全集》(第一卷),人民出版社1995年版,第33页。
〔2〕[美]马斯洛:《存在与心理学探索》,云南出版社1987年版。

量的消耗。因此,即便是生活性消费,它亦有非常广泛的外延。

消费必须具有消费对象。消费对象可以是大自然本身就已经存在的物质和能量,也可以是人类生产的物质和转化的能量。就后者而言,又可以分为两种情况:一是通过自己的劳动或自己劳动的产物来提供;二是通过他人的劳动和劳动成果来提供。在后一种情况下,获得他人劳动及劳动成果的方式又是多种多样的,如赠与、帮助、义务履行等。

在市场经济条件下,人们所需要的消费对象大多是通过市场而获得的。即通过支付一定的代价(主要是金钱)而获得一定量的消费对象。在法学的特定领域——消费者保护法领域,"消费"一词正是从这一意义来理解的。

由此可见,我们所说的消费是指消费者以他人生产经营的消费对象来满足自身生活需求的行为。

二、消费者

在我国《消费者权益保护法》颁布以前,对消费者的定义理论界有不同的看法,各地颁布的消费者保护条例等,也对消费者进行了不同的界定。[3]《消费者权益保护法》第2条规定:"消费者为生活消费需要购买、使用商品或者接受服务,其权益受本法保护;本法未作规定的受其他有关法律、法规保护。"从这一规定我们可以看出,所谓消费者,是指为满足生活需要而购买或使用经营者提供的商品或服务的人。这一定义包括以下含义:

(一)消费者是购买、使用商品或接受服务的人

对于消费者的定义范围,理论上有不同的观点。一种观点认为,消费者只能是自然人而不能是法人及其他社会组织;而另一种观点则认为,无论是自然人、法人或其他社会组织都可以成为消费者。我们同意前一种观点,因为消费者保护法的根本目的是保护人们生活性消费过程中的安全,维护他们的经济利益,只有自然人才能成为终极消费的主体。自然人作为消费者是不受民族、宗教信仰、社会地位等条件限制的,任何人无论其自身的具体情况如何,都可以成为消费者。作为自然人集合体的法人及其他社会组织,其本身并不具有消费者的资格,但是其社员及职工作为自然人仍属消费者的范围。有人认为,有些商品既可以用于个人消费,亦可以用于生产经营。例如,各种餐炊具既可以为家庭使用,又可以为餐馆使用,后一种情况显然是作为生产资料使用的。如果不承认餐馆是消费者,那么其合法的权利就得不到保护。实际上,我们说消费者限于个体成员,并不否认法人及其他社会团体在其权利受到侵害时可以通过其他法定的手段进行救济,只是消费者保护法的保护对象并非这些社会团体的利益,而是消费者的利益。

将消费者限制在个体社会成员的范围内具有非常重要的意义。现代消费者保护法是在对市场经济条件下消费者弱者地位充分认识的基础上对消费者给予特殊保护的立法。如果将消费者的范围规定得过广,将各种社会团体和组织都视为消费者,那么以此为指导方针而制定的法律必然会忽视个体消费者的弱势地位,对其给予特殊保护亦必然会失去理论依据。

消费者的范围非常广泛,包括所有为了生活需要而购买商品或服务的人。当某人为了

---

[3] 参见梁慧星主编:《社会主义市场经济管理法律制度研究》,中国政法大学出版社1993年版,第238~239页。谢次昌主编:《消费者保护法通论》,中国法制出版社1994年版,第104页。

自己或他人的生活需要而购买某种商品或服务时,在交易过程中是以消费者身份出现的,消费者保护法中规定的相关权利他都可以享受。消费者不仅包括购买商品、服务的交易当事人,而且也包括某种消费商品的使用人或服务的接受人,使用他人购买的商品或接受由他人支付费用的服务的人。例如,在商店购买食品的人,其自身是消费者,同时食用该食品的其子女、亲戚、朋友等也属于消费者。前者是交易过程中消费者各种权利的享有者,而后者则是使用过程中各种权利的享有者。当他们因为食品不卫生而受损害时,都有权依法要求经营者赔偿损害。

(二)消费者购买使用的商品和接受的服务是由经营者提供的

消费者是与经营者相对的一种法律主体,是一种社会角色,而不是一个阶级、阶层或固定的集团。当某人为了生活需要而购买或使用他人提供的商品或服务时,他就是这种商品或服务的消费者;而当他以营利为目的向他人提供某种商品或服务时,他又是经营者。消费者不仅包括购买商品或服务的人,而且,亦包括使用商品或接受服务的人。但是,作为消费者使用的商品,应当是他人生产、制造的而不是其自己生产、制造的。如农民自己生产的蔬菜自己食用,这时,该农民就不属于这种蔬菜的消费者。作为消费者,其消费的商品和服务是自己或其他人通过一定的方式从经营者那里获得的。一定的方式通常是指支付商品、服务的价格而购买,但又不仅限于购买。通过支付任何形式的代价(如劳动、提供便利等)而获得经营者的商品和服务,也应当属于消费者;甚至不支付任何代价而由经营者赠与的商品或服务的使用者,亦属消费者的范围。因此,对消费者的含义我们必须与一定商品与服务的提供者——经营者的含义结合起来理解。凡是为了满足自己或他人的个人需求而购买或为了自己的需求而使用商品、接受服务的人均属消费者的范围。

(三)消费者是进行生活性消费活动的人

由于消费者并不是一个固定的阶层或集团,因此,消费者的含义具有严格的时间性。这就决定了任何人只有在其进行消费活动时才是消费者。消费活动的内容包括:(1)为生活需要而购买商品;(2)为了生活需要而使用商品;(3)为了生活需要接受他人提供的服务。消费者是为了个人生活需要而购买或使用商品与接受服务的,这是消费者与经营者的根本区别。经营者也需要购买各种原材料、生产工具等商品,但是,经营者购买这些商品不是为了满足其个人的生活需要,而是为了生产的需要。有些商品,如粮食,既可以作为食品加工业的生产原料,也可以作为消费资料直接满足消费者的需求。但为了经营需要而购买这些商品的人与直接满足个人需要而购买同一商品的人,在法律上的地位是不同的,前者仍属于经营者,而后者则属于消费者。

应当注意的是,在我国,由于广大农村普遍实行土地承包经营制度,农业经营者一般为以家庭为基础的广大农户,他们购买直接用于农业生产的种子、农药、化肥等,虽属生产资料的范围,但广大农民普遍势单力薄,在经济活动中,有着与消费者相似的“遭遇”。考虑到我国农业经营者的特殊情况,《消费者权益保护法》第62条规定,农民购买、使用直接用于农业生产的生产资料,参照本法执行。这一规定具有两层含义:一方面,它肯定了购买使用农业生产资料的农民,不属于消费者;另一方面,农民在购买使用农业生产资料时,如消费者一样,享受《消费者权益保护法》规定的消费者所享有的各种权利。

第二节 消费者主权与消费者权利

一、消费者主权

消费者主权虽然在法律著述中被频繁使用,但它最初是作为一个经济学上的范畴而提出的。近代资产阶级启蒙思想家从“天赋人权”“人人平等、自由”的观念出发,认为国家基于人民之间的契约而成立,国家的一切权力来源于人民,因而国家政治生活中一切重大问题应由人民直接或间接(通过自己的代表)决定。这种政治领域中“主权在民”的思想是现代资产阶级民主制度最基本的理论前提。与政治的民主相对应,在经济领域,经济学家亦提出了“经济民主主义”的思想。他们认为,在经济生活的层面上,应当由作为国民一个“侧面”的广大消费者行使最终决定权,即“消费者主权”。但消费者主权与政治生活中的“人民主权”“国民主权”不同,它不是通过国民直接或间接的投票表决来实现,而是通过一定的经济结构、经济体制来实现。在古典自由主义经济学看来,要实现消费者主权,就必须实现经济自由主义。

作为一个经济学概念,消费者主权的基本含义是:在经营者(生产者、销售者)与消费者的关系中,消费者处于最终的决定地位。生产者生产什么、生产多少,不是由生产者自身决定,而是由最终的消费者决定。

消费者主权思想并非现代消费者运动的结果。古典自由主义经济学家的著述便认为,消费者主权是商品经济的必然结果。在商品经济条件下,生产者不是为了自身获得商品的使用价值,而是为了实现商品的货币价值为他人而生产。这就决定他必须根据买方的需求和偏好决定生产什么、怎样生产,否则其商品的价值就不可能得到实现。马克思主义经典作家亦一再强调消费对生产的作用,并指出,不仅消费资料的生产取决于消费者的需求与偏好,而且生产资料的生产亦是如此。马克思在《资本论》中写道:“生产资料的生产不能为生产而生产,它最终要受个人消费的限制。因为不变资本的生产从来不是为了不变资本本身而进行的,而只是因为那些生产个人消费品的生产部门需要更多的不变资本。”[4]当生活消费的增长引起对消费资料生产的需求增加,必然引起对生产消费资料的生产资料以及生产这些生产资料的生产资料需求的增加,从而为生产资料的生产提供新的社会需求。反之,当整个或某一方面的生活消费萎缩时,亦必然会导致相关生产资料生产的萧条。现代福利经济学更将消费者福利(公共福利的最重要表现形态)作为考察一切问题的出发点,认为国家应当为增进公共福利而全面介入社会经济生活,甚至由国家直接组织社会经济活动。[5]

目前,我国经济学界一般认为,“消费者主权”主要包括以下内容:(1)在生产者与消费者的关系中,生产者应从消费者的需要出发,生产什么、生产多少,要服从消费者的需求与偏

---

〔4〕 马克思:《资本论》(第三卷),载《马克思恩格斯全集》(第二十五卷),人民出版社1974年版,第341页。

〔5〕 罗志如、厉以宁等:《当代西方经济学说》(下册),北京大学出版社1989年版,第394~395页。

好的变化,消费既是生产的出发点又是其终点和归宿。(2)在销售者与消费者的关系中,销售者的行为受消费者的意愿调节,销售服务应服从"消费者是上帝"的规则。(3)在政府与消费者、生产者的关系中,政府和计划者的行为应首先考虑消费者的利益,计划、政策和法律的制定应从消费者的根本利益出发。[6]

在经济学上,"消费者主权"是由经济体制所决定的问题,只有在特定的经济体制下,才可能存在消费者主权。从经济应然形态的规范评价来看(规范的经济分析),消费者主权是权利维护的价值命题;从现实经济中消费者的地位与其应然之地位的吻合程度来分析(实证的经济分析),消费者主权则是事实分析的实证命题。[7]

作为法学命题,消费者主权应该放在法学话语体系中进行理解和解读。为此,至少应明确其以下几个方面的基本内涵:首先,消费者主权与法律的价值有关。在法学上,它应当作为有关市场经济法律制度的基本价值来定位。作为一个法学范畴,消费者主权就其本身来说不是权利,而是法律所追求的价值目标之一,是与消费者利益相关的法律制度设计的基本出发点。其本身虽不是权利,但它是赋予消费者权利、确定经营者义务的基本依据。其次,法学中的消费者主权虽以消费者的需求与偏好决定经营者的行为为基本内容,但在这里,消费者需求与偏好本身亦是一个价值判断问题。消费者需求与偏好应否得到法律的支持与保护,要结合政治、道德、伦理及一般正义的观念等因素进行考虑。再次,法律上的消费者主权不仅是一个与经济结构、经济制度相关的问题,而且是一个与政治制度相关的命题。例如,消费者参与有关立法及政策的制定、修改、废止等,在现代市场经济条件下,也应当成为实现消费者主权的一个重要手段和表现。建立及完善相应的政治制度也是法学家不能回避的问题。最后,从法学角度来看,消费者主权需要通过法律对社会关系的调整而实现。在消费者主权实现层面上,它需要通过法律对消费者与经营者及国家的权力、权利、义务、职责的规定以及这些规定的遵守、执行而实现,而不应仅仅通过一定经济制度下经济活动的自发运行过程而实现。从这一点考察,消费者主权就不仅仅是经济结构或经济体制问题,而是与各种具体法律制度安排也密切相关的问题。总之,法学家所面临的是如何通过法律制度保障消费者合理需求与偏好对经营者行为的决定作用。

二、消费者权利

什么是权利?自古以来,这个问题就是法学家们争论不休的焦点。对此,主要有资格说、利益说及法力说三种学说,其中以利益说为通说。依照利益说,权利乃受法律保护之利益。据此,我们可以给消费者的权利作如下定义:消费者的权利就是消费者在购买、使用商品或接受服务时依法享有的受法律保护的利益。

需要指出的是,对于消费者权利,我们不能简单地将其理解为一种民法上的民事权利,因为民事权利是平等当事人之间基于法律的规定或者约定而产生的。在传统民法中,民事主体之间在法律上不存在弱者与强者的区分,民事关系的一方主体对另一方主体造成损害,通常是按照赔偿实际损失的原则而获得补救。与一般的民事权利相比,消费者权利具有以

---

〔6〕 陈东琪、李茂生主编:《社会主义市场经济学》,湖南出版社1995年版,第51页。
〔7〕 [日]北川善太郎等:《消费者保护法之基础》,青林书院新社1986年版,第21页。

下特征:

第一,消费者权利是消费者所享有的权利,也就是说,消费者权利是与消费者的身份联系在一起的。一方面,只有在以消费者的身份购买、使用商品或接受服务时才能享有这些权利。因此,购买机器设备从事生产经营活动的人,不能享有消费者保护法规定的各项权利。消费者权利是以消费者资格的存在为必要条件的。另一方面,它表明,凡消费者在购买、使用商品或接受服务时,都享有这种权利。即消费者权利又是以消费者身份的存在为充分条件的,一旦人们以消费者的身份出现,就毫无例外地享有这些权利。

第二,消费者的权利通常是法定权利。按照权利发生的依据不同,可以将权利分为法定权利和约定权利。前者是由法律直接规定而产生的,如选举权、诉权、劳动权等。后者则是由当事人依法约定而产生的,如合同中当事人所享有的各项权利等。消费者权利通常是法定权利,作为法定权,它具有强制性,任何人不得剥夺,经营者以任何方式剥夺消费者的权利的行为无效。我国现行《消费者权益保护法》第 26 条规定,经营者不得以格式合同、通知、声明、店堂告示等方式作出对消费者不公平、不合理的规定或减轻、免除其损害消费者合法权益应当承担的民事责任。同时,作为法定权利,其内容是由法律直接规定的,消费者依法享有这些权利,任何人未经消费者同意都不能对其权利进行限制。

第三,消费者的权利是法律基于消费者的弱者地位而特别赋予的权利。从历史演化的角度来看,消费者保护法中规定的消费者的各项权利在传统上大多属于交易当事人自治的范围。为了充分保护消费者的利益,现代国家将这些权利法定化,消费者权利充分体现了法律对消费者特殊保护的立场。

三、消费者权利的由来和发展

消费者权利的概念是随着消费者运动的发展而产生并逐步得到认同的。

在自由竞争资本主义阶段,国家对社会经济生活奉行不干预政策。消费者与经营者之间的关系由基于当事人地位绝对平等基础上制定的民商法进行调整。消费者作为交易当事人,其享有的权利义务根据契约自由原则,按照一般交易习惯来确定。有特殊要求的,则由其与经营者协商确立。在消费者对市场的依赖性不大、产品结构功能不甚复杂、消费者与经营者实力势均力敌的条件下,按照这一原则确定当事人的权利和义务,在一般情况下并不会导致损害消费者利益的事件频繁发生。由法律直接规定消费者的权利不仅没有迫切的必要性,而且会造成对契约自由原则的破坏,影响市场的自由竞争,阻碍经济的发展。但是,随着经济的发展,消费者境况日益恶化,引发了消费者运动的兴起。在消费者运动过程中,人们渐次提出了对消费者进行特殊保护的“消费者主义”(consumerism)、消费者权利等思想。所谓“消费者主义”,其基本主张就是对一切与人类生活有关的事务进行检讨,人类的一切活动都应有利于人类生活的幸福、自由和安全,有利于人类的公共福利。随着消费者运动的高涨,“消费者主义”及“消费者主权”的思想受到普遍的拥护。经营者为了争取更多的“货币选票”,以赢得竞争中的有利地位,亦常常喊出“消费者是上帝”“顾客至上”等口号。消费者的利益保护问题日益引起人们的重视。

一般认为,“消费者权利”的概念最初是由美国总统肯尼迪提出来的。1962 年 3 月 15 日,肯尼迪总统向美国国会提出了一份《关于保护消费者利益的总统特别国情咨文》。在这篇咨文中,他指出,消费者具有四项权利,即获得安全商品的权利、正确了解商品的权利、自由选择商品的权利以及就与消费者有关的事务提出意见和建议的权利。由于这篇咨文首次概括了消费者的四大权利,在国际消费者运动中具有特别重要的意义。因此,1983 年“国际消费者联盟组织”作出决定,将每年的 3 月 15 日作为“国际消费者权益日”。1969 年,美国总统尼克松又提出消费者在其人身或财产遭受损害时具有要求获得适当赔偿的权利,即消费者的索赔权。消费者索赔权的提出,丰富了消费者权利的内容,使消费者权利的体系更加完善。1963 年,日本官方在一份题为《关于保护消费者的咨询答复》的文件中提出消费者有三项权利:要求商品和服务具有通常人们所期待的质量、内容且安全卫生的权利;要求商品和价格以及其他交易条件必须是由自由、公平竞争决定的权利;要求商品、服务的质量、内容、价格及其他交易条件的表示、广告真实且能为消费者正确认识的权利。1968 年,日本首先制定了《保护消费者基本法》,规定了对消费者各种权利进行保护的措施,从而使消费者权利成为受法律保护的不得为其他任何人随意剥夺的法定权利。此后,1968 年的韩国《消费者保护法》明确规定了消费者享有七项权利,即要求免遭因物品及劳务产生的生命、身体及财产上的危害的权利;要求提供选择物品及劳务所需知识及情报的权利;在使用或利用物品及劳务时自由选择交易对象、场所、价格、交易条件等的权利;对影响消费生活的国家及地方自治团体的政策和事业者的事业活动等反映意见的权利;对因使用或利用物品及劳务所受到的损害按照迅速而公正的程序得到切实补偿的权利;得到为合理地维持消费生活而受到必要的教育的权利,以及为保护消费者的自身权益组织团体并通过该团体进行活动的权利。此外,泰国 1979 年《消费者保护法》确立了消费者的四项权利,西班牙 1984 年《消费者和使用者利益保护法》规定了消费者有六项权利。继日本之后,许多国家都通过消费者保护法对消费者的权利作了明确的规定。

1985 年 4 月 9 日,联合国大会通过的《保护消费者准则》规定,要确保消费者下列合理的需要得到满足:消费者的安全与健康不受危害;促进和保护消费者的经济利益;使消费者取得充足的信息以便他们能够按照个人意愿和需要作出具体的选择;获得消费教育;提供有效的消费者赔偿办法;有组织消费者及其他有关团体或组织的自由,这种组织对于可能影响他们利益的决策过程有表达意见的机会。

国际消费者联盟组织则提出了消费者有八项权利。综合而言,消费者有权得到必需的物品和服务借以生存,应该得到公平的价格和选择,应当得到安全,应有足够的信息,应该得到公平的赔偿和法律援助,应该获得消费者教育,应当享受一个健康的环境。

综上所述,我们可以看出,自提出以来,消费者权利的内容不断地得到充实和发展,从一般的保障安全、交易公平等领域逐步扩大到消费者的教育、消费者组织设立、消费环境改善及政府决策参与等各个方面。这种发展趋势表明,消费者问题已不再仅仅是涉及具体消费者与经营者的利益平衡问题,而是一个重要的社会问题。消费者问题正在开始作为一个社会问题而得到各方面的关注。同时,从性质上来看,消费者的权利发展还经历了从一般口号到政府认可,再到由法律明确规定的法权这样一个渐进发展的过程。消费者权利正在以法定权利的形式为越来越多的国家法律所确认。此外,消费者权利的实现保障亦越来越严密,保护消费者利益已被视为国家和有关社会组织的基本职责。

我国《消费者权益保护法》在广泛吸取各国及国际消费者保护立法经验的基础上,规定消费者享有九项权利。这些权利可概括为:安全权、知悉权、选择权、公平交易权、获得赔偿权、结社权、受教育权、受尊重权、监督权。其具体内容我们将在下一节作详细讨论。

第三节 我国消费者的权利

一、消费者的安全权

消费者的安全权,是指消费者在购买使用商品或接受服务时所享有的人身和财产安全不受侵害的权利。这是消费者最重要的权利。安全权包括两个方面的内容。一是人身安全权。它又包括:(1)消费者的生命安全权。即消费者的生命不受危害的权利,如经营者因经营的食品有毒而致消费者死亡,即侵犯了消费者的生命权。(2)消费者的健康安全权,即消费者的身体健康状况不受损害的权利。如经营者生产的食物不卫生而使消费者中毒或因电器爆炸致消费者残疾等均属侵犯消费者健康安全权。二是财产安全权。即消费者的财产不受损失的权利,财产损失有时表现为财产在外观上发生损毁,有时则表现为价值的减少。

保护公民的人身及财产不受侵犯是我国宪法规定的公民的基本权利之一,《民法典》也明确规定公民享有生命、健康权。《消费者权益保护法》第7条规定,消费者在购买、使用商品和接受服务时,享有人身、财产安全不受损害的权利。消费者有权要求经营者提供的商品和服务符合保障人身、财产安全的要求。由此可见,消费者的安全权涉及消费者的生存与健康利益,是消费者所享有的最基本、最重要的权利,如果这一权利都得不到保障,则消费者的其他权利更无从谈起。

消费者在整个消费过程中都享有安全权。这就要求:(1)经营者提供的商品必须具有合理的安全性,不得提供有可能对消费者人身及财产造成损害的不安全、不卫生的产品。(2)经营者向消费者提供的服务必须有可靠的安全保障。(3)经营者提供的消费场所应具有必要的安全保障,使消费者能在安全的环境中选购商品及接受服务。也就是说,消费者在购买商品、接受服务以及使用商品的整个消费过程中,其安全都要得到保证。

在实际生活中,侵害消费者安全权的现象非常普遍,通常表现在以下几个方面:(1)在食品中添加有毒有害物质。例如,为了牟取非法利润,一些不法分子在普通白酒中加敌敌畏冒充"茅台",用福尔马林泡毛肚、凤爪,在菜油中掺柴油,出售变质、发霉的各种食物等,皆属此类。这些商品不仅不能满足人们的正常需要,反而会损害人们的健康,甚至会致人死亡。2004年安徽省阜阳市爆发的大头娃毒奶粉事件、2008年的三鹿奶粉事件,都造成了大量婴儿因饮用有毒奶粉而中毒,是对消费者安全权的严重侵害。(2)制造销售假药、劣药。药物本来是用来治病救人的,但是一些不法分子为了赚钱,置人们的生命健康于不顾,以非药物冒充药物,病人服用后,根本不能对病情产生缓解及解除作用,并且延误疾病的治疗。有些假药中还掺杂有害成分,不仅耽误治病,而且使病情加剧。例如,一些不法分子用泥土、鸡饲料、淀粉或廉价药品加上伪装,冒充抗生素及名贵药品出售。1992年12月,贵州省印江县的学生服用了河南省某制药厂生产的驱虫药,造成3169人中毒,2人死亡。[8] (3)出售过期变质的食品药品。对于销售者来说,出售过期、变质的食品以及过期、失效的药品等侵犯消费者安全权的现象也较为普遍。有些商店将已经过期的商品打上新的日期,欺骗消费者。1990年,某市工商局与消费者协会对部分商店经营的1000多袋海产品进行抽查,发现海米海虾干发霉变质率高达50%以上。(4)日常日用及机电产品缺乏安全保障。近些年来,我国曾发生了多起电视机、电冰箱等家用电器爆炸伤人的事件,电风扇、电热毯、电热杯、洗衣机等漏电致人死亡的事件也时有发生。这些都是严重侵害消费者安全权的表现。(5)化妆品有毒有害。随着时代的发展,人们对美的追求也渐为时尚,化妆品致人损害的案件也越来越多。有些生发水不仅没有生出头发,反而使原有的头发脱光;一些润肤膏不仅不能美容反而致人容貌毁损;还有些化妆品甚至含有致癌、致畸、致突变的有害物质。(6)营业场所不安全。例如,有些旅馆房屋年久失修、楼梯老化腐朽;有些商店正在装修,在没有采取安全措施的情况下又同时营业;有些商店、食店、旅馆电源外露极易触电;有些旅馆管理不善,旅客财物经常失窃;等等。这些也属侵犯消费者人身及财产安全的现象。(7)服务方式不安全。例如,理发师使用工具不当或者不消毒致顾客受伤或者传染疾病,浴室热水过热烫伤顾客等。近年来,国内发生多起因整容、美容不成而发生毁容,甚至致人死亡的案件,服务领域的安全问题日益增多,必须引起高度重视。

保护消费者人身、财产的安全是消费者保护法的重要任务。除《消费者权益保护法》对消费者的安全权作了一般规定以外,有关食品卫生、药品管理、产品质量管理等法律制度还对某一方面的消费者安全问题作了具体规定。只有严格遵守这些法律规范,才能使消费者的安全权得到切实的保障。

二、消费者的知悉权

知悉权,也称知情权,是消费者依法享有的了解与其购买、使用的商品和接受的服务有关的真实情况的权利。《消费者权益保护法》第8条第1款规定,消费者享有知悉其购买、使用商品或者接受服务的真实情况的权利。消费者为满足生活需要而购买商品或接受服务,因而,商品或服务只有在能够满足消费者某种需求的情况下才是消费者所需要的,否则,其需求就不能得到满足。而某种商品或服务是否能够满足其需求,只有在对该商品进行适当了解的基础上才能知晓。同时,消费者正确地消费也依赖于其对商品有关真实情况的了解。有些商品具有一定的危险性,有些食品、药品虽然本身不具危险性,但是与其他食物、药物混合后则可能对消费者的健康产生副作用,甚至危及消费者的生命安全。因而,对消费者来说,了解商品或服务的消费方式及特殊要求,对充分发挥商品、服务的效用,防止损害消费者安全的事故发生都是非常必要的。同时,让消费者了解真实情况也是消费者正确判断选择的前提。只有在充分了解商品的功能、效用、外观设计、等级、规格、主要成分、生产日期等有关情况的基础上,消费者才能对其花费某一特定数目的金钱去获得该商品或服务是否值得作出正确的判断,才能对此商品与同类的彼商品孰优孰劣作出正确的判断,从而引导消费者作出让自己满意的选择。

---

〔8〕 长江:《上帝在中国》,华夏出版社1993年版,第46页。

消费者的知悉权具有两方面的基本内涵:(1)消费者有了解商品或服务真实情况的权利。即经营者向消费者提供的各种情况应为客观的而不是虚假的。虚假信息不仅不会给消费者带来利益,而且会影响消费者作出正确的判断,导致消费者上当受骗,蒙受损失。(2)消费者有充分了解有关情况的权利。一般来说,对商品和服务中与消费者利益相关的一切信息消费者都有权了解。但是,与消费者利益没有直接联系的信息以及国家法律保护的技术、经营信息除外。例如,商品的具体工艺过程、食品饮料的具体配方、经营者的商业秘密等。《消费者权益保护法》第8条第2款规定,消费者有权了解的信息范围一般包括商品的价格、产地、生产者、用途、性能、规格、等级、主要成分、生产日期、有效期限、检验合格证明、使用方法说明书、售后服务或服务的内容、规格、费用等有关情况。由于商品、服务的具体形态不同,对有些商品以上各类信息没有必要面面俱到,而对另一些商品和服务其应披露的信息则可能会超出以上范围,其具体内容应当根据不同商品和服务的具体情况决定。总之,凡与消费者正确的判断、选择、使用商品或服务等有直接联系的信息,消费者都有权了解。

在实际生活中,侵犯消费者知悉权的情况也相当普遍。通常表现为:对消费者的合理提问不予回答,对商品或服务做虚假夸大的宣传,故意隐瞒商品和服务的瑕疵、危险性、副作用,对应当在商品或其包装上披露的信息未作披露等。这些都是严重侵犯消费者权利的行为,必须彻底予以制止。

消费者以他人生产的商品和提供的服务为消费对象,经营者控制着与商品和服务有关的信息源。因此,要实现消费者的知悉权,必须要求经营者通力合作,客观、充分地披露与消费者利益相关的信息。国家及消费者保护组织应对此进行监督,通过检查、受理投诉等方式督促经营者披露有关信息,保证消费者的知悉权不受侵犯。

三、消费者的选择权

消费者的选择权是指消费者根据自己的意愿自主地选择其购买的商品及接受的服务的权利。

消费者购买商品和接受服务是在不同的动机驱动下进行的,或为满足自己的生理需要,或为满足自己的发展需求,或为满足他人的需要。因此,必须让消费者根据其需要对其意欲购买的商品或接受的服务作出选择。同时,每一个消费者都具有自己的品位、爱好和特殊的要求,如果其不能自主地选择,那么购买的商品或接受的服务就不能充分地满足消费者的需求。

消费者的选择权具有以下几个方面的内容:(1)消费者有权根据自己的意愿和需要选择商品和服务,其他人不得干涉。消费者需要购买何种商品和服务应由自己决定,不得强迫消费者接受其不需要的商品和服务。(2)消费者有权自主地选择作为其交易对象的经营者,购买其商品或接受其服务,任何经营者不得强迫消费者接受其提供的商品和服务。(3)消费者对经营者经营的商品和服务有权进行比较、鉴别、挑选,购买自己满意的商品或服务。(4)消费者有权自主地作出决定。消费者可以在比较鉴别的基础上,根据自己的意愿决定接受或不接受某种商品或服务。只要在挑选过程中未对经营者的商品造成损害,经营者不得强迫其接受。经营者可以为消费者正确地行使选择权提供各种信息和咨询意见,但不得代替消费者作出决定或以暴力、威胁等手段强迫消费者作出决定。

在高度集中的计划经济体制下，消费品供应十分匮乏，因而，消费者的选择权实际上名存实亡，大量消费品凭票供应，消费者更无选择的余地。随着改革开放的深入和我国经济的发展，消费品市场空前繁荣，各种商品种类齐全、琳琅满目，消费者不能自主选择的状况得到了根本的改变。但是，侵犯消费者选择权的现象也时常出现。例如，有些地方政府与经营单位联合滥发购物票证，强迫消费者购买某一商店的商品或某一类商品；有些地方由于地方保护主义的影响，以本地生产的实物充抵工资发给职工，这实际上就是将消费者不需要的商品强行卖给他们；曾有一段时间商品搭售现象在一些地方非常普遍，许多经营者在出售优质名牌、畅销品时强行搭配劣质滞销产品；由于预售、邮购商品、网络消费时消费者不能直接接触商品进行自主的选择，近年来，利用预售、邮购、网上订购、有奖销售等形式向消费者推销假冒伪劣商品的现象愈演愈烈；消费者在挑选后表示不购买该商品而受营业员辱骂甚至殴打的现象也有发生；一些旅馆、饭店在车站、码头设置服务点，不容旅客问清情况就强行带至宾馆，强迫其支付高房价，接受劣质服务。这些行为都是对消费者选择权的严重侵犯。

消费者的自由选择是消费者获得称心如意的商品和服务的基本保证，也是民法中平等自愿原则在消费交易中的具体表现。为了维护消费者的利益，《消费者权益保护法》第 9 条明确规定，消费者享有自主选择商品或服务的权利，消费者有权自主选择提供商品和服务的经营者，自主选择商品的品种和服务方式，自主地决定购买或不购买任何一种商品，接受或不接受任何一项服务，消费者在自主选择商品时，有权进行比较鉴别和挑选。根据《反垄断法》第 17 条规定，禁止具有市场支配地位的经营者滥用市场支配地位，没有正当理由，限定交易相对人只能与其进行交易或者只能与其指定的经营者进行交易；或没有正当理由搭售商品，或者在交易时附加其他不合理的交易条件。这些规定都是对消费者选择权的有力保护。除此之外，我国还应该加强对邮购销售、分期付款销售、预售、网络消费、上门推销以及服务业中强行推销商品等行为的管理，并完善这些方面的法律。只有这样，消费者选择权才能获得充分保障。

四、消费者的公平交易权

消费者的公平交易权是消费者在与经营者之间进行的消费交易中所享有的获得公平的交易条件的权利。

公平的交易条件关系到消费者的经济利益，由于消费者以满足生活需求而购买商品或接受服务，当某种消费品不能得到时，其需求就不能满足，甚至危害自己的生命健康。因此，出于自己或子女对消费品的强烈需求，他们往往不得不接受不公平的交易条件。同时，在市场经济条件下，由于信息不均衡分布，消费者要依赖经营者提供的信息才能正确地判断商品、服务的价值，因而更容易为经营者所欺骗而进行不公平的交易。通过法律对经营者的行为进行规范，并赋予消费者以法定的公平交易权尤为必要。在世界各国的消费者保护法律制度中，保障消费交易公平都是其最重要的内容之一。

交易公平，就一般意义而言，是指交易各方在交易过程中获得的利益相当。在消费性交易中，是指消费者获得的商品及服务与其支付的货币价值相当。商品或服务与消费者支付的价款是否相当，要根据社会一般认为合理的价格标准进行判断。公平交易权首先表现在消费者应有权要求商品应当具备公众普遍认为其应当具备的功能，即商品应具有适销性。

食品应能够食用、药品应具有一定的治愈疾病的效用,日常用品、家庭电器应具有其一般应具备的功能等。不具适销性的商品,不能销售。其次,消费者有权要求商品或服务的定价合理。商品可以根据其质量不同而制订不同的价格,商品的价格应当与质量保持一致,优质高价、劣质低价,不得销售劣质高价商品。商品的价格确定应根据其成本及合理的利润水平来决定,不得漫天要价、牟取暴利。再次,消费者有权要求商品的计量正确,不得克扣、短斤少两。计量不足实质上是以隐蔽的手段抬高商品的价格,是类似于偷盗的最恶劣的侵权行为,比公开的抬高商品价格具有更大的危害性。最后,交易必须在自愿的基础上发生,强制交易行为是违反消费者意愿的交易行为,在自愿交易的条件下,如果经营者提出的交易条件不公平,消费者还可以通过拒绝交易而使自己免遭损害。在强制交易的情况下,消费者被迫接受不公平的交易条件,这无疑是要求消费者必须接受经营者的非法侵害。因此,《消费者权益保护法》将拒绝强制交易行为作为消费者的公平交易权的一项重要内容。

侵犯公平交易权的行为在实际生活中非常普遍。首先,在价格方面,自从消费品价格放开以来,不实标价的现象就连续升温。特别是服饰类商品,一件普通的毛衣标价几百上千元甚至几千元的现象屡见不鲜,稍高档的皮衣往往上万元甚至几十万元。一些经营者利用消费者攀比摆阔的心理,对一般商品故意以夸张性的价格标示引诱一些"大款"慷慨解囊。有些则利用消费者喜占小便宜、讨价还价的心理,故意以实价几倍的价格标价再打折出售。有的谎称降价,实际不仅未降价,反而高于原价。不合理定价表现最突出的是服务性行业。一些经营者巧立名目,层层收费,有些餐馆备置两套菜谱,叫菜时使用定价较低的菜谱,而结账时则按定价较高的菜谱计算。还有些经营者在标价时做小动作,故意以违反常识的方式进行标价。例如,人们一般认为西瓜按斤计价,但有些经营者则故意按两计算,在价牌上用醒目的大字写上"1.5 元",又在不显眼的地方标明"每 0.5 斤"。消费者吃完付钱时,才知道上当受骗。一些歌厅、舞厅、咖啡厅、理发店服务收费价格惊人,而且不明码标价。某消费者在北京一家并非十分豪华的咖啡店喝了一杯咖啡,点了几首歌,竟被要求支付 3500 元。更有甚者,一位顾客在上海某咖啡厅喝了 2 杯啤酒、2 杯白兰地,要了 4 碟小吃,点唱 4 首歌,店家竟开价 1.4 万元。[9] 其次,缺斤少两的问题也十分严重。安徽省合肥市的相关机构曾对各集贸市场及个体经营户的 7496 件(台)计量器进行全面检查,其中不合要求的占 66%。[10] 此外,有些经营者为了牟取暴利,在肉类食品中注水,在酱油、白酒中兑水,还有些则在秤上做文章,使用大小秤砣、水银秤等。最后,强制交易行为屡禁不止,花样繁多,更为巧妙隐蔽。例如,肉贩子在割肉时故意多割一些,你要一斤,他给你一斤半;电信部门安装电话,要求用户接受其自带的电话机,否则不予安装;等等。

《消费者权益保护法》第 10 条规定,消费者享有公平交易权,在购买商品或接受服务时,有权获得质量保障、价格合理、计量正确等公平交易条件,有权拒绝经营者的强制交易行为。《民法典》也规定,民事活动应当遵循自愿、公平、诚实信用的原则(第 5 条、第 6 条、第 7 条)。一方利用对方处于危困状态缺乏判断能力等情形,致使民事法律行为成立时显失公平的,受损害的一方有权请求人民法院或仲裁机构予以撤销(第 151 条)。要实现交易公

---

〔9〕 贾俊玲、张智勇:《中国消费者权益保护法讲座》,改革出版社 1995 年版,第 9 页。

〔10〕 贾俊玲、张智勇:《中国消费者权益保护法讲座》,改革出版社 1995 年版,第 9 页。

平，首先，必须要求有一个充分竞争的市场环境，只有在充分竞争的市场中，市场的价格功能才能最充分地发挥出来。因此，法律必须首先制止垄断、限制竞争及不正当竞争行为。我国目前虽已制定了《反不正当竞争法》和《反垄断法》，但这两部法律的实施状况却并不令人满意。特别是，由于地方和行业的保护，一些经营者（尤其是公用企业）的不正当竞争行为和垄断行为屡禁不止，消费者公平交易权的保护仍然令人担忧。其次，要加强价格、计量等方面的管理工作，对与人民生活密切相关的产品和服务价格应强化国家的宏观调控，对市场计量器具进行经常性的检查、测试，对违反计量法的行为坚决予以严惩。最后，要加强对消费者的教育，提高消费者的自身保护能力，对经营者的各种不诚实交易伎俩及时予以揭露，避免消费者上当受骗，蒙受损失。

五、消费者的索赔权

消费者的索赔权是消费者对其在购买、使用商品或接受服务过程中受到的人身或财产损害，所享有的依法获得赔偿的权利。我国《消费者权益保护法》第 11 条对其作出规定。

消费者在购买、使用商品或接受服务的过程中，若人身及财产遭受损害，且其损害来源于经营者，经营者就负有不可推卸的责任。同时，根据利益衡量原则，经营者销售商品、提供服务，从中获得利益，而消费者不仅没有得到利益，反而受到损害，因而，由经营者依法对消费者的损害予以赔偿，也是理所当然的。

消费者人身及财产损害，通常包括以下类型：(1) 由于经营者未采取必要的安全措施或未提供必要安全设施而使消费者在购买商品时人身受到伤害或财产遭受损失，如经营场所房屋塌落而致消费者受伤；(2) 由于服务经营者采用的服务方式不当而致消费者人身或财产损害，如理发师割破消费者耳朵；(3) 由于不公平的交易条件而使消费者蒙受经济损失，如短斤少两，价格显失公平；(4) 消费者购买商品、接受服务时遭受经营者的侮辱、殴打或其他不公平对待，而致其人身及财产损害；(5) 由于商品缺陷而致消费者人身、财产遭受损害，如电视机爆炸而致人身伤害和财产损失；(6) 在解决因以上原因而发生的消费者与经营者之间的争议过程中作出的必要费用支出，如车旅费等。对于这些损害，消费者都可以通过法定途径要求赔偿。

消费者索赔权的行使可以通过自力救济和公力救济的途径进行。就自力救济而言，消费者在发现其遭受损害时，可以直接告知经营者，要求经营者给予适当赔偿，也可以要求消费者协会协助其与经营者交涉，以获得赔偿。就公力救济而言，则主要是通过向有关国家行政机关申诉，要求其责令经营者赔偿。必要时，可以直接向法院提起诉讼。例如，在消费者发现交易显失公平的情况下，可以向法院提起变更之诉，要求法院撤销或变更显失公平的交易合同。在因有缺陷产品而使其受损害时，可以向法院提起侵权之诉，要求有关经营者承担产品侵权责任。

消费者的索赔权是消费者在其利益受损害时享有的一种救济权。通过索赔权的行使，可以使消费者得到适当的补偿。同时，消费者的索赔权又常常是与国家机关、消费者组织的活动联系在一起的，索赔权的行使会导致经营者承担损害消费者利益的责任及接受制裁。因此，赋予并保障消费者的索赔权是约束经营者，对经营者的行为进行监督的一种最有效的手段。国家、消费者组织及社会舆论应当积极支持消费者行使索赔权，通过法制宣传教育，提高消费者的权利意识,鼓励消费者行使权利,鼓励消费者为维护自己的权利而斗争。同时,要为消费者行使索赔权提供方便。有些国家针对消费者经济力量薄弱,消费者争议标的金额小的特点,专门设立小额诉讼法庭,为消费者提供及时有效的救济,我国亦不妨予以借鉴。

六、消费者的结社权

消费者的结社权是消费者为了维护自身的合法权益而依法组织社会团体的权利。

消费者往往是孤立、分散的个体社会成员,其所面对的经营者却时常表现为具有强大的经济实力、庞大的组织机构,拥有各种专门知识与经验的专业人员的企业。因此,尽管法律规定交易当事人地位平等,但由于交易双方实力的巨大悬殊,实际上,很难实现真正的平等。同时,经营者为了垄断市场、获得超额垄断利润往往相互联合,通过协议、董事兼任、控股等手段,控制市场,一致行动,共同对付消费者。消费者纵有苦情,也只能忍气吞声、自认倒霉。为了与强大的经营者及经营者集团相抗衡,实现与经营者之间的真正平等,消费者除了通过国家支持和社会帮助以外,还应团结起来,进行自我救济、自我教育。通过设立自己的组织壮大自己的力量,提高自身的素质,同不法经营行为作斗争。正因如此,我国《消费者权益保护法》第 12 条规定:"消费者享有依法成立维护自身合法权益的社会组织的权利。"

消费者享有结社权,首先意味着消费者可以组织社会团体。我国宪法规定,公民有结社自由,消费者保护法中规定的消费者的结社权,正是宪法中这一公民基本权利在特定领域中的具体体现。其次,消费者行使结社权是为了维护自己的利益,通过成立自己的组织对经营者的行为进行监督,对消费者提供各种帮助、支持,代表消费者参与政府决策,反映消费者呼声,加强消费者教育,为消费者提供各种服务等。最后,消费者结社权应依法行使。权利的行使必须合法,这是一条普遍接受的法律原则,对消费者行使结社权而言,也同样如此。也就是说,消费者在设立自己的社团时,必须遵守法定程序。唯有如此,其成立的社团才是合法的社团。同样,消费者社团成立后也只能在法律及其章程规定的范围内进行活动,只有这样,其活动自由才受法律保障。

赋予消费者结社权,将消费者组织起来,并通过组织维护自身的利益,是保护消费者利益的重要组织保障。自 1982 年我国成立第一个消费者团体以来,全国各消费者团体在维护消费者权益方面做了大量的工作。这些团体积极参与有关部门对各种商品、服务的监督检查,受理消费者投诉并认真处理,支持消费者起诉,及时向消费者提供各种消费信息和咨询服务,就有关消费者问题向政府部门反映情况并提出建议,对侵犯消费者权益的行为通过大众传媒予以揭露批评等,在消费者保护工作中发挥着日益重要的作用。然而,目前我国消费者团体也存在不少问题。有些消费者组织及工作人员对消费者利益漠不关心,对消费者咨询爱理不理,对消费者投诉态度冷淡,办事效率低。有些消费者组织还利用自己的特殊地位,为经营者做广告、拉生意,谋取不法利益,甚至为假冒伪劣商品进入市场、走进消费者生活大开方便之门。因此,必须加强消费者组织的管理,提高工作人员的职业道德水平和业务素质。唯有如此,消费者保护组织才能真正成为消费者自己的组织,成为消费者利益的"保护神"。

七、消费者的受教育权

消费者的受教育权是消费者享有的获得有关消费和消费者权益保护方面的知识的权利。《消费者权益保护法》第13条规定对其作出了规定。消费者应当努力掌握所需商品或者服务的知识和使用技能,正确使用商品,提高自我保护意识。

在现代社会,消费者是以他人生产、经营的产品及提供的服务作为消费对象的。消费信息偏存于经营者一方,现代科技的发展使商品、服务的种类越来越多,商品的结构功能日益复杂,危险性越来越大。由此可见,消费者作为产品的使用者及服务的接受者,所面对的是不断更新、日益复杂的商品和服务。这就使消费者很难凭经验对商品、服务的价值作出正确的判断,对商品及服务进行安全、合理的消费。这就决定了他们正确选择和使用商品都要求必须以获得商品的有关真实情况为条件,否则难免在进行消费交易及使用消费品或接受服务的过程中受到损害。只有在消费者充分掌握了消费知识的情况下,他们才能正确地使用商品、接受服务,防止损害事件的发生。同时消费者要保护自己,必须明确自己的利益是否受到侵害,哪些损害可以获得救济,可以通过什么途径来维护自己的权利。这就要求消费者应当了解有关消费者保护方面的法律知识,只有这样,才能提高消费者的权利意识,增强自我保护能力。因此,除了及时地将有关消费知识传授给消费者外,还必须将有关保护消费者的法律知识传授给消费者,而这些都需要通过实施消费者教育来实现。正因如此,我国消费者保护法明确规定消费者享有受教育权。

消费者受教育权是消费者运动发展到一定阶段,随着消费者保护立法的完善而提出来的一项新的消费者权利。1968年日本《消费者保护基本法》就消费者启发运动和教育推进问题作了规定。1968年,韩国颁布的《消费者保护法》明确规定消费者有权为合理的消费生活而受到必要的教育。1985年联合国《消费者保护准则》也将受教育权作为消费者的一项基本权利。近年来,随着经济的发展和消费者的自我觉醒,消费者的受教育权越来越受到各国政府及社会的重视。

消费者受教育权作为一种权利,它首先意味着消费者通过适当方式获得有关商品、服务消费知识和消费者保护知识的要求是合理的,消费者可以以一定方式来实现这一要求。其次,作为一种权利,它还意味着政府、社会应当努力保证消费者能够有机会接受这种教育。除督促经营者充分客观地披露有关商品、服务的信息外,还必须通过各种制度和措施促进有关知识及时传播,保障消费者受教育的权利能够实现。

消费者教育的内容主要包括两个方面:一是消费知识教育,消费知识包括与消费者正确地选购、公平交易、合理地使用消费品、接受服务有关的知识,如关于选购商品的方法、应当注意的问题、商品的一般价格构成、某种商品的正常功能效用、使用某种商品应当注意的问题,在发生突发事故时应如何处置等,内容极为广泛;二是有关消费者保护方面的知识,主要是有关消费者如何保护自己的法律知识,包括消费者权利、经营者的义务、消费者在其权益受侵害时应如何维护、消费者在行使权利过程中应该注意哪些问题等。

实现消费者受教育权的方式是多种多样的,可以将有关知识编入国家教育纲要,在学校教学计划中插入适当的消费者教育内容;也可以通过电台、报刊等大众传媒向广大听众、观众、读者传播;经营者可以专门就某些新产品举办咨询答疑或培训活动,亦可以通过日常业务活动进行宣传教育。

八、消费者的受尊重权

消费者的受尊重权,是指消费者在购买、使用商品和接受服务时,享有的人格尊严、民族风俗习惯受到尊重,个人信息依法得到保护的权利。《消费者权益保护法》第14条对其作出规定。

消费者的人格权包括生命、健康权、姓名权、肖像权、名誉权、荣誉权等。我国《宪法》第37条规定,公民的人身自由不受侵犯,禁止以非法拘禁和其他方法非法剥夺或限制公民的人身自由,禁止非法搜查公民的身体。公民的人格尊严不受侵犯,禁止以任何方法对公民进行侮辱、诽谤和诬告陷害。《民法典》对公民的各种人格权也作了具体的规定。消费者保护法规定的消费者人格受尊重权正是《宪法》及相关法律规定的各种人身权保护原则和制度在消费生活中的具体体现。

我国是一个多民族国家,几千年来全国各民族人民和睦相处、同舟共济、共同创造了光辉灿烂的中国文化。民族风俗习惯是一个民族历史、文化的长期积淀,是该民族生活方式、心理状态、宗教、伦理、道德观念的集中反映,在每一个民族成员的心目都有着极为重要的价值。民族风俗习惯得不到尊重,不仅会使该民族的成员受到精神上的伤害,而且会损害整个民族的利益,形成各族人民之间的对立,影响民族团结。正因如此,我国《宪法》第4条规定,中华人民共和国各民族一律平等,禁止对任何民族的歧视和压迫,禁止破坏民族团结和制造民族分裂的行为,各民族都有保持或改革自己的风俗习惯的自由。消费者保护法中规定消费者民族风俗习惯受尊重权,体现了宪法这些规定的精神,对预防民族纠纷,促进各民族团结,保护各民族人民特别是少数民族人民的利益,都具有重大意义。

消费者受尊重权,首先意味着消费者的人格权不受侵犯。人格是公民作为一个独立的人必须享有的受法律保护的利益,非法剥夺他人生命,损害其健康,干涉他人使用或改变姓名,盗用、假冒他人姓名,未经本人同意以营利为目的使用他人肖像,以侮辱诽谤等方式损害公民的名誉,非法剥夺公民的荣誉称号等,都是侵犯消费者人格权和人格尊严的行为。经营者侵犯消费者的人格通常表现为对消费者进行殴打、辱骂、强行搜身、非法拘禁等。其次,消费者受尊重权还意味着消费者的民族风俗习惯应受到尊重。经营者在商品包装、商标及广告中不得使用有损少数民族形象的文字、图画,不得强迫少数民族消费者接受本民族禁忌的食品或其他商品。最后,消费者受尊重权还包括消费者个人信息依法得到保护的权利不得侵害。个人信息是与特定消费者个体身份相关的、对特定消费者个体有识别效果的信息。例如,消费者姓名、出生年月日、身份证号码、户籍、遗传特征、教育背景、职业、健康、身体状况、财务状况等方面的信息。以不法手段获取、存储、利用消费者个人信息,是对消费者合法利益的严重侵害。近年来,随着网络技术的发展,消费者个人信息依法得到保护权被侵害的现象非常普遍,一些不法经营者采取不正当的手段非法收集消费者个人信息进行转售,牟取暴利,有些经营者则对业务过程中获得的消费者个人信息不严格管理,造成消费者个人信息非自愿的公开,并被其他不法分子所利用,给消费者安全造成严重的威胁,甚至使消费者遭受严重的精神损害。针对这种情况,2013年修订的《消费者权益保护法》增加了消费者"享有个人信息依法得到保护的权利"的规定。

在实际消费生活中，经营者不尊重消费者的事件经常发生。一些经营者出售假冒伪劣商品，消费者要求退货或赔偿，不仅不能如愿以偿，反而受到殴打、辱骂、讽刺、挖苦等。一些自选商店无端怀疑消费者偷盗商品，强行对消费者实施搜身、拘禁等。还有些经营者在消费者试用后因不合适而不购买时，则对其破口大骂，甚至拳脚相加。在北京市的某著名商厦就曾发生过多起对消费者进行搜身、殴打的事件。[11]

值得注意的是，消费者受尊重权是法律赋予消费者的一项法定权利，经营者不得以任何方式予以剥夺。一些商店企图通过店堂告示等方法使其侵犯消费者人格权的行为合法化。例如，北京市某商厦就曾在店内高悬"本商场有权搜查顾客携带的包袋"的告示。这种告示不仅不具有法律效力，而且其本身就是对消费者权益的侵害。

九、消费者的监督权

消费者的监督权，是指消费者对于商品和服务以及消费者保护工作进行监察和督导的权利。"监督"一词具有监察、督导的含义。监察即对一些不法现象进行检举、控告、使其昭然于世；督导，即提出意见或进行处理，以督促违法者改正。《消费者权益保护法》第 15 条规定，消费者享有对商品和服务以及保护消费者权益工作进行监督的权利。消费者有权检举、控告侵害消费者权益的行为和国家机关及其工作人员在保护消费者权益工作中的违法失职行为，有权对保护消费者权益工作提出批评、建议。

消费者保护法是为了消费者利益而制定的法律，消费者保护法的实施关系到每一个消费者的利益。因此，保证消费者保护法能够得到遵守和执行，不仅是国家的重要职责，也是消费者自己的重要任务。消费者是广泛的社会力量，每一个人都可以成为消费者，而且消费者保护工作进行得好坏与每一消费者都有一定的利害关系，他们对自己的利益甚为关心，必然会发挥最有效的监督作用。

消费者监督权的内容主要包括两个方面。一是对商品和服务进行监督。任何消费者在日常消费生活中，发现经营者提供商品或服务不符合国家规定的要求，经营者出售假冒伪劣商品、漫天要价、进行虚假标志、发布欺骗性广告、掺杂使假、短斤少两、侵犯消费者人格等不法行为时，都有权向有关部门反映，并要求处理。二是对消费者保护工作的监督，主要是指对国家机关及其工作人员在消费者保护工作中的违法失职行为进行的监督。在我国，还应包括对各种消费者组织的工作进行的监督。例如，国家工作人员包庇、纵容经营者损害消费者利益，国家机关及其工作人员与经营者勾结，让假冒伪劣商品流入市场，对消费申诉不予处理或无限期拖延甚至徇私舞弊、贪赃枉法、违法处理等，对这些违法失职行为，消费者都有权予以检举控告。此外，对消费者工作中存在的种种问题，消费者还有权提出批评建议，以促进消费者保护法的执法工作和消费者保护工作的改善。

需要说明的是，《消费者权益保护法》只规定了消费者的权利而没有规定的消费者的义务。这是否意味着消费者没有义务呢？肯定不能作这种理解。例如，消费者有选择商品的权利，据此，消费者可以对经营者经营的商品进行挑选、比较，但是，消费者在行使这一权利的过程中，也应当爱惜经营者的商品，因消费者的过失而导致经营者商品损坏，消费者仍然

---

〔11〕 参见《中国消费者报》1993 年 2 月 13 日。

要承担赔偿的责任。由于消费者权益保护法是以消费者利益为本位、以保护消费者利益为目的而制定的法律,要体现对消费者利益的倾斜保护,因而不适合规定消费者的义务。但这并不意味着消费者只享有消费权利,而不承担消费义务。消费者的义务可以在其他法律、法规中加以规定,这样做有利于实现消费者立法将消费者作为弱者进行特殊保护的立法意图。

第四章　经营者的义务

第一节　经营者义务概述

一、消费者保护法中的经营者

就一般意义而言,经营者是指以营利为目的而从事商品生产和服务提供的人。消费者保护法中的经营者与这种一般意义上的经营者不同。在消费者保护法中,经营者是与消费者相对应的主体,是通过市场为消费者提供消费资料和消费服务的人。

经营者首先是商品生产流通的实施者。经营者为获得商品的交换价值而为他人生产、经营商品和服务。作为生产者,他所生产的产品不是为了满足其自身的需要,而是为了通过市场满足他人的需要;作为销售者,其购入他人生产的产品也不是为了满足自身的需求,而是为了通过进出价差获得利益。经营者是与商品交换密切联系的概念,无商品交换就不存在经营者。例如,为了自身实验的需要而制造仪器设备的科研机构,为了自己家庭的需要而生产粮食、蔬菜、养殖牲畜、家禽的农民,尽管他们也从事生产活动,但由于其生产无须以市场为中介而与消费者发生联系,他们在进行这些活动时就不是以经营者的身份出现的。消费者保护法中的经营者并非必须以营利为目的,虽不以营利为目的,但通过市场中介(采用商品交换形式)而将其产品提供给消费者的人,亦可以成为消费者保护法中的经营者。例如,某些公益性企业设立的初衷不是以营利为目的,但仍然可以作为经营者。

消费者保护法中的经营者主要是提供消费资料和消费性服务的人。在一般意义上,经营者所生产提供的产品和服务是多种多样的,归纳起来可以分为两大类:一为生产资料和生产性服务;二为消费资料和消费性服务。提供生产资料和生产性服务的经营者通常以从事商品生产、销售的商人为最终对象,而提供消费资料和消费性服务的经营者则以一般消费者为对象。消费者保护法中的经营者是指从事后一类商品生产和流通的经营者。国家以公权者身份而对一般民众提供公共设施或提供公共性服务时,其是否可以作为经营者看待,也不无疑问。在这种情形下,国家虽可能对其设施或服务之受害者承担一定责任,但国家以公权者身份出现时,其与作为商事主体的经营者不同,故不应视为经营者。唯国家机关以私法人身份提供产品时,亦不妨认其为经营者。消费者保护法中的经营者是直接与消费者发生商品交换关系的人。消费者保护法对经营者义务的规定是基于消费者的弱者地位而作出的,故仅在经营者与消费者的关系中才能适用。因此,尽管我国其他法律中也存在对经营者概念的界定,但这种界定并不能在消费者保护法领域中适用。一些法学著述引用《反不正当竞争法》第2条对消费者保护法中经营者的概念进行定义,[1]本书作者认为是不妥当的。因为,反不正当竞争法虽从其根本目的来看亦是保护消费者利益,[2]但是其直接规制的社会关系毕竟是经营者相互之间的关系,这种经营者的概念与一般经济学上的经营者概念并无区别。如果将这一概念直接移植到消费者保护法中,那就意味着一切经营者都要承担消费者保护法规定的义务,显然与消费者保护法的立法宗旨相悖。

由此可见,一般意义的经营者仅当其直接或间接与消费者发生关系时,才能成为消费者保护法中的经营者,消费者权益保护法及其他以保护消费者为目的的法律规定的义务才能对其适用。

二、经营者义务的种类与特征

(一)经营者义务的种类

在经营者与消费者的关系中,经营者的义务主要有两类:一类是法律直接规定而产生法定的义务,另一类是基于合同而产生的义务。作为对消费者给予特殊保护的各种消费者保护法律规范,其所规定的义务属于前一种义务,即法定义务。在经营者作为合同当事人时,当然亦要以合同约定各种义务。合同规定的义务,是其作为当事人应承担的义务。当事人依合同承担的义务由相互协商而确定,但这并不是说,合同对消费交易中的权利、义务约定与消费者保护法规定的法定义务无关。这两种义务虽然性质不同,但相互联系。首先,约定义务不得与强制性法定义务相抵触。在一般情况下,经营者不能通过合同约定排除其依法应承担的强制义务。当合同约定与该法定义务抵触时,约定无效。其次,尽管有法定义务存在,但法定义务是法律对经营者的基本要求,故消费者与经营者可以通过合同约定经营者承担比法律规定更严格的义务。例如,根据有关法律规定,经营彩色电视机的经营者对其整机1年之内负有"三包"义务,但经营者可以与消费者约定高于1年的"三包"期。最后,约定义务可以改变补充性法定义务。所谓补充性法定义务,是指法律规定的作为当事人意思补充的义务,在当事人就此未作约定时,法律规定的义务对当事人适用。例如,经营者负有保证其商品具有同类商品应具有的品质的义务,但若经营者与消费者就商品质量达成了明示协议,则此项法定义务解除,经营者仅负有保证商品具有合同约定品质的义务。

(二)经营者义务的特征

消费者保护法规定的经营者义务作为法定义务,与约定义务相比具有以下本质特征:

一是法定性。经营者义务的法定性表现在两个方面:其一,这一义务的产生源于法律的直接规定,而不是当事人约定;其二,经营者义务的内容由法律直接确定,而非由双方当事人协商确定。

二是强制性和补充性。消费者保护法中规定的经营者义务具有强制性和补充性。对于强制性义务,其强制性表现在:其一,经营者不得以标准合同或其他契约声明排除这一义务;

---

[1] 贾俊玲、张智勇:《中国消费者权益保护法讲座》,改革出版社1995年版,第57页。
[2] [日]田中诚二等:《独占禁止法》,劲草书房1981年版,第467页。

其二,经营者必须严格履行这些义务,不得违反。违反这一义务时,国家有关机关可以依法给予制裁。对补充性义务,当事人可以明示变更,若未作变更时,法律规定直接适用。

三是基础性。法定义务是法律对经营者的基本要求。经营者与消费者之间没有对经营者义务作更为严格的约定时,则这些规定自行生效;而在其有更严格的约定时,则按约定处理。

四是直接约束性。法定经营者义务不是通过合同而对经营者产生约束,而是在一定的法律事实出现时,经营者当然负有这种义务。例如,经营者将自己的商品出卖给消费者时,它便对该消费者负有“三包义务”,当经营者进行广告宣传时,他就负有不得作引人误解的虚假宣传的义务。

经营者的义务是与消费者的权利相对应的,在法律中明确规定经营者的义务正是消费者权利得以实现的重要保障。

三、法律直接规定经营者义务的意义

在近代法律体系中,经营者与消费者的关系主要由民法中的合同法来调整。基于合同自由原则确定的近代契约法大多为任意性规范。所谓任意性,是指这些法律规范对当事人不具有强制约束力,当事人可以通过协议排除其适用。由于经营者与消费者之间的交易实力悬殊,所谓的合同自由实际上往往是经营者任意刁难盘剥消费者的自由。为了保护消费者的利益,就必须对经营者进行强制性约束,由法律规定经营者义务,便是这种约束的一种形式。这样做可以起到以下作用:

第一,为经营者提供基本的行为标准。消费者权益受侵害源于经营者,故为保护消费者利益,必须首先对经营者的行为进行约束。对经营者的约束,仅靠经营者的自律是不够的,必须从外部对经营者进行一定的强制性制约。通过法律规定经营者的义务,可为经营者提供基本的行为标准,在其严格按照这个标准从事经营活动时,消费者的基本利益就可以得到保护。

第二,防止经营者利用自己的优势进行不公平交易。经营者相对于消费者而言,在交易能力上具有很大的优势。经营者受利益最大化规则支配,往往会利用这些优势,欺骗或强迫消费者接受不合理的交易条件,或利用一般契约条款免除自己应当承担的责任,损害消费者的正当利益。因此,只有以法律形式将经营者对消费者的基本义务确定下来,才能以法律的强制力保证经营者履行自己的义务。在有法定义务的情况下,经营者与消费者之间没有约定或虽有约定但与法律规定相抵触时,按照法律规定处理,这样便可以使消费者基本的正当利益获得保障。

第三,使消费者普遍获得基本的保护。每位消费者的具体情况不同,他们各自的知识范围、社会经历和主观能力、财产状况等差别很大,经营者受利益驱动往往有意和无意地对他们区别看待,同样的商品,神智健全的青壮年可以获得比较公平的交易条件,而老年人、残疾人就不一定能够获得。由法律统一规定经营者的义务,可以有效地防止交易歧视,使消费者普遍都能获得基本的保护。

第四,为消费者寻求救济提供方便。在法律对经营者的义务作明确规定的情况下,消费者在其合法权利受到侵害时,可以直接引用法律规定要求经营者承担责任,从而克服合同约

定的任意性、不完全性、错漏及难于保存等方面的局限,保证一般消费者都能获得及时、充分的救济。

第二节 经营者的一般义务

关于经营者对消费者所负义务的规定主要见于《消费者权益保护法》。该法第三章对一般经营者的义务进行了全面的规定,这些规定涵盖了经营者对消费者所负义务的主要方面。它对于一般经营者都适用,但经营者的义务不局限于这些。在某些特殊的领域,法律对经营者尚有其他方面的要求。例如,《药品管理法》对药品经营者规定了特殊的义务,《食品安全法》对食品经营者规定了特殊的义务等。这些义务有些是消费者权益保护法规定的补充,有些则是其具体化,对此我们将在相关章节中进行阐释。此处仅根据《消费者权益保护法》之规定,对经营者的一般义务进行讨论。

一、履行法律义务、恪守公德、诚信经营的义务

法律义务包括法律直接规定的义务,即法定义务和经一定法律行为而设置的义务,即约定义务。约定义务本身虽由当事人约定,但履行依法约定义务则是一种法定义务。《消费者权益保护法》不可能对经营者的一切义务都一一列举,对其他法律规定的以及经营者与消费者依法约定的义务,经营者当然应当履行。

履行法律义务首先要求经营者必须履行法定义务。《消费者权益保护法》第16条规定,经营者向消费者提供商品和服务,应当依照本法和其他有关法律、法规规定履行义务。从这一规定可以看出,履行法定义务本身就是经营者的义务之一。除《消费者权益保护法》外,《产品质量法》《药品管理法》《食品安全法》《反不正当竞争法》等保护消费者利益的法律,根据不同情况对经营者的义务进行了规定。经营者在向消费者提供商品和服务时,必须严格履行这些法定义务,不得以任何理由逃避这些义务的履行,否则将会受到法律的制裁。因此,各类消费者保护法中规定的对经营者的要求,也是经营者的义务,经营者严格履行这些法定义务亦是作为法律主体的经营者守法义务的一种表现。

履行法律义务还要求经营者严格履行其与消费者约定的义务。《消费者权益保护法》第16条规定,经营者和消费者有约定的,应当按照约定履行义务,但双方的约定不得违背法律、法规的规定。合同是权利义务产生的一种形式,当合同符合法律规定的要件时,其约定便能产生相应的法律后果,形成受法律保护的权利和可以通过法律强制当事人履行的义务。作为合同之当事人,任何一方都有义务履行,这种“履行合同”的义务是法律直接规定的,无论在合同中有无约定,当事人都负有这种义务。

然而,合同法律效力的产生是有条件的,当合同的约定违反法律规定时,就不会产生法律效力,其约定亦就不能对当事人产生约束力。故对违背法律规定的合同,当事人不仅没有履行的义务,反而负有不得履行的义务。由此可见,经营者履行合同的义务是以合同本身的

合法有效为前提的,这主要出于两方面的考虑:一是从保护消费者的需要来看,在经营者与消费者的关系中,由于双方当事人交易实力的悬殊,经营者往往利用其优势地位而损害消费者的利益,通过合同尤其是标准合同,对双方权利义务作不公平约定便是其最常见的表现形态。不公平合同的履行实际上就是对消费者利益的侵害,因此,为消费者的利益计,一方面要强调经营者必须严格履行其在合同中与消费者约定的义务,另一方面更应强调这种约定不得违背法律的规定。二是从保护他人和社会公共利益的需要来看,消费者与经营者双方对其签订的合同虽然都负有严格履行的义务,但若合同约定违反社会公共利益或损害他人之合法权益,则双方当事人都不得履行。

无论是法定义务还是约定义务,都是以存在明确的规定或约定为前提的。如果法律没有明确的规定,合同也没有明确的约定,经营者是否就可以不受任何约束呢?显然不是。为了使消费者利益得到更好的保护,防止经营者在法律或合同没有明确规定或约定的情况下侵害消费者利益,《消费者权益保护法》第16条第3款规定,经营者向消费者提供商品和服务,应当恪守社会公德,诚实经营,保障消费者的合法权益,不得设定不公平、不合理的交易条件,不得强制交易。本款是2013年《消费者权益保护法》修订时增加的内容。法律这样规定的目的,就是要经营者不仅受到法律和合同的约束,同时也要受社会公德和诚实经营的商业道德准则的约束,防止经营者利用法律和合同漏洞,侵害消费者的合法权益,特别是通过合同设定不公平、不合理的交易条件,或进行强制交易,使法律对消费者权益的保护更加严密。

二、接受消费者监督的义务

消费者与经营者提供的商品与服务具有直接利害关系,同时,作为一般民众的消费者其人数众多,经营者的一切活动无不处在消费者的视野之中。经营者的商品或服务是否符合消费者的要求?存在哪些问题?对此,消费者是最好的评判者。因此,消费者监督是督促经营者改善经营管理,提高产品和服务质量,实现消费者主权的最有力的保证。然而,消费者作为一般的社会个体,不可能直接通过自己的行为强制经营者,其对经营者行为的影响只能通过两种途径实现:一是经营者自觉地接受消费者意见和建议,并按照消费者的要求纠正自己的行为;二是向国家有关机关反映其意见、建议或揭发经营者违法行为,由国家通过立法对经营者的行为进行约束或给予不法经营者以制裁。其中,后一种行为一般只能适用于违法性经营行为。由此可见,对经营者行为的有效监督依赖于经营者的积极配合。正因如此,《消费者权益保护法》第17条明确规定,经营者应当听取消费者对其提供的商品或服务的意见,接受消费者的监督。

接受消费者监督,首先要求经营者应当允许消费者对其商品和服务提出不同的看法。消费者的意见,无论是针对经营活动哪方面的问题,无论在什么时间、地点和场合提出,提出意见的消费者无论与经营者有没有关系,即无论其是否为经营者商品和服务的购买接受或使用者,也无论他是直接向经营者提出的抑或是间接地通过报纸杂志、广播、网络、电视等媒介提出的,经营者都应虚心地接受。不得因为它会贬低其商品和服务而不允许消费者表达自己的意见,更不得因消费者对其商品或服务不满而对消费者进行人身攻击、殴打、辱骂。其次,经营者应当为消费者反映自己的要求提供便利的渠道,以便消费者的要求能够顺利达到经营者的决策阶层,对经营者的行为发生影响。为此,在必要时,经营者应当设立专门的机构,配备专门人员,听取消费者意见。例如,设立消费者投诉机构,处理消费者投诉;设置消费者投诉箱,搜集消费者意见;设立市场机构或消费者服务机构,主动征询消费者意见;等等。再次,经营者应当正确对待消费者的意见和建议,在对消费者要求进行鉴别的基础上,分情况认真地进行处理,对其工作人员态度恶劣、损害消费者利益的行为,应坚决予以制止;对产品、服务质量等方面合理意见亦应认真听取,并采取措施提高产品、服务的质量水平。最后,对经营者带有违法性损害消费者利益的行为,消费者可以及时予以制止,经营者应当立即停止违法行为,主动对消费者承担责任,并积极配合有关国家机关对此进行处理。

三、商品、服务安全保证的义务

消费者的人身与财产安全是其最基本的利益所系,安全权亦是消费者最基本的权利。消费者的这一权利要得到实现,就必须要求经营者提供的商品和服务具有可靠的安全性。《消费者保护法》第 18 条规定,经营者应当保证其提供的商品或者服务符合保障人身、财产安全的要求。对可能危及人身、财产安全的商品和服务,应当向消费者作出真实的说明和明确的警示,并说明和标明正确使用商品或接受服务的方法以及防止危害发生的方法。宾馆、商场、餐馆、银行、机场、车站、港口、影剧院等经营场所的经营者,应当对消费者尽到安全保障义务。第 19 条进一步规定,经营者发现其提供的商品或服务存在缺陷,有危及人身财产安全危险的,应当立即向有关行政部门报告和告知消费者,并采取停止销售、警示、召回、无害化处理、销毁、停止生产或服务等措施。采取召回措施的,经营者应当承担消费者因商品被召回支出的必要费用。从这些规定可以看出,经营者商品、服务安全保证义务主要有以下内容:

(一)确保商品、服务符合安全要求

即经营者提供的商品和服务应当具有人们合理期待的安全性。在我国,商品、服务符合安全要求,意味着商品、服务应符合国家安全标准和行业安全标准的,没有标准的,应不存在不合理的危险。所谓不存在不合理的危险,是指人们按一般观念使用该商品时,不致对其人身或财产造成损害。经营者提供的商品和服务应当符合法律规定的安全性要求。

(二)对危险商品和服务进行警示和说明

这主要针对一些由于其自身性质或现有的技术水平限制不可能完全保证其安全性的商品和服务。例如,烟花爆竹、大部分的药品本身都具有一定的不安全性,不适当的消费,都可能对消费者安全造成损害。再如,飞机、高铁、汽车等高速运行工具,现有的技术还不能保证其绝对安全,因此,以这些高速运送工具为手段而提供的经营性服务,也无法保证其绝对安全。对于这些商品和服务,法律允许其存在一定程度的危险,但经营者应当向消费者作出真实的说明和明确的警示,同时,应说明正确使用商品或接受服务的方法以及防止危害发生的方法。

(三)公共营业场所的安全保障义务

宾馆、商场、餐馆、银行、机场、车站、港口、影剧院等经营场所是消费者集中进行消费的

场所。一方面,消费者人身财产安全可能因为这些场所房屋、设施和其他因素存在的安全隐患引发安全事故而受到损害;另一方面,由于大量人员集中在这些场所,这些人员来源复杂,一些不法分子可能混迹其间,伺机作案的可能性很大,甚至一些经营者或其工作人员与其他不法分子串通作案的情况也时有发生。为更好地保护消费者的人身、财产安全,消费者保护法对这些场所的经营者规定了安全保障义务。这一安全保障义务的规定,意味着这些场所的经营者不仅自己不能侵害消费者的人身、财产安全,而且应采取有效的保障措施,防止消费者的人身财产安全受到来自场所设施、环境因素和其他人行为的侵害。

法律明确规定这些经营场所的经营者对消费者的安全保障义务,表明经营者必须根据情况对消费者安全采取必要的保障措施。倘若经营者没有履行安全保障义务,使消费者人身、财产受到损害,就应当承担法律责任。例如,商场使用的房屋存在安全隐患而不及时排除,致使消费者在接受消费时因房屋倒塌受到伤害,宾馆没有采取必要的安全措施而使旅客存放的行李或财物丢失,银行没有采取必要的安全保障措施而使客户的钱财被抢等,经营者都应承担损害赔偿等法律责任。本款的规定,实际上为这些场所的经营者设置了对消费者人身财产安全的合理注意义务,即经营者应当对消费者人身、财产安全尽到一个理性、谨慎的经营者应当尽到的保障义务。例如,及时排除安全隐患,以适当的方式对消费者作出提醒、警示,配备安全管理人员进行现场巡视等,倘若经营者没有采取必要而有效的保障措施,则对消费者的损害就没有尽到合理的注意义务,即存在过失,应承担相应的法律责任。

(四)在发现商品或服务存在缺陷危及消费者安全时及时采取必要措施

这主要针对一些在投放市场前或在消费者接受服务前,经营者自身尚未意识到存在危险的商品和服务。对于这些商品和服务,若存在缺陷,即使正确使用商品和服务仍然可能对人身、财产安全造成危害时,经营者应当采取以下补救措施:(1)立即向有关行政部门报告,争取国家行政机关协同处理;(2)将危险告知消费者,以便引起消费者注意;(3)采取防止危害发生的措施,具体采取何种措施根据防止危害发生的需要而决定。《消费者权益保护法》规定了停止销售、警示、召回、无害化处理、销毁、停止生产或服务等措施。但这并不意味着经营者发现商品、服务存在缺陷,危及人身财产安全时,这些措施都要同时采用。若危害可以通过消费者正确的使用而避免,可提请消费者注意,并告知消费者适当的使用方法(警示);不能通过消费者自身克服,但对商品进行适当修理便可消除缺陷的,可派遣专门技术人员对消费者进行登门修理或进行技术指导,以消除安全隐患(无害化处理)。若严重危及消费者安全,不能通过上门指导和修理消除危险的,则应采取措施追回已经售出的商品(召回),并停止销售未售出的商品。对召回的商品,不能消除其缺陷或消除缺陷的成本过巨的,应当销毁,并停止生产。经营者提供的服务发现危及人身、财产安全的缺陷,则应停止服务。另外,经营者对缺陷商品采取的措施,也不限于法律规定的这些种类,如有更有效的措施防止消费者受到损害,只要不违反法律规定,侵害消费者权益,经营者都可以采用。应当注意的是,若经营者采取这些措施,仍未避免危险事故的发生,在消费者无重大过失时,经营者对消费者人身或财产损害仍应承担赔偿责任。

以召回方式收回已经出售的商品,可能发生大量的成本支出。由于商品缺陷是由于经营者的原因造成的,因此,此项成本不应由消费者承担。为防止经营者转嫁召回成本,《消费者权益保护法》明确规定,经营者应当承担消费者因商品被召回支出的必要费用。必要费用应根据商品的具体情况决定,例如,被召回的商品是冰箱,则有关搬运该冰箱的费用应属于必要费用范围;若是空调,则有关该空调拆卸、搬运的费用都应被认定为必要费用。此外,产品召回后,经营者应当向消费者提供价值相当的无缺陷替代商品,或对原商品进行无害化处理后退还消费者,或退还该商品的价款,或采取其他方式补偿消费者因产品召回而受到的损失;经营者发现服务存在缺陷的,应当立即停止正在进行的服务,对消费者已经支付的服务费用应当退还,消费者已经受到损害的,应当赔偿损失。

四、信息提供义务

商品经济中信息不均衡现象是引起消费者问题的固有原因之一,消费者对商品、服务正确地判断、评价、选择、使用、消费,均有赖于经营者提供必要的信息。为了克服信息不均衡而给消费者带来的消极影响,有必要使经营者承担信息提供义务。《消费者权益保护法》第20条规定,经营者应当向消费者提供有关商品或者服务的质量、性能、用途、有效期限等信息,应当真实、全面,不得作虚假或者引人误解的宣传。经营者对消费者就其提供的商品或服务的质量和使用方法等问题提出的询问,应当作真实明确的答复。经营者提供商品应当明码标价。由此可见,经营者信息提供义务主要有以下内容:

(一)经营者应当提供信息

经营者信息提供义务首先意味着他应当向消费者提供与其经营的商品或服务相关的信息。它包括以下含义:

一是不得拒绝提供有关信息。消费者了解商品、正确使用商品所需的信息依赖经营者而获得,若经营者拒绝提供信息,则消费者便失去最重要的信息来源渠道。因此,与消费者利益相关的商品、服务信息,特别是商品、服务质量、性能、用途、有效期限等信息,经营者都有义务提供,不得拒绝。

二是应当提供真实的信息。经营者必须保证其提供信息的真实性,其通过标签、说明、包装、广告以及口头方式对消费者所作的产品、服务宣传必须与商品、服务的真实情况相符,不得提供虚假的信息,不得作虚假的或引人误解的虚假宣传。2013年修订的《消费者权益保护法》对引人误解的宣传和虚假宣传进行了区分,但并没有对两种行为进行严格的界定。我们认为,所谓引人误解的宣传,是指通过模糊的、违反常规的表述、标示、画面或氛围等进行诱导、暗示,使消费者或部分消费者对商品、服务作出与其真实情况不相符理解的宣传。例如,以某种药品对某种动物产生的效果暗示其对人也可能产生相同的效果,以某商品著名产地的背景画面对非产自该产地的商品进行宣传,误导消费者认为该产品来自该著名产地,以违反常规的标示方法使按常规思维的消费者对商品作出错误的判断(例如,按照常规思维,水果通常是以市斤或千克来计量标价的,如果以2两为计量单位进行标价,就可能使某些消费者上当受骗)。所谓虚假宣传,是指与实际情况不符的宣传,主要包括三种情况:(1)夸大宣传,即对商品某一方面的特征作不合实际的夸张渲染,但若过度艺术夸张而在一般消费者看来根本不可能真实,尽管本质上仍是虚假宣传,由于没有消费者会相信,往往不被认为违法;(2)杜撰性宣传,即完全通过捏造事实、制造假象来进行宣传;(3)不确定宣传,即在自己未弄清某一信息是否真实的情况下,将其作为确定的信息来进行宣传。提供不真实信息不仅不能使消费者正确判断、选择、使用消费品和服务,而且会误导消费者,增加消费者受害的可能性和严重性。

三是应当提供全面的信息。经营者提供的信息不仅应当真实,而且应当全面。信息是否全面,应根据商品、服务的类型及消费者个体差异来决定。就一般而言,全面是针对消费者对商品、服务作出正确消费需要而言的,凡可能影响消费者正确判断、选择、使用、消费的信息,经营者都应提供。但全面信息并不是指一切与商品、服务有关的所有信息,如商品的具体配方,商品制作的具体工艺等,则不属于这一范围。提供全面的信息还要求经营者提供的信息既应包括有利于商品、服务声誉的信息,亦应包括不利于其商品、服务声誉的信息,经营者不得故意隐瞒商品或服务存在的瑕疵。

四是信息应以适当的方式提供。经营者提供信息应当采取适当的方式。首先,信息的载体应容易为消费者所触见。其次,信息应以易为一般消费者所理解的语言、文字、图形等进行表述。最后,重要信息应当以特殊的、能引起消费者特别注意的方式表示。

(二)经营者应当真实、明确地答复询问

消费者保护法规定,经营者对消费者就其提供的商品或服务质量和使用方式等问题提出的询问应当作出真实、明确的答复。消费者提出询问,有时是认为应当获得的信息经营者没有提供或提供不充分,有时是因为对有些信息的真实性存在怀疑,有时是因为受能力限制对经营者以特定方式提供的信息不理解。因此,法律这一规定实际上是为消费者获得全面、真实、确定信息的一种保障措施。对消费者询问,经营者应当作真实明确的答复。

(三)对商品、服务应明码标价

商品、服务的价格是商品价值的表现形式,是与商品、服务有关的信息的重要组成部分。明码标价的作用在于它便于国家价格监督,有利于防止欺骗性交易,防止交易歧视,便于消费者根据自己的支付能力作出交易选择。因此,消费者保护法要求,商品、服务应当明码标价。当然,明码标价的作用决定于经营者价格行为的诚实性和国家价格监督的有效性,对此,我们将在后文再作详述。

五、身份标明的义务

《消费者权益保护法》第21条规定:“经营者应当标明其真实名称和标记。租赁他人柜台或场地的经营者,应当标明其真实名称和标记。”从这一规定可以看出,经营者在与消费者的交易中,都应当标明自己的真实身份。从对消费者保护角度来看,身份标明义务的设置主要有两方面的意义:一是有利于消费者作出正确的判断、选择,避免上当受骗;二是便于消费者救济。在市场经济条件下,经营者的名称和标记代表着经营者的信誉。消费者一般倾向于选择市场声誉好的经营者的商品和服务,经营者标明身份可以防止消费者误解,将声誉较差的某一厂家生产的产品当作另一声誉较好的厂家生产的产品而购买。另外,在标明身份的情况下,当消费者因使用、消费某一商品而受到损害时,亦可方便地找到该商品的提供者,以获得救济。身份标明义务主要有以下要求:

一是经营者应当标明其身份。凡是通过市场向消费者提供商品、服务的经营者,都应当

标明其身份。生产者应当在商品或其包装上标明自己的名称或标记,销售者亦应当于其经营地标明其名称或标记,服务业者亦应于其服务场所等适当位置标明自己的身份,个体工商业者应当标明自己的姓名。

二是经营者应当标明其真实身份。经营者标明的应是真实的名称或标记,不得冒充他人名义进行经营活动,亦不得采用足以引起消费者误解的近似于他人的名称或标记进行经营活动。

三是租赁他人柜台或场地的,应当标明其真实名称和标记。这一规定的目的除了便于消费者获得救济外,还在于防止假冒出租人声誉而推销自己的商品。因此,对租赁他人柜台或场地经营的,法律不仅要求承租经营者标明其身份,而且还规定了出租人监督其履行这一义务的责任。当消费者购买、使用出租柜台出售的商品而受到损害,不能向承租经营者索赔时,可以直接向出租人提出索赔。

六、出具凭证、单据的义务

《消费者权益保护法》第22条规定:"经营者提供商品或者服务,应当按照国家有关规定或商业惯例向消费者出具发票等购货凭证或者服务单据;消费者索要发票等购货凭证或者服务单据的,经营者必须出具。"购货凭证和服务单据通常表现为发票、收据、保修单等形式,它是经营者与消费者之间签订的合同凭证,是消费者借以享受有关权利以及在其合法利益受到损害时向经营者索赔的依据。例如,对实行"三包"的产品,若没有经营者出具的凭证,则消费者很难享受"三包"权利。在消费者利益受到侵害的情况下,有关凭证单据便可作为仲裁、诉讼程序中确定当事人责任的直接证据。

在我国,由于传统的影响,消费者往往忽略商业单证的重要价值,在购买商品、接受服务时,不主动索要。针对这种情况,法律规定经营者在一定条件下应主动向消费者出具单据。经营者应主动出具单证的情形主要有两种:(1)法律规定经营者应出具单证的,经营者必须出具。例如,根据1995年国家经贸委等发布的《部分商品修理、更换、退货责任规定》,生产者自行设置或指定修理单位的,必须随产品向消费者提供三包凭证。(2)法律虽无规定,但依商业习惯应当出具的,经营者亦应出具。所谓按商业惯例应当出具,指在同类商品、服务经营者通常情况下一般都要出具某类单据或凭证的情况下,某经营者亦应主动出具此类单据。

经营者出具的凭证、单据应按国家规定或一般商业惯用的方式制作,其条目应当齐备,经营者在出具时应认真填写。

在某些场合,习惯上一般并不要求经营者出具凭证、单据。例如,在农贸市场、集市上购买农副产品一般都不出具凭证、单据,对此,法律也没有明确要求经营者必须出具。消费者如需凭证、单据,可以与经营者协商处理。

七、品质担保义务

品质担保义务源于传统民法中的物之瑕疵担保义务。在传统民法中,瑕疵担保包括两种:一为权利瑕疵担保,即出卖人应向买受人担保标的物不存在权利上的瑕疵,不致因第三人主张权利而使买受人利益受到损害;二为物之瑕疵担保,即出卖人担保其出卖之物具有该物通常所具有的或出卖人所保证的品质。当其不具有这种品质时，出卖人即违反瑕疵担保义务。[3] 在现代买卖法体系中，权利瑕疵与物之瑕疵之间的差异已不再具有实质的意义。[4] 但因我国《消费者权益保护法》第23条的规定不仅涉及商品而且还包括服务，其与传统民法中物之瑕疵担保义务相比，在外延上更广。因此，对第23条规定的经营者义务似不能直接援用"物之瑕疵担保义务"的概念，不妨称其为经营者的品质担保义务。品质担保义务是各国法律普遍确立的经营者的义务之一。我国《消费者权益保护法》第23条规定：经营者应当保证在正常使用商品或接受服务的情况下其提供的商品或服务应当具有的质量、性能、用途和有效期限，但消费者在购买该商品或接受该服务前已经知道其存在瑕疵，且存在该瑕疵不违反法律强制性规定的除外。经营者以广告、产品说明、实物样品或其他方式表明商品和服务的质量状况的，应当保证其提供的商品或服务的实际质量与表明的质量状况相符。可见，经营者的品质担保义务主要有两方面内容：一方面，在其对商品、服务的质量未通过广告、产品说明、实物样品等方式作许诺时，应当保证其所提供的商品和服务具有该商品、服务应当具有的一般质量。此项担保是对商品服务质量的一般性品质担保，商品、服务在通常情况下都应具备这种品质，它不以经营者明确的作出表示为要件，因而也是一种默示担保。另一方面，在其对商品、服务质量存在许诺的情况下，应当保证其提供的商品和服务具备其所许诺的质量。按照传统民法中的瑕疵担保规则，对显而易见的瑕疵，商品出售人不承担责任。因为，买方在购买该商品时，法律推定其已经知道该瑕疵的存在，因而在对价格等交易条件进行协商时，必定考虑了该商品存在瑕疵的因素，故不应让出售方承担瑕疵担保责任。消费者保护法考虑了这一规则，但并没有就显而易见的瑕疵对消费者作知情推定，而是明确规定，在消费者购买商品或接受服务前已经知道其存在瑕疵，且存在该瑕疵不违反法律强制性规定时，才免除经营者的品质担保责任。对于经营者品质担保责任，我们在之后的章节中还将作专门讨论，在此不再赘述。

近年来，机动车、计算机、电视机、电冰箱、空调机、洗衣机等耐用商品在我国消费者家庭逐渐普及，这些耐用消费品技术含量高，其存在的瑕疵消费者不易发现。有些技术性的瑕疵在商品使用一定时间后才会显现出来，房屋装修等服务是否存在瑕疵，更需要经过一定的时间才能发现。如果出现这种情况，要求消费者就商品瑕疵存在的原因承担举证责任，对消费者来说，明显不利。例如，电冰箱正常运行3个月以后，突然停止制冷，消费者可能明显感到是冰箱本身存在问题，但要提出证据证明该问题是冰箱固有的瑕疵，往往是十分困难的。再如，房屋装修竣工后，装修工作是否存在瑕疵，有时必须经过一定的时间才能发现，如装修3个月后房屋表面开始脱落，若没有发生特殊情况，完全可以断定装修存在瑕疵，但如果要消费者提出证据证明脱落是经营者不当装修造成的，消费者往往也很难做到。考虑这一情况，为更好地保护消费者利益，《消费者权益保护法》第23条第3款规定，机动车、计算机、电视机、电冰箱、空调机、洗衣机等耐用商品或者装饰装修等服务，消费者自接受商品或者服务之日起6个月内发现瑕疵，发生争议的，由经营者承担有关瑕疵的举证责任。此处的举证，主要是就瑕疵是否为经营者造成或商品所固有提出证据进行证明。按照消费者保护法的规

---

[3] 梁慧星：《论出卖人瑕疵担保责任》，载《比较法研究》1991年第1期。

[4] 杜景林、卢谌：《现代买卖法瑕疵担保责任制度》，法律出版社2012年版，第70页。

定,如果发现瑕疵在消费者接受商品、服务6个月内,则由经营者一方承担举证责任。经营者只有证明该瑕疵不是商品所固有的,或不是经营者服务不当造成,而是其他原因造成的,才能免除责任。但经6个月后,有关瑕疵的举证责任又重新回到消费者一方。因此,消费者发现耐用消费品或装修装饰服务存在瑕疵时,应及时向经营者提出,如发生纠纷,应及时寻求法律救济。

八、退货、更换、修理义务

对出售的商品接受消费者退货,或进行更换、修理,是经营者售后服务工作的重要方面。售后服务,是指经营者向消费者提供商品、服务后,为消费者提供的一系列服务,如送货、安装、调试、技术培训以及退货、更换、维修等。

在传统民法中,有关售后服务的问题几乎完全由当事人通过契约而自由约定。在现实生活中,经营者利用自己的优势地位,通过"一般契约条款"逃避售后服务的现象非常普遍,以致"买者自慎""顾客当心,出门不换"被作为一般的商业原则而被广泛接受。[5] 随着现代科技的发展,商品结构日益复杂,在购买商品时,消费者凭借其肉眼、根据常识对商品进行检验,不可能发现商品的所有瑕疵,尤其是商品内部潜在的瑕疵。作为买者的消费者根本无法"自慎"。进入现代社会,各国开始意识到这一问题,并对消费交易中经营者的售后服务问题进行法律的规制。其最重要的方式便是通过立法对某些结构复杂、技术性较强的商品之经营者的售后义务进行强制性规定。我国现行法律亦顺应了这一历史潮流,《消费者权益保护法》第24条、第25条对退货、更换、修理作出了明确的规定。

(一)退货、更换、修理义务的一般规定

《消费者权益保护法》第24条对一般情况下经营者的退货、更换、修理义务("三包"义务)作出了如下规定:"经营者提供的商品或者服务不符合质量要求的,消费者可以依照国家规定、当事人约定退货,或者要求经营者履行更换、修理等义务。没有国家规定和当事人约定的,消费者可以自收到商品之日起七日内退货;七日后符合法定解除合同条件的,消费者可以及时退货,不符合法定解除合同条件的,可以要求经营者履行更换、修理等义务。依照前款规定进行退货、更换、修理的,经营者应当承担运输等必要费用。"据此,经营者的"三包"义务主要有以下情况:

其一,有国家规定或合同约定的情形。经营者提供的商品或服务不符合质量要求,如国家有规定或当事人之间存在约定,则按照国家相关规定或当事人约定进行退货、更换或修理。早在1980年,我国有关主管部门就曾发布过对有关产品实行"三包"的规定。1986年,国家经委等部门联合发布了《部分国产家用电器"三包"规定》,确立了经营者对某些家用电器的法定"三包"义务。随着经济的发展,这些规定已不能满足市场经济条件下对消费者充分保护的需要。1995年8月,国家经贸委、国家技术监督局、国家工商局、财政部又联合发布了《部分商品修理、更换、退货责任规定》,同时公布了第一批实行三包的商品目录,其中包括自行车、彩色、黑白电视机、家用录、摄像机、收录机、家用冰箱、电子琴、钟表、摩托车等

---

〔5〕 韩世远:《免责条款研究》,载梁慧星主编:《民商法论丛》(第2卷),法律出版社1994年版,第455~522页。

18类商品。这些商品的经营者必须承担不低于法定标准的“三包”的义务，不得以合同免除，对上述义务的履行亦不得无故拒绝或拖延。对列入《实施三包的部分商品目录》的商品，其退货、更换、修理一般情形就应按照该规定进行。据此，产品自售出之日起7日内，发生性能故障，消费者可以选择退货、换货或修理。产品自售出之日起15日内，发生性能故障，消费者可选择换货或者修理。在当事人之间就“三包”义务存在约定的情形，一般按照约定进行。但如果消费者购买的商品国家既对其“三包”作了规定，当事人又作了约定，则应区分情况进行选择适用：(1)在国家有明确规定的情况下，若经营者与消费者约定的“三包”义务严于法律规定，则经营者应当按约定履行，而不按法律规定履行；(2)若当事人约定的“三包”义务低于国家规定的标准，则应按照国家的有关规定执行。

其二，没有国家规定或合同约定的情形。《消费者权益保护法》对没有国家规定和当事人约定情形的商品退货、更换、修理问题作了明确的规定。据此，消费者自收到商品之日起7日内可以退货；7日后符合法定解除合同条件的，也可以及时退货，不符合法定解除合同条件的，可以要求经营者履行更换、修理等义务。这里所指的符合法定解除条件，是指消费者一方依照法律规定享有单方合同解除权。例如，按照《民法典》第610条规定，因标的物质量不符合质量要求，致使不能实现合同目的的，买受人可以拒绝接受标的物或者解除合同。因此，如果消费者购买的不符合质量要求的商品根本不具备其应有的功能，不能实现消费者购买该商品的目的，也可以及时退货。但何为“及时”，法律并没有明确的规定，一般而言，应当理解为应在合理的时间内提出退货，何为合理时间，则应根据案件的具体情况确定。

(二)对“网电邮”销售商品的特别规定

近年来，随着网络和通信技术的发展，通过网络、电视、电话、邮购等非传统方式销售商品(以下简称“网电邮”销售商品)，已经成为一种时尚。这种商品销售方式在给消费者带来便利的同时，也可能使消费者的权利更容易受到侵害。在这些新型的销售方式中，消费者与经营者以及经营者销售的商品并没有直接的接触，只能依靠经营者通过网络、电话、电视或其他信息载体提供的信息了解商品，而不能直接对商品进行实物鉴别、挑选，因而更容易作出错误的判断和决定。由于消费者不在现场亲自选择商品，从某种意义上说，消费者实际获得的实物商品，并不是消费者选定的，而是经营者代替消费者选定的，因此，要使通过网络、电话、电视、邮购方式购买商品的消费者获得如同在商店购物消费者相同保护，就必须给予其直接考察、鉴别其所购商品实物的机会，使其在获得商品实物后，在对其进行实物鉴别的基础上再就是否购买该商品作出最终决定，只有这样，对网购、邮购消费者才公平。基于此，《消费者权益保护法》第25条对“网电邮”销售商品的消费者的退货问题(消费者的反悔权)作出了特别的规定。其内容涉及以下几个方面：

其一，消费者7日内无理由退货权。根据该法第25条第2款规定，经营者采用网络、电视、电话、邮购等方式销售商品，消费者有权自收到商品之日起7日内退货，且无需说明理由。从经营者义务的角度来说，该项规定表明，经营者对其“网电邮”销售商品，应当负有接受消费者7日内无理由退货的义务。

其二，消费者无理由退货的例外规定。根据该法第25条第2款规定，下列商品消费者不享有7日内无理由退货权：(1)消费者定做的商品；(2)鲜活易腐商品；(3)在线下载或者消费者拆封的音像制品、计算机软件等数字化商品;(4)交付的报纸、期刊。此外,其他根据商品性质并经消费者在购买时确认不宜退货的商品,也不适用无理由退货。值得注意的是,对于以上“网电邮”销售商品,尽管消费者没有无理由退货权,但这并不意味着消费者不能退货,如果消费者有正当的理由,仍然可以退货。例如,消费者收到的商品并非其欲购买的商品,或虽属其购买的商品,但存在严重质量问题,不能发挥正常的功能,在符合一般商品退货条件的情况下,消费者当然可以退货。

其三,有关退货条件、退款期限和成本负担的规定。《消费者权益保护法》第 25 条第 3 款规定,对“网电邮”销售商品,消费者退货的,商品应当完好。经营者应当自收到退回商品之日起 7 日内返还消费者支付的商品价款。退回商品的运费由消费者承担,但如果经营者和消费者就费用的承担另有约定,则按照约定处理。

九、合理使用格式条款的义务

在近代民法中,经营者与消费者的关系主要由合同法来进行调整,由于经营者与消费者之间交易能力的差异,以“契约自由”为原则而构建的近代合同法体系对消费者一方尤为不利。因为经营者往往利用合同之格式条款为有利于自己的不公平或不合理约定,或不当免除自己在损害消费者利益时应承担的责任。随着现代经济的发展,格式条款在消费交易中的使用极为普遍。由于格式条款的文本是由经营者一方经过精心策划而提出的,这就为经营者利用合同为不公平、不合理的约定提供了极大便利。为了解决这一问题,各国现代立法均开始注意对格式条款的规范,如 1964 年以色列颁布了《标准合同法》、1976 年德国制定了《一般契约条款法》、1977 年英国制定了《不公平合同条款法》等。我国《民法典》第 496 条、第 497 条和第 498 条也对格式条款作了规定。《消费者权益保护法》第 26 条规定,经营者在经营活动中使用格式条款的,应当以显著方式提醒消费者注意商品或服务数量和质量、价款或者费用、履行期限和方式、安全注意事项和风险警示、售后服务、民事责任等与消费者有重大利害关系的内容,并按照消费者的要求予以说明。不得以格式条款、通知、声明、店堂告示等方式,作出排除或者限制消费者权利、减轻或免除经营者责任、加重消费者责任等对消费者不公平、不合理的规定,不得利用格式条款并借助技术手段强制交易。格式条款、通知、声明、店堂告示等含有前款所列内容的,其内容无效。根据《消费者权益保护法》的规定,经营者合理使用格式条款的义务主要有以下内容:

第一,使用格式条款,应以显著方式提醒消费者与其有重大利害相关的内容。与消费者有重大利害关系的内容包括商品或服务数量和质量、价款或者费用、履行期限和方式、安全注意事项和风险警示、售后服务、民事责任等内容,对于这些内容,除应以显著方式提醒消费者注意外,如果消费者需要其对某些内容进行说明,经营者还应按照消费者的要求进行说明。

第二,不得以格式条款、通知、声明、店堂告示等方式作出对消费者不公平、不合理的规定。对消费者不公平、不合理的规定包括:(1)排除或限制消费者权利的规定;(2)减轻或免除经营者责任的规定;(3)加重消费者责任的规定。格式条款、通知、声明、店堂告示等如果有以上不公平、不合理的内容,该内容无效。

第三,不得利用格式条款并借助技术手段强制交易。例如,在网络交易中,利用格式条款和技术手段要求消费者提供非必要的个人信息，作为提供商品、服务的条件；或者以拒绝提供商品、服务为由，强制要求消费者下载不必要的软件；等等。

有关格式条款的进一步讨论，请参见本书第九章第五节。

十、尊重消费者人格义务

人格权是民事主体作为独立的人而享有的基本权利，它包括生命权、健康权、名誉权、肖像权、姓名权、隐私权、婚姻自主权等具体人格权，也包括民事主体的人格尊严（一般人格权）。其中，经常可能受经营者侵害的消费者的人格权包括生命权，健康权、名誉权和消费者人格尊严。为了保护消费者在购买商品或接受服务时，其人格不受经营者侵犯，《消费者权益保护法》第27条规定，经营者不得对消费者进行侮辱、诽谤，不得搜查消费者的身体及其携带的物品，不得侵犯消费者的人身自由。

侵犯消费者人格权是一种严重的侵权行为，因此，引起责任当然不能通过格式条款加以免除。有些商店在店堂明文告示"本店有权搜查带入本店任何包袋的权利"。这些店堂告示当然是无效的，而且，其存在本身亦是对消费人格的一种侵害，有关国家机关应及时予以制止。

当然，消费者中亦有个别的人在购买商品、接受服务时乘机盗窃经营者的商品。发现这种情况，经营者可以采取必要的措施。我国刑事诉讼法规定，任何公民对于正在实施犯罪行为或在犯罪后即时被发觉的人都可将其扭送司法机关进行处理。对于经营者来说亦有权这样处理。但不能凭空怀疑消费者，更不能自作主张随意对消费者实施搜身、盘问、殴打或非法拘禁。

十一、特定经营者的特别信息提供义务

采用网络、电视、电话和邮购等方式提供商品或服务的经营者（以下简称"网电邮"经营者）与消费者进行的交易不是在面对面的实体环境中进行的，消费者对作为交易对方当事人的经营者的了解也仅仅是通过网络、电视、电话、函件获得，这些信息可能非常有限，不能满足消费者的需要。除经营者的身份信息外，与交易有关的信息在这些交易中也可能存在很大的不确定性。例如，以电话方式购买商品时，消费者只能通过语言对其所需要的商品进行描述，往往很难做到明确具体，双方通过电话说出的话是否为对方完全理解，电话记录是否准确等都有一定不确定性和模糊性，这就可能造成双方在误解的基础上达成交易。因此，一方面，消费者需要经营者提供一些基本身份信息，以便于进一步确认、核实有关交易的具体细节；另一方面，只有消费者获得了这些基本信息，才能在发生纠纷时找到对方当事人，并就纠纷的解决与对方进行交涉或采取其他救济措施，维护自己的权利。证券、保险、银行等金融服务的经营者所经营的业务都是与资金信用有关的业务。从交易发生到交易关系的结束，如存款和本金利息的支付，保险缴费与保险金支付、证券账户开设与注销，一般都有较长的时间间隔。其间，一些情况可能发生变化，即便没有变化，有些信息也可能受遗忘等因素的作用而模糊。更为重要的是，在网络时代，这些经营者与消费者的交易很多是在消费者不在场或经营者单方操作完成的，有关交易基本情况如果不及时提供给消费者，消费者就可能无法了解，日后发生纠纷，消费者也很难提供证据。因此，对于金融服务的消费者来说，经营

者也应承担更多的信息提供义务。基于此,《消费者权益保护法》第28条规定:“采用网络、电视、电话、邮购等方式提供商品或者服务的经营者,以及提供证券、保险、银行等金融服务的经营者,应当向消费者提供经营地址、联系方式、商品或者服务的数量和质量、价款或者费用、履行期限和方式、安全注意事项和风险警示、售后服务、民事责任等信息。”规定特殊经营者的特别信息提供义务,不仅有利于消费者准确了解与自己利益相关的交易情况,也有利于在发生纠纷时及时、有效地寻求救济。

从以上规定可知,负有信息提供义务的经营者包括两类:“网电邮”经营者和从事金融服务的经营者。这两类经营者应当向消费者提供的特别信息也包括两类:一是与经营者身份相关的基本信息,其中包括有关经营者经营地址、联系方式的信息;二是经营者与特定消费者之间交易的相关基本信息,包括商品或者服务的数量和质量、价款或者费用、履行期限和方式、安全注意事项和风险警示、售后服务、民事责任等信息。至于经营者以何种方式履行信息提供义务,法律并没有明确规定。与经营者身份相关的信息是所有与该经营者有交易关系的消费者都需要的信息,对于这些信息,经营者可以适当方式(如通过网站)公开。同时,在特定消费者要求其提供时,也有义务专门提供。对于其与特定消费者的交易的相关的信息,则可根据情况主动定期或在每次交易完成后及时向特定消费者提供,在消费者提出要求时,也应负有专门向其提供的义务。

十二、合法收集、利用消费者个人信息的义务

在计算机和网络技术高度发达的现代社会,个人信息安全受到了前所未有的挑战。在经济领域,由于个人需求大多通过市场交易来得到满足,而交易过程在很多情况下都要通过获得个人信息才能完成。例如,在商店购买商品的消费者需要送货,就必须留下自己的具体地址和通讯方式;通过网络购物,也必须提供个人的姓名、通讯地址和联系方式;购买金融产品或保险,则应提供更为详尽的个人信息,否则,交易就无法进行。因此,个人信息的利用和扩散在网络时代似乎不可避免。然而,个人信息不仅可以为正当的目的而搜集和利用,也可能为不正当的目的而搜集和利用。当它被人用于不正当的目的时,便可能对相关的个人造成严重的侵害。近年来,一些人非法收集个人信息,并将其作为商品进行出售,牟取暴利;一些医疗机构因管理不善致使患者有关疾病的信息公开,给患者造成严重的精神损害;一些不法之徒通过获得的个人信息,对相关个人进行敲诈勒索,或坑蒙拐骗等,给公民人身、财产安全带来了严重的威胁。为防止个人信息的不法搜集、利用,保护消费者的合法权益,新修订的《消费者保护法》增加了第29条,对经营者收集、利用消费者个人信息问题作出了专门规定。其主要内容如下:

(一)对经营者收集、使用消费者个人信息的一般要求

《消费者权益保护法》第29条第1款规定:“经营者收集、使用消费者个人信息,应当遵循合法、正当、必要的原则,明示收集、使用信息的目的、方式和范围,并经消费者同意。经营者收集、使用消费者个人信息,应当公开其收集、使用规则,不得违反法律、法规的规定和双方的约定收集、使用信息。”这一规定对经营者收集、使用消费者个人信息提出了四点要求:

第一,应当遵循合法、正当和必要原则。(1)合法,即对消费者个人信息的收集和使用

必须符合法律规定的要求，不得违反法律的强制性规定。例如，法律规定不得为营利目的而出售个人信息，经营者出售消费者个人信息，就构成对法律强制性规定的违反，也违背了信息利用的合法原则。(2)正当，即经营者对消费者个人信息的收集、利用必须出于正当的目的。正当目的，例如，为履行合同义务而收集消费者的个人信息，利用个人信息提供的联系方式提醒消费者在使用商品或接受服务时应当注意的问题，等等。(3)必要，即经营者仅在有必要收集、使用消费者个人信息的情况下，才可以收集、使用。是否必要应结合经营业务的需要来考虑，收集、利用消费者信息是否为经营者与消费者进行正常业务交易所需要。例如，以邮购方式销售商品的经营者，就需要了解消费者姓名、工作单位、地址等信息，否则便没有办法履行交付商品的义务。经营者上门提供服务或售后服务，也需要获得消费者住址等方面的准确信息。以上这些情形，了解消费者个人信息，甚至存储该信息都是必要的。

第二，明示目的、方式和范围，并经消费者同意。即经营者为什么目的、使用什么方法、要求消费者提供哪些信息，收集的信息将如何使用，在什么范围内使用，都应当明确地告诉消费者。如果消费者在知道这些情况的前提下愿意提供个人信息供经营者收集、使用，经营者的收集、使用才符合法律要求。

第三，公开收集、使用个人信息的规则。即经营者进行信息收集和使用所遵循的规则，应向消费者公开。

第四，经营者收集、使用消费者个人信息不得违反法律、法规的规定和其与消费者的约定。

（二）经营者对消费者个人信息的保密义务

《消费者权益保护法》第 29 条第 2 款规定，经营者及其工作人员对收集的消费者个人信息必须严格保密，不得泄露、出售或者非法向他人提供。经营者应当采取技术措施和其他必要措施，确保信息安全，防止消费者个人信息泄露、丢失。在发生或者可能发生信息泄露、丢失的情况时，应当立即采取补救措施。

本款规定主要有三层含义：(1)经营者及其工作人员的保密义务。即经营者及其工作人员对收集的消费个人信息必须严格保密，不得泄露，更不得出售该信息或违反法律规定向他人提供信息。(2)应采取保密措施。即经营者在收集了消费者个人信息后，不仅不得泄露这些信息，而且要采取必要的技术措施和其他措施，确保信息安全，防止信息泄露或丢失。例如，对存储在电脑中的消费者个人信息进行加密，安装防盗窃软件，实行专人管理、维护等。(3)泄密补救措施。即在经营者收集的消费者个人信息发生或可能发生泄露或丢失时，应采取补救措施。补救措施应能有效地减少泄密、丢失可能对消费者造成的影响。例如，在网络上泄露了个人信息，应立即通知有关部门采取措施，清除网上的相关信息等。

（三）不得利用曾获得的个人信息向消费者发送商业信息

实践中，与消费者曾经发生交易的经营者往往保留该消费者信息，并利用这些信息中消费者联系方式，将有关商品、服务的信息或资料发给消费者，或向消费者推荐其商品和服务，以此希望能够获得消费者的再次惠顾。然而，这些行为可能对消费者产生严重的滋扰，为杜绝这种做法，消费者保护法明确规定，经营者未经消费者同意或者请求，或者消费者明确表示拒绝的，不得向其发送商业性信息。

以上是《消费者权益保护法》规定的经营者对消费者一般义务，它对各类经营者都有约束力。但除此之外,从事某类特殊商品或服务经营的经营者还可能负有某些特殊的义务,这些义务也是经营者义务的重要组成部分。对此,将在本书的有关章节再作介绍。

这里需要指出的是,为什么《消费者权益保护法》只规定经营者的义务而不规定经营者的权利?这是因为经营者的义务与消费者的权利是紧密相关的,只有经营者履行了自己的义务,消费者的权利才能得到切实的保障。《消费者权益保护法》只规定经营者的义务,而未规定经营者的权利,主要是为了体现消费者权益保护法的立法宗旨,即对消费者权益给予特别保护。因此,经营者的权利不宜在该法中规定。

第五章　消费者利益的国家保护

第一节　消费者利益国家保护概述

一、国家职能与消费者利益保护

国家是凌驾于社会之上的公共权力的代表，人们缔造国家的根本目的是实现社会的安全、正义、秩序和福利。现代国家的国家权力活动或多或少要体现一般民众的意志，这种意志或直接由社会大众表达，或间接通过自己的代表来表达。但是，随着社会的发展，公权活动代表的利益范围必将越来越广。现代国家是法治国家，公共权力须依法产生，且权力之行使唯有依法定的程序、方式进行，才能产生效力。而法律又是社会全体或一部分人的意志的体现。无论国家的性质如何，维护公共利益，如果不是其唯一职能，至少也是其最重要的职能之一。

社会公共利益首先表现为社会安全，安全是社会生活的第一需要。人类要生存、发展，首先必须有一个安全的环境。没有这一环境，一切活动都难以进行。当人们的生命健康时刻受到来自其自身或外界的威胁时，根本不可能正常地进行生产和生活。对安全的威胁一是来源于人类自身，二是来自自然。其中，前者包括外国的入侵、内乱及各种危及人身安全的犯罪行为，后者则包括各种自然灾害、事故。国家安全职能自古以来主要侧重于前者。对任何一种类型的国家来说，军队、警察、监狱等暴力机器都是象征其存在的标志。然而，随着经济和技术的发展，对后一种危险的防止及救治在国家的安全维护价值体系中日益显示其重要性。

社会秩序也是社会公共利益的重要表现。秩序是安全的保障，无秩序便无安全，秩序是效率的保证，没有秩序，社会活动无法形成巨大的合力，难以推动社会的进步与发展。

公正是带有浓厚主观色彩的价值观念，是主体所认为的人与人之间的关系的一种合理状态。统治者对公正的理解难以跳出其所代表的特定集团的利益局限，奴隶主对奴隶的生杀予夺、封建领主对农奴的人身支配与剥削、资本家对工人创造价值的巧取豪夺，在不同的历史时期都有不同的理解，但无论怎样，维护统治者的正义观念仍是国家存在的基本价值。

增进公共福利也是国家的基本职能。在市场经济条件下，资源根据市场规律而进行配置，以追逐利润为目的资本必然集中于利润高的产业、部门和项目。相反，一些利润较低或无利润或风险大，但又与人们生活及社会进步密切联系的基础产业、公共设施和其他项目便缺乏吸引资本的能力,这就需要国家来进行投资,以满足社会基本需要,维护社会的安定,推进社会进步。

消费者是公民的一个侧面,消费者的安全、消费领域的有序化、消费关系中的正义以及消费者的福利是人类社会安全、秩序、正义和福利的一个重要组成部分。国家的基本职能决定它不可能完全置社会生活的这一领域于不顾。

国家是公共权力的代表,它凌驾于社会之上,对其主权所及的资源及其公民的各种活动都有干预和支配的能力,其庞大的官僚机构和暴力机器可以保护国家权力行使的充分有效并畅通无阻。国家不仅有责任而且有能力对社会生活施加一定的影响,以促使社会向着人们一般普遍认为合理的方向发展。于是,保护社会安全,维护社会秩序和社会正义,增进社会福利,就必然成为国家不可或缺的职能。

二、消费者的地位与国家的特别保护

如前所述,在简单的商品交换关系中存在消费者的危机。消费者以他人生产的消费资料为消费对象,就必然隐含着其对消费对象的无知,意味着他对经营者的依赖。同时,这也产生了经营者的一大优势:经营者可以利用消费者的无知,对自己提供的商品和服务进行虚假、夸大的宣传,骗取消费者信任而获得更多的利润。消费者以满足自身生活需要而获得、使用商品,接受服务,商品、服务的危险天然落到消费者身上。经营者以营利为目的为满足他人提供商品及服务,他只关心商品的价值,商品的使用价值尽管与价值的实现紧密相连,但毕竟与经营者没有直接的利害关系,因而往往为经营者所忽视。

在现代市场经济条件下,一方面,消费者的生活需要全面地产生了对市场的依赖;另一方面,产品的结构、功能的复杂化,使消费者生活经验与常识在正确判断商品、服务的价值及正确地使用商品、接受服务方面所起的作用越来越小,消费者对商品更加无知。同时,市场竞争导致资本的集中,资本的集中又形成对市场的垄断。垄断破坏了消费交易中消费者与经营者势均力敌的力量对比,从而往往使经营者取得单方决定交易条件的能力。此外,消费者通常以个体社会成员的身份出现,势单力薄,而现代经营者多以企业的形式出现,财力雄厚、人员齐备、机构严密。消费者利益一旦受损失,若不依靠其他力量的支持,仅凭其自身力量,根本无力谋求公平的结果。

由上可知,尽管在法律上消费者与经营者地位平等,但实际上,不仅就实力而言消费者通常总是处于弱势,而且在与经营者的关系中,消费者更总是处于被动、受支配的地位。消费者的这种地位一部分是商品经济固有的本质所决定,另一部分则是由于市场经济的制度因素所决定,但无论其原因如何,消费者凭自身力量是很难改变的。

由于消费者的弱者地位,以及消费者凭自身力量难以改变这种处境,因而,有必要借助公权力来对消费关系进行适度干预。在国家公权力介入的情况下,消费者无力实现的,可以通过国家来实现。国家可以站在消费者的立场上凭借自己强大的权力对经营者的行动施加压力,对经营者的胡作非为进行制裁,对经营者提供的商品和服务提出合乎消费者利益的要求,为消费者提供各种支持、帮助和便利。总之,只有国家在以维护消费者利益为目的对消费领域实施适当干顶的情况下,市场经济条件下经营者与消费者之间的现实不平等才能得到矫正,消费者与经营者之间的正常关系才能实现。

三、国家保护消费者利益的一般形式

国家对消费者利益的保护一般是通过国家机关的职权活动实现的。国家机关依据其行使权力的性质不同，可以划分为立法机关、行政执法机关和司法机关。对消费者利益的保护是通过这三种不同国家机关的职权活动而实现的，与此相适应，也可将国家对消费者的保护分为三种，即立法保护、行政保护和司法保护。

（一）立法保护

这里的立法保护是指立法机关通过制定、修改、颁布、废止等立法活动来保护消费者的利益。立法对消费者利益的保护作用主要表现在三个方面：第一，通过法律向社会宣示消费者的合法权利以及法律对各种侵犯其利益行为的禁止，从而警示经营者不得实施侵犯消费者利益的行为，促使人们自觉地遵守法律规定而防止侵害消费者利益的行为发生。第二，通过法律规定，为国家行政机关及司法机关的执法和司法活动提供依据，以便行政、司法机关能准确地判断某种行为是否违反法律对消费者保护的规定，并在侵害消费者利益的行为发生时，予以及时、有效地制止、补救。第三，通过对行政、司法活动和法律监督，保证消费者保护法的全面落实。

通过立法保护消费者的利益，必须保证法律本身的公正性、科学性和可执行性。为此，必须研究我国的基本国情，借鉴外国的立法经验。然而，法律要充分保护消费者的利益，必须首先反映消费者的呼声，反映消费者的要求和愿望。我国《消费者权益保护法》第 30 条规定，国家制定有关消费者权益的法律、法规和政策时，应当听取消费者和消费者协会等组织的意见。只有在广泛听取消费者意见和要求的基础上，制定出来的法律才能充分体现对消费者利益的保护。因此，国家在制定消费者保护法时应尽可能吸收消费者协会的代表以及从事消费者保护工作的有关人员参加法律的起草工作。在法律草案草拟过程中，应当进行社会调查工作。草案形成后，应当广泛邀请消费者参与讨论，公开征求消费者的意见。

（二）行政保护

这里的行政保护是指行政机关通过行政执法和监督活动对消费者进行的保护。行政机关对消费者利益的保护是通过以下两种行政活动而实现：一是通过抽象行为，对立法机关制定的保护消费者的法律，制定实施细则、具体办法和解释，以便国家法律能得以顺利实现。例如，通过行政机关制定行政法规，行政规章、行政解释可以将法律的内容具体化，使法律所表达的意思更加明确、易于实施。二是通过具体行政行为，如通过行政合同等，落实特定的行政主体对消费者的保护职责，通过行政处罚等制裁侵犯消费者利益的行为，通过行政调解、仲裁等，解决消费者权益纠纷，维护消费者的权益。

（三）司法保护

这里的司法保护是指司法机关通过审判活动维护消费者的合法权益。司法机关在保护消费者利益方面的作用主要表现在两个方面：一是通过侦查、审判等活动揭露、打击经济生活中侵犯消费者利益的违法犯罪行为；二是通过审理涉及消费者利益的民事、行政争议案件，维护消费者的合法权益。

第二节　行政机关在消费者保护中的职责

消费者保护问题既涉及社会生产经营活动,又涉及人民的生活领域,其范围非常广泛,因而大部分国家行政机关都或多或少肩负着某些保护消费者利益的职责。因此,行政机关保护消费者的职责主要有两种:一是各级人民政府保护消费者的综合职责;二是各级人民政府行政管理部门对消费者权益保护的专项职责。

一、各级人民政府保护消费者的综合职责

《消费者权益保护法》第 31 条规定:"各级人民政府应当加强领导,组织、协调、督促有关行政部门做好保护消费者合法权益的工作,落实保护消费者权益的职责。各级人民政府应当加强监督,预防危害消费者人身、财产安全行为发生,及时制止危害消费者人身、财产安全的行为。"各级人民政府是代表国家管理本行政区域内经济、社会等各方面事务的综合行政管理机构。保护消费者合法权益,是其不可推卸的重要职责之一。但是,各级人民政府作为综合管理机构,不可能事无巨细地对保护消费者权益的各项工作都全面负责。根据前述规定,各级人民政府在消费者保护方面的基本职责包括:

(一) 领导职责

各级人民政府作为特定行政区域内的综合管理机构,其下设各种不同的行政部门,这些部门按照各自的职责划分负责不同领域的管理事务,但都在同级和上级人民政府的领导下开展工作,在消费者权益保护方面同样如此。因此,各级人民政府在消费者保护方面的领导职责首先表现为组织、协调、督促有关行政部门做好消费者权利保护方面的工作,落实其在保护消费者权益方面的各项职责。

(二)监督职责

各级人民政府在保护消费者权益方面的第二项基本职责是监督职责。通过监督,发现消费者保护中存在的问题,并及时采取措施或督促相关政府部门采取措施,及时制止危害消费者人身、财产安全的行为,防止危害消费者人身、财产安全行为发生。

二、消费者保护相关职能部门的职责

各级人民政府作为国家特定行政区域内的综合行政管理机构,不可能对保护消费者权益方面的所有事务都直接管理。在大多数情形下,消费者权益保护的具体工作则分别由具有保护消费者职能的国家行政部门按照职能分工负责进行。

2018 年 3 月,中共中央印发《深化党和国家机构改革方案》。2018 年,第十三届全国人民代表大会第一次会议审议通过《国务院机构改革方案》。该方案实施后,国务院正部级机构减少 8 个,副部级机构减少 7 个,除国务院办公厅外,国务院设置组成部门 26 个。国务院

改革方案实施后,各级地方政府也进行了相应的改革,形成了与国家对应的地方各级行政管理机构体系。从改革后形成的政府管理部门来看,与消费者保护密切相关的政府部门在全国层面主要有:国家市场监督管理总局、商务部、文化和旅游部、农业农村部、卫生健康委员会、交通运输部、中国人民银行等国务院组成部门;中国银行保险监督管理委员会、中国证券监督管理委员会等国务院直属事业单位。地方各级政府设立的与上述全国性政府部门相对应的机构,也是与消费者保护密切相关的国家机构。现就其保护消费者权益方面的主要职责分述如下:

(一)市场监督管理部门(以下简称市场监管部门)

市场监督管理部门是我国实行统一的市场监管部门。在保护消费权利方面,市场监管部门扮演者极为重要的角色。其在消费者保护方面的主要职责是:负责市场综合监督管理,组织市场监管综合执法工作;承担反垄断统一执法,规范和维护市场秩序;组织实施质量强国战略,负责工业产品质量安全、食品安全、特种设备安全监管,统一管理计量标准、检验检测、认证认可工作等。同时,根据2018年《国务院机构改革方案》,在市场监管部门内部还设立药品监督管理局,负责药品、化妆品、医疗器械的注册并实施监督管理。此外,国务院食品安全委员会、国务院反垄断委员会的具体工作也由国家市场监督管理总局承担。原国家认证认可监督管理委员会、国家标准化管理委员会的职责也划入国家市场监督管理总局行使。根据《消费者权益保护法》第56条规定,除其他法律、法规对处罚机关和处罚方式另有规定外,对经营者侵害消费者权益应受处罚的行为,均由市场监管部门依照法律规定给予处罚。由此可见,在一般情况下,当消费者权益受到侵害需要寻求国家行政机关保护时,都可以向市场监管部门提出。

(二)商务部门

商务部门是我国主管国内外贸易和国际经济合作的部门。在消费者保护方面,主要履行以下职责:拟订国内贸易发展规划,促进城乡市场发展,指导大宗产品批发市场规划和城市商业网点规划、商业体系建设工作,推进农村市场体系建设,组织实施农村现代流通网络工程;牵头协调整顿和规范市场经济秩序工作,拟订规范市场运行、流通秩序的政策,推动商务领域信用建设,指导商业信用销售,建立市场诚信公共服务平台,按有关规定对特殊流通行业进行监督管理;承担组织实施重要消费品市场调控和重要生产资料流通管理的责任,负责建立健全生活必需品市场供应应急管理机制,监测分析市场运行、商品供求状况,调查分析商品价格信息,进行预测预警和信息引导,按分工负责重要消费品储备管理和市场调控工作,按有关规定对成品油流通进行监督管理;负责制定进出口商品、加工贸易管理办法和进出口管理商品、技术目录,组织实施重要工业品、原材料和重要农产品进出口总量计划,会同有关部门协调大宗进出口商品,指导贸易促进活动和外贸促进体系建设;等等。

(三)文化和旅游部门

文化和旅游部门是我国主管文化和旅游工作的国家机构。在消费者保护方面主要职责有:指导、管理文艺事业,指导艺术创作生产,扶持体现社会主义核心价值观、具有导向性代表性示范性的文艺作品,推动各门类艺术、各艺术品种发展;负责公共文化事业发展,推进国家公共文化服务体系建设和旅游公共服务建设,深入实施文化惠民工程,统筹推进基本公共文化服务标准化、均等化;统筹规划文化产业和旅游产业,组织实施文化和旅游资源普查、挖掘、保护和利用工作,促进文化产业和旅游产业发展;指导文化和旅游市场发展,对文化和旅游市场经营进行行业监管,推进文化和旅游行业信用体系建设,依法规范文化和旅游市场;指导全国文化市场综合执法,组织查处文化、文物、出版、广播电视、电影、旅游等市场的违法行为,维护市场秩序;等等。

(四)农业农村部门

农业农村部门是综合管理我国农业农村工作的国家机构。由于大量的消费资料源于农业,因而,农业农村部门与消费者权益保护密切相关。根据有关规定,农业农村部门在消费者保护方面的职责主要有:指导农业行业安全生产工作;指导乡村特色产业、农产品加工业、休闲农业和乡镇企业发展工作,提出促进大宗农产品流通的建议,培育、保护农业品牌;发布农业农村经济信息,监测分析农业农村经济运行;负责种植业、畜牧业、渔业、农垦、农业机械化等农业各产业的监督管理,指导粮食等农产品生产,指导农业标准化生产;负责农产品质量安全监督管理,组织开展农产品质量安全监测、追溯、风险评估;参与制定农产品质量安全国家标准并会同有关部门组织实施;负责有关农业生产资料和农业投入品的监督管理;制定兽药质量、兽药残留限量和残留检测方法国家标准并按规定发布,负责执业兽医和畜禽屠宰行业管理;负责农业转基因生物安全监督管理和农业植物新品种保护;等等。

(五)卫生健康部门

卫生健康部门,一般是指国家和地方各级政府设立的卫生健康委员会或相应机构,是全面负责卫生健康工作国家机构。在消费者保护方面,其主要职责是:制定并组织实施推动卫生健康公共服务提供主体多元化、提供方式多样化的政策措施,提出医疗服务和药品价格政策的建议;制定并组织落实疾病预防控制规划、国家免疫规划以及严重危害人民健康公共卫生问题的干预措施,制定检疫传染病和监测传染病目录;组织制定国家药物政策和国家基本药物制度,开展药品使用监测、临床综合评价和短缺药品预警;提出国家基本药物价格政策的建议,参与制定国家药典,组织开展食品安全风险监测评估,依法制定并公布食品安全标准;建立医疗服务评价和监督管理体系,会同有关部门制定并实施卫生健康专业技术人员资格标准,制定并组织实施医疗服务规范、标准和卫生健康专业技术人员执业规则、服务规范;等等。

(六)交通运输部门

交通运输,特别是各种形式客运交通,直接关系到消费者的安全和其他权益,规范交通运输市场,加强监督管理,对消费者权益保护具有非常重要的意义。交通运输部门是对交通运输各项工作进行全面管理的国家机关,在消费者保护方面,主要承担以下职责:承担道路、水路运输市场监管责任,组织制定道路、水路运输有关政策、准入制度、技术标准和运营规范并监督实施;指导城乡客运及有关设施规划和管理工作,指导出租汽车行业管理工作;承担水上交通安全监管责任,负责管理水域水上交通安全事故,依法组织或参与事故调查处理工作,指导水上交通安全监管工作;承担公路、水路建设市场监管责任;等等。

（七）金融监管部门

金融服务消费是消费者生活消费的一个方面，在金融服务消费过程中，消费者同样处于弱势地位，需要法律给予倾斜保护。中国人民银行是我国专门管理金融工作的国家机关，银保监会和证监会是承担重要金融监管职责的事业单位。在消费者保护方面，金融监管部门也负有重要的职责。根据有关规定，在金融消费者保护方面，中国人民银行的主要职责包括：拟订金融业重大法律法规和其他有关法律法规草案，制定审慎监管基本制度，建立健全金融消费者保护基本制度；负责金融标准化组织管理协调和金融科技相关工作，指导金融业网络安全和信息化工作等。银保监会的主要职责有：参与拟订金融业改革发展战略规划，参与起草银行业和保险业重要法律法规草案以及审慎监管和金融消费者保护基本制度。依据审慎监管和金融消费者保护基本制度，制定银行业和保险业审慎监管与行为监管规则，制定小额贷款公司、融资性担保公司、典当行、融资租赁公司、商业保理公司、地方资产管理公司等其他类型机构的经营规则和监管规则，制定网络借贷信息中介机构业务活动的监管制度；对银行业和保险业机构实行现场检查与非现场监管，开展风险与合规评估，保护金融消费者合法权益，依法查处违法违规行为。证监会在金融消费者保护方面主要负有以下职责：监管股票、可转换债券、证券公司债券和国务院确定由证监会负责的债券及其他证券的发行、上市、交易、托管和结算；监管上市国债和企业债券的交易活动；依法对证券期货违法违规行为进行调查、处罚；等等。

除以上部门外，其他国家机关在消费者保护方面也负有某些管理职责，由于篇幅所限，不再一一列举。

第三节　司法机关在消费者保护中的职责

在我国，司法机关包括行使法律监督权的各级检察机关和行使审判权的各级人民法院。它们在消费者保护方面也发挥着非常重要的作用。

一、人民检察院在保护消费者利益中的职责

人民检察院是专门行使法律监督权的国家机关。其在消费者保护方面的职责主要包括以下几个方面：

（一）通过立案侦查活动，揭露严重侵害消费者的违法犯罪行为，维护消费者利益

对经济活动中的违法犯罪行为进行监督是人民检察院法律监督的一个重要方面。商品检验中的徇私舞弊行为、商检失职行为、动植物检疫徇私舞弊行为、动植物检疫失职行为、放纵制售伪劣商品犯罪行为，以及包括商业贿赂在内的受贿行为、单位受贿行为、行贿行为、对单位行贿行为等，如果情节严重，均有可能作为刑事案件由人民检察院实施侦查。通过对这些案件的立案侦查活动，可以及时揭露、制止侵犯消费者利益的行为。对构成犯罪的，依法

向人民法院提起公诉,追究行为人的刑事责任;未构成犯罪的,及时予以制止,从而防止侵犯消费者的行为发生。

(二)通过提起公诉,支持公诉,使严重侵害消费者利益的行为受到刑事制裁

对人民检察院自行立案侦查的以及由公安机关立案侦查的严重侵犯消费者利益的案件,认为构成犯罪的,人民检察院可以提起公诉。并在法院审理这些案件时,派人出庭支持公诉。通过提起及支持公诉,在法庭上进一步揭露犯罪行为,陈述予以惩治的必要性,协助法院弄清犯罪的事实、情节,以保证法院正确适用法律,定罪量刑,使侵犯消费者权益的犯罪分子受到法律的应有惩罚。

(三)通过对审判活动的监督,维护法律的权威,保护消费者权益

对审判活动进行监督是人民检察院的一项重要工作。它既包括对刑事案件的审判活动进行监督,也包括对民事、行政案件审判活动进行监督。除了对庭审活动进行监督,指出其中存在的问题、提出意见外,还可以根据行政诉讼法、民事诉讼法和刑事诉讼法的规定,对生效判决引起再审程序。通过对审判活动的监督,使犯罪分子受到应有的制裁,消费者的合法的诉讼请求能获得法律的保护。

(四)通过法律的监督活动,保证消费者保护法的全面、正确实施

人民检察院作为国家法律监督机关对国家法律的实施负有全面监督职责。通过各方面的监督活动,督促经营者自觉地履行义务,各国家机关自觉履行法律规定的保护消费者权益的职责,保障消费者的合法权利能够全面地实现。

二、人民法院在消费者权益保护中的职责

人民法院是国家审判机关,通过审判权的行使保护消费者的合法权益。人民法院在消费者保护中的职责主要包括:

(一)通过对刑事案件的审理,打击严重侵犯消费者利益的违法犯罪行为

许多严重侵犯消费者权利的行为都构成犯罪,如出售有毒有害商品致使消费者人身财产遭受严重损害的行为,严重侵犯消费者人身自由的行为,假冒商标的行为,出售假药致使消费者死亡和严重中毒的行为,国家工作人员玩忽职守或包庇经营者侵害消费者权益,情节严重的行为等。通过对这些案件的审理,追究违法犯罪分子的刑事责任,维护社会经济秩序,保护消费者的合法权益。

(二)通过对消费者民事案件的审理,追究经营者的民事责任,使受害消费者获得及时、充分的补偿

经营者侵犯消费者利益的行为大多表现为民事性质的侵权、违约行为。例如,制造、出售有缺陷产品致使消费者人身财产受到损害的产品责任侵权行为;对消费者进行侮辱、殴打,尚未造成严重后果的人身侵权行为;提供产品、服务,不符合合同规定的违约行为;等等。对这些侵害消费者利益的案件进行审理,可以使侵害消费者利益的经营者承担民事责任,同时使消费者的损害得到及时、充分的补偿。

（三）通过对行政案件的审理，维护消费者的合法利益，督促国家行政机关严格履行保护消费者的职责

消费者在购买、使用商品及接受服务时，亦可能受到国家行政机关及其工作人员不正当行使职权行为的侵害。例如，消费者在购买商品时与经营者发生纠纷，公安机关在未弄清事实的情况下，对消费者作出不当的治安行政处罚。在这种情况下消费者就可能提起行政诉讼。有时，经营者合法的对消费者有利的经营行为也可能受到行政机关不当处理，如有些地区受地方保护主义的影响强迫经营者只能销售或搭售本地生产的劣质商品，在这种情况下也可能发生行政纠纷，诉诸法院。人民法院通过对这些案件的审理，一方面可以维护消费者的合法利益，另一方面可以防止国家行政机关滥用行政权力，或不履行法律规定的职责，侵犯消费者利益的行为发生，督促行政机关正确地履行保护消费者的职责。

（四）通过司法解释、司法创制活动，阐释法律的含义，补救现行法律之不足，使消费者保护法得以正确实施，消费者权益获得更充分的保障

最高审判机关是有权作出司法解释的国家机关，通过司法解释，阐述法律的深层含义，有利于全面准确地理解、适用和遵守法律。同时，在法律没有明文规定的情况下，审判机关还可以根据宪法、消费者保护法和其他法律规定的一般原则进行司法创制活动，弥补现行法律规定之不足。这样，既可以使具体案件中的消费者正当利益得到保护，也可以促进消费者保护法律制度的逐步完善。

消费者纠纷往往带有金额小、案情较为简单的特点，双方当事人都不愿投入大量的时间、精力和金钱打官司。为方便消费者通过司法途径解决纠纷，不少国家都设立了消费者小额索赔法庭，专门处理消费者纠纷。我国《消费者权益保护法》第 30 条也明确规定，人民法院应当采取措施，方便消费者提出诉讼。近年来，我国一些地区的基层法院也开始设立消费者法庭或消费巡回法庭，受理消费者小额纠纷，方便消费者诉讼，为消费者纠纷的及时解决发挥了重要的作用，如浙江温州、余姚等地基层法院都设立了消费法庭或巡回法庭，专门受理消费者纠纷。不仅消费者起诉便利，而且法庭使用简易程序快速审理，也使消费者避免了通常打官司的各种烦琐程序和大量的时间、精力投入。应当在总结经验的基础上加以普遍推广。

第六章　消费者组织

第一节　消费者组织概述

一、对消费者组织的界定

什么是消费者组织？对于这个问题，学术界还存在很大分歧。从现有的资料来看，人们通常在以下三种意义上使用消费者组织这一概念。第一，认为消费者组织是指一切具有消费者保护功能的组织，这是最广义的消费者组织。根据这种观点，任何组织无论其性质上属于国家机关还是社会团体，以营利为目的还是不以营利为目的，无论其为消费者组建成立还是由国家依法设立或由经营者建立，只要具有消费者保护功能都属消费者组织的范围。第二，认为消费者组织是具有消费者保护功能的民间团体。依此观点，显然具有消费者保护功能的国家机关被排斥在"消费者组织"的范围之外。但企业设立的消费者服务机构以及以营利为目的的消费者服务组织，仍然属于消费者组织的范围。第三，认为消费者组织是指消费者自己组织起来的，以保护其自身利益为宗旨的社会组织。这是对消费者组织的狭义理解。根据这种观点，消费者组织首先是消费者自己的组织，它由消费者组成，是消费者行使结社权的结果。它既不同于保护消费者利益的国家机关，也不同于为消费者提供保障服务的经营者。

我们认为，对消费者组织的第三种理解是比较科学的。首先，消费是人类社会存在与发展的基本物质运动形式，人类社会的大部分活动都与消费有一定的联系。追求更好生存与发展是人类共同的愿望，几乎人类的一切活动都是为了实现这一愿望。从这个角度来看，似乎任何社会组织与消费者都有一定的联系。显然，我们不可能将这些组织都视为消费者组织。如果这样的话，"消费者组织"的概念就失去特定的意义。其次，从消费者组织的发展历史来看，最初的消费者组织都是由消费者自发组织的、与经营者对抗的社会组织，如同工会组织作为劳动者的集合体而与资本家集团相对应一样，它不是一个国家机构，也不是一个政党，更不是一个企业，而是消费者为了更好地维护自己的利益，与经营者作斗争的一种组织形式。最后，消费者组织应当是消费者行使结社权的结果。唯有消费者才能成为消费者组织的成员。经营者设立的各种团体以及为防止消费者权利受害而设立的机构，虽然具有消费者利益保护功能，但它或是经营者的集合体或是其自行设立的分支机构，与消费者的结社权根本无任何联系，不应视为消费者组织。

鉴于以上认识，我们认为，消费者组织是指由消费者设立的以保护消费者利益为宗旨的社会团体。

二、消费者组织的法律特征

与其他社会组织相比，消费者组织具有以下法律特征：

（一）消费者组织是一种社会团体

从法律性质来看，消费者组织是一种社会团体。我国《民法典》将法人划分为营利法人、非营利法人和特别法人。其中，非营利法人又包括事业单位法人、社会团体法人、基金会和社会服务机构法人。符合法人条件的消费者保护组织应当是非营利法人中的社会团体法人。消费者组织是由消费者组成的社会组织，除单个的消费者以外，消费者组织本身亦可以成员的身份与其他消费者组织联合起来成立各种消费者联合组织。这种社会组织，仍然具有社会团体的性质。首先，消费者组织的社会团体性质划清了它与国家机关的界限。国家机关是依法设立的行使国家公权的机构，不是一种社会团体。其次，作为一种社会团体，消费者组织也不同于各种财团组织。财团组织是以一定财产为基础而设立的组织，不是社会成员的集合体。最后，作为一种社会团体，消费者组织也不同于各种营利组织。营利组织是以营利为目的、从事生产经营活动的社会组织，而消费者组织不以营利为目的，通常也不从事生产经营活动。

（二）以保护消费者利益为宗旨

消费者组织必须以保护消费者利益为宗旨。这是消费者组织与其他社会团体相区别的重要标志。由一定社会成员按照共同目的依法成立的社会团体，由于其追求的目的不同，因而在表现形式上是多种多样的。例如，工会、妇联、青联等人民群众团体，福利会、文艺团体、学术研究团体等。消费者组织以消费者利益保护为宗旨，这一宗旨将消费者组织与其他社会团体区别开来。保护消费者利益包括保护消费者的根本利益，保护消费者某一方面的利益以及保护某些消费者的利益。因此，为了消费者安全或公平交易等某一方面权利的实现而设立的监督组织，以及为了老年或儿童消费者利益保护而设立的组织，也属于消费者组织。消费者组织不得违反其宗旨而从事其他活动。

（三）消费者组织的法律地位具有特殊性

从法律地位来看，消费者组织有些具有法人资格，有些则不具有法人资格。凡符合《民法典》规定的法人设立条件，经依法登记成立的消费者组织，取得法人资格。相反，不符合法定条件则不能取得法人资格，但不具有法人资格的消费者组织仍然可以依法进行各种维护消费者权益的活动。

三、消费者组织的分类

根据不同的标准，可以对消费者组织进行分类，通常对消费者组织的分类有以下几种：

（一）会员制与非会员制消费者组织

根据消费者组织与消费者之间关系的不同，可以将其分为会员制消费者组织与非会员制消费者组织。在会员制消费者组织中,消费者与组织之间的关系相对固定,消费者通过一定的方式入会后才能成为其会员。消费者组织以保护会员的利益为宗旨,开展各种活动。会员制消费者组织吸收的会员可以分为个人会员和团体会员。其中,有些消费者组织要求消费者交纳一定的会费才能成为其会员,有些消费者组织通过发行消费者保护方面的刊物,吸收其长期订户为会员,如国际消费者保护联盟就是以世界各国的消费者组织为会员的消费者组织。非会员制消费者组织则没有固定的会员,它以保护一般消费者的利益为宗旨,为所有消费者提供服务,我国消费者协会即属此类。

(二)综合性与单一性消费者组织

根据消费者组织职责范围不同,可将其分为综合性消费组织与单一性消费者组织。前者从事消费者保护方面的各种工作,为消费者提供各种性质的全方位或多方位服务;后者仅从事某一方面的消费者保护工作,如专门对商品的质量进行检验的组织,专门实施消费教育的组织等。我国消费者协会属于综合性的消费者组织。目前,我国浙江、安徽、河北、江西等省、市消费者协会组织建立的"日用消费品检测服务中心"即属单一性消费者组织。

(三)保护一般消费者与保护特殊消费者组织

根据消费者组织保护的消费者不同,可以将其分为保护一般消费者的组织和保护特殊消费者的组织。前者对消费者不加区分,对一切消费者均提供服务,后者其服务对象则限于某一种类的消费者。例如,有些西方国家为了保护汽车消费者的利益而成立的"汽车消费者协会",为了儿童消费者利益而设立的"儿童消费者协会"等,我国有些地方目前成立的"老年消费者协会"亦属此类。

(四)国内与国际消费者组织

根据消费者组织地域活动范围不同,可将其分为国内消费者组织、国际消费者组织。前者以某一特定国家的消费者为服务对象,其活动的地域范围限于一国境内,后者则为不同国家的消费者利益而设立,其活动范围不受一国国境的限制。

根据我国《消费者权益保护法》的规定,我国消费者组织有两种类型:一为消费者协会;二为其他消费者组织。将消费者组织分为这两种类型是由我国特定的国情所决定的。自改革开放以来,我国各地都成立了许多消费者组织,这些消费者组织大多以消费者协会的名称命名。因此,消费者协会在我国消费者组织体系中最具代表性,发展最成熟、体系最健全、影响最大。有些地方消费者协会甚至成为消费者组织的代名词。由于消费者协会在消费者组织体系中的特殊地位,因而消费者权益保护法对其专门作出了规定。这样规定,可以使广大消费者明确消费者组织的具体所指,在其权益受到侵害时及时争取消费者协会的支持;同时,也表明消费者协会在消费者保护工作中的特殊地位,有利于督促各级消费者协会更好地履行消费者保护职责,为广大消费者提供更充分的保护。

《消费者权益保护法》第37条第4款规定,依法成立其他消费者组织依照法律、法规及其章程的规定,开展保护消费者合法权益的活动。这表明,在我国,消费者协会并不是唯一合法的消费者组织,其他类型的消费者组织在我国也可以合法的存在,这些消费者组织在法律和章程规定的范围内也可以进行消费者权益保护的各项活动,并受法律保护。

第二节　消费者协会

一、消费者协会的设置及分工

我国消费者协会基本上是按照行政区划而设置的。即在全国设立中国消费者协会，各省、自治区、直辖市设立省、自治区、直辖市消费者协会，其下各行署设立地级消费者协会或地级市消费者协会，县级设县消费者协会。乡镇、街道亦设立相应的消费者协会。此外，在有关居民聚住区、机关团体等单位还建立了消费者保护站或消费者投诉站，在有些工商企业内部也设有消费者协会监督站或联络站。

中国消费者协会及省级消费者协会的工作重点主要是：指导全国消费者组织开展消费者权益保护工作，总结交流各地消费者保护经验，推进消费者保护方面的法律法规的贯彻、执行，研究消费者保护的理论，加强消费者教育，开展商品检验工作，协助地方协会处理消费者投诉中的有关问题，开展消费者保护方面的国际交流与合作。各地县级地方消费者协会的工作重点是：处理消费者投诉，开展商品和服务质量的比较试验，组织消费者评厂、评店，促进企业提高消费者保护意识。县以下消费者协会的主要任务是：处理消费者投诉，配合有关机关进行市场检查，反映消费者的意见与要求。各消费者保护点或消费者投诉站，在基层消费者协会的领导下，组织消费者对所辖范围的经营者的生产、经营活动进行监督，帮助消费者协会处理本辖区内的消费者投诉，宣传消费知识和消费者权益保护方面的法律知识。各消费者监督站和联络站，在当地消费者协会指导下督促经营者进行自我约束，听取消费者的意见和要求，处理消费者投诉。

中国消费者协会内设理事会作为其决策机构。理事由各政府有关部门、人民团体、新闻媒体、各省、自治区、直辖市及计划单列市消费者协会以及各有关方面的消费者代表协商推举产生。理事会每年举行一次，理事会闭会期内由常务理事会负责有关决策工作。常务理事会可以根据需要随时召集会议，理事会选举会长 1 人、副会长若干人。秘书长 1 人、副秘书长若干人，负责日常事务。常设机构为办公室。下设宣传教育部、投诉处理部和消费指导部，并配备经济、食品、电器、纺织、药品及法律等方面的专业顾问。中国消费者协会与地方各级消费者协会以及地方上下级消费者协会之间的关系是业务上的指导关系，而非行政隶属关系。

消费者协会性质上属社会团体，设立各级消费者协会应当根据法律规定由同级人民政府批准，经同级民政部门核准登记。具备法人条件的，经登记后取得社会团体法人资格。

二、消费者协会的职能

根据《消费者权益保护法》第 37 条的规定，消费者协会在消费者保护工作中履行以下公益性职责：

(一)实施消费者教育

《消费者权益保护法》第 37 条第 1 项规定,消费者协会应当向消费者提供信息和咨询服务,提高消费者维护自身合法权益的能力,引导文明、健康、节约资源与保护环境的消费方式。

接受消费教育是消费者的一项权利,向消费者提供信息和咨询服务亦是消费者组织的一项基本职责。以法律形式规定消费者协会向消费者提供信息的职能是实现消费者受教育权的重要保证。消费者协会的这一职能不仅要求在当某一消费者向它提出要求时它有义务尽自己最大努力为该消费者提供咨询服务,而且还要求它必须把向消费者提供信息作为其日常工作的重要内容。消费者协会应当通过设立咨询电话、咨询窗口,举办宣传专栏、讲座、培训班、展览、社会咨询等形式,经常性地向广大消费者提供信息,实施消费者教育。从法律的规定来看,这种教育主要包括三个方面的内容:一是有关消费知识的教育。通过这种教育,提供有关商品、服务消费方面的知识、信息,引导消费者正确地选择商品和服务,正确地使用商品和接受服务,以防止其权利受到侵害。二是消费者权益保护方面的教育。通过这方面知识的提供,使消费者明确自己的权利以及在这些权利受到他人不法侵害时如何进行救济,以维护自己的合法利益,提高消费者维护自身合法权益的能力。三是文明、健康、节约资源与环境保护消费方式方面的教育。通过这方面的教育,使消费者养成文明、健康、节约、环保的消费习惯,尽可能减少消费行为对他人利益、国家和社会公共利益造成负面的影响。

应当注意的是,消费者协会向消费者提供信息及咨询服务,不得以牟利为目的。不得牟利包括两个方面:第一,消费者协会不得以营利为目的,不得接受某一经营者的委托对某产品或服务进行宣传、推荐,或对其竞争对手的产品或服务进行不合乎事实的贬损、诋毁。消费者协会可以站在客观公正的立场上对有关产品的质量、性能、构造以及正确的使用方法等问题进行介绍宣传,也可以向广大消费者推荐经过权威认定和评比证明的高质量产品或服务,但不得以营利为目的进行宣传或推荐。第二,消费者协会在向消费者提供信息及咨询服务的过程中,不得以牟利为目的向消费者收取费用。

此外,消费者协会向消费者提供的信息应当保证其真实、准确和全面,不得传播虚假不实的信息。在实践中,有些消费者协会的工作人员与经营者串通,故意对某种商品或服务作夸大、虚假的宣传,有些则隐瞒产品的缺陷,故意进行片面的宣传,以致对消费者产生误导。这些行为均是严重的失职行为,必须彻底加以制止。

(二)参与相关立法

根据《消费者权益保护法》第 37 条第 2 项的规定,消费者协会有权参与制定有关消费者权益的法律、法规、规章和强制性标准。消费者协会是专门性的消费者保护组织,由于长期的工作积累,不仅对消费者的普遍诉求有深刻而全面的了解,而且对消费者权益受到损害的情况有全面的把握,对如何有效地保护消费者权益也有长期的经验积累。消费者协会是以消费者权益保护为宗旨的社会团体,最能代表消费者利益,反映消费者的呼声。国家法律、法规、规章和强制性标准的制定,往往涉及众多消费者的普遍利益,必须充分听取消费者意见。由于在法律制定过程中,不可能由每个消费者个体分别表达自己的意见,因此,必须由最能代表全体消费者的组织代表消费者来表达自己的利益诉求。消费者协会参与有关消费者权益的法律、法规、规章和强制性标准的制定，有利于确保制定的法律规范和标准更符合消费者的利益。

（三）参与监督、检查

根据《消费者权益保护法》第 37 条第 3 项的规定，消费者协会有权参与有关行政部门对商品和服务进行监督、检查。

消费者协会以保护消费者利益为宗旨，而保护消费者利益的一项最重要手段就是对经营者的商品和服务进行监督。消费者协会监督除依照法律、法规及章程的规定进行社会监督外，还可以参与有关国家行政机关的监督、检查活动。通过这种参与活动，一方面可以使消费者协会更充分地了解和掌握有关商品和服务的情况，更好地为消费者服务；另一方面可以督促有关国家行政机关严格履行职责，认真地进行监督、检查工作。

为了保证消费者协会这一职能的实现，有关行政机关在对与消费者利益密切相关的商品或服务进行监督、检查时，应当吸收消费者协会参加。消费者协会也可以依照法律规定主动要求参加。在监督检查活动中，消费者协会应坚定地站在消费者的立场上，发现损害消费者利益的行为，及时向国家行政部门反映，并提出自己的意见和建议，督促国家行政机关采取必要的措施及时予以制止。

（四）反映、查询、建议

根据《消费者权益保护法》第 37 条第 4 项的规定，消费者协会有权就消费者合法权益问题向有关部门反映、查询、提出建议。

在我国，消费者协会是联系国家与广大消费者的纽带。各级消费者协会广泛吸收了国家有关机关的代表参加，为消费者协会争取国家对消费者保护工作的支持开辟了一条有效的通道。消费者协会应当充分发挥这种桥梁与纽带作用。所谓有关消费者合法权益的问题包括消费者权益的存在、实现及保障等各方面的问题。所谓查询是指就与消费者保护有关的问题向国家有关部门调查、询问、了解情况。例如，在处理消费者投诉过程中，对消费者的请求是否给予了支持；经营者的行为是否构成了对消费者权利的损害；对没有足够把握的问题，消费者协会可以请求有关国家机关予以解释，或提供有关材料，或就其反映的问题查询处理的情况；等等。所谓反映，就是将有关消费者保护方面存在的问题向国家有关部门通报，使国家部门了解这方面的情况。日常工作中，发现经营者侵犯消费者利益的行为，消费者协会应当及时提出，予以制止，自己不能解决的，可以向有关部门反映，要求有关部门及时予以处理。所谓提出建议，就是就消费者保护方面存在的一些问题向国家机关提出自己建设性的看法和要求，以供参考。消费者协会在认为某些方面的保护工作尚有待改进，有些保护措施不力时，可以向国家有关部门提出改革办法，以促进有关法律法规及规章制度的建立、健全和完善。

有关部门主要是指市场监督管理、商务、卫生健康、农业农村、文化旅游、交通运输等具有保护消费者权益职责的部门。这些国家行政机关对于消费者协会反映的有关问题，应当认真处理，并将处理结果及时通知消费者协会。对消费者协会查询的问题，应当及时认真地予以答复，协助其弄清情况，将问题处理好；对其提出的建议，应当认真听取，充分论证，并在必要和可行的情况下，予以采纳。

(五)受理、调查、调解消费者投诉

《消费者权益保护法》第37条第5项规定,消费者协会有权受理消费者投诉,并对投诉事项进行调查、调解。

受理消费者投诉并进行处理是消费会协会直接帮助消费者,为消费者排忧解难,维护其合法权益的一项重要工作。所谓消费者投诉,是指消费者在购买、使用商品或接受服务时,认为自己的合法权益受到侵害,向消费者协会反映情况,要求其进行处理的行为。消费者在购买、使用商品或接受服务过程中受到的侵害,往往标的额较小,消费者不愿意花太多的金钱、精力和时间向法院起诉或向仲裁机关申请仲裁。但这些小事如果不及时处理,往往又会纵容不法经营者继续侵害消费者的合法权益。而且,消费者投诉案件并非都表现为争议案件。有时消费者只是希望能够制止经营者的某些不法经营行为,并不要求经营者给予其赔偿。因此,设立专门受理消费者投诉的机构,不仅仅是解决消费者与经营者之间的纠纷,维护某一具体受害消费者利益的有效途径,也是对经营者行为进行有效监督、维护消费者普遍利益的重要措施。消费者协会受理的消费者投诉包括消费者直接向其作出的投诉、消费者向其他有关单位作出的而由该单位委托消费者协会处理的投诉以及经营者或其主管部门请求消费者协会协助处理的投诉。对于这些投诉,消费者协会经审查认为属于自己管辖范围的,应予以受理。对争议性的投诉,消费者协会应当进行调查,在查明事实、分清是非的基础上依法进行调解。经过调解达成调解协议的,督促双方履行调解协议,解决纠纷。不能达成调解协议或达成调解协议后又反悔的,应告知当事人通过有关行政机关进行处理或向仲裁机构申请仲裁或向人民法院起诉。对于非争议性的投诉事项,消费者协会亦应认真进行调查,核实消费者投诉的情况是否属实,并在此基础上督促有关经营者改正或提请有关部门进行处理。对不属于消费者协会管辖范围内的投诉事项,不予受理,并根据其具体情况告知当事人通过其他有关部门处理。

(六)委托鉴定

《消费者权益保护法》第37条第6项规定,消费者协会在投诉事项涉及商品、服务质量问题时,可以委托具备资格的鉴定人鉴定,鉴定人应当告知鉴定意见。

消费者投诉事项在表现形式上是多种多样的。其中,有些问题涉及商品和服务质量。例如,经营者出售的名牌进口酒的真假问题,滋补品的有关成分含量是否与商品说明一致,有关产品的质量是否达到国家要求的标准等。弄清这些问题往往是明确是非、确定经营者是否应当承担责任的前提。为了保障消费者协会客观、公允地处理投诉事项,法律规定消费者协会在受理的投诉涉及商品和服务质量问题时,可以委托有资格鉴定人进行鉴定。对消费者协会提请鉴定的事项,鉴定部门应当予以鉴定,并将鉴定结论及时、如实地告知消费者协会。

(七)支持起诉

《消费者权益保护法》第37条第7项规定,消费者协会有权就损害消费者合法权益的行为,支持受害消费者提起诉讼。

支持起诉是我国民事诉讼法的一项基本原则。《民事诉讼法》规定,国家机关、社会团体、企事业单位对损害国家集体或个人民事权益的行为,可以支持受损害的单位或个人向人民法院起诉。支持起诉原则是国家干预当事人处分行为的补充，它体现了依靠社会力量维护国家法治的思想。因而，其也被称为社会干预原则。消费者协会支持受害消费者提起诉讼是这一原则在消费者诉讼中的具体体现。消费者协会作为一种社会团体，它以维护消费者的利益为宗旨。在消费者利益受到侵害时，首先应当在自己的职责范围内及时地予以处理，自己不能解决的，可以告知消费者向人民法院起诉，并为其诉讼提供支持和帮助。支持起诉的具体方式，我国消费者权益保护法和民事诉讼法均未作具体规定。一般认为，主要包括对消费者进行精神鼓励和物质帮助。在我国，一般民众的权利意识较弱，由消费者协会出面，对受害消费者予以鼓励、支持，可以打消消费者心中的重重顾虑，勇敢地为维护自己的权利而斗争。同时，消费者协会还可以利用自己的法律知识为消费者提供帮助，指导消费者正确地进行诉讼，必要时可以作为消费者的代理人参加诉讼。但受害消费者是争议法律关系的当事人，因而在一般的消费者民事诉讼中，诉讼当事人也只能是受害消费者，而非消费者协会，消费者协会不能越俎代庖，直接向法院起诉。但是，对于损害众多消费者合法权益的行为，中国消费者协会和省、自治区、直辖市设立的消费者协会，可以向人民法院提起消费者公益诉讼。

（八）揭露、批评

《消费者权益保护法》第 37 条第 8 项规定，消费者协会对损害消费者合法权益的行为，有权通过大众传播媒体予以揭露、批评。

大众传播媒介包括报纸、杂志、广播、电视、网络等。它们具有传播速度快，影响范围广的特点。因此，大众传媒是消费者协会获得广泛社会支持的重要途径。通过大众传媒揭露、批评经营者不法损害消费者利益的行为，可将经营者的不法行为暴露在光天化日之下，使其受到社会的普遍谴责，对其施加舆论压力，督促其改正，并对造成的危害结果予以补救。同时，通过大众传媒的揭露、批评，也可以对广大消费者起到普遍的教育作用，有利于提高消费者的自我保护意识和自我保护能力，增强消费者的社会正义感，号召消费者积极同身边发生的各种类似的不法行为进行斗争。

消费者协会在通过大众传媒揭露、批评损害消费者利益的行为时，应当坚持实事求是的原则，客观地披露有关事实，并根据国家有关法律、法规、政策对其作出评价。

以上八项职能是消费者权益保护法规定的消费者协会的一般职能。除这些职能以外，消费者协会还可以在法律规定的范围内从事其章程规定的其他活动。但不论其进行什么活动，都必须以维护消费者利益为宗旨。

为了保证消费者协会正确地履行上述职能，《消费者权益保护法》规定，各级人民政府对消费者协会履行职责应当给予必要的资金支持。消费者协会不是营利性的组织，但履行各项职责是需要成本的，为了保障消费者协会认真履行职责，就必须解决其履行职责的资金保障问题。消费者保护法的这一规定是国家对消费者特别保护原则的又一体现，也是消费者协会顺利履行职能，发挥其对消费者利益保护作用的重要保证。

消费者协会职责，既是其享有的权力，也是其应当履行的义务。消费者协会作为消费者保护组织，应当认真地履行法律规定的职责。为保证消费者协会认真履行法律规定的职责，消费者保护法规定，消费者协会应当认真履行保护消费者合法权益的职责，听取消费者的意见和建议,接受社会监督。

三、对消费者协会的限制

《消费者权益保护法》第38条规定,消费者组织不得从事商品经营和营利性服务,不得以收取费用或其他牟取利益的方式向消费者推荐商品和服务。这一规定是根据消费者组织的性质、宗旨而对其提出的特殊要求,是消费者组织独立、公正地履行职能的重要保证。根据这一规定,消费者协会除了像一般社会组织一样必须遵守法律,在法律规定的范围内活动,并忠于职守,严格履行自己的职责以外,还应遵守以下几点限制性规定:

(一)不得从事经营活动

所谓经营活动,是指以营利为目的而从事商品生产和流通或为社会提供服务的活动。消费者协会不得从事生产经营活动,是其性质所决定的。消费者协会具有社会团体的性质,根据我国法律规定,除科技性社会团体外,其他社会团体不得从事生产经营活动。科技性社会团体从事经营活动必须事先到市场监管部门申请登记,经核准登记,领取"营利法人营业执照",方可从事经营活动。同时,禁止消费者协会从事经营活动,也是消费者协会公正、独立地履行职能,保护消费者利益的基本要求。若允许消费者协会从事经营活动,则它本身就成为与消费者利益相对立的经营者,难免会受利益驱动而损害消费者的利益。特别是在处理与自己经营活动相关的消费者侵害事件时,更难以秉公处理。

不得从事经营活动,意味着消费者协会不得以营利为目的,从事商品生产、流通和服务经营活动,如投资开办工厂、设置商店或以消费者协会的名义从事商事代理活动或其他经营活动。除此之外,消费者协会在日常工作中为消费者提供咨询服务或进行其职责范围内的其他事务,也不得以营利为目的,不得收取服务费、咨询费等费用。

(二)不得以收取费用或其他牟取利益的方式向消费者推荐商品和服务

消费者协会是消费者利益的代表,在广大消费者心目中具有良好的威信。由于消费者协会的特殊地位,以它的名义推荐产品和服务,往往会产生意想不到的效果。因此,一些不法经营者往往与消费者协会工作人员勾结,利用消费者协会的特殊地位为自己的产品、服务做广告。如果允许消费者协会以牟利为目的从事产品、服务的推荐工作,消费者协会就会受利益驱动而丧失原则,推荐工作的客观、公正性就必然受到破坏。同时,也会助长经营者的不正当竞争行为。但是,法律所禁止的是以牟利为目的的推荐活动,所以对这一规定还应作以下两层含义的理解。第一,消费者协会可以进行产品和服务的推荐工作。推荐产品和服务是消费者协会指导消费的重要方式之一。消费者协会可以经常通过报刊、广播、电视等传播媒介或通过新闻发布会、专题讲座、举办展览、散发宣传资料等方式进行优质产品和服务的推荐工作。这种正常的推荐工作是维护消费者利益所必需的,因而受到法律保护。第二,消费者协会向社会推荐产品和服务,不得以牟利为目的。牟利即谋取利益,它不仅包括金钱报偿(收费),而且也包括其他利益。例如,向消费者协会或其工作人员赠送商品,或以优惠的价格照顾等。凡以牟利为目的推荐产品和服务的行为,无论其推荐是否真实,是否造成对消费者的实际损害,均属违法,并应追究有关人员的法律责任。

第三节　国际消费者保护组织

一、设立国际消费者保护组织的意义

随着国际经济贸易的发展，消费者问题出现了国际化的趋向。由于国际大市场的形成，商品和服务的输出和输入量空前增加。外国商品和外国经营者提供的服务侵害本国消费者以及本国商品和本国经营者提供的服务损害外国人的案件越来越多。跨国公司的出现和发展使商品与服务在全球范围内的流通更加便利。不同国家的消费者与经营者之间直接和间接接触的机会增多。例如，一些发达国家的企业为了谋取高额利润，将本国市场上没有竞争能力的劣质商品输入发展中国家；某些跨国公司的垄断技术和国际贸易；某些国家的政府为了维护本国人的利益，置他国的消费者利益于不顾，任凭本国经营者在国外胡作非为，对别国政府或别国消费者的合理要求置之不理，甚至采取纵容、包庇的立场，为本国经营者提供保护伞。就消费者来说，一方面，外来商品由于种种原因消费者更不了解，因而发生损害的可能性更大；另一方面，由于相距遥远以及语言文化和各国法律制度的差异，消费者在受到侵害时，亦更难以获得充分的救济，消费者的利益保护再一次发生危机。

为了保护消费者的权利不受来自他国经营者的侵犯，有必要建立国际消费者保护组织，以督促各国政府规范经营者的行为，协调各国在保护消费者利益上的行动，开展国际交流与合作，加强消费者教育。

自20世纪60年代以来，国际性的消费者保护组织相继出现。其中包括1960年设立的国际消费者组织同盟、1962年设立的欧洲消费者同盟机构、1973年设立的欧洲共同体消费者顾问委员会等。在这些国际性消费者保护组织中，以国际消费者组织同盟规模最大，影响范围最广。

二、国际消费者联盟组织

国际消费者联盟组织(Intenational Organization of Consumers Unions，IOCU)，是1960年由美国消费者联盟、英国消费者协会、澳大利亚消费者协会、荷兰消费者联盟、比利时消费者协会5个消费者组织在海牙发起设立的。现有成员包括57个国家的169个消费者组织，其中正式会员51个，通信会员117个，赞助会员1个。其总部原设在海牙，现迁至伦敦。在马来西亚设有亚洲与太平洋地区办事处，在圭亚那设有拉丁美洲与加勒比海地区办事处。中国消费者协会已于1987年被该组织接纳为正式会员。

国际消费者联盟组织的宗旨是：证明、协助并积极提倡全世界消费者组织间的真诚努力和政府努力来促进消费者的利益；促进消费者商品和服务在比较检测方面的国际合作，为检验方法和计划的交流提供便利；促进消费者情报、教育和保护等所有其他方面的合作，在世界收集和传播有关消费者法律和实践的情报；为专门为消费者利益而工作的国家机构提供一个讲坛,以使他们可以就消费者问题以及可能对这些问题作出的决议进行讨论;充当这类机构的出版物的交换所,并对这些出版物的使用作出规定;出版与消费者利益有关联问题的情报资料;代表消费者利益与联合国及其代理机构和其他国际组织保持有效的联系,通过联合国及其代理机构和其他合适的方式对发展中国家的消费者教育和保护计划提供各种实际的援助和鼓励;为促进达到这些目的而采取的其他行动。

国际消费者联盟组织的成员分为三类,即会员、通讯会员和赞助会员。作为会员必须具备以下条件:完全积极地代表消费者利益,完全与党派与政治事业无关;与商品或贸易发展没有任何联系;以不营利为特征;不接受在其出版物上刊登任何商业目的的广告;给消费者提供的情况和忠告不允许有选择地为商业所利用;行为和评论的自主绝不因接受了津贴而受影响和限制。作为会员可以在取得会员资格 2 年后参加理事会选举,免费接受国际消费者联盟组织的所有刊物,免费使用该组织的报纸和协作服务。会员在享有上述权利的同时,负有交纳会费,报送工作年报、财务预算、寄送刊物,积极参与组织活动的义务。作为通讯会员只要求其积极代表消费者利益与商业活动无关即可,不以不营利为特征。通讯会员可以免费或半价接受该组织刊物,有偿使用该组织的情报服务,以观察员身份参加联盟大会、代表大会和座谈会,同时负有交纳会费、报送工作年报、寄送刊物的义务。对赞助会员的资格,该组织未作规定。赞助会员主要是与政府关系密切的全国性大组织。目前,仅有瑞典全国消费者政策委员会 1 个。

国际消费者联盟组织的组织机构包括全体大会、理事会、执行委员会。全体大会是该组织的最高权力机构,一般每 3 年召开一次。其主要权力包括:选举大会主席(同时是理事会和执行委员会主席)和理事会理事;制定理事会行动纲领;审议通过或否决定期报告;修改联盟的有关规章。大会投票时每个会员都有一个投票权。理事会是负责联盟日常决策和重要活动的机构,由大会推选 35 名成员组成。其权力非常广泛,包括为实现联盟宗旨而作出决议,制定修改联盟的活动规则,任命或解除执行委员会委员,通过执行委员会年度报告,授权调查、任命或免除执行秘书,选举会员、取消会员资格、接纳成员、委任赞助人、决定大会和其他会议的召开等。执行委员会是就具体事项采取行动的机构,其权力包括履行理事会委托的职能和其他规定的事项,对需要立即采取行动的事件采取紧急措施,任命或解雇联盟雇员,等等。

国际消费者联盟组织设有 6 个工作委员会,分别负责检验、教育、发展、卫生、情报文件、有害工艺、空运等工作。目前该组织设有 3 个工作网,即国际消费者监督网、情报与书籍出版者工作网、消费教育者工作联络网。国际消费者监督网主要任务是监督出口国将在原产地禁止销售或限制销售的商品出口到其他国家,损害进口国消费者利益。该监督网目前与 30 多个国家消费者保护组织保持联系,相互交换情报。消费教育工作者联络网主要进行信息和情报交换工作。情报和书籍出版工作网主要任务是促进消费者组织间的书籍出版和情报交换,以便更有效地提供服务。除此之外,该联盟还支持并加强了 4 个主要国际工作网,即遏制烟草广告及烟草商赞助行动小组、国际婴儿食品行动网、国际健康行动组织、杀虫剂行动网。国际消费者联盟组织还以顾问和联络员身份,参加联合国经社理事会、工业发展组织、儿童基金会、粮农组织、教科文组织、贸发组织、世界卫生组织、亚太经社委员会、国际标准化组织消费者政策委员会、欧洲理事会等国际组织的活动。

目前,国际消费者联盟组织出版的刊物包括《IOCU 通讯》《消费者国际刑警组织中心刊物》《国际健康行动组织新闻》《消费教育者工作网刊物》等。

国际消费者联盟组织的经费来源主要包括会员费、销售出版物收入以及接受无商业性、党派性和政治背景的机构的赞助。

第七章　商品与服务质量法律制度

第一节　商品与服务质量法律制度概述

一、商品和服务质量与消费者

商品和服务质量即商品和服务的优劣程度。消费者购买、使用商品,接受服务,都是为了满足一定的需求。商品和服务的优劣关系到消费者的需求是否能得到充分的满足。就一般而言,优质的商品和服务往往可以使消费者获得充分的满足。而劣质的商品往往不能使消费者的需求得到满足,甚至会给消费者带来损害。消费者支付一定的代价而获得商品和服务,如果这种商品和服务不能使消费者得到满足,那么消费者支付的代价就未得到任何报偿。实际上,在商品和服务因质量问题而给消费者造成损害的情况下,消费者支付代价不仅得不到报偿,而且还带来了其人身及财产的更大损害。无论哪种情形,对消费者来说,都是不公平的。

在商品经济条件下,经营者往往受利益驱动而忽视商品和服务的质量。这是因为:第一,在商品生产条件下,生产者不是为自己生产商品,而是为满足他人的需求生产商品。因此,商品的质量如何,仅与其有间接的利害关系,即质量的优劣影响社会对其商品的评价,社会评价影响其产品的销售,从而最终影响其利润的实现。但这种作用是相对的,首先,它要经过一定时间以后才能表现出来。一方面,人们对商品的优劣好坏需要一段时间的使用才能作出评价;另一方面,这种评价也需要一定的时间才能为社会接受,形成一般的社会评价。只有在这种一般的社会评价形成后,才可能对经营者利润的实现造成实质性影响。其次,它要受到市场供求状况的制约。当某种商品具有普遍的社会需求,而该商品供应不足,即该产品的市场属卖方市场时,人们往往更在乎能否获得该商品,而对商品的质量不甚计较。最后,在市场处于高度垄断的状态下,由于消费者缺乏选择的余地,因而亦可能使劣质商品或服务能长期占有很大的市场。由于商品、服务的质量与经营者之间仅存在间接的关系,而且,质量对经营者利润的影响还要受到其他各种因素的制约。因此,经营者特别是缺乏长期经营目标的经营者,经营处于卖方市场状态的商品和服务的经营者或处于垄断地位的经营者,往往会忽视商品、服务质量的问题。第二,商品质量的提高往往需要经营者投入更多的精力、时间和资本,而且其效益必须要等待相当长的时间以后才能充分显示出来。在商品投放市场的初期阶段,追求商品、服务质量的经营者在与其他经营者的竞争中很可能处于劣势地位。因为在这个阶段,消费者对某种商品还缺乏普遍的了解,还未对这种商品和服务产生高度的信赖,高质量的产品和服务,往往被消费者当作一般的商品和服务对待。经营者必须维持与其他商品和服务相当的价格水平,才能为自己的商品和服务找到市场,由于投入多、成本高,往往使该经营者获得比同类产品和服务的其他经营者更少的利润。当然,随着时间的推移,优质商品和服务会逐渐受到消费者的偏爱,最终使其经营者在竞争中获得优势地位。

由于商品、服务质量与经营者利益关系的相对性,经营者有意无意地忽视商品、服务质量而使消费者的利益受到损害的现象必然会普遍发生。为了保护消费者的利益,国家必须通过适当的手段加强对经营者的监督。其中,以法律手段规定各种质量管理制度,规定经营者的质量义务,以及经营者各种法律责任,无疑是最有效的手段。

二、商品和服务质量法律制度的一般内容

商品和服务质量法律制度的内容主要包括两个方面:商品、服务质量管理法律制度和经营者商品、服务品质担保法律制度。

(一)商品、服务质量管理法律制度

它是国家为了提高商品和服务质量的普遍水平,防止不符合质量要求的商品流入市场,损害消费者的利益,而对商品的生产、流通及服务提供进行宏观管理的各项法律制度。商品、服务质量管理法律制度的作用主要表现在:(1)对企业商品、服务质量提出一般性的要求,提高一国商品和服务质量的一般水平;(2)通过各种质量管理制度对经营者的生产经营行为进行约束、规范,督促经营者采取各种措施,改善经营管理,保证商品和服务的质量;(3)通过各种管理措施,防止不符合质量要求的商品流入市场,损害消费者的利益;(4)通过各种奖励、惩罚措施,奖优罚劣,鞭策经营者不断提高商品、服务质量。

目前,我国已颁布了大量商品、服务质量管理方面的法律。其中比较重要的包括《中华人民共和国标准化法》《中华人民共和国进出口商品检验法》《中华人民共和国产品质量法》《中华人民共和国农产品质量安全法》《产品质量监督试行办法》《工业产品质量责任条例》《标准化法实施条例》《国家标准管理办法》《行业标准管理办法》《企业标准管理办法》《中华人民共和国认证认可条例》《建设工程质量管理条例》等。为推进我国商品、服务质量的普遍提高,指导全国的质量工作,国务院于 2007 年还专门成立了产品质量和食品安全领导小组,统筹协调全国产品质量和食品安全重大问题,督促检查产品质量和食品安全有关政策的贯彻落实及工作进展情况。

(二)经营者商品、服务品质担保法律制度

这是有关经营者提供的商品、服务不符合法律规定,当事人双方约定或经营者允诺的质量状况而依法承担责任的制度。它与产品责任不同,本质上是一种契约责任,据此,经营者提供的商品、服务质量没有达到其所承诺的质量水平,应当为消费者的利益考虑而采取一定的补救措施,或向消费者作出赔偿。其作用主要表现在以下两个方面:第一,通过此项制度使经营者对受其损害的消费者承担责任,可以督促经营者严格履行承诺,保证商品和服务质量。第二,通过此项制度,可以使消费者在因劣质商品、服务受到损害时,能够获得及时、充分的补偿。

品质担保法律制度的规定主要集中于《民法典》《消费者权益保护法》《产品质量法》等法律规范中。

商品、服务质量管理法律制度与商品、服务品质担保法律制度都是商品、服务质量法律制度的重要内容。从功能来看,前者侧重于保障、预防,通过各种质量管理制度的建立,保证经营者提供的商品符合法律规定的要求,以防止不合质量标准而损害消费者利益的事件发生。后者侧重于补偿,即通过商品、服务质量民事法律制度,使因不合格产品而受损失的消费者获得适当的补偿。产品责任制度是因产品存在不合理危险而使消费者人身、财产受到损害而应承担的责任制度,它与商品安全关系最大,因此,我们将在下一章讨论。

第二节　商品、服务质量管理法律制度

商品、服务质量管理法律制度主要包括标准化管理法律制度,产品、服务、管理体系认证制度,产品质量监督检查制度,进出口商品检验制度等,下面分别进行阐述。

一、标准化管理法律制度

制定商品和服务标准,组织推广、实施,并对标准的实施进行监督是国家对社会产品和服务进行管理的一项重要措施。一方面,通过各种强制标准的制定和实施,对经营者生产商品和提供服务提出基本的质量要求,强迫经营者达到这一要求,从而可以防止损害消费者的事件发生;另一方面,通过各种推荐性标准的制定、推广,向经营者提出更高的要求,促使经营者不断地进行技术革新,提高产品质量,从而推动我国商品和服务质量水平的普遍提高。

标准,是指农业、工业、服务业以及社会事业等领域需要统一的技术要求,它以科学、技术和实践经验的综合成果为基础,经有关方面协商一致,由主管机构批准,以特定形式发布,作为共同遵守的准则和依据。标准是经济技术活动中通用的技术依据,属技术性规范的范畴。标准一旦为国家制定、认可、颁布,就具有普遍的约束力。标准可以从不同的角度进行分类。在我国,通常采用的分类有两种:一是根据标准的制定者与实施范围不同,把标准分为国家标准、行业标准、地方标准、团体标准、企业标准和国际标准。国家标准是由国务院或国务院标准化行政部门批准发布的在全国范围内普遍适用的标准。行业标准是指行业主管部门在没有国家标准的情况下制定的、在某一行业内普遍适用的标准。在没有国家标准的情况下,才能制定行业标准。当某一方面的国家标准制定颁布以后,相应的行业标准便自动废止。地方标准是由省级地方标准化部门为满足地方自然条件、风俗习惯等特殊技术要求而制定的标准。团体标准是由社会团体协调相关市场主体共同制定的标准。国家鼓励学会、协会、商会、联合会、产业技术联盟等社会团体协调相关市场主体共同制定满足市场和创新需要的团体标准,由本团体成员约定采用或者按照本团体的规定供社会自愿采用。国务院标准化行政主管部门会同国务院有关行政主管部门对团体标准的制定进行规范、引导和监督。企业标准是企业制定的仅适用于本企业的标准。国家鼓励社会团体、企业制定高于

推荐性标准相关技术要求的团体标准、企业标准。国际标准是由有关权威性国际标准化组织制定的并由有关国家采用的标准。国际标准一般不具有直接的强制效力,但各国可以通过国内法将国际标准转化为国内标准。企业也可以采用国际标准作为其组织生产的技术依据。我国标准化法规定,国家鼓励积极采用国际标准。

二是根据标准的效力不同。将标准分为强制性标准和推荐性标准。其中,强制性标准是指由国家制定的具有强制实施效力的标准。推荐性标准是指不具有强制实施效力,仅由国家推荐有关企业采用的标准。国家标准中有强制性标准、推荐性标准,行业标准、地方标准则均是推荐性标准。对保障人身健康和生命财产安全、国家安全、生态环境安全以及满足经济社会管理基本需要的技术要求,应当制定强制性国家标准,强制性标准必须执行,对推荐性标准,国家则鼓励采用。

与消费者利益相关的国家强制性标准主要包括:药品国家标准,食品安全国家标准,兽药国家标准,农药国家标准,产品及产品生产储运和使用中的安全、卫生国家标准,劳动安全、卫生国家标准,运输安全国家标准,工程建设的质量、安全、卫生国家标准及国家需要控制的其他工程建设国家标准,环境保护的污染排放国家标准和环境质量国家标准,重要的、涉及技术衔接的通用技术术语、符号、代号、文件格式和制图方法国家标准,国家需要控制的通用的试验、检验方法国家标准,互换配合国家标准,以及国家需要控制的其他重要产品的国家标准。强制性标准以外的其他国家标准属推荐性国家标准。

根据《中华人民共和国标准化法》(以下简称《标准化法》)的规定,不符合强制性标准的产品、服务,禁止生产、销售、进口或提供。国家实行团体标准、企业标准自我声明公开和监督制度。企业应当公开其执行的强制性标准、推荐性标准、团体标准或者企业标准的编号和名称;企业执行自行制定的企业标准的,还应当公开产品、服务的功能指标和产品的性能指标。国家鼓励团体标准、企业标准通过标准信息公共服务平台向社会公开。企业应当按照标准组织生产经营活动,其生产的产品、提供的服务应当符合企业公开标准的技术要求。

国家建立强制性标准实施情况统计分析报告制度。国务院标准化行政主管部门和国务院有关行政主管部门、设区的市级以上地方人民政府标准化行政主管部门应当建立标准实施信息反馈和评估机制,根据反馈和评估情况对其制定的标准进行复审。标准的复审周期一般不超过5年。经过复审,对不适应经济社会发展需要和技术进步的应当及时修订或者废止。

国务院标准化行政主管部门根据标准实施信息反馈、评估、复审情况,发现有关标准之间重复交叉或者不衔接配套的,应当会同国务院有关行政主管部门作出处理或者通过国务院标准化协调机制处理。县级以上人民政府标准化行政主管部门、有关行政主管部门依据法定职责,对标准的制定进行指导和监督,对标准的实施进行监督检查。任何单位或者个人有权向标准化行政主管部门、有关行政主管部门举报、投诉违反标准化法规定的行为。

生产、销售、进口产品或者提供服务不符合强制性标准,或者企业生产的产品、提供的服务不符合其公开标准的技术要求的,依法承担民事责任。生产、销售、进口产品或者提供服务不符合强制性标准的,依照《产品质量法》《进出口商品检验法》《消费者权益保护法》等法律、行政法规的规定查处,记入信用记录,并依照有关法律、行政法规的规定予以公示;构成犯罪的,依法追究刑事责任。企业未依法公开其执行的标准的,由标准化行政主管部门责令限期改正;逾期不改正的,在标准信息公共服务平台上公示。违反《标准化法》规定,利用标准实施排除、限制市场竞争行为的,依照《反垄断法》等法律、行政法规的规定处理。社会团体、企业未依法对团体标准或者企业标准进行编号的,由标准化行政主管部门责令限期改正;逾期不改正的,由省级以上人民政府标准化行政主管部门撤销相关标准编号,并在标准信息公共服务平台上公示。

二、产品、服务、管理体系认证制度

产品、服务、管理体系认证,是指由依法取得认证资格的认证机构证明产品、服务、管理体系符合相关技术规范、相关技术规范的强制性要求或标准的合格评定活动。

产品认证,是由认证机构就特定产品进行的认证;服务认证是由认证机构就特定服务进行的认证;管理体系认证是由认证机构依据质量管理体系标准,对企业的质量管理体系进行的认证。通过产品、服务和管理体系认证,对产品、服务的技术性能以及企业质量管理体系进行合格性评价,并予以证明,通过认证标志等方式对消费者公开,有利于消费者对购买的商品或接受的服务的质量,或提供产品、服务的企业质量信誉作出客观、合理的判断,并在此基础上选择有质量保障的商品、服务进行理性消费,预防自身利益受害。因此,产品、服务及管理体系认证是保护消费者利益的有效机制,不仅有利于从总体上提升消费者保护水平,而且可以督促企业不断提高产品、服务质量或质量管理水平,使消费者获得更多更安全、质量更高的商品和服务。

进行产品、服务和管理体系认证的认证机构必须依法取得认证资格。根据2003年国务院发布的《中华人民共和国认证认可条例》(2016年、2020年修改)规定,认证机构取得认证资格必须经认可机构认可,并由国务院认证认可监督管理部门批准。所谓认可,是指由认可机构对认证机构、检查机构、实验室以及从事评审、审核等认证活动人员的能力和执业资格,予以承认的合格评定活动。没有取得认证资格的,不得进行产品、服务、管理体系认证活动。

对产品、服务及管理体系认证,我国采取自愿认证与强制认证相结合的原则。任何法人、组织和个人可以自愿委托依法设立的认证机构进行产品、服务、管理体系认证。认证由认证机构及其认证人员作出认证结论,并保证认证结论的客观、真实,认证结论经认证人员签字后,由认证机构负责人签署,认证机构及其认证人员对认证结果负责。认证结论为产品、服务、管理体系符合认证要求的,认证机构应当及时向委托人出具认证证书。产品、服务认证与管理体系认证相互独立,获得认证证书的产品、服务和管理体系,应当在认证范围内使用认证证书和认证标志,不得利用产品、服务认证证书、认证标志和相关文字、符号,误导公众认为其管理体系已通过认证,也不得利用管理体系认证证书、认证标志和相关文字、符号,误导公众认为其产品、服务已通过认证。认证机构可以依法自行制定认证标志。认证机构应当对其认证的产品、服务、管理体系实施有效的跟踪调查,认证的产品、服务、管理体系不能持续符合认证要求的,认证机构应当暂停其使用直至撤销认证证书,并予公布。

为了保护国家安全、防止欺诈行为、保护人体健康或者安全、保护动植物生命或者健康、保护环境,国家规定对某些产品实行强制认证。国家对必须经过认证的产品,统一产品目录,统一技术规范的强制性要求、标准和合格评定程序,统一标志,统一收费标准。对列入产品目录实行强制认证的产品,应当经过认证并标注认证标志后,方可出厂、销售、进口或者在其他经营活动中使用。列入目录的产品,必须经国务院认证认可监督管理部门指定的认证机构进行认证。列入目录产品的生产者或者销售者、进口商，均可自行委托指定的认证机构进行认证。列入目录产品的认证标志，由国务院认证认可监督管理部门统一规定。列入目录的产品，涉及进出口商品检验目录的，应当在进出口商品检验时简化检验手续。

对列入目录的产品未经认证，擅自出厂、销售、进口或者在其他经营活动中使用的，责令改正，处5万元以上20万元以下的罚款，有违法所得的，没收违法所得。伪造、冒用、买卖认证标志或者认证证书的，依照《产品质量法》等法律的规定查处。

三、产品质量监督检查制度

由国家有关机关对产品质量监督、检查，可以督促企业贯彻执行法律、法规，执行产品技术标准，提高商品质量。它是满足消费者日益提高的物质、文化生活需要，保护消费者免受劣质商品损害的又一重要途径。

1985年，国务院批准国家标准局发布《产品质量监督试行办法》（2011年修改）。根据该办法规定，产品质量监督检查由国家标准化主管部门（现隶属国家市场监督管理部门）统一管理。国家标准化主管部门负责全国的质量监督工作，省、自治区、直辖市人民政府标准化部门负责管理本地区的产品质量监督工作。其主要任务是：监督检查产品技术标准的贯彻执行；负责产品质量监督检验网的规划和协调工作；管理产品质量认证工作；参与优质产品的审定，监督检查优质产品标志的正确使用；对产品质量争议进行仲裁。根据工作需要，管理部门可按产品类别设国家级产品质量监督检验测试中心，承担指定产品的质量监督检验任务。产品质量监督检查的重点是有关人体健康和人身、财产安全的产品，关系国计民生的重要产品，获得优质荣誉的产品，同群众关系密切的市场商品。企业应当接受标准化管理部门对产品的质量监督，如实提供检验样品和有关资料，并在检验测试手段和工作条件方面提供方便。国家级产品质量监督检验测试中心，承担指定产品的质量监督检验任务，并履行以下职责：对全国同类产品的质量进行重点抽检；承担产品质量认证检验和产品质量争议仲裁检验；对报审和获奖优质产品的质量进行检验；对各地承担同类产品质量监督检验任务的机构进行技术指导，统一检验方法；承担或参与国家标准的制定、修订和标准的验证工作。

在工业比较集中的城市，标准化管理部门应当根据工作需要建立健全专职的产品质量监督检验所。地方各级标准化管理部门根据工作需要，按产品类别设产品质量监督检验站，承担指定产品的质量监督检验任务。

对于不按产品技术标准生产的产品，标准化管理部门有权制止产品出厂销售，责令企业停发质量检验合格证，追回已售出的可能危及人身安全和健康的不合格品。对不执行产品技术标准、以次充好、弄虚作假、粗制滥造，严重违反产品技术标准，不具备基本生产技术条件，产品质量低劣的，标准化管理部门应当根据情节，分别给予批评、警告、通报，并限期改进；情节严重的，可处以罚款，追究主要责任者的行政或经济责任，提请有关主管部门责令企业停产整顿或吊销其产品生产许可证、营业执照，触犯刑律或违反国家其他法律的，依法惩处。获得国家质量奖或优质产品标志的产品，如质量下降、不符合优质条件，标准化管理部门有权责令该产品生产企业停止使用国家质量奖或优质产品标志，并限期达到原有质量水平；逾期未达到的，提请有关主管部门取消优质荣誉称号，收回国家质量奖或优质产品证书、标志，并予通报。

四、进出口商品检验制度

为了保证我国消费者不受外来劣质商品的损害,防止我国国内生产的不合格商品流入国外,损害外国消费者的利益,提高我国产品的国际信誉,国家建立进出口商品检验制度。通过对进出口商品进行检验,保证进出口商品的质量,促进对外经济贸易关系的顺利发展。

2018 年,《国务院机构改革方案》将国家质量监督检验检疫总局的出入境检验检疫管理职责和队伍划入海关总署,进出口商品检验工作具体由海关总署和各地设立的海关负责(以下简称商检机构)。根据《中华人民共和国进出口商品检验法》规定,国家根据对外贸易发展的需要,制定、调整并公布必须实施检验的进出口商品目录,对列入目录的进出口商品和法律、行政法规规定须检验的其他商品,必须由检验机构进行检验。对进口上述产品,未经检验的,不准销售、使用;出口商品未经检验合格的,不准出口。但应收货人、发货人申请,并经国家商检机构审查批准的,可以免检。

列入目录的进出口商品,按照国家技术规范的强制性要求进行检验;尚未制定国家技术规范的强制性要求的,应当依法及时制定,未制定之前可以参照国家商检部门指定的国外有关标准进行检验。商检机构对法律规定必须经商检机构检验的进出口商品以外的进出口商品,根据国家规定实施抽查检验。国家商检部门可以公布抽查检验结果或者向有关部门通报抽查检验情况。商检机构根据便利对外贸易的需要,可以按照国家规定对列入目录的出口商品进行出厂前的质量监督管理和检验。国务院认证认可监督管理部门根据国家统一的认证制度,对有关的进出口商品实施认证管理。准许在认证合格的进出口商品上使用质量认证标志。商检机构依照法律对实施许可制度的进出口商品实行验证管理,查验单证,核对证货是否相符。商检机构根据需要,对检验合格的进出口商品可以加施商检标志或封识。

违反法律规定,将必须经商检机构检验的进口商品未报经检验而擅自销售或者使用的,或者将必须经商检机构检验的出口商品未报经检验合格而擅自出口的,由商检机构没收违法所得,并处货值金额 5% 以上 20% 以下的罚款;构成犯罪的,依法追究刑事责任。进口或者出口属于掺杂掺假、以假充真、以次充好的商品或者以不合格进出口商品冒充合格进出口商品的,由商检机构责令停止进口或者出口,没收违法所得,并处货值金额 50% 以上 3 倍以下的罚款;构成犯罪的,依法追究刑事责任。伪造、变造、买卖或者盗窃商检单证、印章、标志、封识、质量认证标志的,依法追究刑事责任;尚不够刑事处罚的,由商检机构、认证认可监督管理部门依据各自职责责令改正,没收违法所得,并处货值金额等值以下的罚款。

第三节　经营者的质量义务

一、生产者、服务提供者的质量义务

产品质量是企业的生命。产品质量不高,不仅会危及企业自身的生存和发展,同时,也

会严重损害消费者的利益。因此，生产者、服务提供者必须对自己生产的商品和提供的服务负责。根据《产品质量法》《消费者权益保护法》的规定，生产者、服务提供者的质量义务主要包括以下方面：

（一）所提供的商品、服务应当符合的质量要求

经营者提供的商品及服务质量应当符合以下要求：(1)不存在危及人身、财产安全的不合理危险。这里所指的是“不合理危险”，而不是指所有的危险。有一些产品的潜在危险由于种种认识能力的限制，是不可能完全认识的。因此，各国产品质量法只规定了“不合理危险”。对于什么是不合理危险，我国产品质量法并未作出明确规定。通常认为，不合理危险是指生产者、销售者在采取了谨慎措施之后可以避免的危险。产品质量法明确规定，有保障人体健康、人身及财产安全的国家标准、行业标准的，应当符合该标准。(2)保证在正常使用商品或接受服务的情况下其提供的商品或服务应当具有同类产品的质量、性能、用途和有效期限。但生产经营者已对产品或服务的瑕疵作出了说明或者消费者在购买该商品或接受该服务前已经知道其存在的瑕疵除外。(3)以实物样品、广告、产品说明或者其他方式表明商品或服务质量状况的，应当保证其提供的商品或服务的实际质量与表明的质量状况相符。

（二）遵守产品质量表示制度

产品质量表示制度是指产品生产者用文字、符号、标志、标记、数字、图案及其组合等形式，对用户和消费者必须知道的有关情况进行说明的活动。

《产品质量法》第 27 条规定，产品或者其包装上的标识必须真实，并符合下列要求：(1)有产品质量检验合格证明。(2)有中文标明的产品名称、生产厂厂名和厂址。(3)根据产品的特点和使用要求，需要标明产品规格、等级、所含主要成分的名称和含量的，用中文相应予以标明；需要事先让消费者知晓的，应当在外包装上标明，或者预先向消费者提供有关资料。(4)限期使用的产品，应当在显著位置清晰地标明生产日期和安全使用期或者失效日期。(5)使用不当，容易造成产品本身损坏或者可能危及人身、财产安全的产品，应当有警示标志或者中文警示说明。裸装的食品和其他根据产品的特点难以附加标识的裸装产品，可以不附加产品标识。

《产品质量法》第 28 条规定，易碎、易燃、易爆、有毒、有腐蚀性、有放射性等危险物品以及储运中不能倒置和其他有特殊要求的产品，其包装质量必须符合相应要求，依照国家有关规定作出警示标志或者中文警示说明，标明储运注意事项。

（三）不得生产国家明令淘汰的产品

明令淘汰的产品是指国家行政机关按照一定的程序，采用行政措施，基于其耗能高、技术落后、污染环境、危及人体健康等方面的因素，宣布不得继续生产、销售、使用的产品。禁止生产这类产品有利于促进技术进步、保护消费者的人身和财产安全。

（四）不得伪造或冒用认证标志、名优标志等质量标志

质量标志是产品质量的证明，只能用在取得质量标志的产品上。因此，国家禁止非法制作或冒用产品质量认证标志、优质产品标志、国际荣誉奖标志、生产许可证标志等欺骗行为。

(五)不得伪造产地,不得伪造冒用他人的厂名、厂址产品的产地

厂名、厂址往往与商品质量是联系在一起的。从某种意义上讲,产地、厂名、厂址有质量证明的作用。因此,国家禁止在甲地生产而标注乙地地名的欺骗行为,禁止非法制作标注他人厂名、厂址标识或者擅自使用他人厂名、厂址名称的侵权行为。

(六)生产者不得掺杂、掺假,不得以假充真,以次充好,以不合格产品冒充合格产品

在产品中"掺杂、掺假",是指在产品中掺入杂质或者异物,致使产品质量不符合国家法律、法规或者产品明示质量标准规定的质量要求,降低、失去应有使用性能的行为。"以假充真",是指以不具有某种使用性能的产品冒充具有该种使用性能的产品的行为。"以次充好",是指以低等级、低档次产品冒充高等级、高档次产品,或者以残次、废旧零配件组合、拼装后冒充正品或者新产品的行为。"不合格产品",是指不符合《产品质量法》第26条第2款规定的质量要求的产品。[1]

二、销售者的产品质量义务

(一)执行进货检查验收制度

销售者具有双重法律地位,对生产者而言,它是用户,其用户的合法地位应当受到法律的保护;对消费者而言,它是产品质量责任的潜在承担者。因此,销售者必须对消费者负责。这就决定了销售者应当执行进货检查验收制度。验证产品合格证明和其他标志,其中包括对所购进的产品的标识、产品感观和必要的产品内在质量进行检查。检查验收的依据是国家标准或者合同规定的标准。进货检查验收制度是减少或者杜绝假冒伪劣产品流入市场,保护消费者的合法权益不受侵害的一项重要措施。

(二)保护销售产品原有的质量

产品质量从根本上讲,取决于生产者。但是,在销售过程中,也可能造成产品原有质量的损害。因此,销售者应当采取措施,保持其销售产品的质量。为此,销售者应当根据产品的特点,采取必要的措施,诸如防雨、防晒、防霉等。对某些特殊产品,如药品等,还应采取控制温度、湿度等措施,以保护产品进货时的质量状况。在消费交易中,销售者亦负有与生产者相同的品质担保义务。

(三)不得销售失效变质的产品

"失效"是指产品失去了原有的效力、作用。变质,是指产品发生了本质性的物理、化学变化,丧失了原有的使用价值。如果销售者销售这类产品,轻则对消费者不起作用,重则有损消费者的健康乃至生命。因此,从保护消费者的利益出发,必须制止这种行为。

(四)其他义务

除以上所列义务外,销售者销售产品的标识应当符合法律规定要求(同生产者义务),

---

[1] 参见2001年最高人民法院、最高人民检察院《关于办理生产、销售伪劣商品刑事案件具体应用法律若干问题的解释》。

销售者不得伪造产地，不得伪造或冒用他人的厂名、厂址，销售者不得伪造、冒用认证标志、名优标志等质量标志；销售者销售产品，不得掺杂、掺假，不得以假充真，以次充好，以不合格产品冒充合格产品。

第四节　商品、服务品质担保责任制度

一、商品、服务品质担保责任制度概述

（一）商品、服务品质担保责任的含义

商品、服务品质担保责任是经营者提供的商品、服务不符合法律规定的默示担保或其所作的明示担保的质量而应依法承担的责任。

在传统民法中即存在商品出卖人的瑕疵担保责任。瑕疵担保包括权利瑕疵担保和物之瑕疵担保。权利上的瑕疵指出卖人对于其出卖之物负有保证其不存在因第三人主张权利而致买受人损害的瑕疵，包括标的物全部或一部不属出卖人所有以及出卖人的权利受第三者权利限制，如该物上设有抵押权，或标的物上有第三人的知识产权或标的物上的权利根本不存在等情况。〔2〕在标的物上存在权利瑕疵时，若买受人因第三人主张权利而受害，则可就此损害请求出卖人承担责任。物之瑕疵担保则指出卖人负有担保其所出卖之物符合法律规定或其允诺的品质。当其不具备该品质时，应向买受人承担一定的法律责任，此种责任即为物之瑕疵担保责任。可见，物之瑕疵担保责任产生于出卖人之瑕疵担保义务。

经营者商品、服务品质担保责任制度源于物之瑕疵担保责任制度，〔3〕但在内涵上比物之瑕疵担保责任制度更为丰富。它不仅包括经营者对商品质量的担保，亦包括服务经营者对服务质量的担保。《消费者权益保护法》第 23 条规定，经营者应当保证在正常使用商品或接受服务的情况下其提供的商品或服务应当具有的质量、性能、用途和有效期限；但消费者在购买该商品或者接受该服务前已经知道其存在瑕疵，且存在该瑕疵不违反法律强制性规定的除外。经营者以广告、产品说明、实物样品或其他方式表明商品和服务的质量状况的，应当保证其提供的商品或服务的实际质量与表明的质量状况相符。在该法的"法律责任"一章中亦对经营者提供商品、服务违反上述担保义务的法律责任问题作了规定。可见，在消费者保护法中，商品、服务品质担保责任与产品责任及一般的违约责任是区别对待的。〔4〕

---

〔2〕 参见桂菊平：《论出卖人瑕疵担保责任、积极侵害债权及产品责任之关系》，载梁慧星主编：《民商法论丛》（第 2 卷），法律出版社 1994 年版，第 364 ~ 365 页。

〔3〕 在我国现行立法中，只规定了经营者的担保义务而未直接援用瑕疵担保责任的概念，故我们仅使用"违反品质担保责任"这一概念。

〔4〕 关于我国现行法上是否存在瑕疵担保责任的规定，理论界有持肯定说，亦有持否定说者。参见崔建远：《合同责任研究》，吉林大学出版社 1992 年版，第 277 页；王利明：《违约责任论》，中国政法大学出版社 1996 年版，第 197 页。

经营者商品、服务品质担保责任制度的确立具有非常重要的意义。[5] 首先,品质担保责任制度明确规定了经营者的担保义务,因而可以摆脱按一般违约责任处理而可能遇到的因合同文件丧失或无书面文本或合同内容不确定等原因而造成的经营者义务难以确定的问题,便于确定经营者的义务和责任。其次,品质担保责任制度可以克服消费者举证责任之困难,只要能证明经营者提供的商品和服务违反担保的品质,则经营者就应承担责任。由于瑕疵担保责任本质上为无过失责任,故消费者无须就经营者是否存在过失负举证责任。[6] 最后,品质担保责任赋予消费者直接诉权,消费者可以摆脱合同关系的束缚,直接对生产者主张权利。

(二)品质担保责任与产品责任、违约责任的关系

1. 品质担保责任与产品责任

产品责任是产品侵权责任。品质担保责任与产品责任的区别主要表现在:(1)品质担保责任与产品责任具有不同的性质。产品责任属于侵权责任,而品质担保责任本质上是一种契约责任。(2)产品责任以产品存在缺陷为承担责任的前提,而品质担保责任则以商品、服务存在瑕疵为责任之基本要件。缺陷与瑕疵是两个不同的概念。前者指经营者提供的商品具有不合理的危险,后者则指经营者提供的商品、服务不符合法律规定或其许诺的品质。有瑕疵的产品固然可能引起产品责任,无瑕疵的产品亦可能引起产品责任。同样,有缺陷的产品可以是有瑕疵商品,但无缺陷产品(无不合理危险)亦可能会因不符合经营者担保的品质而成为有瑕疵的产品。(3)产品责任的发生以对他人造成损害为要件,而瑕疵担保责任的承担则以提供的产品不符合担保为要件。在瑕疵担保责任中,不要求有损害事实,即不要求有因瑕疵而致消费者人身伤害或标的物以外的财产损失的事实的发生。(4)产品责任的承担由受害人或其直系亲属提出请求,而品质担保责任则一般由瑕疵商品、服务接受方当事人提出请求。(5)产品责任的责任形式为赔偿损失,赔偿的范围是缺陷产品致人损害而造成的实际损失,不包括有缺陷产品本身的损失。而品质担保责任的形式包括解除合同,提交无瑕疵商品、瑕疵修补、赔偿损失,责任范围限于瑕疵产品本身以及与此有直接关系的损失。

经营者品质担保责任与产品责任制度均为与产品质量有密切关系的法律制度,这两项制度都具有督促经营者提高商品、服务质量,补偿消费者因商品质量而造成的损失的功能,因此,它们在消费者保护方面的基本功能是一致的。

2. 品质担保责任与违约责任

关于品质担保责任与违约责任的关系,学术界主要有两种看法。一种观点认为,违约责任包括瑕疵担保责任,瑕疵担保责任为违约责任的一种特例。[7] 另一种观点则认为,瑕疵担保责任是与违约责任并立的一种合同责任。[8] 本书作者采用第一种观点,即商品、服务品质担保责任是一种特殊的违约责任。其理由如下:(1)大陆法系的德、法均设有瑕疵担保

---

〔5〕 对此,可参见梁慧星:《论出卖人的瑕疵担保责任》,载《比较法研究》1991年第3期。

〔6〕 对于瑕疵担保责任的归责问题,有两种观点:一种观点认为其为无过失责任;另一种观点则认为其为客观过失责任。参见王利明:《违约责任论》,中国政法大学出版社1996年版,第110~111页。本书采用第一种观点。

〔7〕 参见王利明:《违约责任论》,中国政法大学出版社1996年版,第204~210页。

〔8〕 参见崔建远:《合同责任研究》,吉林大学出版社1992年版,第277页。

责任制度,但它们都是以瑕疵担保责任代替合同不适当履行责任。在这两个国家的违约责任体系中均没有不适当履行合同责任的完整体系,而我国法律中明确规定了不适当履行是违约的一种类型,并规定了其责任。(2)将瑕疵担保责任确定为一种独立的责任难以与债务不履行责任明确区分。在德国,由于瑕疵担保责任制度适用的有限性,法院不得不在实践中承认了不适当履行的责任,这样一来,两种规则、两种制度之间缺乏协调,自民法典施行以来,成了无尽的争论的原因。"因此,发生了很大的法律不确定性,有时出现很难理解的判决。"[9]我们在处理瑕疵担保问题上,不能不引以为戒。(3)我国法律虽然明确规定了经营者的商品、服务品质担保义务,但对违反该义务的责任并没有作独立的处理,其责任形态与违反合同的责任并无二致。

但是,经营者商品、服务品质担保责任又不同于一般的违约责任。品质担保责任的承担以经营者违反担保义务为前提,此项担保义务并不总是由合同所规定。在通常情况下,它既可以由当事人以合同方式约定,亦可以由经营者通过广告、样品、说明书等方式单方作出,还可以由法律直接设定(默示担保)。同时,在责任追究方面,它不受合同关系的约束,标的物获得者可以跳过与其有合同关系的经营者,直接向生产者提出赔偿请求。

二、经营者对商品、服务的品质担保

从发生原因来看,经营者对商品、服务的品质担保有两种:一为法定担保(默示担保),它是经营者未就其商品或服务质量明确表明的情况下,由法律直接为其设定的担保;二为明示担保,即经营者以合同、广告、产品说明、实物样品等形式对商品、服务的质量所作的担保。两种担保的关系是:在没有明示担保的情况下,自动适用默示担保。此时,经营者提供的商品、服务应当符合法律规定的质量要求,在存在明示担保的情况下,明示担保排除默示担保,经营者提供的商品、服务应当符合其许诺的质量。下面,我们分别就两种担保的内容进行阐述。

(一)法定担保

根据《产品质量法》《消费者权益保护法》的规定,经营者的法定担保义务包括以下内容:

1. 经营者提供的商品、服务应当具有同类商品、服务通常应当具备的质量

何为商品、服务应当具备的质量?一般认为应当根据市场上同类商品的一般质量水平来进行判断。但是,我国现行法律对此未做明确规定。对于商品、服务应当具备的质量,《美国统一商法典》做过这样的规定:如果卖方是经营某种货物的商人,即应担保其所卖之物具有适销性。所谓适销性,指货物在本行业内将不致被拒收。如果是种类物应具备中等的品质,货物应适于其一般使用目的并且每个部分的种类、质量、数量应当均匀,货物应有适当的包装等。[10] 这一规定可资借鉴,但其内容仍不明确。在实践中,应根据具体情况按一般社会观念来确定某种商品、服务是否具有其应当具备的质量。这里必须明确的是,对国家规定有强制性标准的商品,经营者应保证其产品符合国家规定的标准。从这个意义上讲,强制性标准应是商品、服务应当具备的质量要求。

---

〔9〕 梁慧星:《民法学说判例与立法研究》,中国政法大学出版社 1993 年版,第 313 页。

〔10〕《美国统一商法典》第 2 - 314 条。

2. 经营者提供的商品和服务应当具有同类商品通常具备的性能

所谓性能,是指商品满足其设计要求的程度。当某种商品(主要为机械、电子产品),能够良好地发挥其功用时,则其具备较好的性能。例如,钟表走时准确,电视机图像清晰、音质悦耳等。经营者提供的商品在没有明示声明的情况下,应保证其具备该商品的一般使用性能。国家强制性标准对商品性能有规定的,应符合标准规定的要求。

3. 经营者提供的商品和服务应当具备人们合理期待的用途

所谓用途,即使用商品或接受服务而能得到满足的范围。例如,电灯具有照明的用途,钢笔具有书写的用途等。合理期待的用途,是指人们购买该商品时一般期待它具有的用途。就一般情况而言,它是指该商品一般都具有的用途。但若经营者知道消费者购买该商品是为了用于某种特定的目的而将商品出售给消费者时,则经营者应担担保商品具有实现这种特殊目的的用途。就服务的用途来说,经营者提供的服务应当能满足人们接受该服务而普遍期待的效果。

4. 经营者提供的商品应当具有合理的有效期

合理的有效期应根据商品的种类不同而定。此处的有效期是指经营者应当保证其商品正常发挥效用的期限,是经营者在没有为明确有效期表示的情况下商品应当具备的有效期限。此类期限的长短,应以人们认为该类商品应当具备的有效期限为准,国家有规定的,应当符合规定的要求。

默示担保的品质是在缺乏明示担保的情况下,法律对商品、服务质量的强制性推定。当不符合默示担保的品质要求时,经营者便违反担保义务,并应承担品质担保责任。故默示担保可以明示方式排除。若商品瑕疵为显在瑕疵,消费在购买商品或接受服务前已经知道其存在,则经营者默示担保义务解除。已经知道瑕疵存在包括两种情况:一为商品、服务瑕疵显而易见,消费者应当知道;二为经营者已履行瑕疵告知义务,即便商品、服务瑕疵为隐在瑕疵,只要已明确告知消费者,亦视为已经知道。此时,经营者可解除瑕疵担保责任。除此之外,根据消费者保护法的规定,即便是消费者知道瑕疵的存在,但若该瑕疵是法律强制性规定不应当存在的瑕疵,经营者的瑕疵担保责任仍不得解除。

(二)明示担保

明示担保由经营者以明示的方式作出,经营者以明示方式对产品及服务的质量作出承诺时,其提供的商品和服务应当符合其承诺的质量。若与其承诺不符,则构成违反担保,亦应承担品质担保责任。

明示担保的方式包括两种:一是以合同方式对商品、服务质量作出约定;二是由经营者单方作出承诺。合同对产品、服务质量有约定的,经营者提供的商品和服务应符合合同约定,违反约定则构成违约,亦构成违反担保。经营者单方承诺包括以广告、产品说明、实物样品或其他方式而对其商品、服务应具备的品质所作的承诺。这种方式通常针对一般不特定多数的消费者。当消费者购买该经营者提供的商品和服务时,其所作出的质量承诺便成为双方合同内容的一部分。在商品、服务质量违反承诺时,经营者亦构成违反担保,并应承担责任。

近年来,我国服务性行业普遍推行服务承诺制。由服务业经营者以公开方式就服务的内容、方式、服务态度、服务收费标准等对社会作出承诺，经营者在提供服务时严格按承诺的要求履行。服务承诺制，从法律上说，是明示担保的一种，即对服务质量而作的明示担保。根据《消费者权益保护法》第 22 条规定，经营者以公开方式表明服务质量状况的，应当保证其提供服务的实际质量与表明的质量状况相符，否则，经营者亦应承担品质担保责任。

在目前实行的服务承诺制中，有些经营者明确表明了违反承诺的责任，有些则没有表明违反承诺的责任。这对于承诺制充分发挥提高服务质量，满足消费者需要的作用具有很大的影响。对于违反服务承诺的责任问题，我们认为，违反服务质量担保的责任应由法律作出明确的规定，以避免由经营者自行决定可能出现的畸轻畸重的现象。目前，我国法律对此还缺乏明确的规定，消费者保护法中的规定主要为违反商品质量担保的责任。例如，《消费者权益保护法》第 48 条就违反明示担保的行为，规定有关法律法规的规定承担责任，而按《产品质量法》适用的范围限于有形的商品（产品），而且产品质量法规定为反担保的责任形式仅包括修理、更换、退货、赔偿损失等。这种责任形式是否能用于经营者违反服务品质担保，亦似有疑问。所以，应尽快根据服务业的特点，规定一套完整的责任体系。

三、品质担保责任的构成

经营者品质担保责任的承担一般应具备以下要件：

（一）经营者提供的商品、服务存在瑕疵

这里所谓的瑕疵，是指经营者提供的商品或服务不具备担保的品质，其中包括法律的默示担保和经营者作出的明示担保。

（二）瑕疵于标的物转移消费者或消费者接受服务时业已存在

标的物虽有瑕疵，但于交付前业经修复者，不视为存在瑕疵。瑕疵若于消费者获得商品后形成，亦不视为有瑕疵存在。对于服务瑕疵则指消费者接受服务时未获得与经营者担保的同一质量的服务。应当注意的是，根据《消费者权益保护法》第 23 条第 3 款的规定，对于机动车、计算机、电视机、电冰箱、空调机、洗衣机等耐用消费品或装饰装修等服务，消费者如果在购买商品或接受服务后 6 个月内发现瑕疵，则由经营者承担有关瑕疵的举证责任。此处的瑕疵举证责任应当包括对瑕疵是否真实存在以及瑕疵是否为商品、服务固有的瑕疵（即消费者在购买商品或服务时该瑕疵就已经存在）提出证据予以证明的责任。对于法律规定的上述商品或服务，在法定期间内，瑕疵证明的举证责任由经营者承担。

（三）消费者善意且无重大过失

消费者应在购买商品或服务时不知道有瑕疵存在。若消费者明知商品、服务存在瑕疵，则经营者可不承担品质担保责任。《消费者权益保护法》第 23 条规定，消费者在购买商品或接受服务前已知道其存在瑕疵时，经营者可免除品质担保义务。但是，若出卖人于出卖时保证标的物无瑕疵，或者出卖人故意隐瞒标的物的物瑕疵，则虽买受人有重大过失于订立合同时不知标的物有瑕疵，出卖人也仍负瑕疵担保责任。

（四）消费者及时履行了瑕疵通知义务

消费者应于购买商品或接受服务后的适当时间内将商品、服务存在瑕疵的情况通知经

营者。何为适当时间,我国现行消费者保护法未作明确规定。根据《部分商品修理更换退货责任规定》的规定,对国家法定“三包”的商品,产品自出售之日起7日内,发生性能故障,消费者可选择退货、换货或修理。产品自售出之日起15日内发生性能故障,消费者可选择换货或修理。此外,在“三包”有效期内,消费者可要求经营者修理。“三包”有效期依商品的种类不同而有差异。例如,自行车主要部件为2年,彩色、黑白电视机主要部件为3年等。在此期间,消费者发现瑕疵,均可要求经营者承担维修义务。对不属以上范围的商品和服务,消费者与经营者可以约定瑕疵通知的期限,没有约定的,应允许消费者于合理期限内提出。

四、品质担保责任的形式

品质担保责任的形式各国法律规定不尽相同。依照我国现行法律规定,主要包括瑕疵消除、更换无瑕疵商品、解除合同、赔偿损失等。

(一)瑕疵消除

瑕疵消除,是指由经营者采取一定措施消除标的物上的瑕疵。瑕疵消除通常采用的形式是修理。消除瑕疵时,应由经营者承担消除瑕疵的费用,修理后的标的物应当达到经营者担保的质量水平。因修理而发生的其他费用,亦应由经营者承担。对国家规定实行“三包”的产品,在“三包”期内应由修理者免费修理,对应当进行“三包”的大件产品,修理者应当提供合理的运输费用。

(二)更换无瑕疵商品

更换无瑕疵商品对于购买商品的消费者来说是指以符合经营者担保质量的商品代替有瑕疵商品。对加工承揽来说,是指由经营者重新制作符合担保品质的工作物代替有瑕疵的工作物。对实行法定“三包”的商品,消费者可于法定期间(15日)内要求更换无瑕疵商品,销售者应当免费为消费者更换无瑕疵的同型号同规格的产品;在“三包”有效期内修理2次仍不能正常使用的,可要求更换;在“三包”有效期内,因生产者未供应零配件,自送修之日起超过90日未修好的,消费者亦可凭修理者证明,要求销售者更换。因修理者自身原因,修理期超过30日的,由修理者免费为消费者更换。

(三)解除合同

在买卖商品的合同中,解除合同通常表现为退货。在法定期间、约定可退货的期间或合理的期间内,消费者发现商品具有法定或约定或依一般商业习惯应为退货的瑕疵,可以要求经营者接受退货,并返还价金。对于实行法定“三包”的商品,自出售之日起7日内发生性能故障,消费者可选择退货,销售者应按发票价格一次退清货款。在“三包”有效期内,修理2次仍不能正常使用,消费者要求退货的,销售者应当退货,但对已使用过的商品可按规定收取折旧费用。在“三包”有效期内,符合换货条件,而销售者无同型号同规格产品,消费者又不愿调换其他型号、规格产品而要求退货的,销售者亦应当退货。有同型号同规格产品,消费者不愿换货而要求退货的,销售者应当予以退换,但对于使用过的商品可以收取折旧费。

（四）赔偿损失

所谓损失应理解为经营者因提供瑕疵商品和服务而给消费者造成的与瑕疵商品直接有关的损失，它既不是因商品存在缺陷而造成消费者的人身、财产损害，亦不是商品本身固有的损失，而是指因修理、更换、退货等而给消费者造成的损失，如修理者要求消费者将标的物送至修理店而造成消费者的运输费支出等。因此，赔偿损失在这里仅为一种辅助性质的责任形式。

第八章 消费者安全保障法律制度

第一节 消费者安全保障法律制度概述

一、消费者安全危机与消费者安全保障法

随着经济社会的发展，特别是科学技术的突飞猛进，现代社会已进入了风险社会的时代。在传统社会中，尽管也存在各种威胁人类生存与发展的风险，然而，这些风险无论是从量的角度，还是从危害程度的角度来看，都远不及现代社会。在通常情况下，传统社会中的风险主要源于自然界；在现代社会，来自自然界的各种风险毫无疑问地仍然存在，而在此之外，因人类活动（特别是科学技术的发展）而产生的新的风险更在不断地蔓延、升级。风险的普遍存在已使人类日益“生活在文明的火山口上”。[1]

就消费生活来说，现代社会的商品经济高度发达，各种消费品应有尽有，琳琅满目，人们可以广泛地相互利用各自的劳动成果，而不需事必躬亲。市场的发达丰富了消费生活的内容，并为消费生活提供了极大的便利。然而，市场在给人们带来丰裕的消费资料和便利的同时，也将他们带进了一个更加“危机四伏”的世界。

在市场经济条件下，各种消费资料的商品化，使消费与生产产生分离，消费者越来越远离生产过程。消费者只知一味地接受他人提供的生活资料，而对这些生活资料的形成过程一无所知。自给自足的自然经济条件下的那种生产者与其生产的产品之间的直接利益关系纽带被斩断，生产者不为自己而生产，故产品的品质如何，对生产者不至造成直接的损害，因而可能助长生产者对产品的品质漠不关心。一些经营者为了获利，置消费者的利益于不顾，粗制滥造，掺杂使假，偷工减料，为获取利润不择手段。消费与生产的分离及消费者对商品的依赖，加深了消费者对消费对象的未知，并使对经营者的约束间接化，消费者的安全随时都面临着来自商品的威胁。

随着经济的进一步发展，越来越多的资源开始被用于商品的生产。对许多物质，人们只是片面地了解其某种品性，而对其他品性却一无所知。在这种情况之下，该物质中尚未被人类了解的某一有害方面就难免会给人类生命和健康造成危险。现代科技的发展，使商品的构造、功能日益复杂，对商品使用方法的要求亦越来越严格，稍有不慎便会酿成大祸，造成灭

〔1〕［德］乌尔里希·贝克：《风险社会》，何博闻译，译林出版社2004年版，第13页。

顶之灾。由于经济的发展，环境问题也日益严重。各种有害物质被排入大气、河流、地面、地下，商品生产过程中使用有害原材料的可能性以及接触有害物质的可能性亦进一步加大。为增加商品的寿命或增强商品对消费者的诱惑力，各种防腐剂、添加剂、色素被广泛地运用于食品的加工与保存。人们在消费商品的同时不得不面临这些有害物质对身体的侵蚀。农药、化肥被广泛地用于农作物的生产，纯净的天然产品越来越少。农药、化肥改变了农作物的营养成分，并可能将有害物质残留在农产品中。这些有害物质若被人体吸收，易造成人体的突发性或渐进性中毒，引起人体的功能丧失或障碍。科技的发展及对科学技术的滥用，更进一步加深了消费者的安全危机。

现代化大生产的生产方式和以市场为主渠道的消费方式，大大提高了生产效率，给生活带来了便利，却也为商品和服务造成更大规模、更为严重的人间悲剧创造了机会。越来越大的生产、经营规模将越来越多的商品和服务呈现给消费者，一旦某一环节出现差错，可能会造成成百上千甚至成千上万的消费者受到侵害。新材料、新原料、新能源的采用，新的产品结构、配方的设计，又使商品或服务对人的侵害可能在程度上进一步升级。例如，在1963年日本发生的米糠油事件中，就有14000人中毒，53人死亡。1962年发生的日本沙利度胺镇静安眠药事件，致1000名胎儿畸形。世界卫生组织估计，由于农药的滥用，目前世界上平均每42秒钟就有1人中毒。在我国2008年的“三鹿”婴幼儿奶粉三聚氰胺事件中，据卫生部统计，到2008年12月底，全国发现因该奶粉受害的患儿29.6万人，其中，住院治疗的达52898人。[2]

综上所述，经济发展和科技进步使人类所面临的来自商品和服务的威胁越来越大，消费者安全面临前所未有的危机。我们不可能回到自给自足的自然经济时代，去让人类重新经历贫乏的物质生活、单调的精神享受，让人类重新忍受饥饿、寒冷、贫穷和愚昧……只能通过国家和社会的管理、监督，通过消费者素质的提高，通过经营者的自律以及科技的进一步发展和正确的利用等途径来逐步减轻消费者安全危机。在所有这些途径中，通过法律手段约束经营者的行为，加强对商品和服务市场的管理，无疑是最有效的手段之一。实际上，保障消费者安全的立法活动早已有之。就现代而言，早在21世纪初期，各国就纷纷开始制定法律，对商品，特别是食品、药品、化妆品等与消费者安全关系最为密切的商品和服务安全保障问题作出回应。1906年，美国联邦食品和药品法开此先河，此后，各国纷纷效仿颁布保障消费者安全的各种法律。早在改革开放初期，我国就颁布了食品卫生法，后来又颁布了一系列的法律法规，对药品、化妆品等商品和服务中的安全保障问题作出了详细的规定。这些法律、法规的颁布及施行，对保障消费者安全、促进消费者健康，无疑发挥了极为重要的作用。

二、消费者安全保障法律规范的范围

就一般而言，凡是对消费者身体健康以及消费者人身及财产安全具有保护功能的法律规范，都属消费者安全保障法律规范。它主要包括两个方面：一为消费者安全保障管理法律

---

〔2〕《深陷“毒奶丑闻”的原三鹿集团董事长等4名高管首次出庭受审》，载新华网，http://news.xinhuanet.com/newscenter/2008-12/31/content_10587040_1.htm。

规范;二为消费者安全保障民事法律规范,主要是指产品责任法律规范。前者属经济行政性规范,后者属民事性规范。由于商品、服务的安全是商品、服务质量的一个方面,因此,有关商品和服务质量方面的法律规定大多具有保护消费者的安全作用,这些法律规范无疑是消费者安全保障法律制度的重要内容。除此之外,国家对特殊危险性商品和服务的安全保障问题还制定了专门的法律规范。由于这些商品和服务与消费者安全具有密切关系,因而在消费者安全保护方面具有特殊的意义。目前,我国消费者安全保障的特别法律规范包括食品安全监督管理法律规范、药品管理规范、化妆品卫生监督管理规范、城市燃气安全管理规范、生活用电安全管理规范、生活用水卫生管理规范、生活用气安全管理规范、服务安全管理规范以及其他消费品的安全管理规范。本书仅就与人们生活普遍相关的食品安全、药品、化妆品安全管理制度及产品责任制度进行系统阐述。

三、国家保障消费者安全的法律手段

国家为保障消费者安全而实施的管理手段主要包括以下几种:

(一)审批许可制度

对商品和服务的生产经营活动实行许可证管理是各国普遍采用的一种管理手段。许可证管理的作用主要表现在两个方面:一是保证经济结构的合理,即通过许可证的颁发控制某种产品、服务的生产、经营或某种产品的进口,从而使国民经济结构在宏观上保持合理;二是保障商品、服务的质量,特别是商品和服务的安全。通过许可证制度,可以保证从事某种产品和服务的经营者具备必要的生产经营条件,或进口的产品符合一定的安全卫生等质量要求,从而保障消费者安全不受侵害。近年来,为了改善营商环境,让市场在资源配置中发挥决定性的作用,适应对外开放,搞活经济的需要,通过不断深化"放管服"改革,我国已取消了大量对商品生产经营的审批许可。但是为了保护消费者的安全,对与消费者人身健康和安全密切相关的产品与服务实行许可证管理,仍然是非常必要的。

许可证管理制度主要包括两个方面:一是对特定产品、服务经营的许可证管理制度。凡从事国家实行许可证管理的商品和服务经营的经营者,都必须首先取得生产经营许可证。如从事饮食服务行业的经营者,必须首先取得由国家食品安全监管部门颁发的许可证;在中国境内上市的药品,应当经国务院药品监督管理部门批准,取得药品注册证书。没有取得审批许可的,不得生产经营。二是对外国商品的进出口许可制度。例如,根据《进口商品质量监督管理办法》的规定,国家对涉及安全的产品实行进口商品质量许可制度,凡属法律规定范围内的产品,必须事先经商检机构和有关监督、检验机构进行检验和考核。经检验考核合格的,方准进口;否则不准进口。

审批许可制度对保障消费者安全具有非常重要的意义。通过审批许可制度可以保证从事特定商品、服务的生产经营者具备必要的生产条件,从而可以为商品和服务安全提供最基本的物质、技术保障,防止不具有安全性的产品流入市场,危害消费者的安全。

(二)标准化管理制度

标准化管理是国家对商品、服务质量进行全面监督管理的重要手段,也是保障消费者安全的重要途径。对涉及消费者人身安全和健康的产品和服务项目,国家通过制定强

制性标准，要求企业生产经营严格按照标准要求进行，从而可以保证商品和服务达到一定的安全要求。截至2018年，我国已累计制定公布食品安全国家标准1224项，涉及食品安全与营养指标近2万项，基本覆盖日了常消费的食品品种。此外，对药物、化妆品及有关家用电器亦颁布了大量的标准。这些标准的颁布和实施，无疑为消费者的安全提供了有力的保障。

（三）产品安全认证制度

产品安全认证是产品质量认证的一个重要组成部分。安全认证是依据安全标准和生产标准中的安全性能项目的要求对产品的安全性进行检验、考核，并予以证明的活动。安全认证主要针对涉及身体健康及人身、财产安全的产品。实行安全认证的产品必须符合有关国家或行业强制性标准的要求，不经认证或认证不合格的，不得进行销售、进口或使用。因此，通过安全认证，对商品的安全性进行监督，可以防止不安全商品流入市场，对消费者的人身或财产造成损害。

（四）商品标示管理制度

在商品及商品包装中进行适当标示，可以让消费者知晓该产品的危险性并正确地使用、保管商品，防止安全事故的发生。因此，对商品标示进行管理亦是国家维护消费者安全的重要手段。

为了防止产品安全事故的发生，根据法律规定，对于限期使用的产品，应当标明生产日期和安全使用期或失效日期；对使用不当，容易造成产品本身损坏或可能危及人身、财产安全的产品，应有警示标志或中文警示说明。剧毒、危险、易碎、储运中不能倒置以及有其他特殊要求的产品，其包装必须符合相应要求，并应有警示标志或中文警示说明。

（五）安全监督管理制度

为了保证产品和服务符合安全卫生的要求，国家有关部门应当安全监督管理制度。例如，市场监督管理部门应当建立覆盖食品生产、流通、消费全过程的监督检查制度和隐患排查治理机制，防范区域性、系统性食品安全风险；建立食品生产经营者落实主体责任的机制，健全食品安全追溯体系；组织开展食品安全监督抽检、风险监测、核查处置和风险预警、风险交流工作；组织实施特殊食品注册、备案和监督管理。通过安全监督管理，及时发现不符合安全法律规范及安全标准的产品和服务项目，并依法予以处理。

（六）安全消费宣传教育制度

为了防止商品、服务安全事故的发生，应当大力加强安全消费宣传工作。国家应当组织、支持、促进各种消费教育活动，并通过法律使这种消费教育制度化。在消费教育过程中，应侧重于商品与服务安全知识的教育，通过教育使消费者了解各种商品和服务安全、卫生知识，正确地使用商品和接受服务，提高安全意识，以杜绝商品和服务安全事故的发生。发现安全隐患，情况紧急的应采用适当方式进行处理，以避免损害扩大和蔓延。

第二节 食品安全法律制度

一、食品安全法律制度概述

食品安全法中的食品,是指各种供人类食用或饮用的成品和原料以及按照传统既是食品又是中药材的物品,但不包括以治疗为目的的物品。食品安全,是指食品无毒、无害,符合应当有的营养要求,对人体健康不造成任何急性、亚急性或慢性危害。食品是人类最基本的物质需求,离开食品,人就难以生存。食品质量的好坏不仅关系到消费者自身的健康和安全,而且还可能会影响下一代的健康。因此,加强对食品的管理,对保护消费者利益至关重要。

我国早在1953年就由卫生部颁布了《清凉饮料食物管理暂行办法》,后又相继颁布了《食用合成染料管理办法》(1960年)、《食品卫生管理试行条例》(1965年)、《农村集市贸易食品卫生管理试行办法》(1979年)、《进口食品卫生管理试行办法》(1980年)、《全国食品香料产品生产管理试行办法》(1982年)等法律规范。1982年11月19日,五届全国人大常委会二十五次会议通过了《中华人民共和国食品卫生法(试行)》,1995年10月30日,八届全国人大常委会十六次会议在对其进行适度修改的基础上正式颁布了《中华人民共和国食品卫生法》。2006年,十届全国人大常委会二十一次会议通过了《中华人民共和国农产品质量安全法》。2009年2月,十一届全国人大常委会七次会议通过了《中华人民共和国食品安全法》(以下简称《食品安全法》),该法于2009年6月1日起施行,从施行日起,《中华人民共和国食品卫生法》同时废止。《食品安全法》包括10章104条,对食品安全风险的监测与评估、食品安全标准、食品生产经营、食品进出口、食品安全事故的处理、食品安全的监督管理以及违反食品安全法的法律责任等问题进行了全面系统的规定。2009年7月8日,国务院根据《食品安全法》的规定,通过了《中华人民共和国食品安全法实施条例》,对《食品安全法》实施的有关具体问题作了进一步明确的规定。2010年1月,当时的卫生部等部门联合发布了《食品安全风险监测管理规定(试行)》《食品安全风险评估管理规定(试行)》等一系列食品安全法配套规范。2015年4月24日,第十二届全国人民代表大会常务委员会第十四次会议对《食品安全法》作出修订,修订后,该法条文增加至154条,进一步加强了食品安全的管理,强化了食品安全责任。2018年,全国人民代表大会常务委员会作出关于修改《中华人民共和国产品质量法》等5部法律的决定,对包括《食品安全法》《产品质量法》在内的5部法律进行了局部修正。国务院也分别于2016年和2019年对《食品安全法实施条例》进行了相应修订。通过以上不同层次的立法活动,在我国逐步形成了以《食品安全法》为龙头,各种配套制度相对健全的食品安全法规范体系,这一规范体系的形成,标志着我国消费者食品安全保护制度正走向成熟和完善。

二、食品安全法的适用范围与食品安全管理体制

(一)食品安全法的适用范围

根据《食品安全法》的规定,在中华人民共和国境内从事下列活动的,均应遵守本法:(1)食品生产和加工(以下简称食品生产)、食品销售和餐饮服务(以下简称食品经营);(2)食品添加剂的生产经营;(3)用于食品的包装材料、容器、洗涤剂、消毒剂和用于食品生产经营的工具、设备(以下简称食品相关产品)的生产经营;(4)食品生产经营者使用的食品添加剂、食品相关产品;(5)食品的贮存和运输;(6)对食品、食品添加剂和食品相关产品的安全管理。《食品安全法》一般不适用于来源于农业的初级产品(食用农产品),食用农产品的质量安全管理适用《中华人民共和国农产品质量安全法》的规定,但是有关农产品质量安全标准的制定、农产品质量安全信息的公布等,则应遵守《食品安全法》。

(二)食品安全管理体制

根据《食品安全法》的规定,国务院设立食品安全委员会,食品安全委员会是直属国务院的全国性食品安全议事协调机构。根据相关规定,其职责主要是:分析食品安全形势,研究部署、统筹指导食品安全工作;提出食品安全监管的重大政策措施,督促落实食品安全监管责任。

国务院卫生行政部门(国家卫生健康委员会)是全国食品安全的综合协调机构,负责食品安全的风险评估,会同食品安全监管部门制定并公布食品安全国家标准。

国务院市场监管部门根据法律和国务院规定的职责,负责组织制定食品安全重大政策并组织实施,食品安全监督管理,并承担国务院食品安全委员会日常工作。

地方食品安全的日常管理工作主要由本地方的卫生健康、市场监管部门负责,其具体分工由县级以上地方人民政府根据法律规定确定。各食品安全管理部门应当加强沟通,密切配合,按照各自的职责分工,依法行使职权,承担责任。

食品行业协会是食品行业的自律性管理组织,其职责是加强食品行业自律,通过建立健全行业规范和奖惩机制,提供食品安全信息、技术等服务,引导和督促食品经营者依法生产经营,推动行业诚信建设,宣传、普及食品安全知识。消费者协会和其他消费者组织对违反法律,损害消费者合法权益行为,依法进行社会监督。

三、食品安全风险监测与评估制度

食品安全风险监测,是系统和持续地收集食源性疾病、食品污染以及食品中有害因素的监测数据及相关信息,并进行综合分析和及时通报的活动。食品安全风险监测制度是食品安全法中的一项重要制度。通过食品安全风险监测,及时收集、分析相关食品安全风险的信息,并报告有关部门或向社会公开,可以为国家有关部门及时了解食品安全情况,采取措施做好食品安全的防控工作,提供事实依据。根据《食品安全法》的规定,国务院卫生行政部门会同国务院食品安全监督管理等部门制定、实施国家食品安全风险监测计划。食品安全监管部门和其他部门获知有关食品安全风险信息后,应当立即核实并向卫生行政部门通报。卫生部门根据通报的信息,应会同有关部门进行分析研究,认为必要的,及时调整国家食品

安全监测计划。省、自治区、直辖市人民政府卫生行政部门根据国家食品安全风险监测计划,结合本行政区域的具体情况,组织制定、实施本行政区域的食品安全风险监测方案,报国务院卫生行政部门备案并实施。承担食品安全监测工作的技术机构应当根究计划和方案开展监测工作,保证监测数据真实、准确,并按规定报送监测数据和分析结果。监测结果表明可能存在食品安全隐患的,卫生行政部门应当及时通报同级食品安全监督部门,食品安全监管部门应当组织开展进一步调查。

食品安全风险评估,是指运用科学方法,根据食品安全监测信息、科学数据以及相关信息,对食品、食品添加剂、食品相关产品中生物性、化学性和物理性危害因素进行风险评估的活动。卫生行政部门负责组织食品安全风险评估工作,成立由医学、农业、食品、营养、生物、环境等方面的专家组成的食品安全风险评估专家委员会进行食品安全风险评估,并进行公布。对农药、肥料、兽药、饲料和饲料添加剂等的安全性评估,应当有食品安全风险评估专家委员会的专家参加。具有以下情形的,应当进行食品安全风险评估:(1)通过食品安全监测或接到举报发现可能存在安全隐患的;(2)为制定或修订食品安全国家标准提供科学依据需要进行风险评估的;(3)为确定监督管理的重点领域、重点品种需要进行评估的;(4)发现新的可能危害食品安全因素的;(5)需要判断某一因素是否构成食品安全隐患的;(6)国务院卫生行政部门认为需要进行风险评估的其他情形。食品安全风险评估结果是制定、修订食品安全标准和对食品安全实施监督管理的科学依据。食品安全风险评估结果得出不安全结论的,食品安全监管部门应当依据职责立即向社会公告,告知消费者停止食用或使用,并采取相应措施,确保该食品停止生产经营;需要制定、修订相关食品安全国家标准的,卫生部应当立即制定、修订。对经综合分析表明可能具有较高程度安全风险的食品,应当及时提出食品安全风险警示,并予以公布。

四、食品安全标准管理制度

食品安全标准是为了确保食品安全而由国家有关部门制定的,供社会长期重复遵守的食品安全技术要求。通过食品安全标准,可以对食品生产经营者提出安全方面的基本要求,使食品生产经营者按照标准的要求进行食品生产经营活动,从而使进入市场的食品具有基本的安全保障。根据《食品安全法》的规定,食品安全标准是强制执行的标准。除食品安全标准外,不得制定其他的食品强制性标准。

食品安全标准应当包括下列内容:(1)食品、食品相关产品中的致病性微生物、农药残留、兽药残留、重金属、污染物质以及其他危害人体健康物质的限量规定;(2)食品添加剂的品种、使用范围、用量;(3)专供婴幼儿和其他特定人群的主辅食品的营养成分要求;(4)对与卫生、营养等食品安全要求有关的标签、标识、说明书的要求;(5)食品生产经营过程的卫生要求;(6)与食品安全有关的质量要求;(7)与食品安全有关的食品检验方法与规程;(8)其他需要制定为食品安全标准的内容。

食品安全标准分国家标准、地方标准和企业标准。食品安全国家标准卫生行政部门会同食品安全监管部门制定、公布,标准化行政部门提供国家标准编号。食品中农药残留、兽药残留的限量规定及其检验方法与规程由卫生、农业行政部门会同食品安全监管部门制定。屠宰畜、禽的检验规程由农业部门会同卫生部制定。没有食品安全国家标准的,可以制定食品安全地方标准。食品安全地方标准由省级卫生行政部门组织制定，并报国务院卫生行政部门备案。相应食品安全国家标准制定后，地方标准即行废止。国家鼓励食品生产企业制定严于食品安全国家标准或者地方标准的企业标准。企业标准应当报省级卫生行政部门备案，在本企业内部适用。

食品安全标准制定后应当由省级以上卫生行政部门在其网络上公布，并应当供公众免费查阅、下载。

五、对食品生产经营的安全要求

食品生产经营是食品安全管理最重要的环节，它直接连接食品生产经营者和消费者。各种具体的食品安全隐患都是在这一环节埋下的。为强化食品生产经营环节的安全管理，《食品安全法》用大量篇幅对食品生产经营提出了具体的安全要求，这些要求概括起来主要包括以下方面：

（一）食品生产经营应当遵守的基本要求

根据《食品安全法》第33条的规定，食品生产经营除符合食品安全标准外，还要符合以下要求：(1)具有与生产经营的食品品种、数量相适应的食品原料处理和食品加工、包装、贮存等场所，保持该场所环境整洁，并与有毒、有害场所以及其他污染源保持规定的距离；(2)具有与生产经营的食品品种、数量相适应的生产经营设备或者设施，有相应的消毒、更衣、盥洗、采光、照明、通风、防腐、防尘、防蝇、防鼠、防虫、洗涤以及处理废水、存放垃圾和废弃物的设备或者设施；(3)有专职或兼职的食品安全专业技术人员、管理人员和保证食品安全的规章制度；(4)具有合理的设备布局和工艺流程，防止待加工食品与直接入口食品、原料与成品交叉污染，避免食品接触有毒物、不洁物；(5)餐具、饮具和盛放直接入口食品的容器，使用前应当洗净、消毒，炊具、用具用后应当洗净，保持清洁；(6)贮存、运输和装卸食品的容器、工具和设备应当安全、无害，保持清洁，防止食品污染，并符合保证食品安全所需的温度等特殊要求，不得将食品与有毒、有害物品一同贮存、运输；(7)直接入口的食品应当有小包装或者使用无毒、清洁的包装材料、餐具、饮具和容器；(8)食品生产经营人员应当保持个人卫生，生产经营食品时，应当将手洗净，穿戴清洁的工作衣、帽等；销售无包装的直接入口食品时，应当使用无毒、清洁的容器、售货工具和设备；(9)用水应当符合国家规定的生活饮用水卫生标准；(10)使用的洗涤剂、消毒剂应当对人体安全、无害；(11)法律、法规规定的其他要求。

（二）禁止生产经营的食品

根据《食品安全法》第34条规定，禁止生产经营下列食品、食品添加剂、食品相关产品：(1)用非食品原料生产的食品或者添加食品添加剂以外的化学物质和其他可能危害人体健康物质的食品，或者用回收食品作为原料生产的食品；(2)致病性微生物、农药残留、兽药残留、生物毒素、重金属等污染物质以及其他危害人体健康的物质含量超过食品安全标准限量的食品、食品添加剂、食品相关产品；(3)用超过保质期食品原料、食品添加剂生产的食品、食品添加剂；(4)超范围、超限量使用食品添加剂的食品；(5)营养成分不符合食品安全标准的专供婴幼儿和其他特定人群的主辅食品；(6)腐败变质、油脂酸败、霉变生虫、污秽不洁、混有异物、掺假掺杂或者感官性状异常的食品、食品添加剂;(7)病死、毒死或者死因不明的禽、畜、兽、水产动物肉类及其制品;(8)未按规定进行检疫或者检疫不合格的肉类,或者未经检验或者检验不合格的肉类制品;(9)被包装材料、容器、运输工具等污染的食品、食品添加剂;(10)标注虚假生产日期、保质期或者超过保质期的食品、食品添加剂;(11)无标签的预包装食品、食品添加剂;(12)国家为防病等特殊需要明令禁止生产经营的食品;(13)其他不符合法律、法规或食品安全标准的食品、食品添加剂、食品相关产品。

属于上列范围内的食品,生产者不得进行生产,销售者也不得进行销售。违反规定的,由管理部门按照法律没收违法所得,违法生产经营的食品和用于违法生产经营的工具,设备、原料等,并可根据情况给予罚款、吊销许可证等制裁。

(三)食品生产经营许可制度

食品生产经营许可是食品安全管理的一项重要措施,食品生产经营者只有在具备必要的食品安全保障条件的前提下,才能取得许可证,从事合法的食品生产经营活动。因此,通过许可制度,可以促使食品生产经营者满足食品安全生产经营必要的物质、技术条件,只有具备必要的物质、技术条件,其生产、经营的食品的安全性才有可靠的物质、技术保障。

《食品安全法》第35条规定,国家对食品生产经营实行许可制度。从事食品生产、食品销售、餐饮服务,应当依法取得许可,但销售食用农产品的除外。食品生产加工小作坊和食品摊贩从事食品生产经营活动,应当符合本法规定的与其生产经营规模、条件相适应的食品安全要求,保证所生产经营的食品卫生、无毒、无害,食品监管部门应当对其加强监督管理,具体管理办法由省、自治区、直辖市制定。利用新的食品原料生产食品或食品添加剂新品种、食品相关产品新品种,应当向国家卫生行政部门提交安全性评估材料,对符合食品安全要求的,准予许可并公布。食品中不得添加药品,但可添加按照传统既是食品又是中药材的物质。

从事食品添加剂的生产,应当具有与所生产的食品添加剂品种相适应的场所、生产设备和设施、专业技术人员和管理制度。符合条件的,可依法申请取得食品添加剂生产许可。

生产食品相关产品应当符合法律、法规和食品安全国家标准。对直接接触食品的包装材料等具有较高风险的食品相关产品,按国家有关工业品生产许可证管理的规定实施生产许可。

(四)食品安全全程追溯制度

食品安全全程追溯,是指为了确保食品安全,由生产者、加工者以及流通者对食品生产销售过程中的可能影响食品安全的信息进行跟踪记录、保存,以确保对安全存在问题的食品可以及时进行准确追踪和溯源的制度。《食品安全法》第42条规定,国家建立食品安全全程追溯制度。食品生产经营者应当依照法律规定,建立食品安全追溯体系,保证食品可追溯。国家鼓励食品生产经营者采用信息化手段采集、留存生产经营信息,建立食品安全在追溯体系。国务院食品安全管理部门会同农业行政等有关部门建立食品安全追溯协同机制。食品安全追溯制度主要由生产经营记录、包装与标识、编码与查询、消费者通报等制度构成。

(五)生产经营企业食品安全管理制度

食品安全的关键在生产经营者,而食品生产企业安全管理的关键又在于其是否建立健全了食品安全管理制度。正因如此,《食品安全法》明确规定,食品生产经营企业应当建立健全本单位的食品安全管理制度,加强对职工食品安全知识的培训,加强食品检验工作。实行主要负责人责任制,对本企业的食品安全工作全面负责。实行管理人员持证上岗制度,食品生产经营企业应当配备食品安全管理人员,并对其实行上岗培训和考核,经考核不具备安全管理能力的,不得上岗。

《食品安全法》还就食品生产经营企业应当建立的食品安全管理基本制度作了系统的规定,这些制度包括:

1. 危害分析与关键控制点体系

良好生产规范(Good Manufacturing Practice,GMP),是为保障食品安全而制定的贯穿食品生产全过程的各种安全技术措施、方法和要求。它要求食品生产企业具有良好的生产设备,合理的生产过程,完善的产品安全检测系统。良好生产规范产生于美国,目前已经成为国际普遍认可的食品安全规范。危害分析与关键控制点体系(Hazard Analysis Critical Control Point,HACCP),是防止食品生产过程中产生生物、化学、物理危害的食品安全控制体系。危害分析和关键控制点体系是指对食品安全危害予以识别、评估和控制的系统化方法。食品生产经营企业通过危害分析和关键控制点体系,可以分析食品生产的各个环节,找出具体的安全危害,并通过采取有效的预防控制措施,对各个关键环节实施严格的监控,从而实现对食品安全危害的有效控制。《食品安全法》规定,国家鼓励食品生产经营企业符合良好生产规范要求,实施危害分析与关键控制点体系,提高食品安全管理水平。同时,采用良好生产规范、危害分析与关键控制点体系的食品生产经营企业,可以申请认证。但此项认证并不是一劳永逸的。对通过认证的食品生产经营企业,认证机构应当依法实施跟踪调查;对不再符合认证要求的企业,应当依法撤销认证,及时向食品安全监管部门通报,并向社会公布。

2. 从业人员健康管理制度

《食品安全法》第45条规定,食品生产经营者应当建立并执行从业人员健康管理制度。患有国家卫生部门规定的有碍食品安全的疾病的人员,不得从事接触直接入口食品的工作。从事直接入口食品工作的生产经营人员应当每年进行健康检查,取得健康证明后方可上岗工作。

3. 食品生产关键环节安全控制制度

《食品安全法》第46条规定,食品生产企业应当就下列事项制定并实施控制要求,保证所生产的食品符合食品安全标准:(1)原料采购、原料验收、投料等原料控制;(2)生产工序、设备、贮存、包装等生产关键环节;(3)原料检验、半成品检验、成品出厂检验等检验控制;(4)运输和交付控制。通过对这些关键环节的安全控制,防止食品受到不安全因素的影响,确保食品安全。

4. 食品安全自查制度

食品生产经营者应当定期对食品安全状况进行检查评价,生产经营条件发生变化,不再符合食品安全要求的,应当立即采取整改措施,有发生食品安全事故潜在风险的,应当立即停止生产经营活动,并向所在地县级食品安全监管部门报告。

5. 食用农产品投入品安全使用制度

《食品安全法》第49条规定,食用农产品生产者应当依照食品安全标准和国家有关规定使用农药、肥料、生长调节剂、兽药、饲料和饲料添加剂等农业投入品。禁止将剧毒、高毒农药用于蔬菜、瓜果、茶叶和中草药材等国家规定农作物。食用农产品的生产企业和农民专业合作经济组织应当建立食用农产品生产记录制度。县级以上农业行政部门应当加强对农业投入品使用的管理和指导,建立健全农业投入品的安全使用制度。

6. 进出货查验制度

食品生产者采购食品原料、食品添加剂、食品相关产品,应当查验供货者的许可证和产品合格证明;对无法提供合格证明的食品原料,应当依照食品安全标准进行检验;不得采购或者使用不符合食品安全标准的食品原料、食品添加剂、食品相关产品。食品生产企业应当建立食品原料、食品添加剂、食品相关产品进货查验记录制度,如实记录食品原料、食品添加剂、食品相关产品的名称、规格、数量、生产日期或生产批号、保质期、进货日期以及供货者名称、地址、联系方式等内容并保存相关凭证。记录和相关凭证保存期限不得少于产品保质期满后6个月;没有明确保质期的,保存期限不得少于2年。

食品生产企业应当建立食品出厂检验记录制度,查验出厂食品的检验合格证和安全状况,并如实记录食品的名称、规格、数量、生产日期或生产批号、保质期、检验合格证号、购货者名称及联系方式、销售日期以及购货者名称、地址、联系方式等内容,并保存相关凭证。食品、食品添加剂和食品相关产品的生产者,应当依照食品安全标准对所生产的食品、食品添加剂和食品相关产品进行检验,检验合格后方可出厂或者销售。

食品经营者采购食品,应当查验供货者的许可证和食品出厂检验合格证或其他合格证明,食品经营企业应当建立食品进货查验记录制度,如实记录食品的名称、规格、数量、生产日期或生产批号、保证期、进货日期以及供货者名称、地址、联系方式等内容,并保存相关凭证。实行统一配送经营方式的食品经营企业,可以由企业总部统一查验供货者许可证和食品合格证明文件,进行食品进货查验记录;从事食品批发业务的经营企业应当建立食品销售记录制度,如实记录批发食品的相关信息。

7. 食品贮存安全管理制度

食品经营者应当按照保证食品安全的要求贮存食品,定期检查库存食品,及时清理变质或者超过保质期的食品。食品经营者贮存散装食品,应当在贮存位置标明食品的名称、生产日期或生产批号、保质期、生产者名称及联系方式等内容。

(六)特殊食品经营者食品安全管理制度

除一般食品生产经营者食品安全管理制度外,《食品安全法》还针对餐饮服务提供者、食品添加剂生产经营者、集中交易市场开办者、网络食品交易第三方平台提供者等特殊食品生产经营者的食品安全管理制度进行规定。

1. 餐饮服务提供者食品安全管理制度

根据《食品安全法》的规定,餐饮服务提供者应当遵守以下要求:(1)原料控制要求。餐饮服务提供者应当制定并实施原料控制要求,不得采购不符合食品安全标准的食品原料。倡导餐饮服务提供者公开加工过程,公示食品原料及其来源等信息。餐饮服务提供者在加工过程中应当检查待加工的食品及原料,发现有法律规定情形的,不得加工或者使用。(2)设施、设备维护、保洁、消毒要求。餐饮服务提供者应当定期维护食品加工、贮存、陈列等设施、设备;定期清洗、校验保温设施及冷藏、冷冻设施。应当按照要求对餐具、饮具进行清洗消毒,不得使用未经清洗消毒的餐具、饮具;餐饮服务提供者委托清洗消毒餐具、饮具的,应当委托符合法律规定条件的餐具、饮具集中消毒服务单位。(3)集中用餐管理要求。学校、托幼机构、养老机构、建筑工地等集中用餐单位的食堂应当严格遵守法律、法规和食品安全标准;从供餐单位订餐的,应当从取得食品生产经营许可的企业订购,并按照要求对订购的食品进行查验。供餐单位应当严格遵守法律、法规和食品安全标准,当餐加工,确保食品安全。主管部门应当加强对集中用餐单位的食品安全教育和日常管理,降低食品安全风险,及时消除食品安全隐患。

2. 餐饮具集中消毒服务单位的安全管理制度

提供餐具、饮具消毒服务的单位应当具备相应的作业场所、清洗消毒设备或者设施,用水和使用的洗涤剂、消毒剂应当符合相关食品安全国家标准和其他国家标准、卫生规范。餐具、饮具集中消毒服务单位应当对消毒餐具、饮具进行逐批检验,检验合格后方可出厂,并应当随附消毒合格证明。消毒后的餐具、饮具应当在独立包装上标注单位名称、地址、联系方式、消毒日期以及使用期限等内容。

3. 食品添加剂生产经营者安全管理制度

(1)出厂检验记录制度。食品添加剂生产者应当查验出厂产品的检验合格证和安全状况,如实记录食品添加剂的名称、规格、数量、生产日期或者生产批号、保质期、检验合格证号、销售日期以及购货者名称、地址、联系方式等相关内容,并依法保存相关凭证。(2)供货者查验制度。食品添加剂经营者采购食品添加剂,应当依法查验供货者的许可证和产品合格证明文件,如实记录食品添加剂的名称、规格、数量、生产日期或者生产批号、保质期、进货日期以及供货者名称、地址、联系方式等内容,并依法保存相关凭证。

4. 集中交易市场食品安全管理制度

集中交易市场的开办者、柜台出租者和展销会的举办者,应当依法审查入场食品经营者的许可证,明确其食品安全管理责任,定期对其经营环境和条件进行检查,发现其有违反法律规定行为的,应当及时制止并立即报告所在地县级人民政府食品安全监督管理部门。

5. 网络食品交易第三方平台提供者食品安全管理制度

《食品安全法》第 62 条规定,网络食品交易第三方平台提供者应当对入网食品经营者进行实名登记,明确其食品安全管理责任;依法应当取得许可证的,还应当审查其许可证。网络食品交易第三方平台提供者发现入网食品经营者有违反法律规定行为的,应当及时制止并立即报告所在地县级人民政府食品安全监督管理部门;发现严重违法行为的,应当立即停止提供网络交易平台服务。

(七)食品召回制度

食品召回,是指食品生产者按照规定程序,对由其生产原因造成的不安全食品,通过换货、退货、补充或修正消费说明等方式,收回不安全食品,并及时消除或减少食品安全危害的行为。根据《食品安全法》第 63 条的规定,国家建立食品召回制度。食品生产者发现其生产的食品不符合食品安全标准或者有证据证明可能危害人体健康的,应当立即停止生产,召回已经上市销售的食品,通知相关生产经营者和消费者,并记录召回和通知情况。食品经营者发现其经营的食品有前款规定情形的,应当立即停止经营,通知相关生产经营者和消费者,并记录停止经营和通知情况。食品生产者认为应当召回的,应当立即召回。由于食品经营者的原因造成其经营的食品有前款规定情形的,食品经营者应当召回。食品生产经营者应当对召回的食品采取无害化处理、销毁等措施,防止其再次流入市场。但是,对因标签、标志或者说明书不符合食品安全标准而被召回的食品,食品生产者在采取补救措施且能保证食品安全的情况下可以继续销售;销售时应当向消费者明示补救措施。食品生产经营者应当将食品召回和处理情况向所在地县级人民政府食品安全监督管理部门报告;需要对召回的食品进行无害化处理、销毁的,应当提前报告时间、地点。食品安全监督管理部门认为必要的,可以实施现场监督。食品生产经营者未依照本条规定召回或者停止经营的,县级以上人民政府食品安全监督管理部门可以责令其召回或者停止经营。

(八)食品安全标示制度

食品安全标示是传递与食品安全有关的信息,指导食品生产经营企业生产安全食品,消费者安全消费食品的重要渠道。加强食品安全标示管理,是保障食品安全,防止食品安全事故发生的重要手段。《食品安全法》对预包装食品、散装食品、转基因食品、食品添加剂的标示均进行了规定。具体内容请参见本书第十章。

(九)食品广告管理制度

食品广告的内容应当真实合法,不得含有虚假、夸大的内容,不得涉及疾病预防、治疗功能。食品生产经营者对食品广告内容的真实性、合法性负责。县级以上人民政府食品安全监督管理部门和其他有关部门以及食品检验机构、食品行业协会不得以广告或者其他形式向消费者推荐食品。消费者组织不得以收取费用或者其他牟取利益的方式向消费者推荐食品。有关食品广告管理制度相关内容,可进一步请参见本书第十章。

(十)特殊食品严格监管制度

国家对保健食品、特殊医学用途配方食品和婴幼儿配方食品等特殊食品实行严格监督管理。

1. 保健食品的监管

保健食品声称保健功能,应当具有科学依据,不得对人体产生急性、亚急性或者慢性危害。(1)保健食品原料目录内食品管理。保健食品原料目录和允许保健食品声称的保健功能目录,由国务院食品安全监督管理部门会同国务院卫生行政部门、国家中医药管理部门制定、调整并公布。保健食品原料目录应当包括原料名称、用量及其对应的功效;列入保健食品原料目录的原料只能用于保健食品生产,不得用于其他食品生产。(2)保健食品原料目录外食品管理。使用保健食品原料目录以外原料的保健食品和首次进口的保健食品应当经国务院食品安全监督管理部门注册。但是,首次进口的保健食品中属于补充维生素、矿物质等营养物质的,应当报国务院食品安全监督管理部门备案。其他保健食品应当报省、自治区、直辖市人民政府食品安全监督管理部门备案。进口的保健食品应当是出口国(地区)主管部门准许上市销售的产品。(3)保健食品注册和备案制度。依法应当注册的保健食品,注册时应当提交保健食品的研发报告、产品配方、生产工艺、安全性和保健功能评价、标签、说明书等材料及样品,并提供相关证明文件。国务院食品安全监督管理部门经组织技术审评,对符合安全和功能声称要求的,准予注册;对不符合要求的,不予注册并书面说明理由。对使用保健食品原料目录以外原料的保健食品作出准予注册决定的,应当及时将该原料纳入保健食品原料目录。依法应当备案的保健食品,备案时应当提交产品配方、生产工艺、标签、说明书以及表明产品安全性和保健功能的材料。(4)保健食品标示制度。保健食品的标签、说明书不得涉及疾病预防、治疗功能,内容应当真实,与注册或者备案的内容相一致,载明适宜人群、不适宜人群、功效成分或者标志性成分及其含量等,并声明"本品不能代替药物"。保健食品的功能和成分应当与标签、说明书相一致。(5)保健食品的广告制度。保健食品广告除应当符合食品广告的一般要求外,还应当声明"本品不能代替药物";其内容应当经生产企业所在地省级食品安全监督管理部门审查批准,取得保健食品广告批准文件,食品安全监督管理部门应当公布并及时更新已经批准的保健食品广告目录以及批准的广告内容。

2. 特殊医学用途配方食品的监管

特殊医学用途配方食品,是指为满足进食受限、消化吸收障碍、代谢紊乱或者特定疾病状态人群对营养素或者膳食的特殊需要,专门加工配制而成的配方食品。特殊医学用途配方食品应当经国务院食品安全监督管理部门注册。注册时,应当提交产品配方、生产工艺、标签、说明书以及表明产品安全性、营养充足性和特殊医学用途临床效果的材料。

3. 婴幼儿配方食品的监管

婴幼儿配方食品生产企业应当实施从原料进厂到成品出厂的全过程质量控制,对出厂的婴幼儿配方食品实施逐批检验,保证食品安全。生产婴幼儿配方食品使用的生鲜乳、辅料等食品原料、食品添加剂等,应当符合法律、行政法规的规定和食品安全国家标准,保证婴幼儿生长发育所需的营养成分。婴幼儿配方食品生产企业应当将食品原料、食品添加剂、产品配方及标签等事项向省级食品安全监督管理部门备案。婴幼儿配方乳粉的产品配方应当经国务院食品安全监督管理部门注册。注册时,应当提交配方研发报告和其他表明配方科学性、安全性的材料。不得以分装方式生产婴幼儿配方乳粉,同一企业不得用同一配方生产不同品牌的婴幼儿配方乳粉。

保健食品、特殊医学用途配方食品、婴幼儿配方乳粉的注册人或者备案人应当对其提交材料的真实性负责。省级以上食品安全监督管理部门应当及时公布注册或者备案的保健食品、特殊医学用途配方食品、婴幼儿配方乳粉目录。保健食品、特殊医学用途配方食品、婴幼儿配方乳粉生产企业应当按照注册或者备案的产品配方、生产工艺等技术要求组织生产。

生产保健食品,特殊医学用途配方食品、婴幼儿配方食品和其他专供特定人群的主辅食品的企业,应当按照良好生产规范的要求建立与所生产食品相适应的生产质量管理体系,定期对该体系的运行情况进行自查,保证其有效运行,并向所在地县级人民政府食品安全监督管理部门提交自查报告。

六、食品检验制度

食品检验,是指为保障食品安全,预防食品安全事故,由食品检验机构对食品及相关产品进行的检查、勘验、测试活动。通过食品检验,可以及时掌握食品安全状况,发现安全隐患并予以消除。为加强食品安全检验工作,《食品安全法》对食品检验确立了以下制度:

(一)食品检验机构资质认定制度

食品检验的目的是发现食品中存在的安全隐患,防止不安全食品流入市场,危害消费者。因此,要有效发挥食品检验的作用,检验机构必须具有发现食品安全问题的技术和物质条件,否则,食品检验就可能流于形式,不能发挥应有的作用。为此,《食品安全法》规定,食品检验机构按照国家有关认证认可的规定取得资质认定后,方可从事食品检验活动。但是,法律另有规定的除外。

(二)食品检验人独立检验制度

为保障食品检验客观真实地反映食品安全状况,《食品安全法》规定,食品检验由食品检验机构指定的检验人独立进行。检验人应当依照有关法律、法规的规定,并依照食品安全标准和检验规范对食品进行检验,尊重科学,恪守职业道德,保证出具的检验数据和结论客观、公正,不得出具虚假的检验报告。

(三)食品检验机构和检验人负责制

食品检验实行食品检验机构与检验人负责制。食品检验报告应当加盖食品检验机构公章,并有检验人的签名或者盖章。食品检验机构和检验人对出具的食品检验报告负责。

(四)监管部门食品抽样检验制度

《食品安全法》第87条规定,县级以上食品安全监督管理部门应当对食品进行定期或不定期抽样检验,并依法公布检验结果,不得免检。对食品进行抽样检验时,应当购买抽取的样品,委托符合法律规定的食品检验机构进行检验,并支付相关费用。对检验结论有异议的,食品生产经营者可以自收到检验结论之日起7个工作日内向实施抽样检验的食品安全监督管理部门或者其上一级食品安全监督管理部门提出复检申请,由受理复检申请的食品安全监督管理部门在公布的复检机构名录中随机确定复检机构进行复检。复检机构出具的复检结论为最终检验结论。

(五)非监管部门食品检验制度

食品生产企业可以自行对所生产的食品进行检验,也可以委托符合法律规定的食品检验机构进行检验。食品行业协会和消费者协会等组织、消费者需要委托食品检验机构对食品进行检验的,应当委托符合法律规定的食品检验机构进行。

七、食品进出口安全管理制度

为强化食品进出口环节的安全管理,《食品安全法》对食品进出口安全也设专章进行了规定。这些规定,主要确立了以下制度:

(一)进出口食品检验检疫制度

国家出入境检验检疫部门对进出口食品安全实施监督管理。进口的食品、食品添加剂以及食品相关产品应当符合我国食品安全国家标准。进口食品应当经出入境检验检疫机构检验合格。进口的食品、食品添加剂应当按照国家出入境检验检疫部门的要求随附合格证明材料。

（二）进口食品标准审查与安全评估制度

进口尚无食品安全国家标准的食品，由境外出口商、境外生产企业或者其委托的进口商向国务院卫生行政部门提交所执行的相关国家（地区）标准或者国际标准。国务院卫生行政部门对相关标准进行审查，认为符合食品安全要求的，决定暂予适用，并及时制定相应的食品安全国家标准。进口利用新的食品原料生产的食品或者进口食品添加剂新品种、食品相关产品新品种，依照法律规定进行安全评估，经评估符合食品安全要求的，许可进口；不符合食品安全要求的，不予许可。

（三）出口商安全保证与进口商安全审核制度

对进口我国的食品、食品添加剂和食品相关产品，境外出口商或生产企业应当保证产品符合我国法律、行政法规的规定和食品安全国家标准的要求，并对标签、说明书的内容负责。进口商应当建立境外出口商、境外生产企业审核制度，重点审核其是否符合我国法律、法规和标准的要求，审核不合格的，不得进口。发现进口食品不符合我国食品安全国家标准或者有证据证明可能危害人体健康的，进口商应当立即停止进口，并依法召回。

（四）食品安全风险预警与控制制度

境外发生的食品安全事件可能对我国境内造成影响，或者在进口食品中发现严重食品安全问题的，国家出入境检验检疫部门应当及时采取风险预警或者控制措施，并向食品安全监管、卫生行政、农业行政部门通报，接到通报的部门应当及时采取相应措施。食品安全监管部门对国内市场上销售的进口食品、食品添加剂实施监督管理，发现存在严重食品安全问题的，应当及时向国家出入境检验检疫部门通报，国家出入境检验检疫部门应当及时采取相应措施。

（五）出口商备案、注册制度

向我国境内出口食品的出口商或者代理商、进口食品的进口商应当向国家出入境检验检疫部门备案。向我国境内出口食品的境外食品生产企业应当经国家出入境检验检疫部门注册。已经注册的境外食品生产企业提供虚假材料，或者因其自身的原因致使进口食品发生重大食品安全事故的，国家出入境检验检疫部门应当撤销注册并公告。国家出入境检验检疫部门应当定期公布已经备案的境外出口商、代理商、进口商和已经注册的境外食品生产企业名单。

（六）进口商食品进口和销售记录制度

进口商应当建立食品、食品添加剂进口和销售记录制度，如实记录食品的名称、规格、数量、生产日期、生产或者进口批号、保质期、出口商和购货者名称、地址及联系方式、交货日期等内容，并保存相关凭证、记录。

（七）出口保证与备案制度

出口食品生产企业应当保证其出口食品符合进口国（地区）的标准或者合同要求。出口食品生产企业和出口食品原料种植、养殖场应当向国家出入境检验检疫部门备案。

（八）安全信息通报与信用管理制度

国家出入境检验检疫部门应当收集、汇总下列进出口食品安全信息，并及时通报相关部门、机构和企业:(1)出入境检验检疫机构对进出口食品实施检验检疫发现的食品安全信息;(2)食品行业协会和消费者协会等组织、消费者反映的进口食品安全信息;(3)国际组织、境外政府机构发布的风险预警信息及其他食品安全信息,以及境外食品行业协会等组织、消费者反映的食品安全信息;(4)其他食品安全信息。

国家出入境检验检疫部门应当对进出口食品的进口商、出口商和出口食品生产企业实施信用管理,建立信用记录,并依法向社会公布。对有不良记录的进口商、出口商和出口食品生产企业,应当加强对其进出口食品的检验检疫。

(九)出口国安全状况评估与审查制度

国家出入境检验检疫部门可以对向我国境内出口食品的国家(地区)的食品安全管理体系和食品安全状况进行评估和审查,并根据评估和审查结果,确定相应检验检疫要求。

八、食品安全事故处置制度

食品安全事故,是指食品中毒、食源性疾病、食品污染等源于食品、对人体健康有危害或可能有危害的事故。食品安全事故直接影响消费者的人身安全和健康,而且,由于食品经营者面向广大消费者销售食品,因此,食品安全事故往往涉及的并非单个消费者,而可能是众多的消费者。为有效处理食品安全事故,使受害人及时得到救治,并防止危害的蔓延,明确责任,《食品安全法》专门规定了食品安全事故处置制度。该项制度主要包括以下内容:

(一)食品安全事故应急预案制度

食品安全事故应急预案,是指针对可能发生的突发性食品安全事故而事先拟订的应急管理、指挥、救援方案。制定食品安全预案,可以保障相关机构在遇到突发性食品安全事故发生时,能够有条不紊地进行应对。根据《食品安全法》的规定,国务院组织制定国家食品安全事故应急预案。县级以上地方人民政府应当根据有关法律、法规的规定和上级人民政府的食品安全事故应急预案以及本地区的实际情况,制定本行政区域的食品安全事故应急预案,并报上一级人民政府备案。食品安全事故应急预案应当对食品安全事故分级、事故处置组织指挥体系与职责、预防预警机制、处置程序、应急保障措施等作出规定。食品生产经营企业应当制定食品安全事故处置方案,定期检查本企业各项食品安全防范措施的落实情况,及时消除食品安全事故隐患。

(二)食品安全事故逐级报告制度

发生食品安全事故的单位应当立即予以处置,防止事故扩大。事故发生单位和接收病人进行治疗的单位应当及时向事故发生地县级食品安全监管、卫生行政部门报告。农业行政等部门在日常监督管理中发现食品安全事故,或者接到有关食品安全事故的举报,应当立即向同级食品安全监管部门通报。发生食品安全事故,接到报告的县级食品安全监管部门应当按照应急预案的规定向本级人民政府和上级人民政府食品安全监管部门报告。县级人民政府和上级人民政府食品安全监管部门应当按照应急预案的规定上报。任何单位或者个人不得对食品安全事故隐瞒、谎报、缓报,不得隐匿、伪造、毁灭有关证据。

医疗机构发现其接收的病人属于食源性疾病病人或者疑似病人的,应当按照规定及时将相关信息向所在地县级卫生行政部门报告。卫生行政部门认为与食品安全有关的，应当及时通报同级食品安全监督管理部门。县级以上卫生行政部门在调查处理传染病或者其他突发公共卫生事件中发现与食品安全相关的信息，应当及时通报同级食品安全监督管理部门。

(三)食品安全事故调处制度

食品安全监督管理部门接到食品安全事故的报告后，应当立即会同同级卫生行政、农业行政等部门进行调查处理，并采取下列措施，防止或者减轻社会危害：(1)开展应急救援工作，组织救治因食品安全事故导致人身伤害的人员。(2)封存可能导致食品安全事故的食品及其原料，并立即进行检验；对确认属于被污染的食品及其原料，责令食品生产经营者依照法律规定召回或者停止经营。(3)封存被污染的食品相关产品，并责令进行清洗消毒。(4)做好信息发布工作，依法对食品安全事故及其处理情况进行发布，并对可能产生的危害加以解释、说明。发生食品安全事故需要启动应急预案的，县级以上人民政府应当立即成立事故处置指挥机构，启动应急预案，依照法律和应急预案的规定进行处置。发生食品安全事故，县级以上疾病预防控制机构应当对事故现场进行卫生处理，并对与事故有关的因素开展流行病学调查，有关部门应当予以协助。县级以上疾病预防控制机构应当向同级食品安全监督管理、卫生行政部门提交流行病学调查报告。

食品安全事故调查部门有权向有关单位和个人了解与事故有关的情况，并要求提供相关资料和样品。有关单位和个人应当予以配合，按照要求提供相关资料和样品，不得拒绝。任何单位和个人不得阻挠、干涉食品安全事故的调查处理。

(四)食品安全事故责任调查认定制度

发生重大食品安全事故，设区的市级以上人民政府卫生行政部门应当立即会同有关部门进行事故责任调查，督促有关部门履行职责，向本级人民政府和上一级人民政府食品安全监管部门提出事故责任调查处理报告。涉及两个以上省、自治区、直辖市的重大食品安全事故，由国务院食品安全监管部门依法组织事故责任调查。

调查食品安全事故，应当坚持实事求是、尊重科学的原则，及时、准确查清事故性质和原因，认定事故责任，提出整改措施。调查食品安全事故，除了查明事故单位的责任，还应当查明有关监督管理部门、食品检验机构、认证机构及其工作人员的责任。

九、食品安全监督管理制度

(一)监管体制与监管计划

根据《食品安全法》的规定，县级以上食品安全监督管理部门根据食品安全风险监测、风险评估结果和食品安全状况等，确定监督管理的重点、方式和频次，实施风险分级管理。县级以上地方人民政府组织本级食品安全监督管理、农业行政等部门制订本行政区域的食品安全年度监督管理计划，向社会公布并组织实施。食品安全年度监督管理计划应当将下列事项作为监督管理的重点：(1)专供婴幼儿和其他特定人群的主辅食品；(2)保健食品生产过程中的添加行为和按照注册或者备案的技术要求组织生产的情况，保健食品标签、说明书以及宣传材料中有关功能宣传的情况；(3)发生食品安全事故风险较高的食品生产经营者;(4)食品安全风险监测结果表明可能存在食品安全隐患的事项。

(二)监督检查措施与方法

根据《食品安全法》的规定,食品安全监督管理部门履行食品安全监督管理职责,有权采取下列措施,对生产经营者遵守本法的情况进行监督检查:(1)进入生产经营场所实施现场检查;(2)对生产经营的食品、食品添加剂、食品相关产品进行抽样检验;(3)查阅、复制有关合同、票据、账簿以及其他有关资料;(4)查封、扣押有证据证明不符合食品安全标准或者有证据证明存在安全隐患以及用于违法生产经营的食品、食品添加剂、食品相关产品;(5)查封违法从事生产经营活动的场所。

对食品安全风险评估结果证明食品存在安全隐患,需要制定、修订食品安全标准的,在制定、修订食品安全标准前,国务院卫生行政部门应当及时会同国务院有关部门规定食品中有害物质的临时限量值和临时检验方法,作为生产经营和监督管理的依据。

食品安全监督管理部门在食品安全监督管理工作中可以采用国家规定的快速检测方法对食品进行抽查检测。对抽查检测结果表明可能不符合食品安全标准的食品,应当依法律规定进行检验。抽查检测结果确定有关食品不符合食品安全标准的,可以作为行政处罚的依据。

(三)食品生产经营监管约束机制

《食品安全法》通过食品安全信用档案制度、责任约谈制度、咨询、投诉、举报制度建立了对食品生产经营者系统的约束机制。食品安全监督管理部门应当建立食品生产经营者食品安全信用档案,记录许可颁发、日常监督检查结果、违法行为查处等情况,依法向社会公布并实时更新;对有不良信用记录的食品生产经营者增加监督检查频次,对违法行为情节严重的食品生产经营者,可以通报投资主管部门、证券监督管理机构和有关的金融机构。食品生产经营过程中存在食品安全隐患,未及时采取措施消除的,食品安全监督管理部门可以对食品生产经营者的法定代表人或者主要负责人进行责任约谈。食品生产经营者应当立即采取措施,进行整改,消除隐患。责任约谈情况和整改情况应当纳入食品生产经营者食品安全信用档案。食品安全监督管理等部门应当公布本部门的电子邮件地址或者电话,接受咨询、投诉、举报。接到咨询、投诉、举报,对属于本部门职责的,应当受理并在法定期限内及时答复、核实、处理;对不属于本部门职责的,应当移交有权处理的部门并书面通知咨询、投诉、举报人。有权处理的部门应当在法定期限内及时处理,不得推诿。对查证属实的举报,给予举报人奖励。有关部门应当对举报人的信息予以保密,保护举报人的合法权益。举报人举报所在企业的,该企业不得以解除、变更劳动合同或者其他方式对举报人进行打击报复。

(四)监管执法规范机制

为规范食品安全执法机构的执法行为,《食品安全法》还规定了执法人员培训考核制度、举报、投诉制度、执法人员的责任约谈等制度。食品安全监督管理等部门应当加强对执法人员食品安全法律、法规、标准和专业知识与执法能力等的培训,并组织考核。不具备相应知识和能力的,不得从事食品安全执法工作。食品生产经营者、食品行业协会、消费者协会等发现食品安全执法人员在执法过程中有违反法律、法规规定的行为以及不规范执法行为的,可以向本级或者上级人民政府食品安全监督管理等部门或者监察机关投诉、举报。接到投诉、举报的部门或者机关应当进行核实，并将经核实的情况向食品安全执法人员所在部门通报；涉嫌违法违纪的，按照法律规定处理。食品安全监督管理等部门未及时发现食品安全系统性风险，未及时消除监督管理区域内的食品安全隐患的，本级人民政府可以对其主要负责人进行责任约谈。地方人民政府未履行食品安全职责，未及时消除区域性重大食品安全隐患的，上级人民政府可以对其主要负责人进行责任约谈。被约谈的食品安全监督管理等部门、地方人民政府应当立即采取措施，对食品安全监督管理工作进行整改。责任约谈情况和整改情况应当纳入地方人民政府和有关部门食品安全监督管理工作评议、考核记录。

（五）监管信息交流机制

为确保执法主体和市场主体及时获得和分享食品安全信息，并作出有效回应，《食品安全法》还规定了建立食品安全信息平台及进行信息沟通、通报的机制。该法第118条规定，国家建立统一的食品安全信息平台，实行食品安全信息统一公布制度。国家食品安全总体情况、食品安全风险警示信息、重大食品安全事故及其调查处理信息和国务院确定需要统一公布的其他信息由国务院食品安全监督管理部门统一公布。食品安全风险警示信息和重大食品安全事故及其调查处理信息的影响限于特定区域的，也可以由有关省级食品安全监督管理部门公布。未经授权不得发布上述信息。县级以上食品安全监管、农业行政部门依据各自职责公布食品安全日常监督管理信息。公布食品安全信息，应当做到准确、及时，并进行必要的解释说明，避免误导消费者和社会舆论。食品安全监管、卫生行政、农业行政部门获知法律规定需要统一公布的信息，应当向上级主管部门报告，由上级主管部门立即报告国务院食品安全监督管理部门；必要时，可以直接向国务院食品安全监督管理部门报告。县级以上人民政府食品安全监督管理、卫生行政、农业行政部门应当相互通报获知的食品安全信息。任何单位和个人不得编造、散布虚假食品安全信息。食品安全监督管理部门发现可能误导消费者和社会舆论的食品安全信息，应当立即组织有关部门、专业机构、相关食品生产经营者等进行核实、分析，并及时公布结果。

十、食品安全法律责任制度

《食品安全法》第九章使用大量篇幅对违反该法的法律责任进行了详细的规定。从内容上看，它主要是围绕行政处罚和民事责任而展开的。其中，又以对行政处罚的规定最为精细。从责任主体来看，既包括食品生产经营者，也包括食品安全风险监测、评估、食品检验、检测、安全认证等机构和人员，还包括食品安全监管等执法机构和执法人员。从违法行为的性质来看，既包括未经许可从事食品生产经营的行为，生产经营不符合食品安全标准要求的行为，食品包装不符合安全要求的行为，违反食品安全管理制度的行为，违反食品进出口安全规范的行为；也包括违反食品监督管理义务的行为，违反食品安全事故处理规定的行为；还包括执法机关的不规范执法行为等。从法律责任形式上看，既包括罚款、没收违法所得，没收违法生产经营的食品、食品添加剂和食品相关产品，没收生产经营工具、设备、原材料等罚没性处罚；也包括责令停止、改正违法行为、责令停产停业、吊销许可证、吊销执业证书、撤销执业资格、行政拘留等行政处罚；还包括针对行政执法人员的记大过、降级、撤职、开除及引咎辞职等行政处分。例如,该法第 122 条规定,违反本法规定,未取得食品生产经营许可从事食品生产经营活动,或者未取得食品添加剂的生产许可从事食品添加剂生产活动的,由县级以上食品安全监督管理部门没收违法所得和违法生产经营的食品、食品添加剂以及用于违法生产经营的工具、设备、原料等物品;违法生产经营的食品、食品添加剂货值金额不足 1 万元的,并处 5 万元以上 10 万元以下罚款;货值金额 1 万元以上的,并处货值金额 10 倍以上 20 倍以下罚款。明知从事前款规定的违法行为,仍为其提供生产经营场所或者其他条件的,由县级以上食品安全监督管理部门责令停止违法行为,没收违法所得,并处 5 万元以上 10 万元以下罚款;使消费者的合法权益受到损害的,应当与食品、食品添加剂生产经营者承担连带责任。该法第 123 条规定,有下列情形之一,尚不构成犯罪的,由县级以上食品安全监管部门没收违法所得和违法生产经营的食品,并可以没收用于违法生产经营的工具、设备、原料等物品;违法生产经营的食品货值金额不足 1 万元的,并处 10 万元以上 15 万元以下罚款;货值金额 1 万元以上的,并处货值金额 15 倍以上 30 倍以下罚款;情节严重的,吊销许可证,并可以由公安机关对其直接负责的主管人员和其他直接责任人员处 5 日以上 15 日以下拘留:(1)用非食品原料生产食品、在食品中添加食品添加剂以外的化学物质和其他可能危害人体健康的物质,或者用回收食品作为原料生产食品,或者经营上述食品;(2)生产经营营养成分不符合食品安全标准的专供婴幼儿和其他特定人群的主辅食品;(3)经营病死、毒死或者死因不明的禽、畜、兽、水产动物肉类,或者生产经营其制品;(4)经营未按规定进行检疫或者检疫不合格的肉类,或者生产经营未经检验或者检验不合格的肉类制品;(5)生产经营国家为防病等特殊需要明令禁止生产经营的食品;(6)生产经营添加药品的食品。明知从事前款规定的违法行为,仍为其提供生产经营场所或者其他条件的,由县级以上人民政府食品安全监督管理部门责令停止违法行为,没收违法所得,并处 10 万元以上 20 万元以下罚款;使消费者的合法权益受到损害的,应当与食品生产经营者承担连带责任。违法使用剧毒、高毒农药的,除依照有关法律、法规规定给予处罚外,可以由公安机关依照第 1 款规定给予拘留。

《食品安全法》对民事责任的规定主要见于该法第 146 条、第 147 条和第 148 条。其中,第 146 条对监管等部门执法过程中给生产经营者造成的损失规定了民事赔偿责任。第 147 条规定了违法造成人身财产或其他损害的民事赔偿责任。根据该条规定,生产经营者财产不足以同时承担民事赔偿责任和缴纳罚款、罚金时,先承担民事赔偿责任。第 148 条则专门规定了消费者因不符合食品安全标准的食品受到损害的惩罚性赔偿责任。据此,消费者因不符合食品安全标准的食品受到损害的,可以向经营者要求赔偿损失,也可以向生产者要求赔偿损失。接到消费者赔偿要求的生产经营者,应当实行首负责任制,先行赔付,不得推诿;属于生产者责任的,经营者赔偿后有权向生产者追偿;属于经营者责任的,生产者赔偿后有权向经营者追偿。生产不符合食品安全标准的食品或者经营明知是不符合食品安全标准的食品,消费者除要求赔偿损失外,还可以向生产者或者经营者要求支付价款 10 倍或者损失 3 倍的赔偿金;增加赔偿的金额不足 1000 元的,为 1000 元。但是,食品的标签、说明书存在不影响食品安全且不会对消费者造成误导瑕疵的除外。

第三节　农产品质量安全法律制度

一、农产品质量安全概述

农产品,是指来源于农业的初级产品,包括在农业活动中获得的植物、动物、微生物及其产品。农产品作为一种初级产品,一方面,它可以直接成为人们的消费资料,如各种谷物、蔬菜、水果等,都可以直接在生活中消费;另一方面,农产品又是各种加工品的原料,通过一定的工艺加工,可以形成新的加工品。无论其作为直接消费品消费,还是作为加工的原料,如果农产品本身存在安全问题,都可能对广大消费者造成损害。但从另一个角度来看,农产品的形成一般都需要经历自然生产过程。在这个过程中,除了人的劳动之外,阳光、雨水、土壤等自然因素共同发生作用,最后形成农产品。因此,从某种意义上说,它的形成过程不同于工业加工品。前者主要是自然力作用的结果,后者则是人为设计的各种工艺的产物。前者的质量安全除了人为的因素之外,还取决于自然的因素,而后者则是人力可以控制的。在质量安全的要求及责任设置方面,二者也不应完全一样。在很多国家,都将农产品排除在产品责任法的适用范围之外,而制定专门的法律对农产品安全提出不同的要求。这不仅有利于保障农产品的安全,也有利于农业的发展。对农产品的质量安全要求过于严格,将会直接影响作为一种弱质产业的农业的发展。也正因如此,2006 年 4 月 29 日,十届全国人大常委会二十一次会议通过了《中华人民共和国农产品质量安全法》(以下简称《农产品质量安全法》),针对农产品的特点,就农产品质量安全问题作出了系统的规定。以确保农产品“从农地到餐桌”的整个过程都能得到严格的质量安全监管。2018 年 10 月,全国人民代表大会常务委员会作出《关于修改〈中华人民共和国野生动物保护法〉等十五部法律的决定》,对该法进行了少量修改。

二、农产品质量安全管理体制

根据《农产品质量安全法》的规定,县级以上人民政府农业行政主管部门负责农产品质量安全的监督管理工作;县级以上人民政府有关部门按照职责分工,负责农产品质量安全的有关工作。县级以上地方人民政府统一领导、协调本行政区域内的农产品质量安全工作,并采取措施,建立健全农产品质量安全服务体系,提高农产品质量安全水平。农业农村部应当设立由有关方面专家组成的农产品质量安全风险评估专家委员会,对可能影响农产品质量安全的潜在危害进行风险分析和评估。应当根据农产品质量安全风险评估结果采取相应的管理措施,并将农产品质量安全风险评估结果及时通报国务院有关部门。农业农村部和省级农业行政主管部门应当按照职责权限,发布有关农产品质量安全状况信息。该法第 8 条规定,国家引导、推广农产品标准化生产,鼓励和支持生产优质农产品,禁止生产、销售不符合国家规定的农产品质量安全标准的农产品。同时,国家支持农产品质量安全科学技术研究,推行科学的质量安全管理方法,推广先进安全的生产技术。各级人民政府及有关部门应当加强农产品质量安全知识的宣传,提高公众的农产品质量安全意识,引导农产品生产者、销售者加强质量安全管理,保障农产品消费安全。

三、农产品质量安全标准

国家建立健全农产品质量安全标准体系。农产品质量安全标准是强制性的技术规范。制定农产品质量安全标准应当充分考虑农产品质量安全风险评估结果,并听取农产品生产者、销售者和消费者的意见,保障消费安全。农产品质量安全标准应当根据科学技术发展水平以及农产品质量安全的需要,及时修订。农产品质量安全标准由农业行政主管部门商有关部门组织实施。

四、生产地管理

产地是影响农产品质量最基本的因素,为保障农产品质量安全,法律对农产品产地管理提出了一系列要求。这些要求包括:

(一)禁产区制度

农产品禁产区,即为保障农产品质量安全,对不适合特定农产品生产的区域,按照规定的程序,将其确定为特定农产品禁止生产区,在该区域内,不得从事特定农产品的生产。根据《农产品质量安全法》的规定,县级以上地方农业行政主管部门按照保障农产品质量安全的要求,根据农产品品种特性和生产区域大气、土壤、水体中有毒有害物质状况等因素,认为不适宜特定农产品生产的,提出禁止生产的区域,报本级人民政府批准后公布。

(二)农产品基地建设

县级以上人民政府应当采取措施,加强农产品基地建设,改善农产品的生产条件。应当采取措施,推进保障农产品质量安全的标准化生产综合示范区、示范农场、养殖小区和无规定动植物疫病区的建设。禁止在有毒有害物质超过规定标准的区域生产、捕捞、采集食用农产品和建立农产品生产基地。

(三)农产品生产区的保护

对农产品生产区的保护,主要有以下要求:(1)禁止违反法律、法规的规定向农产品产地排放或者倾倒废水、废气、固体废物或者其他有毒有害物质;(2)农业生产用水和用作肥料的固体废物,应当符合国家规定的标准;(3)农产品生产者应当合理使用化肥、农药、兽药、农用薄膜等化工产品,防止对农产品产地造成污染。

五、农产品生产管理

农产品生产过程与农产品的质量安全关系极大,为防止农产品生产过程中各种因素影响农产品质量安全,法律确立了以下基本的制度:

(一)质量安全规程与技术指导制度

根据《农产品质量安全法》第20条的规定,农业农村部和省级农业行政主管部门应当制定保障农产品质量安全的生产技术要求和操作规程。县级以上农业行政主管部门应当加强对农产品生产的指导,特别是加强对农业投入品使用的管理和指导,建立健全农业投入品的安全使用制度。

(二)关键农业生产资料的许可、检查制度

对可能影响农产品质量安全的农药、兽药、饲料和饲料添加剂、肥料、兽医器械,依照有关法律、行政法规的规定实行许可制度。农业农村部和省级农业行政主管部门应当定期对可能危及农产品质量安全的农药、兽药、饲料和饲料添加剂、肥料等农业投入品进行监督抽查,并公布抽查结果。

(三)生产者质量安全培训制度

在很多情形中,农产品的质量安全与农产品生产者的质量安全意识和知识水平有很大的关系。为了提高生产者的安全意识,确保其具备保障农产品质量应当具备的知识,法律规定,农业科研教育机构和农业技术推广机构应当加强对农产品生产者质量安全知识和技能的培训。

(四)农产品生产记录制度

农产品生产记录,即对农产品生产过程中可能影响农产品质量安全的相关环节或事件进行记录。做好农产品记录,有利于查明农产品质量安全问题产生的原因,以便对症下药,采取有效防范措施,及时消除隐患,防止农产品安全事故的蔓延;同时,做好农产品生产记录,还有利于在发生农产品责任事故时,及时查明相关责任者,督促其改善经营管理,或追究其相应责任,保障农产品质量安全。根据法律规定,农产品生产企业和农民专业合作经济组织应当建立农产品生产记录,如实记载下列事项:(1)使用农业投入品的名称、来源、用法、用量和使用、停用的日期;(2)动物疫病、植物病虫草害的发生和防治情况;(3)收获、屠宰或者捕捞的日期。农产品生产记录应当保存2年。禁止伪造农产品生产记录。国家鼓励其他农产品生产者建立农产品生产记录。

(五)农业投入品合理使用制度

农业行政部门应加强对农业投入品的使用管理和指导,建立健全农业投入品的安全使用制度。农产品生产者应当按照法律、行政法规和农业农村部的规定,合理使用农业投入品,严格执行农业投入品使用安全间隔期或者休药期的规定,防止危及农产品质量安全。禁止在农产品生产过程中使用国家明令禁止使用的农业投入品。

(六)农产品质量安全检验制度

农产品生产企业和农民专业合作经济组织,应当自行或者委托检测机构对农产品质量安全状况进行检测;经检测不符合农产品质量安全标准的农产品,不得销售。

(七)农产品质量安全自律

根据法律规定,农民专业合作经济组织和农产品行业协会对其成员应当及时提供生产技术服务,建立农产品质量安全管理制度,健全农产品质量安全控制体系,加强自律管理。

六、农产品质量安全监督检查制度

在农产品质量安全检查方面,《农产品质量安全法》主要确立了以下制度:

(一)特定农产品禁止销售制度

根据法律规定,有下列情形之一的农产品,不得销售:(1)含有国家禁止使用的农药、兽药或者其他化学物质的;(2)农药、兽药等化学物质残留或者含有的重金属等有毒有害物质不符合农产品质量安全标准的;(3)含有的致病性寄生虫、微生物或者生物毒素不符合农产品质量安全标准的;(4)使用的保鲜剂、防腐剂、添加剂等材料不符合国家有关强制性的技术规范的;(5)其他不符合农产品质量安全标准的。

(二)农产品质量安全检测制度

国家建立农产品质量安全监测制度。县级以上农业行政主管部门应当按照保障农产品质量安全的要求,制订并组织实施农产品质量安全监测计划,对生产中或者市场上销售的农产品进行监督抽查。监督抽查结果由农业农村部或者省级农业行政主管部门按照权限予以公布。监督抽查检测应当委托符合本法定条件的农产品质量安全检测机构进行。为保护农产品经营者的利益,法律规定,不得向被抽查人收取费用,抽取的样品不得超过农业农村部规定的数量。上级农业行政主管部门监督抽查的农产品,下级农业行政主管部门不得另行重复抽查。

农产品生产者、销售者对监督抽查检测结果有异议的,可以自收到检测结果之日起5日内,向组织实施农产品质量安全监督抽查的农业行政主管部门或者其上级农业行政主管部门申请复检。采用国务院农业行政主管部门会同有关部门认定的快速检测方法进行农产品质量安全监督抽查检测,被抽查人对检测结果有异议的,可以自收到检测结果时起4小时内申请复检。复检不得采用快速检测方法。因检测结果错误给当事人造成损害的,依法承担赔偿责任。

农产品批发市场应当设立或者委托农产品质量安全检测机构,对进场销售的农产品质量安全状况进行抽查检测;发现不符合农产品质量安全标准的,应当要求销售者立即停止销售,并向农业行政主管部门报告。

(三)进货检查验收制度

根据法律规定,农产品销售企业对其销售的农产品,应当建立健全进货检查验收制度;经查验不符合农产品质量安全标准的,不得销售。

(四)进口检验制度

进口农产品必须按照国家规定的农产品质量安全标准进行检验;尚未制定有关农产品质量安全标准的,应当依法及时制定,未制定之前,可以参照国家有关部门指定的国外有关标准进行检验。

(五)社会监督制度

国家鼓励单位和个人对农产品质量安全进行社会监督。任何单位和个人都有权对违反本法的行为进行检举、揭发和控告。有关部门收到相关检举、揭发和控告后,应当及时处理。

（六）农产品安全事故报告制度

发生农产品质量安全事故时，有关单位和个人应当采取控制措施，及时向所在地乡级人民政府和县级人民政府农业行政主管部门报告；收到报告的机关应当及时处理并报上一级人民政府和有关部门。发生重大农产品质量安全事故时，农业行政主管部门应当及时通报同级市场监督管理部门。

七、农产品质量安全法律责任制度

《农产品质量安全法》第七章就农产品质量安全责任作了专门规定。该责任主要为行政处罚行政的责任，其中包括农产品生产经营者的责任、农产品管理者的法律责任、农产品质量安全危害者的法律责任、农产品检验检测机构的法律责任等。

（一）农产品管理者的责任

《农产品质量安全法》第 43 条规定，农产品质量安全监督管理人员不依法履行监督职责，或者滥用职权的，依法给予行政处分。

（二）农产品检测检验机构的责任

根据法律规定，农产品质量安全检测机构伪造检测结果的，责令改正，没收违法所得，并处 5 万元以上 10 万元以下罚款，对直接负责的主管人员和其他直接责任人员处 1 万元以上 5 万元以下罚款；情节严重的，撤销其检测资格；造成损害的，依法承担赔偿责任。农产品质量安全检测机构出具检测结果不实，造成损害的，依法承担赔偿责任；造成重大损害的，并撤销其检测资格。

（三）农产品质量安全危害者的责任

根据法律规定，违反法律、法规规定，向农产品产地排放或者倾倒废水、废气、固体废物或者其他有毒有害物质的，依照有关环境保护法律、法规的规定处罚；造成损害的，依法承担赔偿责任。

（四）农产品生产经营者的责任

根据法律规定，使用农业投入品违反法律、行政法规和国务院农业行政主管部门的规定的，依照有关法律、行政法规的规定处罚。农产品生产企业、农民专业合作经济组织未建立或者未按照规定保存农产品生产记录的，或者伪造农产品生产记录的，责令限期改正；逾期不改正的，可以处 2000 元以下罚款。违反法律规定，销售的农产品未按照规定进行包装、标识的，责令限期改正；逾期不改正的，可以处 2000 元以下罚款。使用的保鲜剂、防腐剂、添加剂等材料不符合国家有关强制性的技术规范的，责令停止销售，对被污染的农产品进行无害化处理，对不能进行无害化处理的予以监督销毁；没收违法所得，并处 2000 元以上 2 万元以下罚款。农产品生产企业、农民专业合作经济组织销售的农产品有本法第 33 条第 1 项至第 3 项或者第 5 项所列情形之一的，责令停止销售，追回已经销售的农产品，对违法销售的农产品进行无害化处理或者予以监督销毁；没收违法所得，并处 2000 元以上 2 万元以下罚款。农产品销售企业销售的农产品有前款所列情形的，依照前款规定处理、处罚。农产品批发市场中销售的农产品有第 1 款所列情形的，对违法销售的农产品依照第 1 款规定处理，对农产品销售者依照第1款规定处罚。农产品批发市场违反本法第37条第1款规定的,责令改正,处2000元以上2万元以下罚款。违反法律规定,冒用农产品质量标志的,责令改正,没收违法所得,并处2000元以上2万元以下罚款。

此外,《农产品质量安全法》还就相关农产品的民事责任作出了原则性规定,该规定主要涉及经营法律禁止生产、销售农产品的民事责任。据此,生产、销售该法第33条规定的农产品,给消费者造成损害的,依法承担赔偿责任。如果批发市场中销售的农产品属于法律规定禁止销售的农产品,消费者可以向农产品批发市场要求赔偿;属于生产者、销售者责任的,农产品批发市场有权追偿。消费者也可以直接向农产品生产者、销售者要求赔偿。

第四节 药品管理法律制度

一、药品管理法律制度概述

药品,是指用于预防、治疗、诊断人的疾病,有目的地调节人的生理机能并规定有适应证、用法和用量的物质。它包括中药、化学药和生物制品等。由于种种原因,人类不可能完全逃避疾病的困扰,为了人类的健康,人们就必然要寻求各种对疾病具有预防、治疗、诊断作用的药物。然而,绝大部分药物在实现其功能的过程中,对人的身体机能都可能带来一定的危害。因此,为了保证药品质量,增进药品疗效,保障安全用药,就必须加强对药物的管理。只有这样,才能保证药品正常功能的发挥,抑制其副作用,维护消费者的生命安全与健康。

为了加强对药品的管理,中华人民共和国成立以来,我国相继颁布了一系列药品管理方面的法律规范。其中主要包括:1979年6月卫生部颁布的《新药品管理办法》,1982年9月卫生部《关于公布淘汰127种药品的通知》,1984年6月国家医药管理局等发布的《关于城乡集体和个体开业经营医药商品的意见》,1984年9月六届全国人大常委会七次会议通过的《中华人民共和国药品管理法》(2001年2月28日、2013年12月28日、2015年4月24日、2019年8月26日全国人大常委会对该法进行了多次修订或修正),1986年国务院发布的《医疗用毒性药品管理办法》《精神药品管理办法》,1989年国务院发布的《放射性药品管理办法》,2001年国务院发布的《中华人民共和国药品管理法实施条例》(以下简称《药品管理法实施条例》,2016年、2019年进行了修订),等等。这些法律规范的颁布和施行,对提高我国药品质量,整顿药物市场,打击制售假冒伪劣药品行为,保护人民生命健康,都发挥了极为重要的作用。然而,我国药品管理方面执法不严、管理不力的现象仍存在。一些不法行为屡禁不止,假劣药品致人中毒、死亡案件仍有发生。因此,强化执法力度,仍是药品管理的当务之急。

2019年8月26日,第十三届全国人民代表大会常务委员会第十二次会议对《中华人民共和国药品管理法》进行了第二次修订,对原法进行了大量的修改和补充。修订后的《中华人民共和国药品管理法》(以下简称《药品管理法》)共12章,155条。其中,第1章总则确立了我国药品管理法的立法宗旨、适用范围、基本原则、管理体制和管理制度。据此,在中华人民共和国境内从事药品研制、生产、经营、使用和监督管理活动,适用本法。药品管理应当坚持以人民健康为中心,坚持风险管理、全程管控、社会共治的原则。国务院药品监督管理部门(现隶属市场监管部门)主管全国药品监督管理工作,国务院有关部门在各自职责范围内负责与药品有关的监督管理工作;省级药品监督管理部门负责本行政区域内的药品监督管理工作,设区的市级、县级人民政府承担药品监督管理职责的部门(以下简称药品监督管理部门)负责本行政区域内的药品监督管理工作,县级以上地方人民政府有关部门在各自职责范围内负责与药品有关的监督管理工作;县级以上地方人民政府对本行政区域内的药品监督管理工作负责,统一领导、组织、协调本行政区域内的药品监督管理工作以及药品安全突发事件应对工作,建立健全药品监督管理工作机制和信息共享机制;药品监督管理部门设置或者指定的药品专业技术机构,承担依法实施药品监督管理所需的审评、检验、核查、监测与评价等工作。国家对药品管理实行药品上市许可持有人制度,药品上市许可持有人依法对药品研制、生产、经营、使用全过程中药品的安全性、有效性和质量可控性负责。国家建立健全药品追溯制度,国务院药品监督管理部门应当制定统一的药品追溯标准和规范,推进药品追溯信息互通互享,实现药品可追溯,从事药品研制、生产、经营、使用活动,应当遵守法律、法规、规章、标准和规范,保证全过程信息真实、准确、完整和可追溯。国家建立药物警戒制度,对药品不良反应及其他与用药有关的有害反应进行监测、识别、评估和控制。

第2—11章分别就药品研制与注册、药品上市许可持有人、药品生产、药品经营、医疗机构药事管理、药品上市管理、药品价格和广告、药品储备与供应、监督管理、法律责任等作了具体规定。第12章为附则,就该法实施的有关问题作了规定。据此,修订后的《药品管理法》于2019年12月1日实施。

二、药品管理法的基本内容

根据《药品管理法》和《药品管理法实施条例》,药品管理法主要包括以下方面的基本内容:

(一)药品研制与注册

1. 药品研制

《药品管理法》针对药品研制中非临床研究和临床试验研制活动,分别进行了规定。按照该法规定,从事药物非临床研究,应当符合质量管理规范要求,有与研究项目相适应的人员、场地、设备、仪器和管理制度,保证有关数据、资料和样品的真实性。药物非临床研究质量管理规范由国务院药品监督管理部门会同国务院有关部门制定。

对开展药物临床试验研制活动,法律规定了更为严格的要求。这些要求主要通过以下制度体现出来:(1)审批许可与备案制度。开展药物临床试验,应当按照规定如实报送研制方法、质量指标、药理及毒理试验结果等有关数据、资料和样品,经国务院药品监督管理部门批准。国务院药品监督管理部门应当自受理临床试验申请之日起60个工作日内决定是否同意并通知临床试验申办者,逾期未通知的,视为同意。开展生物等效性试验的,报国务院药品监督管理部门备案。(2)试验机构备案制度。开展药物临床试验,应当在具备相应条件的临床试验机构进行。药物临床试验机构实行备案管理,具体办法由国务院药品监督管理部门、国务院卫生健康主管部门共同制定。(3)临床试验方案伦理审查制度。开展药物临床试验,应当符合伦理原则,制定临床试验方案,经伦理委员会审查同意。伦理委员会应当建立伦理审查工作制度,保证伦理审查过程独立、客观、公正,监督规范开展药物临床试验,保障受试者合法权益,维护社会公共利益。(4)受试者知情同意制度。实施药物临床试验,应当向受试者或者其监护人如实说明和解释临床试验的目的和风险等详细情况,取得受试者或者其监护人自愿签署的知情同意书,并采取有效措施保护受试者合法权益。未取得受试者或其监护人同意的,不得对其实施临床试验。对正在开展临床试验的用于治疗严重危及生命且尚无有效治疗手段的疾病的药物,经医学观察可能获益,并且符合伦理原则的,经审查、知情同意后可以在开展临床试验的机构内用于其他病情相同的患者。(5)临床试验风险控制制度。药物临床试验期间,发现存在安全性问题或者其他风险的,临床试验申办者应当及时调整临床试验方案、暂停或者终止临床试验,并向国务院药品监督管理部门报告。必要时,国务院药品监督管理部门可以责令调整临床试验方案、暂停或者终止临床试验。

2. 药品注册

在中国境内上市的药品,应当经国务院药品监督管理部门批准,取得药品注册证书。但是,未实施审批管理的中药材和中药饮片除外。申请药品注册,应当提供真实、充分、可靠的数据、资料和样品,证明药品的安全性、有效性和质量可控性。对提出的注册申请,由国务院药品监督管理部门组织药学、医学和其他技术人员进行审评,对药品的安全性、有效性和质量可控性以及申请人的质量管理、风险防控和责任赔偿等能力进行审查,符合条件的,颁发药品注册证书。对治疗严重危及生命且尚无有效治疗手段的疾病以及公共卫生方面急需的药品,药物临床试验已有数据显示疗效并能预测其临床价值的,可以附条件批准,并在药品注册证书中载明相关事项。

药品应当符合国家药品标准。经国务院药品监督管理部门核准的药品质量标准高于国家药品标准的,按照经核准的药品质量标准执行;没有国家药品标准的,应当符合经核准的药品质量标准。国务院药品监督管理部门会同国务院卫生健康主管部门组织药典委员会,负责国家药品标准的制定和修订,其颁布的《中华人民共和国药典》和药品标准为国家药品标准。列入国家药品标准的药品名称为药品通用名称。已经作为药品通用名称的,该名称不得作为药品商标使用。

(二)药品上市许可持有人制度

药品上市许可持有人(Marketing Authorization Holder, MAH),是指取得药品注册证书的企业或者药品研制机构等主体。药品上市许可持有人制度,是指由拥有药品技术的药品研发机构、科研人员、药品生产企业等主体,通过申请获得药品上市许可,成为上市许可持有人,并由其对药品整个生命周期内的质量承担主要责任的制度。药品上市许可持有人制度是我国新修订的《药品管理法》参照国际通行做法确立的一项新制度。根据这一制度,药品上市必须取得上市许可,取得上市许可的上市许可持有人可自己组织生产,也可以委托其他企业进行生产。委托他人生产的,上市许可持有人仍依法对药品的安全性、有效性和质量可控性负全责,生产企业则依照委托生产合同的规定就药品质量对上市许可持有人负责。

《药品管理法》对药品上市许可持有人主要规定了以下制度:(1)全面责任制度。药品上市许可持有人应当依法对药品的非临床研究、临床试验、生产经营、上市后研究、不良反应监测及报告与处理等各方面承担责任。其他从事药品研制、生产、经营、储存、运输、使用等活动的单位和个人依法承担相应责任。药品上市许可持有人的法定代表人、主要负责人对药品质量全面负责。(2)药品质量保证体系。药品上市许可持有人应当建立药品质量保证体系,配备专门人员独立负责药品质量管理。药品上市许可持有人应当对受托药品生产企业、药品经营企业的质量管理体系进行定期审核,监督其持续具备质量保证和控制能力。(3)自行或委托生产制度。药品上市许可持有人自行生产药品的,应当依法取得药品生产许可证;委托生产的,应当委托符合条件的药品生产企业。药品上市许可持有人和受托生产企业应当签订委托协议和质量协议,并严格履行协议约定的义务。(4)药品上市放行规程。药品上市许可持有人应当建立药品上市放行规程,对药品生产企业出厂放行的药品进行审核,经质量受权人签字后方可放行。不符合国家药品标准的,不得放行。(5)药品销售、存储、运输管理。药品上市许可持有人可以自行销售其取得药品注册证书的药品,也可以委托药品经营企业销售。药品上市许可持有人从事药品零售活动的,应当取得药品经营许可证。药品上市许可持有人自行销售药品的,应当具备法律规定的条件;委托销售的,应当委托符合条件的药品经营企业。药品上市许可持有人和受托经营企业应当签订委托协议,并严格履行协议约定的义务。药品上市许可持有人、药品生产企业、药品经营企业委托储存、运输药品的,应当对受托方的质量保证能力和风险管理能力进行评估,与其签订委托协议,约定药品质量责任、操作规程等内容,并对受托方进行监督。(6)药品追溯制度。药品上市许可持有人、药品生产企业、药品经营企业和医疗机构应当建立并实施药品追溯制度,按照规定提供追溯信息,保证药品可追溯。(7)年度报告制度。药品上市许可持有人应当建立年度报告制度,每年将药品生产销售、上市后研究、风险管理等情况按规定向省级人民政府药品监督管理部门报告。(8)境外上市许可人义务履行制度。药品上市许可持有人为境外企业的,应当由其指定的在中国境内的企业法人履行药品上市许可持有人义务,与药品上市许可持有人承担连带责任。(9)上市许可转让制度。经国务院药品监督管理部门批准,药品上市许可持有人可以转让药品上市许可。受让方应当具备保障药品安全性、有效性和质量可控性的质量管理、风险防控和责任赔偿等能力,履行药品上市许可持有人义务。

(三)药品生产

1. 药品生产许可制度

从事药品生产必须具备必须符合药品生产的条件并依法取得药品生产许可证。

第一,具备药品生产条件。这些条件包括:(1)有依法经过资格认定的药学技术人员、工程技术人员及相应的技术工人;(2)有与药品生产相适应的厂房、设施和卫生环境;(3)有能对所生产药品进行质量管理和质量检验的机构、人员及必要的仪器设备;(4)具有保证药品质量的规章制度,并符合国务院药品监管部门依法制定的药品生产质量管理规范要求。

第二,取得药品生产许可证。从事药品生产活动,应当经所在地的省级药品监督管理部门批准,取得药品生产许可证,无药品生产许可证的,不得生产药品。药品生产许可证应当标明有效期和生产范围,到期重新审查发证。

2. 药品生产监管制度

药品生产是决定药品安全的重要环节。因此,除对药品生产实行许可制度外,《药品管理法》对药品生产环节还作出一系列的制度化安排,要求药品生产者建立如下管理制度:

一是药品生产质量管理体系。从事药品生产活动,应当遵守药品生产质量管理规范,建立健全药品生产质量管理体系,保证药品生产全过程持续符合法定要求。药品生产企业的法定代表人、主要负责人对本企业的药品生产活动全面负责。

二是生产工艺核准制度。药品生产企业的生产工艺应当符合国家药品标准,药品生产者应当按照国家药品标准和经药监部门核准的生产工艺进行生产。生产、检验记录应当完整准确,不得编造。中药饮片应当按照国家药品标准炮制;国家药品标准没有规定的,应当按照省级药监部门制定并报国务院药监部门备案的炮制规范炮制。不符合国家药品标准或者不按省级药监部门制定的炮制规范炮制的,不得出厂、销售。

三是药品原料、辅料管理制度。生产药品所需的原料、辅料,应当符合药用要求、药品生产质量管理规范的有关要求。生产药品,应当按照规定对供应原料、辅料等的供应商进行审核,保证购进、使用的原料、辅料等符合前款规定要求。

四是药品包装材料和容器管理制度。直接接触药品的包装材料和容器,应当符合药用要求,符合保障人体健康、安全的标准。对不合格的直接接触药品的包装材料和容器,由药品监督管理部门责令停止使用。

五是质检制度。药品生产企业应当对药品进行质量检验。不符合国家药品标准的,不得出厂。药品生产企业应当建立药品出厂放行规程,明确出厂放行的标准、条件。符合标准、条件的,经质量受权人签字后方可放行。

六是生产人员健康检查制度。药品上市许可持有人、药品生产企业、药品经营企业和医疗机构中直接接触药品的工作人员,应当每年进行健康检查。患有传染病或者其他可能污染药品的疾病的,不得从事直接接触药品的工作。

(四)药品经营监管制度

这里所讲的药品经营,是指除药品生产以外的药品批发、零售、进出口等药品流通活动。对药品经营的监管,《药品管理法》主要规定了以下制度:

1. 药品经营许可制度

根据《药品管理法》规定,国家对药品经营也实现许可制度。从事药品经营,应当具备以下条件:(1)具有依法经过资格认定的药师或其他药学技术人员;(2)具有与所经营药品相适应的营业场所、设备、仓储设施、卫生环境;(3)具有与所经营药品相适应的质量管理机构或者人员;(4)具有保证药品质量的规章制度,并符合国务院药品监督管理部门依据本法制定的药品经营质量管理规范要求。

药品经营许可证的发放程序与药品生产许可证大致相同。但从事批发业务的,由省级药品监管部门审核批准发放。从事药品零售业务的,则由县级药品监管部门审核批准发放。企业只有取得药品经营许可证,才能经营药品。药品经营许可证应当标明有效期和经营范围,到期重新审查发证。药品监管部门实施药品经营许可,应当遵循方便群众购药的原则。

2. 药品经营监管制度

从事药品经营,还应依法建立以下制度:

第一,质量管理体系。从事药品经营活动,应当遵守药品经营质量管理规范,建立健全药品经营质量管理体系,保证药品经营全过程持续符合法定要求。国家鼓励、引导药品零售连锁经营。从事药品零售连锁经营活动的企业总部,应当建立统一的质量管理制度,对所属零售企业的经营活动履行管理责任。药品经营企业的法定代表人、主要负责人对本企业的药品经营活动全面负责。

第二,分类管理制度。国家对药品实行处方药与非处方药分类管理制度。具体办法由国务院药品监督管理部门会同国务院卫生健康主管部门制定。

第三,进货制度。药品上市许可持有人、药品生产企业、药品经营企业和医疗机构应当从药品上市许可持有人或者具有药品生产、经营资格的企业购进药品;但是,购进未实施审批管理的中药材除外。药品经营企业购进药品,应当建立并执行进货检查验收制度,验明药品合格证明和其他标识;不符合规定要求的,不得购进和销售。

第四,购销记录制度。药品经营企业购销药品,应当有真实、完整的购销记录。购销记录应当注明药品的通用名称、剂型、规格、产品批号、有效期、上市许可持有人、生产企业、购销单位、购销数量、购销价格、购销日期及国务院药品监督管理部门规定的其他内容。

第五,药品保管制度。药品经营企业应当制定和执行药品保管制度,采取必要的冷藏、防冻、防潮、防虫、防鼠等措施,保证药品质量。药品入库和出库应当执行检查制度。

第六,药品网络销售的特殊规定。(1)禁止网络销售的药品。药品上市许可持有人、药品经营企业通过网络销售药品,应当遵守法律关于药品经营的有关规定。疫苗、血液制品、麻醉药品、精神药品、医疗用毒性药品、放射性药品、药品类易制毒化学品等国家实行特殊管理的药品不得在网络上销售。(2)第三方平台提供者备案制度。药品网络交易第三方平台提供者应当按照国务院药监部门的规定,向所在地省级药品监督管理部门备案。(3)资质审核制度。第三方平台提供者应当依法对申请进入平台经营的药品上市许可持有人、药品经营企业的资质等进行审核,保证其符合法定要求,并对发生在平台的药品经营行为进行管理。(4)平台提供者制止、报告制度。第三方平台提供者发现进入平台经营的药品上市许可持有人、药品经营企业有违反法律规定行为的,应当及时制止并立即报告所在地县级药品监管部门;发现严重违法行为的,应当立即停止提供网络交易平台服务。

第七,新药及进出口药品管理的规定。新发现和从境外引种的药材,经国务院药品监督管理部门批准后,方可销售。药品应当从允许药品进口的口岸进口,并由进口药品的企业向口岸所在地药监部门备案。海关凭药监部门出具的进口药品通关单办理通关手续。无进口药品通关单的,海关不得放行。口岸所在地药品监管部门应当通知药品检验机构按照规定对进口药品进行抽查检验。医疗机构因临床急需进口少量药品的,经国务院药监部门或者国务院授权的省级人民政府批准,可以进口,进口的药品应当在指定医疗机构内用于特定医疗目的。个人自用携带入境少量药品,按照国家有关规定办理。进口、出口麻醉药品和国家规定范围内的精神药品,应当持有国务院药监部门颁发的进口准许证、出口准许证。禁止进口疗效不确切、不良反应大或者因其他原因危害人体健康的药品。

国务院药品监督管理部门对下列药品在销售前或者进口时,应当指定药品检验机构进行检验;未经检验或者检验不合格的,不得销售或者进口:(1)首次在中国境内销售的药品;(2)国务院药品监督管理部门规定的生物制品;(3)国务院规定的其他药品。

(五)医疗机构的药事管理

医疗机构,是从事疾病诊断、治疗活动的各种机构,如医院、卫生院、诊所等。医疗机构在进行疾病诊断、治疗过程中要使用大量药物,这些药物通常为其他药品生产经营者提供的,但某些特殊情形,医疗机构也可能自己配置某些制剂等药品。无论对于自己配置的药品,还是他人生产经营的药品,都需要依法进行管理。对医疗机构的药事管理,《药品管理法》规定了如下制度:

1.专人管理制度

医疗机构应当配备依法经过资格认定的药师或者其他药学技术人员,负责本单位的药品管理、处方审核和调配、合理用药指导等工作。非药学技术人员不得直接从事药剂技术工作。

2.进货查验制度

医疗机构购进药品,应当建立并执行进货检查验收制度,验明药品合格证明和其他标识;不符合规定要求的,不得购进和使用。

3.药品保管制度

医疗机构应当有与所使用药品相适应的场所、设备、仓储设施和卫生环境,制定和执行药品保管制度,采取必要的冷藏、防冻、防潮、防虫、防鼠等措施,保证药品质量。

4.药品合理使用制度

医疗机构应当坚持安全有效、经济合理的用药原则,遵循药品临床应用指导原则、临床诊疗指南和药品说明书等合理用药,对医师处方、用药医嘱的适宜性进行审核。医疗机构以外的其他药品使用单位,也应当遵守法律有关医疗机构使用药品的规定。

5.处方调配制度

依法经过资格认定的药师或者其他药学技术人员调配处方,应当进行核对,对处方所列药品不得擅自更改或者代用。对有配伍禁忌或者超剂量的处方,应当拒绝调配;必要时,经处方医师更正或者重新签字,方可调配。

6.配制制剂制度

医疗机构配制制剂,应当符合以下要求:(1)经所在地省级药品监督管理部门批准,取得医疗机构制剂许可证。无医疗机构制剂许可证的,不得配制制剂。医疗机构制剂许可证应当标明有效期,到期重新审查发证。(2)医疗机构配制制剂,应当有能够保证制剂质量的设施、管理制度、检验仪器和卫生环境。(3)医疗机构配制制剂,应当按照经核准的工艺进行,所需的原料、辅料和包装材料等应当符合药用要求。(4)医疗机构配制的制剂,应当是本单位临床需要而市场上没有供应的品种,并应当经所在地省级药品监督管理部门批准;但是,法律对配制中药制剂另有规定的除外。(5)医疗机构配制的制剂应当按照规定进行质量检验,合格的,凭医师处方在本单位使用。医疗机构配制的制剂不得在市场上销售,在指定的医疗机构之间调剂使用的,应取得国家药监部门或者省级药监部门批准。

(六)药品上市后管理制度

药品上市后管理,是指管理部门在药品投放市场后对于药品的跟踪管理。对药品上市

后的管理,《药品管理法》主要规定了以下制度:

1. 上市许可持有人持续跟踪研究制度

药品上市后,药品上市许可持有人应当制订药品上市后风险管理计划,主动开展药品上市后研究,对药品的安全性、有效性和质量可控性进行进一步确证,加强对已上市药品的持续管理。对附条件批准的药品,药品上市许可持有人应当采取相应风险管理措施,并在规定期限内按照要求完成相关研究;逾期未按照要求完成研究或者不能证明其获益大于风险的,国务院药品监管部门应当依法处理,直至注销药品注册证书。

2. 药品生产变更控制制度

对药品生产过程中的变更,按照其对药品安全性、有效性和质量可控性的风险和产生影响的程度,实行分类管理。属于重大变更的,应当经国务院药品监管部门批准,其他变更应当按照国务院药品监管部门的规定备案或者报告。

药品上市许可持有人应当按照国务院药品监管部门的规定,全面评估、验证变更事项对药品安全性、有效性和质量可控性的影响。

3. 药品不良反应监测制度

药品上市许可持有人应当开展药品上市后不良反应监测,主动收集、跟踪分析疑似药品不良反应信息,对已识别风险的药品及时采取风险控制措施。

药品上市许可持有人、药品生产企业、药品经营企业和医疗机构应当经常考察本单位所生产、经营、使用的药品质量、疗效和不良反应。发现疑似不良反应的,应当及时向药品监管部门和卫生健康主管部门报告。对已确认发生严重不良反应的药品,由国务院药品监管部门或者省级药品监管部门根据实际情况采取停止生产、销售、使用等紧急控制措施,并应当在5日内组织鉴定,自鉴定结论作出之日起15日内依法作出行政处理决定。

4. 紧急停售与召回制度

药品存在质量问题或者其他安全隐患的,药品上市许可持有人应当立即停止销售,告知相关药品经营企业和医疗机构停止销售和使用,召回已销售的药品,及时公开召回信息,必要时应当立即停止生产,并将药品召回和处理情况向省级药监部门和卫生健康主管部门报告。药品生产企业、药品经营企业和医疗机构应当配合。药品上市许可持有人依法应当召回药品而未召回的,省级药品监督管理部门应当责令其召回。

5. 药品上市后评价制度

药品上市许可持有人应当对已上市药品的安全性、有效性和质量可控性定期开展上市后评价。必要时,国务院药监部门可以责令药品上市许可持有人开展上市后评价或者直接组织开展上市后评价。经评价,对疗效不确切、不良反应大或者因其他原因危害人体健康的药品,应当注销药品注册证书。已被注销药品注册证书的药品,不得生产或者进口、销售和使用。已被注销药品注册证书、超过有效期等的药品,应当由药品监管部门监督销毁或者依法采取其他无害化处理等措施。

(七)药品价格和广告管理制度

1. 药品价格管理制度

国家完善药品采购管理制度,对药品价格进行监测,开展成本价格调查,加强药品价格监督检查,依法查处价格垄断、哄抬价格等药品价格违法行为,维护药品价格秩序。依法实行市场调节价的药品,药品上市许可持有人、药品生产企业、药品经营企业和医疗机构应当按照公平、合理和诚实信用、质价相符的原则制定价格,为用药者提供价格合理的药品。药品上市许可持有人、药品生产企业、药品经营企业和医疗机构应当遵守国务院药品价格主管部门关于药品价格管理的规定,制定和标明药品零售价格,禁止暴利、价格垄断和价格欺诈等行为。药品上市许可持有人、药品生产企业、药品经营企业和医疗机构应当依法向药品价格主管部门提供其药品的实际购销价格和购销数量等资料。医疗机构应当向患者提供所用药品的价格清单,按照规定如实公布其常用药品的价格,加强合理用药管理。禁止药品上市许可持有人、药品生产企业、药品经营企业和医疗机构在药品购销中给予、收受回扣或者其他不正当利益。禁止药品上市许可持有人、药品生产企业、药品经营企业或者代理人以任何名义给予使用其药品的医疗机构的负责人、药品采购人员、医师、药师等有关人员财物或者其他不正当利益。禁止医疗机构的负责人、药品采购人员、医师、药师等有关人员以任何名义收受药品上市许可持有人、药品生产企业、药品经营企业或者代理人给予的财物或者其他不正当利益。

2. 药品广告管理

药品广告应当经广告主所在地省级人民政府确定的广告审查机关批准;未经批准的,不得发布。药品广告的内容应当真实、合法,以国务院药品监管部门核准的药品说明书为准,不得含有虚假的内容。药品广告不得含有表示功效、安全性的断言或者保证;不得利用国家机关、科研单位、学术机构、行业协会或者专家、学者、医师、药师、患者等的名义或者形象作推荐、证明。非药品广告不得有涉及药品的宣传。

(八)药品储备和供应保障制度

《药品管理法》除规定药品上市许可持有人、药品生产企业、药品经营企业应当按照规定保障药品的生产和供应外,还就药品储备和供应保障作出了以下特别的制度安排:

1. 药品储备制度

国家实行药品储备制度,建立中央和地方两级药品储备。发生重大灾情、疫情或者其他突发事件时,依照《中华人民共和国突发事件应对法》的规定,可以紧急调用药品。

2. 基本药物制度

国家实行基本药物制度,遴选适当数量的基本药物品种,加强组织生产和储备,提高基本药物的供给能力,满足疾病防治基本用药需求。

3. 供求监测体系

国家建立药品供求监测体系,及时收集和汇总分析短缺药品供求信息,对短缺药品实行预警,采取应对措施。

4. 短缺药品管理制度

国家实行短缺药品清单管理制度,有国家卫健委会同国家药品监管部门等部门制定具体办法,对列入短缺药品清单的药品实行特殊管理。包括:(1)停产报告制度。药品上市许可持有人停止生产短缺药品的,应当按照规定向国务院药品监管部门或者省级药品监管部门报告。(2)鼓励研制、生产制度。国家鼓励短缺药品的研制和生产,对临床急需的短缺药品、防治重大传染病和罕见病等疾病的新药予以优先审评审批。(3)限制出口鼓励进口制度。对短缺药品,国务院可以限制或者禁止出口。必要时,国务院有关部门可以采取组织生产、价格干预和扩大进口等措施,保障药品供应。

(九)药品市场的监督管理

1. 法律禁止的药品生产经营行为

第一,禁止生产、销售使用假药、劣药。《药品管理法》规定,禁止生产(包括配制,下同)、销售、使用假药、劣药。有下列情形之一的,为假药:(1)药品所含成分与国家药品标准规定的成分不符;(2)以非药品冒充药品或者以他种药品冒充此种药品;(3)变质的药品;(4)药品所标明的适应证或者功能主治超出规定范围。有下列情形之一的,为劣药:(1)药品成分的含量不符合国家药品标准;(2)被污染的药品;(3)未标明或者更改有效期的药品;(4)未注明或者更改产品批号的药品;(5)超过有效期的药品;(6)擅自添加防腐剂、辅料的药品;(7)其他不符合药品标准的药品。

第二,禁止未取得药品批准证明文件生产、进口药品。

第三,禁止使用未按照规定审评、审批的原料药、包装材料和容器生产药品。

2. 监督管理制度

一是监督检查。药品监管部门应建立职业化、专业化药品检查员队伍,依法对药品研制、生产、经营、使用进行监督检查,对品质量进行抽查,对药品上市许可持有人、药品生产企业、药品经营企业和药物非临床安全性评价研究机构、药物临床试验机构等遵守药品管理规范的情况进行检查,监督其持续符合法定要求。

二是药品安全信用档案制度。药品监督管理部门建立药品上市许可持有人、药品生产企业、药品经营企业、药物非临床安全性评价研究机构、药物临床试验机构和医疗机构药品安全信用档案,记录许可颁发、日常监督检查结果、违法行为查处等情况,依法向社会公布并及时更新;对有不良信用记录的,增加监督检查频次,并可以按照国家规定实施联合惩戒。

三是投诉、举报制度。药品监管部门应当公布本部门的电子邮件地址、电话,接受咨询、投诉、举报,并依法及时答复、核实、处理。对查证属实的举报,按照有关规定给予举报人奖励。

四是安全信息公布制度。国家实行药品安全信息统一公布制度。国家药品安全总体情况、药品安全风险警示信息、重大药品安全事件及其调查处理信息和国务院确定需要统一公布的其他信息由国务院药品监督管理部门统一公布。药品安全风险警示信息和重大药品安全事件及其调查处理信息的影响限于特定区域的,也可以由有关省级药品监督管理部门公布。未经授权不得发布上述信息。公布药品安全信息,应当及时、准确、全面,并进行必要的说明,避免误导。任何单位和个人不得编造、散布虚假药品安全信息。

五是安全事件应急预案制度。县级以上人民政府应当制定药品安全事件应急预案。药品上市许可持有人、药品生产企业、药品经营企业和医疗机构等应当制定本单位的药品安全事件处置方案,并组织开展培训和应急演练。发生药品安全事件,应当按照应急预案立即组织开展应对工作;有关单位应当立即采取有效措施进行处置,防止危害扩大。

六是主要负责人约谈制度。药品监管部门未及时发现药品安全系统性风险,未及时消除监督管理区域内药品安全隐患的,本级或上级药品监督管理部门应当对其主要负责人进行约谈。地方人民政府未履行药品安全职责,未及时消除区域性重大药品安全隐患的,上级人民政府或者上级人民政府药品监督管理部门应当对其主要负责人进行约谈。被约谈的部门和地方人民政府应当立即采取措施,对药品监督管理工作进行整改。

七是监管权力的约束。地方人民政府及其药品监督管理部门不得以要求实施药品检验、审批等手段限制或者排斥非本地区药品上市许可持有人、药品生产企业生产的药品进入本地区。药品监督管理部门及其设置或者指定的药品专业技术机构不得参与药品生产经营活动,不得以其名义推荐或者监制、监销药品。药品监督管理部门及其设置或者指定的药品专业技术机构的工作人员不得参与药品生产经营活动。

(十)法律责任

《药品管理法》对违法该法规定的各种行为规定了行政、民事和刑事责任。

1. 违反药品管理法的行政责任

《药品管理法》主要针对管理相对人和监管机构两类主体的违法行为,对相关违法行为的行政责任作出了规定。

管理相对人的行政责任。这里的管理相对人是指开展药品研制、生产、经营、存储、运输、进口等业务的行政管理相对人。《药品管理法》规定的管理相对人违法行为的范围非常广泛,包括:未取得生产经营及制剂许可证生产销售药品的行为,生产、销售假药的行为,生产、销售劣药的行为,使用假药、劣药的行为,为假药劣药提供储存、运输等便利条件的行为,伪造、变造、出租、出借、非法买卖许可证或者药品批准证明文件的行为,骗取临床试验许可、药品生产许可、药品经营许可、医疗机构制剂许可或者药品注册等许可的行为,违法生产、进口、销售的药品的行为,未遵守药品质量管理规范的行为,未依法履行监管部门要求的义务(如备案、采取应对措施、建立追溯制度、年度报告、变更进行备案或者报告、风险管理计划、上市后研究或者上市后评价)的行为,未依法进行药品标示的行为,未依法购进药品的行为、未依法记录、说明或调配处方的行为,第三方平台提供者未履行资质审核、报告、停止提供网络交易平台服务等义务的行为,进口注册药品未按照规定备案的行为,擅自销售制剂的行为,未按照规定开展药品不良反应监测或者报告疑似药品不良反应的行为,拒不召回药品的行为等。针对以上违法行为,《药品管理法》规定了相应的行政处罚或行政处分责任。其中,针对研发、生产、经营、进口等违法单位的行政处罚责任主要包括以下类型:(1)警告。(2)责令。包括责令限期改正、责令停产停业整顿、责令关闭、责令解聘。(3)罚款。(4)没收。包括没收违法所得,没收储存、运输收入,没收生产、销售的药品、原料、辅料、包装材料、生产设备。(5)吊销撤销。包括吊销药品批准证明文件,撤销许可,吊销药品生产许可证、药品经营许可证或者医疗机构制剂许可证。(6)限期禁止。限期不受理申请,限期禁止药品进口。针对法定代表人、主要负责人、直接负责的主管人员和其他责任人员的行政责任包括:没收违法所得,没收违法行为发生期间自本单位所获收入;罚款;限期或终身禁止从事药品生产经营活动;吊销执业证书;拘留;等等。

监管部门及其工作人员的行政责任。除此之外,《药品管理法》还规定了监管部门及其工作人员的责任:对药品监督管理等部门不当履行职责的行为(如瞒报、谎报、缓报、漏报药品安全事件，对发现的药品安全违法行为未及时查处等)，滥用职权、徇私舞弊、玩忽职守的行为，规定了包括责令改正、没收违法收入、责令退还、撤销检验资格、记过、记大过、降级、撤职、开除等行政处罚和处分。

此外，《药品管理法》第 137 条规定对下列行为，在法律规定的处罚幅度内从重处罚：(1)以麻醉药品、精神药品、医疗用毒性药品、放射性药品、药品类易制毒化学品冒充其他药品，或者以其他药品冒充上述药品；(2)生产、销售以孕产妇、儿童为主要使用对象的假药、劣药；(3)生产、销售的生物制品属于假药、劣药；(4)生产、销售假药、劣药，造成人身伤害后果；(5)生产、销售假药、劣药，经处理后再犯；(6)拒绝、逃避监督检查，伪造、销毁、隐匿有关证据材料，或者擅自动用查封、扣押物品。

2. 民事损害赔偿责任

《药品管理法》第 144 条规定了民事损害赔偿责任。据此，药品上市许可持有人、药品生产企业、药品经营企业或者医疗机构违反法律规定，给用药者造成损害的，依法承担赔偿责任。因药品质量问题受到损害的，受害人可以向药品上市许可持有人、药品生产企业请求赔偿损失，也可以向药品经营企业、医疗机构请求赔偿损失。接到受害人赔偿请求的，应当实行首负责任制，先行赔付；先行赔付后，可以依法追偿。生产假药、劣药或者明知是假药、劣药仍然销售、使用的，受害人或者其近亲属除请求赔偿损失外，还可以请求支付价款 10 倍或者损失 3 倍的赔偿金；增加赔偿的金额不足 1000 元的，为 1000 元。

3. 刑事责任

《药品管理法》第 114 条规定，违反本法规定，构成犯罪的，依法追究刑事责任。

三、特殊药品监管制度

某些药品由于其本身的毒性或副作用较大，按一般要求进行管理，不足以充分有效地防止其可能对人民身体健康和生命安全造成的危险。为了保证此类药品正常地发挥其治疗、预防和诊断疾病的作用，抑制其危害，必须对这类药品实行特殊管理。

根据现有法律规定，目前我国实行特殊管理的药品包括麻醉品、精神药品、放射性药品。对于这些药品，国家分别制定了专门的管理性法律规范，对其生产、收购、供应、运输、进出口、使用等都作出特别的规定。2005 年，国务院发布《麻醉药品和精神药品管理条例》，于 2013 年和 2016 年对该条例进行了两次修订。1989 年，国务院发布《放射性药品管理办法》，于 2011 年和 2017 年对该办法进行了两次修订。麻醉药品、精神药品和放射性药品的管理，除必须遵守药品管理法的一般规定外，还应遵守针对该类药品的特殊管理规定。

(一)麻醉药品和精神药品的监管

麻醉药品和精神药品，是指列入麻醉药品目录、精神药品目录的药品和其他物质。精神药品分为第一类精神药品和第二类精神药品。对麻醉药品和精神药品，主要有以下特殊管理制度。

1. 国家管制制度

国家对麻醉药品药用原植物以及麻醉药品和精神药品实行管制。除法律另有规定的外，任何单位、个人不得进行麻醉药品药用原植物的种植以及麻醉药品和精神药品的实验研究、生产、经营、使用、储存、运输等活动。

2. 总量控制,计划生产制度

国家根据麻醉药品和精神药品的医疗、国家储备和企业生产所需原料的需要确定需求总量,对麻醉药品药用原植物的种植、麻醉药品和精神药品的生产实行总量控制。国务院药品监督管理部门根据麻醉药品和精神药品的需求总量制订年度生产计划。国务院药品监督管理部门和国务院农业主管部门根据麻醉药品年度生产计划,制定麻醉药品药用原植物年度种植计划。麻醉药品药用原植物种植企业应当根据年度种植计划,种植麻醉药品药用原植物。麻醉药品药用原植物种植企业由国务院药品监督管理部门和国务院农业主管部门共同确定,其他单位和个人不得种植麻醉药品药用原植物。

3. 药品实验研究审批制度

开展麻醉药品和精神药品实验研究活动应当具备法律规定的条件,并经国务院药品监督管理部门批准。需要转让研究成果的,应当经国务院药品监督管理部门批准。麻醉药品和第一类精神药品的临床试验,不得以健康人为受试对象。

4. 定点生产制度

国家对麻醉药品和精神药品实行定点生产制度。国务院药品监督管理部门应当根据麻醉药品和精神药品的需求总量,确定麻醉药品和精神药品定点生产企业的数量和布局,并根据年度需求总量对数量和布局进行调整、公布。麻醉药品和精神药品的定点生产企业应当具备法律规定的条件,并应当经所在地省级药品监督管理部门批准。定点生产企业生产麻醉药品和精神药品,应当依照《药品管理法》的规定取得药品批准文号。未取得药品批准文号的,不得生产麻醉药品和精神药品。定点生产企业应当严格按照麻醉药品和精神药品年度生产计划安排生产,并依照规定向所在地药品监管部门报告生产情况。定点生产企业应当依法将麻醉药品和精神药品销售给具有麻醉药品和精神药品经营资格的企业或者经批准的其他单位。麻醉药品和精神药品的标签应当印有国务院药品监督管理部门规定的标志。

5. 定点经营制度

国家对麻醉药品和精神药品实行定点经营制度。国务院药品监管部门根据麻醉药品和第一类精神药品的需求总量,确定麻醉药品和第一类精神药品的定点批发企业布局,并应当根据年度需求总量对布局进行调整、公布。定点批发企业应当具备经营麻醉药品、精神药品规定的特殊条件。全国性批发企业应当经国务院药品监管部门批准;区域性批发企业和专门从事第二类精神药品批发业务的企业,应当经所在地省级药品监管部门批准。全国性批发企业应当从定点生产企业购进麻醉药品和第一类精神药品。区域性批发企业可以从全国性批发企业购进麻醉药品和第一类精神药品;经所在地省级药品监管部门批准,也可以从定点生产企业购进麻醉药品和第一类精神药品。批发企业向医疗机构销售麻醉药品和第一类精神药品,应当将药品送至医疗机构,医疗机构不得自行提货。麻醉药品和第一类精神药品不得零售。除个人合法购买麻醉药品和精神药品外,禁止使用现金进行麻醉药品和精神药品交易。第二类精神药品零售企业应当凭执业医师出具的处方,按规定剂量销售第二类精神药品,并将处方保存2年备查;禁止超剂量或者无处方销售第二类精神药品;不得向未成年人销售第二类精神药品。

6. 政府定价制度

麻醉药品和精神药品实行政府定价，在制定出厂和批发价格的基础上，逐步实行全国统一零售价格。

7. 计划使用制度

药品生产企业需要以麻醉药品和第一类精神药品为原料生产普通药品的，应当向所在地省级药品监管部门报送年度需求计划，由省级药品监管部门汇总报国务院药品监督管理部门批准后，向定点生产企业购买。药品生产企业需要以第二类精神药品为原料生产普通药品的，应当将年度需求计划报所在地省级药品监督管理部门，并向定点批发企业或者定点生产企业购买。

8. 印鉴卡供应制度

医疗机构需要使用麻醉药品和第一类精神药品的，应当经所在地设区的市级人民政府卫生主管部门批准，取得麻醉药品、第一类精神药品购用印鉴卡。医疗机构取得印鉴卡应当具备法律规定的条件，医疗机构应当凭印鉴卡向本省级行政区域内的定点批发企业购买麻醉药品和第一类精神药品。

9. 特殊执业资格制度

医疗机构应当按照国家卫生主管部门的规定，对本单位执业医师进行有关麻醉药品和精神药品使用知识的培训、考核，经考核合格的，授予麻醉药品和第一类精神药品处方资格。执业医师取得麻醉药品和第一类精神药品的处方资格后，方可在本医疗机构开具麻醉药品和第一类精神药品处方，但不得为自己开具该种处方。具有麻醉药品和第一类精神药品处方资格的执业医师，根据临床应用指导原则，对确需使用麻醉药品或者第一类精神药品的患者，应当满足其合理用药需求。

10. 专用处方制度

执业医师应当使用专用处方开具麻醉药品和精神药品，单张处方的最大用量应当符合国家卫生主管部门的规定。对麻醉药品和第一类精神药品处方，处方的调配人、核对人应当仔细核对，签署姓名，并予以登记；对不符合法律规定的，处方的调配人、核对人应当拒绝发药。医疗机构应当对麻醉药品和精神药品处方进行专册登记，加强管理。麻醉药品处方至少保存3年，精神药品处方至少保存2年。对临床需要而市场无供应的麻醉药品和精神药品，持有医疗机构制剂许可证和印鉴卡的医疗机构需要配制制剂的，应当经所在地省级药品监督管理部门批准。医疗机构配制的麻醉药品和精神药品制剂只能在本医疗机构使用，不得对外销售。

11. 出境管制制度

因治疗疾病需要，个人凭医疗机构出具的医疗诊断书、本人身份证明，可以携带单张处方最大用量以内的麻醉药品和第一类精神药品；携带麻醉药品和第一类精神药品出入境的，由海关根据自用、合理的原则放行。医务人员为了医疗需要携带少量麻醉药品和精神药品出入境的，应当持省级以上人民政府药品监管部门发放的携带证明，海关凭携带证明放行。

（二）放射性药品监管

放射性药品，是指用于临床诊断或者治疗的放射性核素制剂或者其标记药物。对于放射性药品的监管,法律主要设立了以下特殊的制度。

1. 放射性新药的研制、临床研究和审批制度

研制单位研制的放射性新药,在进行临床试验或者验证前,应当向国务院药品监督管理部门提出申请,按规定报送资料及样品,经国务院药品监督管理部门审批同意后,在国务院药品监督管理部门指定的药物临床试验机构进行临床研究。研制单位在放射性新药临床研究结束后,向国务院药品监督管理部门提出申请,经国务院药品监督管理部门审核批准,发给新药证书。放射性新药投入生产,需由生产单位或者取得放射性药品生产许可证的研制单位,凭新药证书(副本)向国务院药品监督管理部门提出生产该药的申请,并提供样品,由国务院药品监督管理部门审核发给批准文号。

2. 放射性药品的生产、经营和进出口制度

国家根据需要,对放射性药品的生产企业实行合理布局。开办放射性药品生产、经营企业,必须具备《药品管理法》规定的条件,符合国家有关放射性同位素安全和防护的规定与标准,并履行环境影响评价文件的审批手续;开办放射性药品生产企业,需经国务院国防科技工业主管部门审查同意,国务院药品监管部门审核批准后,由所在省级药品监管部门发给《放射性药品生产企业许可证》;开办放射性药品经营企业,需经国家药品监管部门审核并征求国防科技工业主管部门意见后批准,由所在省级药品监管部门发给《放射性药品经营企业许可证》。无许可证的生产、经营企业,一律不准生产、销售放射性药品。《放射性药品生产企业许可证》《放射性药品经营企业许可证》的有效期为5年,期满前6个月,放射性药品生产、经营企业应当分别向原发证的药品监督管理部门重新提出申请,换发新证。放射性药品生产企业生产已有国家标准的放射性药品,必须经国务院药品监督管理部门征求国务院国防科技工业主管部门意见后审核批准,并发给批准文号。凡是改变国务院药品监管部门已批准的生产工艺路线和药品标准的,生产单位必须按原报批程序提出补充申请,经国务院药品监督管理部门批准后方能生产。放射性药品生产、经营企业,必须配备与生产、经营放射性药品相适应的专业技术人员,具有安全、防护和废气、废物、废水处理等设施,并建立严格的质量管理制度。放射性药品生产、经营企业,必须建立质量检验机构,严格实行生产全过程的质量控制和检验。产品出厂前,须经质量检验。符合国家药品标准的产品方可出厂,不符合标准的产品一律不准出厂。放射性药品的生产、经营单位和医疗单位凭 生产、经营、使用许可证,开展放射性药品的购销活动。进口的放射性药品品种,必须符合我国的药品标准或者其他药用要求,并依照《药品管理法》的规定取得进口药品注册证书。进出口放射性药品,应当按照国家有关对外贸易、放射性同位素安全和防护的规定,办理进出口手续。进口放射性药品,必须经国务院药品监督管理部门指定的药品检验机构抽样检验;检验合格的,方准进口。

3. 放射性药品的包装和运输管理制度

放射性药品的包装必须安全实用,符合放射性药品质量要求,具有与放射性剂量相适应的防护装置。包装必须分内包装和外包装两部分,外包装必须贴有商标、标签、说明书和放射性药品标志,内包装必须贴有标签。标签必须注明药品品名、放射性比活度、装量。说明书除注明前款内容外,还须注明生产单位、批准文号、批号、主要成分、出厂日期、放射性核素半衰期、适应症、用法、用量、禁忌证、有效期和注意事项等。放射性药品的运输,按国家运

输、邮政等部门制订的有关规定执行，严禁任何单位和个人随身携带放射性药品乘坐公共交通运输工具。

4. 放射性药品的使用管理制度

医疗单位设置核医学科、室（同位素室），必须配备与其医疗任务相适应的并经核医学技术培训的技术人员。非核医学专业技术人员未经培训，不得从事放射性药品使用工作。医疗单位使用放射性药品，必须符合国家有关放射性同位素安全和防护的规定。所在地的省级药品监管部门，应当根据医疗单位核医疗技术人员的水平、设备条件，核发相应等级的《放射性药品使用许可证》，无许可证的医疗单位不得临床使用放射性药品。使用许可证有效期为5年，期满前6个月，医疗单位应当向原发证的行政部门重新提出申请，经审核批准后，换发新证。持有许可证的医疗单位，必须负责对使用的放射性药品进行临床质量检验，收集药品不良反应等项工作，并定期向所在地药品监督管理、卫生行政部门报告。由省级药品监督管理、卫生行政部门汇总后分别报国务院药品监管、卫生行政部门。放射性药品使用后的废物（包括患者排出物），必须按国家有关规定妥善处置。

5. 放射性药品标准和检验制度

放射性药品的国家标准，由国家药品监管部门药典委员会负责制定和修订，报国务院药品监督管理部门审批颁发。放射性药品的检验由国家药品监管部门公布的药品检验机构承担。

第五节 化妆品管理法律制度

一、化妆品管理法律制度概述

化妆品，是指以涂擦、喷洒或者其他类似方法，施用于皮肤、毛发、指甲、口唇等人体表面，以清洁、保护、美化、修饰为目的的日用化学工业产品。

随着经济的发展和时代的进步，对美的追求已成为人类生活的一个重要组成部分。各类化妆品在现代人类的生活中亦开始扮演着越来越重要的角色。由于化妆品通过与人体表面的接触而发挥其清洁、美化、修饰和保护作用，因此，若化妆品本身含有有害物质或不符合卫生要求，就极易造成对人体的侵害。近年来，随着经济的发展，化妆品市场空前繁荣，为美化人民生活，保护人民身体健康，发挥了重要作用。然而，因化妆品中毒、感染甚至毁容的事件也时有发生。为了保证化妆品的质量，保障化妆品的使用安全，维护消费者的利益，必须对化妆品的生产、经营活动实行有效的监督管理。

2020年1月3日，国务院第77次常务会议通过了《化妆品监督管理条例》，该条例废止了1989年9月26日国务院批准原卫生部发布的《化妆品卫生监督条例》，并于2021年1月1日起施行。新条例共6章80条，对化妆品的原料与产品、生产经营、监督管理、法律责任等作出了全面系统的规定。

二、化妆品监管制度

(一)分类管理制度

国家按照风险程度对化妆品、化妆品原料实行分类管理。化妆品分为特殊化妆品和普通化妆品。国家对特殊化妆品实行注册管理,对普通化妆品实行备案管理。用于染发、烫发、祛斑美白、防晒、防脱发的化妆品以及宣称新功效的化妆品为特殊化妆品,特殊化妆品以外的化妆品为普通化妆品。化妆品原料分为新原料和已使用的原料,国家对风险程度较高的化妆品新原料实行注册管理,对其他化妆品新原料实行备案管理。

(二)管理体制

国务院药品监督管理部门负责全国化妆品监督管理工作,国务院有关部门在各自职责范围内负责与化妆品有关的监督管理工作;县级以上负责药品监督管理的部门负责本行政区域的化妆品监督管理工作,县级以上地方人民政府有关部门在各自职责范围内负责与化妆品有关的监督管理工作。化妆品行业协会应当加强行业自律,督促引导化妆品生产经营者依法从事生产经营活动,推动行业诚信建设。消费者协会和其他消费者组织对违法损害消费者合法权益的行为,依法进行社会监督。

(三)化妆品原料与产品监管

1. 新原料注册、备案制度

在我国境内,该制度首次使用于化妆品的天然或者人工原料为化妆品新原料。具有防腐、防晒、着色、染发、祛斑美白功能的化妆品新原料,经国务院药品监督管理部门注册后方可使用;其他化妆品新原料应当在使用前向国务院药品监督管理部门备案。申请化妆品新原料注册或者进行化妆品新原料备案。注册和备案由注册人和备案人向国务院药品监管部门申请或提交。申请注册的,由技术审评机构进行技术评审,向国务院药品监管部门提交审评意见,对符合要求的,准予注册并发给化妆品新原料注册证;对不符合要求的,不予注册并书面说明理由。化妆品新原料备案人通过国务院药品监督管理部门在线政务服务平台提交规定的备案资料后即完成备案。经注册、备案的化妆品新原料投入使用后 3 年内,新原料注册人、备案人应当每年向国务院药品监管部门报告新原料的使用和安全情况。对存在安全问题的化妆品新原料,由国务院药品监督管理部门撤销注册或者取消备案。3 年期满未发生安全问题的化妆品新原料,纳入国务院药品监督管理部门制定的已使用的化妆品原料目录。特殊化妆品经国务院药品监督管理部门注册后方可生产、进口。国产普通化妆品应当在上市销售前向备案人所在地省级药品监管部门备案;进口普通化妆品应当在进口前向国务院药品监督管理部门备案。

2. 化妆品注册、备案制度

申请特殊化妆品注册或者进行普通化妆品备案,应当依照法律规定向药品监管部分提交申请资料,注册申请人、备案人对所提交资料的真实性、科学性负责。由国务院药品监管部门依法对特殊化妆品注册申请进行审查。对符合要求的,准予注册并发给特殊化妆品注册证;对不符合要求的,不予注册并书面说明理由。普通化妆品备案人通过国务院药品监管部门在线政务服务平台提交本条例规定的备案资料后即完成备案。化妆品的功效宣称应当有充分的科学依据。化妆品注册人、备案人应当在国务院药品监管部门规定的专门网站公布功效宣称所依据的文献资料、研究数据或者产品功效评价资料的摘要,接受社会监督。境外化妆品注册人、备案人应当指定我国境内的企业法人办理化妆品注册、备案,协助开展化妆品不良反应监测、实施产品召回。特殊化妆品注册证有效期为5年。有效期届满需要延续注册的,可提出延续注册的申请。

化妆品注册人、备案人对化妆品的质量安全和功效宣称负责。

(四)化妆品的生产经营监管

1. 生产许可制度

从事化妆品生产活动,应当具备法律规定的条件,并向所在地省级药品监管部门提出申请,取得化妆品生产许可证。化妆品生产许可证有效期为5年,有效期届满需要延续的,可依办理。化妆品注册人、备案人可以自行生产化妆品,也可以委托其他企业生产化妆品。委托生产化妆品的,化妆品注册人、备案人应当委托取得相应化妆品生产许可的企业,并对其生产活动进行监督,保证其按照法定要求进行生产。受托生产企业应当依照法律、法规、强制性国家标准、技术规范以及合同约定进行生产,对生产活动负责,并接受化妆品注册人、备案人的监督。

2. 质量管理体系

化妆品注册人、备案人、受托生产企业应当按照国务院药品监督管理部门制定的化妆品生产质量管理规范的要求组织生产化妆品,建立化妆品生产质量管理体系,建立并执行供应商遴选、原料验收、生产过程及质量控制、设备管理、产品检验及留样等管理制度。化妆品注册人、备案人、受托生产企业应当按照化妆品注册或者备案资料载明的技术要求生产化妆品。化妆品原料、直接接触化妆品的包装材料应当符合强制性国家标准、技术规范。不得使用超过使用期限、废弃、回收的化妆品或者化妆品原料生产化妆品。

3. 进货查验记录制度

化妆品注册人、备案人、受托生产企业应当建立并执行原料以及直接接触化妆品的包装材料进货查验记录制度、产品销售记录制度。进货查验记录和产品销售记录应当真实、完整,保证可追溯,保存期限不得少于产品使用期限届满后1年;产品使用期限不足1年的,记录保存期限不得少于2年。化妆品经出厂检验合格后方可上市销售。

4. 专人负责制度

化妆品注册人、备案人、受托生产企业应当设质量安全负责人,承担相应的产品质量安全管理和产品放行职责。质量安全负责人应当具备化妆品质量安全相关专业知识,并具有5年以上化妆品生产或者质量安全管理经验。

5. 从业人员健康管理制度

化妆品注册人、备案人、受托生产企业应当建立并执行从业人员健康管理制度。患有规定的有碍化妆品质量安全疾病的人员不得直接从事化妆品生产活动。

6. 自查制度

化妆品注册人、备案人、受托生产企业应当定期对化妆品生产质量管理规范的执行情况进行自查;生产条件发生变化,不再符合化妆品生产质量管理规范要求的,应当立即采取整改措施;可能影响化妆品质量安全的,应当立即停止生产并向所在地省级药品监管部门报告。

7. 化妆品标示制度

(见本书第八章)

8. 经营者进货查验制度

化妆品经营者应当建立并执行进货查验记录制度,查验供货者的市场主体登记证明、化妆品注册或者备案情况、产品出厂检验合格证明,如实记录并保存相关凭证。化妆品经营者不得自行配制化妆品。

9. 入场审查制度

化妆品集中交易市场开办者、展销会举办者应当审查入场化妆品经营者的市场主体登记证明,承担入场化妆品经营者管理责任,定期对入场化妆品经营者进行检查;发现入场化妆品经营者有违反本条例规定行为的,应当及时制止并报告所在地县级人民政府药品监管部门。

10. 电子商务平台实名登记制度

电子商务平台经营者应当对平台内化妆品经营者进行实名登记,承担平台内化妆品经营者管理责任,发现平台内化妆品经营者有违反本条例规定行为的,应当及时制止并报告电子商务平台经营者所在地省级药品监督管理部门;发现严重违法行为的,应当立即停止向违法的化妆品经营者提供电子商务平台服务。平台内化妆品经营者应当全面、真实、准确、及时披露所经营化妆品的信息。

11. 广告管理制度

化妆品广告的内容应当真实、合法,不得明示或者暗示产品具有医疗作用,不得含有虚假或者引人误解的内容,不得欺骗、误导消费者。

12. 召回制度

化妆品注册人、备案人发现化妆品存在质量缺陷或者其他问题,可能危害人体健康的,应当立即停止生产,召回已经上市销售的化妆品,通知相关化妆品经营者和消费者停止经营、使用,并记录召回和通知情况。化妆品注册人、备案人应当对召回的化妆品采取补救、无害化处理、销毁等措施,并将化妆品召回和处理情况向所在地省级药品监管部门报告。受托生产企业、化妆品经营者发现其生产、经营的化妆品前述问题的,应当立即停止生产、经营,通知相关化妆品注册人、备案人。化妆品注册人、备案人应当立即实施召回。负责药品监管的部门在监督检查中发现化妆品以上问题的,应当通知化妆品注册人、备案人实施召回,通知受托生产企业、化妆品经营者停止生产、经营。化妆品注册人、备案人、受托生产企业、经营者未依法实施召回或者停止生产、经营的,由药品监管部门责令其实施召回或者停止生产、经营。

13. 出入境检验检疫制度

出入境检验检疫机构依法对进口的化妆品实施检验;检验不合格的,不得进口。进口商应当对拟进口的化妆品是否已经注册或者备案,以及是否符合法律规定和强制性国家标准、技术规范进行审核;审核不合格的,不得进口。进口商应当如实记录进口化妆品的信息。出口的化妆品应当符合进口国(地区)的标准或者合同要求。

第六节　产品责任法律制度

一、产品责任的一般含义

产品责任，英文为 product's liability（亦有称 manufacturer's liability），德文为 produktenhaftung，在日本一般称为制造物责任，在我国台湾地区有称为商品制作人责任，亦有称产品责任，在我国大陆一般称产品责任。

在我国，有关产品责任的规定首见于 1986 年制定的《中华人民共和国民法通则》（以下简称《民法通则》）第 122 条，该条规定，因产品质量不合格造成他人财产、人身损害的，产品制造者、销售者应当依法承担民事责任。运输者、仓储者对此负有责任的，产品制造者、销售者有权要求赔偿损失。由此可见，《民法通则》是将产品责任作为因产品质量不合格造成损害的赔偿的责任来规定的。1993 年制定的《产品质量法》（经 2000 年、2009 年、2018 年修正）以产品缺陷损害赔偿责任的形式再度对产品责任作出了较为完备的规定。根据该法第 43 条，因产品存在缺陷造成人身、他人财产损害的，受害人可以向产品的生产者要求赔偿，也可以向产品的销售者要求赔偿。同时，该法还专门对产品缺陷进行了界定。至此，以保护消费者安全利益为宗旨，并以侵权产品责任来定性的产品概念在我国得到法律明确确认。2009 年 12 月十一届全国人大常委会十二次会议通过、2010 年 7 月 1 日施行的《中华人民共和国侵权责任法》对产品责任进行了明确界定。据此，产品责任是指因产品存在缺陷而造成他人损害而由产品的生产者、销售者或运输者、仓储保管者而承担的责任。2020 年出台的《民法典》侵权责任编第四章以“产品责任”为名对该项制度作出了完整规定。产品责任虽来自传统合同法，但现代产品责任正逐步摆脱合同关系而成为侵权法的重要内容，从侵权责任的角度界定产品责任有利于更好地保护消费者的利益。

作为民事侵权责任的产品责任与因产品侵权而引起的行政责任和刑事责任不同，前者的主要功能在于补偿，而后者则主要在于惩罚、教育。前者属私法责任，实行自治，是否追究责任由受害当事人自行决定，国家不主动干预；后者属公法责任，由国家机关依职权主动追究。前者重在维护具体受害人人身和财产利益，后者主要在于维护广大消费者的一般利益。前者必须以产品缺陷存在及损害的发生为前提，后者以违法行为与过错的存在为必要。即使产品尚未投放市场，也可能承担这些责任。产品责任与因产品侵权而产生的行政责任和刑事责任有时可能发生冲突。这主要表现在：同一产品责任侵权行为既可能引起产品责任，又可能引起行政责任和刑事责任。如经营者生产销售有毒有害食品，致使众多消费者食用后中毒，此时，该产品的经营者就可能既要承担产品责任，又要承担行政责任和刑事责任。因同一行为应当承担行政责任或者刑事责任的，不影响依法承担侵权责任。根据《民法典》第 187 条的规定，因同一行为应当承民事责任、行政责任和刑事责任的，承担行政责任或者刑事责任不影响承担民事责任，民事主体的财产不足以支付的，优先承担民事责任。

产品责任法是保护消费者利益最重要的法律规范,经营者对消费者的损害大多表现为产品责任侵权的形式。实际生活中,大量的消费者受害案都是产品责任案件。产品责任制度是与消费者关系最为密切法律规范,消费者在其人身或财产受到损害时,便可依法而获得救济。通过这种救济,消费者自身所受的损害可以直接获得赔偿。产品责任制度是保护消费者利益最有效的法律。通过这一法律的实施,可以将经营者行为置于广大消费者严密的监督之下,并通过利益机制鼓励消费者揭露、制止经营者的不法行为和不顾消费者利益的行为,督促经营者真正关心消费者的利益,消除产品缺陷,提高产品质量,向消费者提供更加安全、完善的产品。

二、产品责任法律关系的当事人

产品责任法律关系的当事人包括加害方和受害方两个方面。

(一)加害方

产品责任加害方当事人,通常指有缺陷产品的提供人。由于其提供的产品存在缺陷,并且由于这种缺陷的存在而导致使用人或其他人损害,故可视为产品提供人通过产品而对受害人实施了侵害行为。在产品责任中,加害方当事人的关系比较复杂,特别是在现代专业化生产条件下,到消费者手中的商品往往要通过多个制造商、加工商才能最终形成。因而,产品缺陷究竟在哪个环节形成,往往也难以判断。有些商品在出厂以后到达消费者之前,又要经过多层销售环节,产品缺陷除可在生产过程中形成以外,还可能在销售环节中产生。如不妥当保管、加入有害物质、包装材料有害等。销售的多环节,对查找产品缺陷的形成原因又增添了更大困难。此外,产品在运输过程和仓储保管期间也可能发生质量变化,故承运人和仓储保管人亦可能对产品缺陷的形成负有责任。产销多层化使得产品责任侵害的真正加害人难以确定,故必须通过法律进行推测、规范,否则,消费者将会遇到难以克服的举证困难。

我国《民法典》第1202条规定,因产品存在缺陷造成他人损害的,生产者应当承担侵权责任。第1203条规定,因产品存在缺陷造成他人损害的,被侵权人可以向产品的生产者请求赔偿,也可以向产品的销售者请求赔偿。《民法典》除了规定生产者、销售者可能承担产品责任外,还规定了运输者和仓储者等第三人的责任。因此,产品责任的加害方当事人可以是:产品生产者、产品销售者、产品运输者和产品仓储者。

1. 生产者

生产者是指以营利为目的从事产品制造、加工的人,通常包括成品及零部件的制造人和天然产品的生产者。但对消费者来说,产品零件的制造人一般不为其所知,故此处所指的生产者便以商品的名义生产者为主。在消费者受害的情况下,可以将产品标示的生产商作为被告而提起诉讼。产品标示的生产商有可能不是该产品的真正生产者,但依一般解释,对他人生产的产品,若以自己的商标或以自己为名义生产者将产品投放市场,则应对消费者承担生产者的责任。当然,如果产品确非该生产者生产,则他在对受害消费者作出赔偿后,可以向真正的生产者追偿。

根据《民法典》的规定,因产品存在缺陷造成他人损害的,生产者应当承担侵权责任。在这里,法律规定生产者责任并不以其存在过错为条件。由此可见,生产者承担的责任是严格责任。

2. 销售者

销售者是指以营利为目的的专门从事商品销售活动的商业组织或者个人。它包括商品的批发商和零售商。在产品责任案件中通常为出售致害产品的零售商。各国立法及司法实践及有关公约一般都将非以营利为目的的专门从事商品销售活动的人排除在销售人之外,对我国法律规定的销售人亦应作如是解释。例如,甲从乙商店购买了一辆自行车,使用1年后又转让给丙,如果丙在使用该车时因质量问题发生事故,则不能将甲作为销售人,而只能将乙商店作为销售人。

关于销售人承担产品责任问题,各国与地区的规定颇有差异。概括起来,大致有三种类型。第一种是连带责任主义,亦称选择主义,即在发生产品责任事故以后,受害人可以以商品生产者或者销售者中的任何一人,也可以以生产者和销售者全体为被告起诉。在这种立法体例中,销售者与生产者对产品缺陷所致的损害负有连带责任。销售者在产品责任诉讼中的地位与生产者相同。这种立法体例理论根据是:销售人与生产者一样在产品责任案件中均属受益者,而且,销售人对其经销产品负有适当留意的义务,其出售不合格产品本身就负有过失。这种立法对销售人要求较严,但有利于对消费者的充分保护。美国大多数州的立法或判例都采用这种体例。第二种是过失责任主义,即规定只有在销售人对产品责任事故的发生存在过失的情况下,才由销售人承担产品责任。如销售人对产品未作适当的检查或适当保管或出售已过期变质的商品等。若销售人能证明其已经履行了适当留意的义务,那么他就可以免除责任。这种责任的理论依据是销售者不参与产品的生产,因而对产品制造过程不了解,对产品本身的缺陷不可能存在过失,若让销售人对所有产品瑕疵致害承担责任,对销售人来说过于苛刻。我国台湾地区即采用这种做法。第三种是折中主义,根据这种立法体例,商品销售人一般情况下仅对商品缺陷致害承担过失责任。但在特定情况下,即便没有过失,也可能承担责任。特定情况包括生产者不明,或在该产品出厂后,销售人对该产品进行加工,或销售人应当检验而未检验。欧共体各国大多采用这种体例。例如,欧共体《产品责任指令》中明确规定,如果产品没有表明负有责任者的身份,则每个供应者(包括销售人)都视为生产者承担责任,但如果在合理的时间内该销售人披露了生产者的身份,则可以免除责任。

我国法律采取了第二种立场。根据《民法典》规定,因销售者的过错使产品存在缺陷的,生产者赔偿后,有权向销售者追偿。可见在一般情况下,销售者的责任不同于生产者,只有在对产品缺陷的形成存在过错的情况下,销售者才会承担责任。

在某些情形下,尽管消费者知道缺陷产品的生产者和销售者,消费者仍然可能因为销售者或生产者相互推卸责任而得不到赔偿。如在产品责任事故发生后,销售者将产品缺陷归咎于生产者,而生产者则将其归咎于销售者,此时,消费者就有可能因为他们的相互推诿而最终得不到赔偿。为解决这一问题,《民法典》规定,因产品存在缺陷造成损害的,被侵权人可以向产品的生产者请求赔偿,也可以向产品的销售者请求赔偿。产品缺陷由生产者造成的,销售者赔偿后,有权向生产者追偿。因销售者的过错使产品存在缺陷的,生产者赔偿后,有权向销售者追偿。

在销售者的确定问题上还应注意以下问题:(1)在一般情况下,销售者即为向消费者出售商品的商店或个人;(2)销售者发生合并或分立的,可以向变更后的销售企业请求赔偿;(3)使用他人营业执照从事销售经营的,受害者可以向有缺陷产品的销售人请求赔偿,也可以向该营业执照的持有人请求赔偿;(4)在展销会、租赁柜台购买的产品,受害者可以向销售者请求赔偿,在展销会结束或柜台租期届满后,也可以向展销会的举办者或柜台的出租者请求赔偿;(5)在因经营者利用虚假广告提供商品的情况下,消费者受到损害时,广告经营者若不能提供经营者的真实名称、地址,则对消费者亦负有赔偿责任。

3. 第三人

第三人是指产品生产人和销售人以外的可能承担产品责任的其他人。其中,最常见的就是产品的运输人和仓储人。《民法典》第 1204 条规定,因运输者、仓储者等第三人的过错使产品存在缺陷,造成他人损害的,产品的生产者、销售者赔偿后,有权向第三人追偿。由此可见,第三人承担的产品责任也是过错责任,即只有在第三人的过错使产品存在缺陷,造成消费者损害并受销售者或生产者追偿时,该第三人才会承担责任。

此外,根据《产品质量法》第 57 条、第 58 条的规定,产品质量认证机构违反该法第 21 条第 2 款的规定对不符合认证标准而使用认证标志的产品,未依法要求其改正或者取消其使用认证标志资格的,对因产品不符合认证标准给消费者造成的损失,与产品的生产者、销售者承担连带责任。社会团体、社会中介机构对产品质量作出承诺、保证,而该产品又不符合其承诺、保证的质量要求,给消费者造成损失的,与产品的生产者、销售者承担连带责任。

(二)受害方

受害方当事人,是指因产品责任事故而蒙受人身伤害或财产损失的人。受害方当事人可以是产品买受人、使用人或者是因产品责任事故而致其人身或财产损害的其他人。

目前,在许多国家,产品责任已摆脱了合同关系的约束,具有侵权责任的性质。从我国法律的规定来看,产品责任也是作为侵权责任而加以规范的。在侵权责任中,凡合法权益受到他人不法侵害的人都可以成为当事人。因此,无论受害人与加害人之间是否存在合同关系,也无论其是否使用了该产品,都可以直接向加害人请求赔偿。例如,甲某购买彩色电视机后,送给乙某,乙在与丙一起观看电视时,电视机发生爆炸,致乙与丙受伤。在这种情况下,乙与丙尽管与电视机销售者不存在合同关系,但都有权向电视机的生产者或销售者请求赔偿。

值得注意的是,如果受害人因产品责任事故而致死亡,应该如何处理。对此,我国有关法律未作明确规定。根据《消费者权益保护法》第 49 条的规定,经营者提供商品和服务造成受害者及其他受害人死亡的,应当支付丧葬费、死亡赔偿金。发生产品责任事故时,可以由受害者的配偶、子女、父母以及有扶养关系的其他人请求赔偿。

三、产品责任中的产品

产品在产品责任关系中具有非常重要的意义。哪些产品可以引起产品责任,哪些产品不能引起产品责任,各国立法规定相去甚远。有些国家规定的产品范围较广,而另一些国家则相对较窄。对产品范围规定的分歧主要表现在以下几个方面:第一,不动产可否作为发生责任的产品。对此,美国的立法持肯定立场,而欧共体各国则大多持否定立场。德国 1988

年的《产品责任条例》以及英国1987年的《消费者保护法》规定可引起产品责任的产品仅限于可移动的产品。第二，农产品是否属于可发生产品责任的产品范围。美国产品责任法中的产品不仅包括工业品，而且也包括农产品。德国产品责任法规定的产品以工业加工品为限。第三，天然产品能否发生产品责任。天然产品包括各种野生植物、矿产资源。由于天然产品是自然生长的，其形成过程中不存在产品提供人的过失，因而与加工产品显然不同。产品提供人在天然产品投放市场前都要进行鉴别、选择，对其能达到消费者手中，产品提供人是有责任的。因此，许多国家都将其视为可发生责任的产品，但德国法律则将其排除在外。

由此可见，产品责任法中的产品范围在各国立法中极不一致。根据我国《产品质量法》的规定，可以发生产品责任的产品应具备以下几个条件：(1)它必须是用于销售的产品。所谓用于销售，即以营利为目的而将产品转移于他人。不是用于销售的产品，如家庭自制自食的食品、科学实验的产品，不发生产品责任。(2)它必须是已投入流通的产品。所谓投入流通就是该产品已按生产者的意思而转移给他人销售或自己直接销售。因此，企业尚未出厂的半成品或不准备出厂的残次品，若被他人偷出而使用，发生事故，产品生产者不负责任。天然生产的各种植物及农作物，若受害人自行采摘食用而中毒，则也不能要求土地所有人、经营者承担产品责任。(3)它应该具有一定形态，即产品应有一定的物理形态。物理形态，包括固态、液态和气态。智力成果就其本身来说不能作为产品。依我国法律规定建设工程不适用产品质量法。(4)经过一定的人工处理。人工处理包括制造、加工、拣选、提炼、开采、鉴别等，即它必须凝聚了人类的一定的劳动，纯粹的天然物质不能引起产品责任。

四、产品责任的构成要件

(一)产品存在缺陷

1.产品缺陷的确定

产品存在缺陷是产品提供人承担产品责任的首要条件，但什么是缺陷，对此各国立法都规定得比较含糊。我国《产品质量法》第46条规定，本法所指的缺陷是指产品存在危及人身、他人财产安全的不合理的危险。产品有保障人体健康，人身、财产安全的国家标准、行业标准的，是指不符合该标准。由此可见，在我国，产品是否具备缺陷，主要有两个衡量标准：一是该产品存在不合理的危险；二是该产品是否符合国家标准或行业标准。

对于第一个标准，其本身是相当模糊笼统的，某一产品是否具备不合理的危险。只能根据案件的具体情况来进行分析。在通常情况下，判断是否存在不合理危险主要应考虑以下几个因素：(1)产品的一般用途。产品的一般用途是指一般消费者在拿到该产品以后认为该产品将用于什么目的。如果消费者按照一般常人理解的用途使用该产品而发生损害，那么，它就不具备合理期待的安全。例如，按一般消费者的理解，啤酒是用来饮用的，如果消费者以正常量的饮用啤酒后中毒，则可以认为该啤酒不具备合理的安全性。相反，洗涤剂是用来洗涤的，若消费者饮用后中毒，则不能证明它存在缺陷。但如果洗涤剂用来清洁皮肤，而消费者在按其用途使用时，皮肤发生感染，则又说明它不具备合理的安全性，因而是有缺陷的产品。(2)产品的正常使用方式。即一般消费者在使用该产品时按自己的理解应如何使用。如果消费者在正常使用某一产品时而发生损害，则说明该产品存在缺陷。相反，若以异常的方式使用该产品而致损害，则不能说明其存在缺陷，如以一般雨伞作为降落伞使用而从几层楼跳下受伤,不能说明该雨伞存在缺陷。但如果消费者在撑伞时,由于伞柱存在毛刺而致其手割伤,则说明它存在缺陷。(3)产品的标记。如果某一产品明确标明具有某种性能,则其应该具备这种性能。例如,电吹风如果其说明书中明确表明具有防水性能,那么在浴室中使用应属正常使用,若发生触电,则生产者应当承担责任。相反,若没有这种标志或明确标示不能在潮湿的状态下使用,那么,消费者将其带入浴室或接触水后使用发生触电事故,则不能要求生产者承担责任。(4)产品的结构、原材料等内在特征。塑料杯以塑料为原料,大多受高温熔化,若以此盛沸水或煮食而发生损害,不应认为产品本身存在缺陷。(5)产品的使用、消费时间。如消费者购买食品后长期不食用,以致在超过保质期后食用中毒等,也不能说明产品本身存在缺陷。

判断产品是否存在缺陷的第二个标准是看它是否符合有关保障人体健康和人身、财产安全的国家标准或行业标准。也就是说,如果某种产品符合这些标准,则说明该产品不存在缺陷,相反,如果不符合这些标准,则说明存在瑕疵。根据这一规定,在产品责任案件中,产品提供人只要证明其产品完全符合国家标准或行业标准,则可以免除责任。然而,符合国家标准或行业标准的产品致人损害的事件也是经常发生的。如果消费者得不到任何救济,对他来说是不公平的。因为,各种标准并不是消费者制定的,符合标准的产品发生致消费者损害的事件,至少可以说明,该产品标准的科学性存在问题,有关制定标准的机关应负有一定的过失。在美国,此类案件的赔偿一般通过泛行业责任制度由制定标准部门承担赔偿责任,我国法律中的这一规定似乎有进一步完善的必要。

2. 产品缺陷的类型

产品缺陷的类型大致有以下四种:一是设计上的缺陷。即产品的设计不合理,设计时对产品的可靠性和安全性没有周全的考虑。例如,对可能发生危险的部位没有设计必要的保护装置,或药物配方的某种有害成分过多等。二是原材料上的缺陷。即产品使用的原材料不当或质量不合要求。例如,药品原料中含有杂质、电器外壳使用的材料绝缘性能差等。三是制造上的缺陷,主要指产品在制造过程中因管理不善,技术水平差而造成的各种缺陷,如产品边缘毛刺未予处理,有关零件未装紧而脱落,或因管理不善而出现脱线产品。四是指示上的瑕疵。即产品具有特殊的性质和使用方法要求而制造人对此未给予指示、说明和警告。其中包括应当指示而未作指示,例如,对不能手持燃放的烟火未作燃放方法的说明,或虽作指示,但给予的指示不当,或对产品作夸大虚假的宣传等。

以上各类缺陷是各国产品责任制度中普遍承认的缺陷,除此之外,还有一种缺陷,即现有的科学技术水平还不能发现的缺陷,亦称为发展上的缺陷(defect of development)。对于这种缺陷,在投入流通时现有的科学技术水平尚不能发现其存在,若产品存在这种缺陷而致人损害,生产者是否应当承担责任,对此,各国和地区的规定差别较大。概括起来,有三种不同的立场。一采肯定立场。美国大多数州都采用这种立场,即便在产品投放市场时科学技术尚不能发现该产品存在缺陷,但若该缺陷造成他人损害,产品提供人亦应承担责任。二采否定立场。例如,英国1981年《消费者保护法》即明确规定,对科学发展状况决定商品制造人不能预料的缺陷致害,产品提供人不负责任。三采折中立场。即在这种情况下,应根据利益衡平的原则,要求产品提供人承担部分的赔偿责任,如德国及我国台湾地区即这样规定。根据我国《产品质量法》的规定,生产者如果能够证明其将产品投放市场时的科学技术水平不能发现缺陷的存在,则可以不负赔偿责任。

3. 产品缺陷的存在时间

产品责任的构成除了要求产品存在缺陷之外,还要求该产品缺陷是在一定的时间就已经存在。根据我国法律规定,如果产品投入流通时,引起损害的缺陷不存在,则生产者可以不承担赔偿责任。但这一时间仅就生产者承担责任而言,如果产品在仓储、保管、运输或销售过程中出现缺陷,则销售者、仓储保管者、运输者应当承担责任。对于生产者这一免责抗辩理由,应结合《产品质量法》的其他条文来理解。为了保护消费者的利益,在消费者以生产者为被告起诉的情况下,法院可以于真正责任者比较明确时及时地追加真正责任者作为被告参加诉讼,也可以先判决生产者对消费者承担责任,然后,由生产者依法向真正责任人追偿。

4. 产品缺陷的存在形式

产品的缺陷应当是隐蔽的、消费者在一般情况下可能忽视的缺陷。如果产品缺陷是显而易见并且产品提供人已就此缺陷向消费者作出警告,在此情况下,发生产品责任事故,经营者可以不承担责任。

(二)有损害事实发生

损害事实的发生是产品责任构成的又一要件。所谓损害是指因为产品缺陷而使人受到人身伤害或财产损失。所谓人身伤害,即因产品存在缺陷而引起受害人的人身健康状况恶化或身体表面、内部的损伤、残缺或器官功能的丧失。如因汽水瓶爆炸而使受害人面部受伤或双目失明,因食物含有有害物质而致受害人中毒等。所谓财产损失,是指因产品存在缺陷而在使用过程中发生事故,致受害人财产毁损或价值明显降低。如因电视机爆炸致消费者家具毁损,汽车质量不过关而发生交通事故致使他人的汽车被撞坏等。产品提供人承担产品责任是产品致害的赔偿责任,它必须以造成损害为要件,如果没有发生损害,也就无所谓赔偿。如果产品使用过程中,因质量问题而自身损坏,消费者可以依据国家有关法律规定或合同的约定,要求经营者更换、修理、退款或赔偿,但此种责任不属于产品责任。

(三)损害因产品缺陷而造成

受害人的人身、财产损害必须是因为产品缺陷而引起的,即产品缺陷与损害事实之间存在近因关系。缺陷与损害事实之间是否存在近因关系,要根据案情的具体情况来进行分析。例如,电源插座如果因沾水导电而致受害人触电身亡,那么,尽管其构造可能存在某些不合理的地方或缺陷,但该人身伤害事故不是因为这些缺陷的存在而引发的,缺陷与损害之间就不存在直接因果关系。相反,如果是因为该插座的钢片外露致使用人在插入插头时触到钢片而触电身亡,那么插座的缺陷就是导致受害人死亡的近因。因此,是否存在近因关系,要考虑在损害事实发生过程中产品缺陷以及其他外来因素所起的作用。如果缺陷对损害事实的发生起主要的、决定性的作用,外来其他因素只是其发生的条件,那么二者之间就存在近因关系;相反,如果其他因素起决定性作用,而缺陷的存在无关紧要,那么它们之间就不存在近因关系。

生产者产品责任实行严格责任原则,故产品责任的构成不以产品提供人对瑕疵的存在具有过错为必要。但是,销售者和第三人产品责任则实行过错责任原则,因而销售者和第三人产品责任的构成中,还必须具备过错要件,即销售者、第三人对产品缺陷的形成存在过错。

五、产品责任的免除

尽管产品责任实行严格责任原则,但是,产品提供人也可以在法定的情况下免除责任。可能导致产品提供人免责的事由主要包括以下几个方面:

(一)因产品范围而免责

因产品范围而免责主要包括:(1)该产品的生产不是为了用于销售。《产品质量法》规定,售出的产品有法律规定情形的,销售者应当负责修理、更换、退货;给购买产品的消费者造成损失的,销售者应当赔偿损失,销售者依法承担责任后,属于生产者的责任或者属于向销售者提供产品的其他销售者责任的,销售者有权向生产者、供货者追偿。从这一规定可以看出,如果产品不是"售出"的产品,则不应适用该条规定。但"销售"一词应作广义解释,企业向灾区捐赠的产品如果存在缺陷而发生损害,不能免除责任。不是为了用于销售,是指开发、生产该产品的目的就不是销售。例如,家庭自制自用的食品,自制自用的日用品等。(2)生产者尚未将该产品投入流通。即生产者尚未将产品出产销售。

(二)因产品不构成真正缺陷而免责

因产品不构成真正缺陷而免责主要包括:(1)该产品的缺陷是由于遵循国家、行业标准而造成的。(2)该产品的缺陷不是其本身所固有的。对生产者来说,该缺陷在产品投入流通时并不存在。某些产品如食品、化妆品、药品等,生产者不仅要保证在产品投入流通时不存在缺陷,而且,还要保证在特定的时间(保质期)内,该产品不会出现缺陷。在此期间内,产品在保存完好的情况下发生变质、腐烂,亦属产品本身的固有缺陷。(3)该产品的缺陷是其投入流通时的科技水平尚不能发现的。以产品投入流通时的科技水平不能发现缺陷的风险,通常被称为发展风险,或发展中的风险,判断是否存在发展中风险,应以产品投入流通时社会科学技术水平为依据。但根据《民法典》第1206条的规定,产品投入流通后发现存在缺陷的,生产者、销售者应当及时采取停止销售、警示、召回等补救措施。未及时采取补救措施或者补救措施不力造成损害的,应当承担侵权责任。据此,对产品投入流动时科技水平不能发现的缺陷,并不是绝对的免责,即便投入流动时缺陷依当时之科技水平不能发现,但若投入流动后发现了缺陷,生产者销售者仍然有义务及时采取停止销售、警示、召回等补救措施,如果生产者、销售者没有采取措施,致使消费者在使用产品后遭受损害,此时,生产者、销售者仍可能承担责任。

(三)因受害人的过错而免责

因受害人的过错而免责主要包括:(1)损害的发生是由于受害人故意造成的。(2)受害人自愿承担产品缺陷的风险。受害人购买有明显缺陷的处理品并在购买时受到警告,若因此瑕疵致害,产品提供人可以免除责任。因为在这种情况下,商品提供人已经告知其缺陷并作出警告,受害人仍然购买,说明他自愿承担了产品缺陷的风险。(3)受害人非正常使用产品,即受害人不按产品说明中指定的方法或一般认为适当的方法使用产品。(4)受害人的特殊敏感或过敏等其他特殊情况。如某些药物、化妆品、食品对绝大多数人来说都不会产生不良反应,但由于受害人自身的特殊性,其在服用、涂抹或食用后发生不良反应,此时,产品提供人可以不承担责任。但这种敏感或过敏必须是非常少见的,若这种反应、过敏带有一定的普遍性,则产品生产者应被警告。

六、产品责任中的损害赔偿

产品责任作为一种侵权责任,其责任形式是单一的,这种责任形式就是损害赔偿。产品责任中的损害包括人身伤害与财产损失两种类型,其损害赔偿亦就包括对人身伤害的赔偿和对财产损失的赔偿。除此之外,《民法典》还确立了产品责任的惩罚性赔偿制度。[3]

(一)人身伤害的赔偿

关于人身伤害的赔偿,各国立法所采用的赔偿原则大致有两种:一为赔偿物质损失的原则;二为全面赔偿原则。大陆法系各国的立法一般采用前者。根据这一原则,对人身侵害的赔偿主要根据因伤害事故的发生而导致受害人物质损失的大小来决定。物质损失一般包括受害人因受到伤害而增加的有关支出或减少的收入。其中,支出的增加包括直接的医疗费用和其他为了治愈伤害而支出的费用以及维持受害人正常的健康状况而作出费用支出。收入的减少,一般包括因致害事故的发生而造成的收入的直接减少或因谋生能力的丧失或降低而受到的收入的减少。在采用这种立法原则的国家,受害人所受的精神痛苦则得不到补偿。在美国,产品责任立法采用第二种赔偿原则。根据这一原则,加害人不仅要赔偿受害人的物质损失,而且,对受害人因伤残、生病所遭受的痛苦以及受害人死亡时其亲属所受的精神痛苦也要补偿。在美国的产品责任赔偿案件中,精神补偿往往占损害赔偿费用的大部分。

在《中华人民共和国侵权责任法》(已废止,以下简称原《侵权责任法》)颁布前,我国产品责任立法基本上采用物质赔偿原则。根据《产品质量法》的规定,产品责任的赔偿范围包括:(1)造成人身伤残的,应当赔偿医疗费、误工减少的收入、治疗期间的护理费;造成残疾的,还应当支付残疾者生活自助具费、生活补助费、残疾赔偿金,以及由其扶养的人所必需的生活费等费用。(2)造成受害人死亡的,除死亡前的有关抢救费用等之外,还应支付丧葬费、死亡赔偿金、生前抚养者必要生活费等。但原《侵权责任法》第22条规定,侵害他人人身权益,造成他人严重精神损害的,被侵权人可以请求精神损害赔偿。

《民法典》进一步完善了产品侵权损害赔偿责任规定。据此,侵害自然人人身权益造成严重精神损害的,被侵权人有权请求精神损害赔偿。因故意或重大过失侵害自然人具有人身意义的特定物造成严重精神损害,被侵权人有权请求精神损害赔偿。这一规定对产品责任同样适用。但应当注意的是,请求经营者承担精神损害赔偿责任必须具备两个条件:第一,因产品缺陷导致自然人的人身权益或具有人身意义特定物损害。如因产品存在缺陷,致使消费者在使用、消费时身体受到伤害或导致消费者死亡,一般的财产损失不能请求精神损害赔偿。但是,如果导致了具有人身意义的特定物损害,则可能承担精神损害赔偿责任。具有人身意义的特定物,如近亲属死者遗像、墓碑、骨灰盒等相关纪念物品等,因为这类特定物的损害,可能导致受害人巨大的精神痛苦。第二,造成了消费者严重的精神损害。例如,因

---

〔3〕 本书第一、第二版即提出了建立产品责任惩罚性赔偿制度的建议,《民法典》的这一规定进一步强化了经营者的责任,增强了法律对经营者的威慑作用,是我国消费者保护法律制度发展的重大进步。

产品责任事故的发生使消费者面容被毁,即便治愈了,仍留有明显的疤痕,消费者会因此而长期感到痛苦,在这种情形下,经营者就不仅应当赔偿消费者医疗费用等损害,而且应当承担精神损害赔偿责任。

(二)财产损失的赔偿

财产损失的赔偿一般采取赔偿实际损失的原则。实际损失包括因产品责任事故的发生而导致财产权利人财产受损的价值(直接损失)和财产权利人合理期待的利益。根据我国《产品责任法》的规定,财产损失的赔偿以赔偿直接损失为原则。[4] 因产品缺陷致受害人财产损失的,侵害人应当恢复原状或者折价赔偿。将恢复原状与折价赔偿并列,意味着在可以恢复原状的情况下,可以选择恢复原状,也可以选择折价赔偿;在不能恢复原状的情况下,应当折价赔偿。除了这一原则性的规定外,法律还规定如果受害人因此而遭受其他重大损失,侵害人亦应当赔偿。此处所指的其他重大损失,包括受害人合理的期待利益的丧失。但这种损失应当是重大的,并且与产品责任事故的发生有直接的因果联系。《民法典》第1179条规定,侵害他人造成人身损害的,应当赔偿医疗费、护理费、交通费、营养费、住院伙食补助费等为治疗和康复支出的合理费用,以及因务工减少收入。造成残疾的,应当赔偿辅助器具费和残疾赔偿金,造成死亡的,还应当赔偿丧葬费和死亡赔偿金。侵害他人财产的,财产损失按照损失发生时的市场价格或其他合理方式计算。

(三)产品责任中的惩罚性赔偿责任

在不少一些国家,产品责任中的损害赔偿除了人身伤害和财产损失的赔偿以外,对于故意或重大过失或疏忽而致人损害的行为,受害人还可以请求法院判决加害方支付惩罚性赔偿金(如美国),有些国家则规定在这种情况下法院有权判决罚款。惩罚性赔偿金由受害人获得,这种做法可以加重产品提供人的责任,对督促产品提供人提高产品质量具有一定的作用。在我国最初制定的《消费者权益保护法》和《产品质量法》中,对产品责任惩罚性赔偿都没有明确的规定。实践中,不少经营者明知产品具有严重的危险,仍然大量生产、销售,有些经营者为了获取暴利,为强化产品的感官性能或存放时间,故意在产品中添加有毒有害的防腐剂,有些销售者明知产品已经过期失效、腐烂、霉变等,仍然继续销售,给消费者的人身、财产安全带来了严重的威胁。对一般损害的受害人,法律仅赋予其请求赔偿损失的权利,但对于故意损害消费者权益的行为,赔偿消费者损失往往不能有效遏止经营者的违法行为。例如,生产经营不符合国家安全标准商品的经营者,其生产是大批量的,大量的消费者可能没有因使用该商品而受到严重的损害。在这种情况下,经营者即便赔偿了个别消费者的损害,总体上看,他仍然是可以获利的。在获利大于损失的情况下,经营者仍然可能继续这种有缺陷商品的生产。惩罚性赔偿制度可以进一步加大经营者的成本,从而能够更有效地遏制经营者不法经营行为。此外,惩罚性赔偿制度还含有对消费者揭露经营者违法行为的强大激励。因为,惩罚性赔偿不同于政府罚款等形成处罚,通过请求惩罚性赔偿,消费者自己可以获得巨大利益。这种利益的存在会鼓励消费者积极地行使权利,揭露经营者故意生产、销售

---

[4] 《消费者权益保护法》第44条的责任不仅包括侵权责任,亦包括产品品质担保责任。故该条中所指的财产损失与此处所指的财产损失不同,它包括缺陷产品本身的损失。

缺陷产品的行为。

为强化消费者的保护,加强经营者的责任,我国原《侵权责任法》第47条规定,明知产品存在缺陷仍然生产、销售,造成他人死亡或者健康严重损害的,被侵权人有权请求相应的惩罚性赔偿。这一规定弥补了以上两项法律规定的不足,使我国法律对消费者的保护更加周密。继原《侵权责任法》之后,《消费者权益保护法》在2013年修订时,也增加了有关产品缺陷致消费者受害的惩罚性赔偿责任。该法第55条第2款规定,经营者明知商品或者服务存在缺陷,仍然向消费者提供,造成消费者或者其他受害人死亡或者健康严重损害的,受害人有权要求经营者依照本法第49条、第51条的规定赔偿损失,并有权要求所受损失2倍以下的惩罚性赔偿。该款规定,在侵权责任法规定的基础上,进一步明确了产品责任侵权的惩罚性赔偿责任。据此,产品、服务侵权的惩罚性赔偿责任承担,除了要具备一般情形的侵权责任构成要件外,还应符合以下要求:(1)在主观要件方面要求经营者有故意。即经营者明知商品、服务存在不合理的危险,仍然向消费者提供该商品或服务。(2)在损害结果方面要求特别严重。即该缺陷产品或服务导致了消费者死亡或者健康遭受严重损害的后果。惩罚性赔偿的最高限额为被害人所受损失的2倍,具体承担的惩罚性赔偿责任金额,根据情况酌情决定。但2倍以下的惩罚性赔偿,应当是在侵害方经营者承担损害赔偿责任后的额外赔偿,不应包括其本应承担的损害赔偿。

2020年出台的《民法典》第1207条规定,明知产品存在缺陷仍然生产、销售,或者没有依据前条规定采取有效补救措施,造成他人死亡或者健康严重损害的,被侵权人有权请求惩罚性赔偿。据此,侵权人承担惩罚性赔偿责任应符合两个基本的条件:(1)明知产品存在缺陷仍然生产或销售该产品,或在产品投入流通后发现存在缺陷为及时采取补救措施。明知产品存在缺陷,即明知产品存在不合理的危险。例如,产品已经检验不符合国家安全标准,或产品属于已经国家明令淘汰的产品,或产品已经因缺陷造成过对消费者的损害,而经营者没有对产品作任何安全性改造继续生产销售,都可以认定明知产品存在缺陷。此外,销售者销售过期、失效的商品,也应认定明知产品存在缺陷。(2)因该缺陷造成了消费者死亡或健康严重损害。惩罚性赔偿是一种严厉的责任,因而,对一般产品侵权不宜普遍适用,否则,产品责任制度的运行成本将会剧增,甚至影响经济的正常发展,考虑到我国目前的经济发展水平,法律规定,仅对严重侵害消费者人身利益,造成严重后果的产品侵权,才适用惩罚性赔偿责任。

从以上的分析可见:第一,《民法典》关于惩罚性赔偿责任的规定对《消费者权益保护法》有一定的补充,即增加了在产品投入流通后发现存在缺陷,生产者、销售者未及时采取补救措施或补救措施不力,造成他人死亡或健康严重损害时,被侵权人有权请求相应的惩罚性赔偿。按照新法优于旧法的原则,《民法典》实施后,生产者、销售者不及时采取补救措施的惩罚性赔偿责任,对消费者来说同样适用。第二,《消费者权益保护法》第55条第2款规定的经营者惩罚性赔偿责任,不仅局限于产品责任,而且也涉及服务存在缺陷造成严重损害的惩罚性赔偿责任。由于《民法典》仅仅规定了产品责任,并未将服务纳入其中,因此,尽管《民法典》制定在后,但其规定并没有替代《消费者保护法》中关于服务缺陷的惩罚性赔偿责任效果,因此,在经营者因服务缺陷造成消费者严重损害时,消费者仍然可以请求惩罚性损害赔偿。第三,《民法典》没有规定产品责任的惩罚性赔偿限额,但在《消费者权益保护法》

中则规定了所受损失2倍以下的最高赔偿限额,因此,《民法典》实施后,《消费者权益保护法》规定的2倍以下最高赔偿限额应不受影响。

七、产品责任诉讼时效和损害赔偿请求权的最长保护期间

所谓诉讼时效,是指当事人可以提起诉讼的有效期间。诉讼时效实际上就是具体法律关系中诉权的存在期间,超过诉讼时效的债权即失去法律保护,成为自然之债,债务人清偿仍然具有法律效力,但债权人不得通过司法途径强制债务人清偿债务。产品责任属侵权之债,受害人请求司法保护亦有时效限制。根据《产品质量法》的规定,因产品存在缺陷造成损害要求赔偿的诉讼时效期间为2年,自当事人知道或应当知道其权益受到侵害时起计算。这里需要划清诉讼期间与缺陷产品损害赔偿请求权的最长保护期间的界限。缺陷产品损害赔偿请求权的最长保护期间,即缺陷产品引起的请求权的最长保护期间,超过这一期间,该项权利即丧失,它与时效不同。第一,缺陷产品损害赔偿请求权的最长保护期间,解决的是消费者在购买产品多长时间以内,有权对可能发生的产品责任损害请求生产者、销售者赔偿,或者说是产品的生产者、销售者在将产品投入流通后的多长时间内,对缺陷产品负有严格责任义务的问题;而产品责任的诉讼时效,解决的是在发生了产品责任损害以后,受害的消费者应在多长时间内起诉的问题。第二,诉讼时效期间满后,并不意味着生产者、销售者产品质量义务的解除,消费者请求损害的权利还是存在,如果生产者、销售者自愿履行债务的,就不能以不知"时效已过"为由再追回已赔偿给消费者的财物。但是,请求权的10年期限届满后,法律就免除了生产者、销售者的产品质量义务。即使因产品存在缺陷给消费者造成损害的,生产者、销售者也不承担产品质量侵权损害赔偿责任。但是,如果生产者、销售者在卖出产品时对消费者明示的产品安全使用期超过10年的,则不以10年期限为限。第三,缺陷产品引起的请求权的最长保护期限作为权利的存在期间,并不发生中断和中止,无论发生什么情况,都不停止计算;时效则可因特定情况的发生而中断,并重新计算,或因特定情况的发生而中止,待特定情况消失后,继续计算。根据《产品质量法》第45条第2款的规定,实际上是关于缺陷产品损害赔偿请求权最长保护期间的规定。该期间有两种情况:(1)在一般情况下,此项损害赔偿请求权的最长保护期间为10年,此期间从造成损失的有缺陷产品交付最初用户、消费者之日起计算。(2)如果产品明示的安全使用期超过10年,则不以10年为限。

第九章　消费者公平交易保障法律制度

第一节　消费者公平交易保障法律制度概述

一、建立消费者公平交易保障法律制度的必要性

(一)不公平的交易因素只能用公平的法律制度去克服

交易,从广义上说,是指不同主体之间权益的相互对应转移。凡以一定己方利益的赋予而获得他方利益的行为都属交易行为。在交易过程中,一方丧失自己的某种利益(通常表现为向他方提供一定的货币、物品、智力成果或作出一定的行为或抑制某种行为或提供某种利益)而获得他方给予的相应利益(通常也表现为物品、货币、智力成果、作为或不作为等形式)。交易的最典型形式是商业交易,即商品、服务与一定量的货币在不同主体之间的互相对应转移。在商业交易中,一方以商人的身份出现,为了获得货币价值而向作为另一方的顾客提供某种商品和服务。交易是否公平,主要看双方所提供的利益按社会一般评价是否相当。就商业性交易而言,即商人提供的商品和服务与顾客所支付的货币价值是否相当。就一般社会价值标准而言,若双方获得与失去的利益相当,则交易公平;相反,若获得与失去的利益差距过大,则为不公平交易。

在交易过程中,交易主体的利益相互对立,各方总是想方设法谋求己方利益最大化。只有在双方利益得失相当的临界点,双方的利益才能都获得最大限度地满足。偏离这一临界点,就会发生一方得大于失、他方失大于得的结果。因此,在交易双方均为理智者的情况下,对各自利益最大化的追求往往会促成公平交易的实现。然而,交易本身的利益机制只能为公平交易的实现提供一种内在驱动机制,公平交易是否能真正实现,还要受一系列的内在和外在因素的影响。由于这些因素的存在及作用,交易公平往往受到破坏。

影响交易公平的因素是多种多样的,就一般而言,大致有以下几个方面:

第一,市场供求状况。在市场供应与需求大致平衡的情况下,对实现交易公平最为有利。供过于求或供应不足,都有可能影响交易公平。

第二,具体交易当事人对其得失利益的关心程度。在当事人认为某种商品或服务给他带来的利益对其非常重要或急迫的情况下,往往愿意接受不公平的交易条件。

第三,市场竞争程度。在充分竞争的市场环境下,经营者由于受到来自其他经营者的压力,往往会促使他以合理的价格出售其商品或提供服务;相反,在不充分竞争的市场中,经营

者则往往利用其优势地位,谋取高额的利润。在市场高度垄断的情况下,经营者利用自己的垄断地位,几乎可以为所欲为。

第四,对交易主体对方提供的对应物的了解程度。在交易主体对相互提供的利益载体(商品或服务)充分了解的情况下,更易于达成公平的交易结果;相反,一方越不知情,交易结果就越有可能对他不利。

第五,交易双方的实力对比。交易一方的实力越强大,则为了追逐自身利益而使对方受不公平对待的可能性越大。在双方实力相当的情况下,交易双方会平等相待。在交易过程中,双方都不存在过重的心理压力,而且,在发生不公平交易结果的情况下,可以谋得充分的救济,因而更有利于双方达成公平的交易结果。

第六,交易双方对市场信息的了解。在双方对市场信息都充分了解的情况下,公平交易的实现最有可能。相反,市场信息不均衡于任何一方都可能导致该方利用这一信息而损害对方的利益。例如,经营者可以利用消费者不了解行情,或不知晓有其他同类商品、服务经营者存在,而向消费者提出更苛刻的交易条件。对于这些影响交易公平的因素,只能通过制定维护交易公平的法律才能克服。

(二)消费者的不利地位只能通过体现国家干预的法律才能得到矫治

消费交易,是指消费者为了个人生活需要而与作为商品与服务提供者的经营者之间进行的交易。在消费交易中,一方是以支付一定的价款为条件而获得商品和服务的消费者,另一方则是为了获得货币价值而提供商品与服务的经营者。在消费交易中,特别是在现代市场经济条件下,消费者一方往往处于非常不利的地位。

第一,消费者支付代价获得商品、服务的目的是满足生活需求,商品与服务能否获得往往关系到其生存或发展需求能否得到满足。由于商品和服务的获得与否关系到其生存,故消费者在其不能或难以通过其他方式获得的情况下,可能放弃自己的部分利益,接受经营者的苛刻条件。

第二,在消费交易中,经营者以获得金钱为己足,在通常情况下,不发生对其利益载体不了解的情况。对消费者而言,由于商品和服务是他人生产和提供的,因而对其构造、功能、成分等商品自身的情况以及生产经营过程中的劳动消耗情况往往难以了解。同时,消费者购买商品及接受服务带有很大的随机性,消费者为了满足需求必然要接触很多商品、服务,因而也不可能对所有这些商品、服务都了如指掌。尤为值得注意的是,在现代科技高度发达的情况下,商品、服务的高度技术化使消费者对于商品和服务的具体情况在许多情形更是一无所知。由于对商品本身及其生产过程的无知,消费者极有可能对其价值发生错误的判断。加上经营者由于受利益驱动,经常对商品及服务作过度夸张不实的渲染,更有可能使消费者发生判断失误,而作出错误的选择或支付远远高出商品和服务应有价值的价款。

第三,在现代市场经济条件下,股份制的推行带来了资本聚集方式的革命,经营者可以在顷刻之间聚集亿万巨资,迅速地取得市场的垄断地位,而不必再靠一分一厘的原始积累。同时,为了避免竞争过程两败俱伤的危险,经营者往往通过各种方式(联营、控股、董事兼任、价格联盟、市场瓜分协议等)相互配合、一致行动,共同对付消费者,市场的竞争性极有可能受到来自经营者一方的彻底破坏。在不充分竞争的条件下,市场的价格发现机制失灵,消费者在没有其他选择的情况下,迫于自己对商品、服务的需求,往往不得不接受由经营者一方武断决定的价格条件。

第四,从交易双方的实力来看,消费者经常为单个的社会成员,其购买商品、接受服务带有很大的随机性,而经营者则往往采取企业的形态,资金雄厚、机构林立,各类专门人才应有尽有。在消费交易过程中,消费者往往带有沉重的心理压力,在交易过程中即便受到不公平对待,也只好忍气吞声。由于实力悬殊,对救济措施的采用也普遍缺乏信心。

第五,在市场经济条件下,经营者专门从事商品与服务的经营工作,因而更容易获得有关市场供求关系的变化以及其他方面的市场信息。他们可以利用这些信息的散布或保守而使消费者蒙受不应有的损失。

第六,经营者以提供商品和服务为常业,因而对每个消费者极微弱的损害,经长期积累都可能给自己带来巨大的利益。由于致害的分散性,每一个消费者所承担的损害并不一定十分惊人。在这种情况下,消费者往往会放弃寻求救济的权利。

从以上分析中我们可以看出,在消费交易中,交易本身就具有使消费者一方受到来自经营者不公平对待的可能性。在市场经济条件下,消费者的处境更加恶化,消费交易的公平性根本不可能通过交易本身的利益对立和互动机制而得到根除。在这种情况下,必须借助国家公权对消费性交易关系进行必要的干预。唯有如此,消费交易中的利益平衡才能得到保证。

二、国家干预消费交易的法律途径

在自由竞争的商品经济条件下,影响消费交易公平的因素虽在一定程度上存在,但由于商品、服务本身的简单,市场的高度竞争,交易主体实力相当以及市场信息的相对均衡分布等条件的制约,交易公平通常可以通过双方对各自利益最大化的追求而得到基本维持。然而,在现代经济条件下,交易客体、交易的外部环境、主体实力以及信息分布等情况的变化,使得利益最大化追求对交易公平的保障丧失了其作用的条件。因而,交易公平不得不依靠来自外部力量的干预。

为了保护消费者利益,对消费交易实行适度的国家干预已成为当今世界各国普遍采取的基本立场。自20世纪以来,各国相继颁布了大量的保障消费者交易公平的法律。这些法律突破了传统民商法中所普遍推崇的契约自由、当事人意思自治原则,强化了国家出于消费者利益的需要而对市场进行管理、监督的职能,并且,在法律中从消费者的利益出发对各种交易规则进行了重新界定、增减或修订。一般来说,保障消费交易公平的法律,主要包括以下几个方面。

(一)竞争法律制度

对消费者有利的市场环境通常包括两个方面:一是买方市场,即商品的供应大于需求;二是市场的充分竞争。买方市场的形成只有通过发展经济,扩大商品供给而实现,而且,供大于求,虽对消费者有利,但往往是以社会财富的浪费以及宏观经济效益降低为代价的。而市场的充分竞争在给消费者带来利益的同时,却能促进资源的合理配置和经济发展。因此,各国为了保护消费者利益,大多特别重视维护市场竞争的立法。以维护市场竞争为目的的法律规范,通常称为竞争法。它包括禁止垄断方面的法律、禁止限制竞争行为的法律以及制止不正当竞争行为的法律。竞争法直接目的在于禁止私人的垄断,防止经营者利用支配地位限制竞争,取缔采用不正当手段进行竞争。但其终极目的仍然是维护一般消费者的利益,促进经济的发展。[1] 竞争法所维护的消费者利益主要是消费者交易利益。唯有在市场充分竞争的情况下,市场的价格发现功能才能正常发挥,消费者自由选择商品,获得合理的价格以及其他有利的交易条件才有保障。

我国《反不正当竞争法》对各种不正当竞争行为进行了列举,并规定了严厉的制裁措施。除了对不正当竞争行为加以规制之外,该法还就我国特有的行政性垄断问题作了限制性规定。随着我国经济的发展,反垄断法制定的条件日益成熟,2007 年 8 月 30 日十届全国人民代表大会常务委员会二十九次会议通过了《反垄断法》,对垄断协议、滥用市场支配地位、经营者集中以及滥用行政权力排除限制竞争的行为进行了系统的规定。至此,竞争法律制度在我国初臻完善。

(二)价格管理法律制度

如前所述,在现代商品经济条件下,市场自发的价格发现机制由于种种原因而遭到破坏。垄断经营者滥用自己的垄断地位,经营者相互串通、联合行动,消费者对商品本身及形成过程的无知,市场信息的不合理分布等,都有可能促使或蒙蔽消费者接受不合理的价格条件。为了维护消费者的利益,对消费交易中的价格进行适度的干预是非常必要的。

国家对市场价格的管理,通常采用四种不同的方法:第一种是直接的控制。即通过直接规定商品和服务的价格标准而对价格进行控制,这里又有两种不同的做法:一是直接规定价格的具体金额,经营者必须完全按照国家规定的价格出售商品或提供服务;二是限制定价,对商品或服务的价格规定一定的浮动幅度或一定的最高或最低限度,由经营者在国家规定的幅度或限度内根据市场行情变化自行确定价格的具体金额。第二种是调节供应量。即国家利用供求与市场价格之间的关系,通过增加供应而使价格平抑,或减少供应量而维持、提高价格。第三种是调节价格构成。即通过给予经营者一定的优惠而使其利润能够在较低的价格水平条件下得到维持,或对经营者以一定的限制使其不得不增加商品或服务的成本支出。例如,通过提高税收或贷款利率,可以迫使某一商品的价格上扬,而通过免税减税或降低贷款利率,则可以使价格下跌。第四种是价格劝导。即通过对有关政策的宣传,教育、劝说、引导经营者合理定价。

在改革开放以前,我国普遍采用第一种方法来对价格进行直接的控制,而且大多数商品、服务都采取国家直接定价的方法。这虽然可以实现消费者利益的保护,但这种定价难免主观臆断,它不一定能够代表商品的实际价值。同时,它使价格完全丧失了对市场的调节功能,不利于实现资源的合理配置,阻碍了经济发展和人民生活水平的提高。在市场经济条件下,我们不可能再千篇一律地采用这种直接控制方法,尤其不能过多地采用国家直接定价来控制商品和服务的价格。但是,对某些商品和服务由国家对市场的供求状况进行必要的控制仍然是必要的。特别是通过采用指导定价的方法将商品或服务价格限制在一定的幅度或限度,对维护消费者利益仍可以发挥很大的作用。同时,在市场经济中,国家应特别重视后

---

[1] 参见[日]田中诚二等:《独占禁止法》,劲草书房 1981 年版,第 467 页。

三种方法的运用，加强对价格水平软性约束，以保证市场价格维持在合理的水平，维护消费者的利益。

我国颁布的价格法规主要有：1987 年 9 月 11 日国务院发布的《价格管理条例》，1988 年国家物价局发布的《关于价格违法行为的处罚规定》，1990 年国家物价局发布的《关于商品和收费实行明码标价制度的规定》，1995 年国务院批转国家计委发布的《制止牟取暴利的暂行规定》，1995 年国家计委等部门发布的《餐饮修理业价格行为规则》以及 1997 年 12 月 29 日八届全国人大常委会二十九次会议通过并于 1998 年 5 月 1 日起施行的《中华人民共和国价格法》。

（三）计量管理法律制度

计量准确是公平交易的又一要求。不准确的计量实际上是变相地抬高或降低了商品的价格，而且这种对价格的提高或降低是以欺骗的形式实现的。在消费交易中，不准确的计量，通常为短斤少两，它使消费者在不知不觉中蒙受经济损失，从这一角度来看，无异于偷窃行为。因此，不正确计量的行为有更大的社会危害性。在商品交易中，经营者为了谋取非法利润，往往采取不正确计量的方法损害消费者利益。在消费交易中，计量器具的提供者往往是经营者，因此，通过各种手段缺斤少两的现象极可能发生。特别是现代商品大多采用预先包装形式，而生产者又大都远离消费者，计量发生在消费者背后，即使消费者发现存在计量短缺，碍于救济困难，往往也只好放弃请求。为了保证正确计量，维护交易公平，保护消费者利益，必须对消费交易中的计量问题进行必要的规制。

我国目前已颁布的有关计量方面的法律法规主要有：1985 年 9 月 6 日六届全国人大常委会十二次会议通过的《中华人民共和国计量法》（2018 年修正），1987 年 1 月 19 日国务院批准国家计量局发布的《计量法实施细则》（2018 年最新修订），1989 年 10 月 11 日国务院批准国家技术监督局发布的《进口计量器具监督管理办法》（2016 年修订），1990 年国家技术监督局发布的《计量违法行为处罚细则》（2015 年修订）等。

（四）消费合同法律制度

消费合同是消费者为了满足生活需要而与经营者之间签订的合同。消费合同是消费交易的法律形式。消费合同与其他契约的区分是现代国家对消费者利益倾斜的结果。在传统民商法体系中，根据民事当事人地位一律平等的原则，除了通过行为能力、责任能力制度保护未成年人或其他无行为能力者的利益之外，对其他主体签订的合同都予以同样的法律保护，各种合同无一例外地适用相同的法律。随着商品经济的发展诸如水电气热供应、分期付款销售、信用买卖、旅游服务、金融服务、电子商务等新的交易形式开始出现。在这种新的交易形式中，消费者的利益极易遭到经营者的侵害。至此，各国才相继开始加强对契约关系中消费者一方的保护。一方面，通过合同立法对传统契约法中的契约自由进行限制，并对消费者一方赋予更多的权利和更严密的保护措施；另一方面，通过特别立法对各种特殊的合同，进行特别规范。目前，对消费合同与非消费性合同加以区别并通过立法为消费者提供特别保护，已成为各国普遍的发展趋势。

我国目前关于消费合同方面的立法主要体现在《民法典》有关格式条款的规定和《消费者权益保护法》第 26 条、第 28 条、第 53 条等条款的规定中。消费合同法律制度是以消费者的具体利益为保护对象,完善消费合同法律制度,有利于使消费者在具体交易中依法得到更好的保护。

第二节 竞争法律制度

一、竞争法律制度概述

如前所述,市场的竞争状态是消费者获得公平交易条件的前提,对维护消费者的公平交易利益具有极为重要的作用。

根据现代经济学的观点,充分竞争的市场具有以下特点:(1)存在众多的同类商品或服务的经营者;(2)每一经营者对市场价格不足以施加决定性的影响;(3)不存在限制其他经营者进入市场的因素;(4)所有经营者享受相同的权利,承担相同的义务;(5)竞争各方对市场信息充分了解;(6)所有经营者以实现最大利润为目标。然而,竞争本身就蕴含自我否定的因素。竞争的结果是资本的集中,资本的集中必然会导致某一经营者优势,而一旦其所处的优势可以使其按自己的意志对市场价格施加影响,充分竞争的市场条件就会遭到破坏。同时,产权厘定不清、国家外部干预以及经济活动溢出市场之外的外部效果等因素对竞争亦具有决定性的影响。由于这些因素不可能绝对排除,因此,一般认为,完全充分的竞争是现实中不可能存在的,任何市场只能维持其一定程度的竞争。[2]

市场的竞争性与消费者的利益关系极大。竞争具有价格发现的功能,经营者为了获得顾客必然会降低商品的价格,使市场的价格围绕其真实价值上下波动,并日益接近其真实价值,从而使消费者获得廉价的商品和服务。竞争具有促进经营者提高商品和服务质量的功能。在竞争市场中,消费者具有广泛的选择权,因此,经营者唯有千方百计地为顾客着想,不断提高商品和服务的质量才能获得顾客的光顾。竞争具有自发实现社会资源合理配置的功能。当某一商品和服务的市场供应达到一定程度,受供求规律影响,经营者的利润水平便开始逐步下降,从而促使经营者将资本投入市场供应不足的商品和服务领域。这样便可以自发地调节社会资源的配置,并使消费者的各种需求都能得到充分的满足。

基于竞争对消费者利益保护的巨大作用,各国都非常重视市场竞争的立法。竞争法的内容主要有两个方面:一是反垄断法,包括禁止垄断及限制竞争的法律;二是反不正当竞争法,即对采用不正当手段参与竞争的行为进行规制的法律。

二、反垄断法律制度

(一)反垄断法与消费者利益保护

市场的垄断不仅会损害经营者的利益,而且会损害消费者的利益。垄断对消费者利益

---

〔2〕 罗志如、厉以宁等:《当代西方经济学说》,北京大学出版社1989年版,第11~18页。

的危害可以从以下几方面进行思考。

一是垄断与消费者主权。消费者主权是通过市场的竞争机制实现的。只有市场竞争存在,“消费者货币选票”的投放才能合理地引导经营者的行为,使经营者按照消费者的要求决定生产什么、生产多少,以及如何为消费者提供优质的服务。在垄断状态下,消费者缺乏自主选择商品、服务的权利,只能购买垄断经营者的产品。在这种情形下,“消费者货币投票”便不能产生对经营者经营活动的引导作用。

二是垄断与商品、服务的质量。在竞争状态下,不同经营者为了获得更多的消费者“投票”,必须不断地改善经营管理,提高商品、服务质量。而在垄断状态下,消费者缺乏选择权,无论经营者的产品服务质量如何,消费者迫于需要,都不得不购买。此时,竞争状态下经营者必须承受的外部压力消失,是否提高产品服务质量完全取决于经营者自己的意志。

三是垄断与公平交易。在竞争状态下,消费者享有选择权,因而,若交易条件不公平,消费者可以选择与其他经营者进行交易。处于竞争状态下的经营者由于受到来自其他竞争对手的压力,不得不以公平的交易条件与消费者进行交易,否则,他便会失去顾客。而在垄断状态下,消费者缺乏选择权,要么无条件接受经营者提出的不公平交易,要么放弃交易,垄断经营者可以利用消费者的迫切需求提出各种不公平交易条件。

由此可见,禁止垄断,维持市场的竞争性与消费者的利益关系极大。正因如此,有学者认为,反垄断法虽形式上表现为对经营者相互之间关系的规制,但其最终目的是维护消费者利益。完善反垄断立法,对实现消费者主权,提高消费、服务质量,维护消费交易公平都具有极其重要的意义。

(二)垄断的含义

从经济学的角度考察,垄断是一种市场状态。经济学家根据市场的竞争程度不同,将市场分为四种,即完全竞争的市场、垄断竞争的市场、寡头垄断市场和完全垄断的市场。市场垄断状态的形成原因是多种多样的,可以概括为三类:(1)自然原因,某一生产经营者占据有利的地理位置、独有的资源、生产技术或市场高度封闭,都可以造成市场的垄断,这种垄断通常被称为自然垄断。(2)竞争原因,即由于激烈的市场竞争的优胜劣汰,而使市场出现某经营者处于支配地位的状态。这种垄断通常被称为经济性垄断或必然的垄断。(3)人为原因,即通过政府或其他力量人为地造成市场中某一经营者处于支配地位的状态。这种垄断通常被称为人为垄断。作为法学概念的垄断一般仅包括由第二种原因和第三种原因而造成的垄断,其中最典型的就是经济性垄断。

法学上的垄断概念是从规制垄断者行为的角度进行界定的。法律上所说的垄断,就一般而言,是指经营者违反公共利益单独或联合控制市场,排除或限制竞争的行为。违反公共利益是垄断必须首先具备的要件。即使有控制市场排除或限制其他经营者的行为,但若为公共利益需要而为,则不构成法律禁止的垄断。对竞争有实质限制是垄断构成的第二个要件,即经营者的行为构成了对正常市场竞争的实质性限制。

经济学上最典型的垄断是独占垄断,即某一经营者对特定的商品和服务市场占有绝对支配地位的状态。一般认为,当某一经营者仅凭自己的力量即可以支配市场,排除其他经营者的活动或对其他经营者的活动进行支配时,就构成垄断。但从目前许多国家的立法来看,反垄断法规制的对象并不包括这种独占状态的垄断。尽管有些国家(如美国)在传统立法中重视对独占状态本身的规制,但大多随着经济的发展而放弃了这种结构规制型的反垄断立法,转向更注重经营者是否存在限制市场竞争的行为规制型反垄断立法。企业通过正常竞争或其他合法手段获得市场支配地位或独占地位,其本身并不违法,也不应仅仅因此而给予其反垄断制裁。但处于支配地位的经营者,由于其行为对市场的影响更大,因而不能利用其所处的支配地位限制市场竞争。并且,为了防止其滥用市场支配地位的行为,他必须接受来源于监管部门更多的监督。此外,通过正常竞争获得市场支配地位本身并不违法,但以非正常的方式集中相关资源迅速取得市场支配地位,这种行为可能使现有的竞争性市场结构遭到破坏,而改变后的垄断性市场结构可能带来不利于经济发展和消费者利益的结果,因此,这类经营者集中行为也应当纳入反垄断法规制的范围。此外,多个经营者通过垄断协议,为谋求垄断利益而放弃竞争,实质上破坏了市场的竞争性结构,而且这种行为往往具有谋取垄断利益的、损害某些经营者或广大消费者的直接动机,具有更大的危害性,因而是各国反垄断法普遍重点打击的对象。

在我国,由于曾经长期实行高度集中的计划经济体制,因此,垄断在我国通常还表现为一种特殊的形态,即行政性垄断。所谓行政性垄断,是指由于政府的行政权作用而形成的一种垄断形式。在高度集中的计划经济体制下,企业严格按国家计划进行生产经营,各经济部门、地区在自己的职责范围内严格按计划对商品生产和服务提供进行控制,从而形成了一种高度封闭和统一的状态。党的十一届三中全会以后,日益深化的经济体制改革动摇了高度集中的计划经济管理体制的基础,企业开始逐步成为独立的生产经营实体,部门、行业及地区之间的封锁也被冲破。由于长期以来计划经济的影响,在由计划经济向市场经济转轨的过程中,仍然存在大量的制约市场竞争的因素。一些企业由原来的经济管理部门转化而来,既以企业的身份进行生产经营活动,又握有部分代表国家行使某种管理职能的权力。它们往往利用自己的特殊地位对其他经营者发号施令,妨碍经营者正常竞争,甚至以自己的特殊地位与其他经营者进行不平等的竞争,盘剥、掠夺中小型经营者。一些现象表明,行政性垄断在我国当前经济生活中仍然存在,并对深化体制改革、建立统一的社会主义市场经济体制造成影响。

(三)反垄断法规制的垄断行为

1. 经济性垄断

在不同国家,反垄断法规制的垄断形态差异很大。在美国,反垄断法以托拉斯为主要规范对象;在德国,主要以卡特尔为中心;在日本,则包括私的独占、不适当交易制限和不当交易方法。在处理反垄断与反不正当竞争的关系方面,各国主要有三种立法例:一是对不正当竞争与垄断不加区分(如美国);二是对垄断和不正当竞争进行区分,但放在同一法律中(如南斯拉夫);三是对不正当竞争与垄断进行区分,并分别立法(如德国)。[3] 由于立法模式的差别,垄断的类型亦有不同。根据我国《反垄断法》的规定,经济性垄断有三种类型:

第一种,垄断协议。这是指不同经营者通过契约或其他形式共同对特定市场中的竞争进行限制的行为。垄断协议在处于同一生产流通环节的经营者之间达成,也可以在处于生

[3]　梁慧星主编:《社会主义市场经济管理法律制度研究》,中国政法大学出版社1993年版,第33页。

产流通不同环节的经营者之间达成。前者将构成横向联合,后者则构成纵向联合。从形式上看,联合限制竞争既可采取明示协议限制,亦可采用默示形式。前者是指不同经营者之间通过合同形式对各自的行为进行约束。后者是指虽无明示合同,但在各经营者之间达成一定默契,共同实施限制竞争的行为。根据我国《反垄断法》第 13 条第 2 款的规定,本法所称垄断协议,是指排除、限制竞争的协议、决定或者其他协同行为。可见,在我国,垄断协议不仅包括明示的垄断协议,也包括各种排除、限制竞争的协同行为。从主体来看,垄断协议可以在具有竞争关系的经营者之间达成(横向垄断协议),也可以在经营者与交易相对人之间达成(纵向垄断协议)。我国《反垄断法》对垄断协议的分类主要采用这一标准。根据该法第 13 条规定,禁止具有竞争关系的经营者达成下列协议:(1)固定或者变更商品价格;(2)限制商品的生产数量或者销售数量;(3)分割销售市场或者原材料采购市场;(4)限制购买新技术、新设备或者限制开发新技术、新产品;(5)联合抵制交易;(6)国务院反垄断执法机构认定的其他垄断协议。与此同时,该法对于经营者与交易相对人达成的协议也进行了禁止性规定。据此,经营者与交易相对人不得达成下列协议:(1)固定向第三人转售商品的价格;(2)限定向第三人转售商品的最低价格;(3)国务院反垄断执法机构认定的其他垄断协议。垄断协议是严重危害市场竞争的行为,因此,反垄断法明令禁止。违反反垄断法规定,实施垄断协议行为的,应当依法给予制裁。垄断协议尽管具有严重限制市场竞争的效果,但是,非为谋取垄断利益而达成的协议,往往有利于经济发展和对消费者利益的保护。为了避免因反垄断法的实施而对经济社会造成不良影响,《反垄断法》第 15 条规定,经营者能够证明所达成的协议属于下列情形之一的,不属于禁止之列:(1)为改进技术、研究开发新产品的;(2)为提高产品质量、降低成本、增进效率,统一产品规格、标准或者实行专业化分工的;(3)为提高中小经营者经营效率,增强中小经营者竞争力的;(4)为实现节约能源、保护环境、救灾救助等社会公共利益的;(5)因经济不景气,为缓解销售量严重下降或者生产明显过剩的;(6)为保障对外贸易和对外经济合作中的正当利益的;(7)法律和国务院规定的其他情形。

第二种,滥用市场支配地位。这是指已取得市场支配地位的经营者滥用其支配地位,排除或限制市场竞争的行为。所谓市场支配地位,是指经营者在相关市场内具有能够控制商品价格、数量或者其他交易条件,或者能够阻碍、影响其他经营者进入相关市场能力的市场地位。经营者是否处于市场支配地位,应考虑各种不同的因素加以认定。根据《反垄断法》的规定,认定经营者具有市场支配地位,应当依据下列因素:(1)该经营者在相关市场的市场份额以及相关市场的竞争状况;(2)该经营者控制销售市场或者原材料采购市场的能力;(3)该经营者的财力和技术条件;(4)其他经营者对该经营者在交易上的依赖程度;(5)其他经营者进入相关市场的难易程度;(6)与认定该经营者市场支配地位有关的其他因素。但是,有下列情形之一的,可以推定经营者具有市场支配地位:(1)一个经营者在相关市场的市场份额达 1/2 的;(2)两个经营者在相关市场的市场份额合计达 2/3 的;(3)三个经营者在相关市场的市场份额合计达 3/4 的。但对于后两种情形,其中有的经营者市场份额不足 1/10 的,不应当推定该经营者具有市场支配地位。被推定具有市场支配地位的经营者,有证据证明不具有市场支配地位的,不应当认定其具有市场支配地位。取得市场支配地位的经营者在进行交易时处于优势地位,如果其滥用支配地位,便可能使竞争者或交易相对人利益受到损害。滥用市场支配地位的行为很多是直接针对消费者的行为,如以不公平的价格销售商品的行为,其销售的对象往往就是消费者。根据《反垄断法》第17条的规定,禁止具有市场支配地位的经营者从事下列滥用市场支配地位的行为:(1)垄断定价行为,即以不公平的高价销售商品或者以不公平的低价购买商品;(2)倾销行为,即没有正当理由,以低于成本的价格销售商品;(3)拒绝交易行为,即没有正当理由,拒绝与交易相对人进行交易;(4)强制交易行为,即没有正当理由,限定交易相对人只能与其进行交易或者只能与其指定的经营者进行交易;(5)搭售行为,即没有正当理由搭售商品,或者在交易时附加其他不合理的交易条件;(6)交易歧视行为,即没有正当理由,对条件相同的交易相对人在交易价格等交易条件上实行差别待遇;(7)国务院反垄断执法机构认定的其他滥用市场支配地位的行为。滥用市场支配地位严重危害市场竞争,损害消费者利益,是反垄断法明令禁止的行为。经营者实施了这些行为,经调查核实,将受到反垄断执法机构的制裁。

第三种,经营者集中。这是指经营者通过合并、股权或控制权交易等方式,迅速扩大规模,提升市场地位的行为。企业合并和产权交易本是市场经济中的正常现象,但是,经营者通过这些方式可以迅速地扩大规模,提升产品的市场占有率。如两个生产同类产品的大型企业合并成一个更大规模的企业,就可能改变市场结构,使原本竞争性的市场变为高度垄断的市场。因而,它可能带来市场结构的变化,从而不利于良好市场竞争环境的形成。但企业采用合并、股权交易等方式,扩大规模,本身并不违法。从实际效果来看,企业规模往往是企业产品质量的基本保障。因此,反垄断法在对待经营者集中方面,并没有采用与对待垄断协议和滥用市场支配地位行为相同的做法,即明令禁止,而只是要求实施可能影响市场竞争的集中行为的经营者有义务向反垄断执法机构报告集中的有关情况。报告制度表明,对经营者集中的反垄断规制,主要是为监测和防范的目的而设置的。通过这项制度,可以及时发现可能影响市场竞争结构的行为,并予以制止,以达到维护市场竞争性的目的。根据《反垄断法》的规定,经营者集中是指下列情形:(1)经营者合并;(2)经营者通过取得股权或者资产的方式取得对其他经营者的控制权;(3)经营者通过合同等方式取得对其他经营者的控制权或者能够对其他经营者施加决定性影响。经营者集中达到国务院规定的申报标准的,经营者应当事先向国务院反垄断执法机构申报,未申报的不得实施集中。但有下列情形之一的,可以不向国务院反垄断执法机构申报:(1)参与集中的一个经营者拥有其他每个经营者50%以上有表决权的股份或者资产的;(2)参与集中的每个经营者的50%以上有表决权的股份或者资产被同一个未参与集中的经营者拥有的。国务院反垄断执法机构应当对申报的经营者集中进行初步审查,作出是否实施进一步审查的决定,并书面通知经营者。国务院反垄断执法机构作出决定前,经营者不得实施集中。作出不实施进一步审查的决定或者逾期未作出决定的,经营者可以实施集中。实施进一步审查的,应当自决定之日起90日内审查完毕,作出是否禁止经营者集中的决定,并书面通知经营者。作出禁止经营者集中的决定,应当说明理由。审查期间,经营者不得实施集中。审查经营者集中,应当考虑下列因素:(1)参与集中的经营者在相关市场的市场份额及其对市场的控制力;(2)相关市场的市场集中度;(3)经营者集中对市场进入、技术进步的影响;(4)经营者集中对消费者和其他有关经营者的影响;(5)经营者集中对国民经济发展的影响;(6)国务院反垄断执法机构认为应当考虑的影响市场竞争的其他因素。经营者集中具有或者可能具有排除、限制竞争效果的,反垄断执法机构应当作出禁止经营者集中的决定。但是,经营者能够证明该集中对竞争产生的有利影响明显大于不利影响,或者符合社会公共利益的,可以作出对经营者集中不予禁止的决定。

2. 行政性垄断

行政性垄断,是指行政机关和具有管理公共事务职能的组织,滥用行政权力排除、限制竞争的行为。国家行政机关是履行经济社会管理基本职责的机关,其依法行使权力,管理社会经济,应当受法律保护。但是,行政机关和具有管理公共事务职能的组织,为了本地区和本集团的利益也往往会滥用行政权和公共事务管理权,排斥、限制竞争。由于权力本身的扩张本性,滥用公共权力妨碍市场竞争的现象本来就在所难免,因而,行政垄断并不是中国的特有现象。不过,我国市场经济是由计划经济转型而来,在转型时期,由于受计划经济管理观念和制度运行惯性的影响,往往自觉或不自觉地对经济生活实施不适当的干预,其中有些干预行为便可能对市场竞争产生负面的影响;同时,受地区、部门利益和集团利益的驱动,也可能使行政机关滥用行政权力,妨碍、破坏正常的市场竞争。此外,在我国,公用企业和某些资源型企业,大多由计划经济体制下的行政机关转制而来,他们都或多或少地负有一些管理公共事务的职能,为了本企业的利益,也可能滥用公共事务管理权,实施妨碍竞争的行为。因此,相对于其他国家来说,行政性垄断问题在我国可能表现得更为突出。也正因如此,我国反垄断法设专章,就行政性垄断问题进行了专门的规定。

根据《反垄断法》的规定,行政机关和具有管理公共事务职能的组织,不得从事以下行为:(1)限定经营、购买、使用行为。即滥用行政权力,限定或者变相限定单位或者个人经营、购买、使用其指定的经营者提供的商品。(2)地区封锁行为。即滥用行政权力妨碍商品在地区间自由流通的行为。具体包括:对外地商品设定歧视性收费项目、实行歧视性收费标准,或者规定歧视性价格;对外地商品规定与本地同类商品不同的技术要求、检验标准,或者对外地商品采取重复检验、重复认证等歧视性技术措施,限制外地商品进入本地市场;采取专门针对外地商品的行政许可,限制外地商品进入本地市场;设置关卡或者采取其他手段,阻碍外地商品进入或者本地商品运出;妨碍商品在地区之间自由流通的其他行为。(3)排斥限制外地经营者参加本地招投标行为。即滥用行政权力,以设定歧视性资质要求、评审标准或者不依法发布信息等方式,排斥或者限制外地经营者参加本地的招标投标活动。(4)排斥外地经营者在本地投资或设立分支机构的行为。即对外地经营者采取与本地经营者不平等待遇等方式,排斥或者限制外地经营者在本地投资或者设立分支机构。(5)强迫实施垄断的行为。即滥用行政权力,强制经营者从事《反垄断法》规定的垄断行为。(6)制定排除、限制竞争内容的规定。这是主要针对行政机关的规定。行政机关往往有制定行政规章和行政规范性文件的权力,这种行政立法权本来是宪法所赋予的,是行政机关依法享有的基本权力之一。但是,行政机关也可能滥用宪法赋予的立法权,制定含有排除、限制竞争内容的规定,破坏正常的市场竞争。为了避免这一现象的发生,反垄断法明确规定,行政机关不得滥用行政权力,制定含有排除、限制竞争的规定。

目前,我国正在进行公平竞争审查的相关制度建设。2016 年国务院发布了《关于在市场体系建设中建立公平竞争审查制度的意见》,明确要求对行政机关和法律、法规授权的具有管理公共事务职能的组织(以下统称政策制定机关)制定市场准入、产业发展、招商引资、招标投标、政府采购、经营行为规范、资质标准等涉及市场主体经济活动的规章、规范性文件和其他政策措施,进行公平竞争审查。行政法规和国务院制定的其他政策措施、地方性法规,起草部门应当在起草过程中进行公平竞争审查。未进行自我审查的,不得提交审议。通过公平竞争审查,可以有效地约束政府通过抽象行为妨碍竞争,对维护市场竞争,遏制行政垄断必将发挥重要的作用。

(四)反垄断调查

反垄断调查是指反垄断执法机构依法对涉嫌垄断行为进行的调查。通过调查,核实有关经营者是否实施了反垄断行为,评估这种行为对市场竞争和公共利益产生的影响,为执法机构依法处置垄断行为提供事实依据。

根据《反垄断法》的规定,反垄断执法机构依法对涉嫌垄断行为进行调查。对涉嫌垄断行为,任何单位和个人有权向反垄断执法机构举报。反垄断执法机构调查涉嫌垄断行为,可以进入被调查的经营者的营业场所或者其他有关场所进行检查;询问被调查的经营者、利害关系人或者其他有关单位或者个人,要求其说明有关情况;查阅、复制被调查的经营者、利害关系人或者其他有关单位或者个人的有关单证、协议、会计账簿、业务函电、电子数据等文件、资料;查封、扣押相关证据;查询经营者的银行账户。被调查的经营者、利害关系人或者其他有关单位或者个人应当配合反垄断执法机构依法履行职责,不得拒绝、阻碍反垄断执法机构的调查。反垄断执法机构对涉嫌垄断行为调查核实后,认为构成垄断行为的,应当依法作出处理决定,并可以向社会公布。对反垄断执法机构调查的涉嫌垄断行为,被调查的经营者承诺在反垄断执法机构认可的期限内采取具体措施消除该行为后果的,反垄断执法机构可以决定中止调查。中止调查的决定应当载明被调查的经营者承诺的具体内容。反垄断执法机构决定中止调查的,应当对经营者履行承诺的情况进行监督。经营者履行承诺的,反垄断执法机构可以决定终止调查。在经营者未履行承诺的,作出中止调查决定所依据的事实发生重大变化,中止调查的决定是基于经营者提供的不完整或者不真实的信息作出等情况下,反垄断执法机构则应恢复调查。

(五)违反反垄断法的责任

1. 非法达成、实施垄断协议的责任

经营者违反本法规定,达成并实施垄断协议的,由反垄断执法机构责令停止违法行为,没收违法所得,并处上一年度销售额1%以上10%以下的罚款;尚未实施所达成的垄断协议的,可以处50万元以下的罚款。经营者主动向反垄断执法机构报告达成垄断协议的有关情况并提供重要证据的,反垄断执法机构可以酌情减轻或者免除对该经营者的处罚。行业协会违反本法规定,组织本行业的经营者达成垄断协议的,反垄断执法机构可以处50万元以下的罚款;情节严重的,社会团体登记管理机关可以依法撤销登记。

2. 滥用市场支配地位的法律责任

经营者违反本法规定,滥用市场支配地位的,由反垄断执法机构责令停止违法行为,没收违法所得,并处上一年度销售额1%以上10%以下的罚款。

3. 非法集中的法律责任

经营者违反反垄断法规定实施集中的,由国务院反垄断执法机构责令停止实施集中、限期处分股份或者资产、限期转让营业以及采取其他必要措施恢复到集中前的状态,可以处

50 万元以下的罚款。

4. 垄断致害的民事责任

经营者实施垄断行为，给他人造成损失的，依法承担民事责任。

5. 行政垄断责任

滥用行政权力，实施排除、限制竞争行为的，由上级机关责令改正；对直接负责的主管人员和其他直接责任人员依法给予处分。反垄断执法机构可以向有关上级机关提出依法处理的建议。法律、行政法规另有规定的，依照其规定。

三、反不正当竞争法律制度

（一）不正当竞争的含义

不正当竞争，是指经营者在竞争过程中采用违法或违反诚信原则的手段，损害其他经营者和消费者利益，扰乱社会经济秩序的行为。这一定义包括以下几层含义：

第一，不正当竞争行为仍然是一种竞争行为。所谓竞争行为是指交易过程中同类交易主体之间为了获得交易而相互进行竞比和斗争的行为。竞争关系在同向的交易主体之间，如买方与买方之间、卖方与卖方之间发生，在通常情况下主要发生在经营者与经营者之间。处于竞争状态的经营者，一般是经营同种或同类商品与服务的经营者（显在竞争），但是相关的商品和服务经营者之间（如某种产品具有另一商品的某些功能或某一服务经营者经营服务具有另一服务经营者经营的服务项目中的某些内容）也可以存在竞争（隐态竞争）。但是，尽管竞争的关系存在于同向的交易主体之间，但竞争的结果却可以使竞争局外人获得利益或受到损害。我国反不正当竞争法规制的不正当竞争行为是经营者实施的不正当竞争行为。

第二，不正当竞争是以违法或违反诚信原则的手段而进行的竞争。尽管不正当竞争仍属竞争，但由于其采用的手段不当，会致经营者或消费者的利益受到损害，所以必须予以取缔。某种竞争行为是否正当，应首先依据法律的明文规定来进行判断。我国《反不正当竞争法》规定，违反本法规定，损害其他经营者的利益，扰乱经济秩序的行为均属不正当竞争行为。并且，该法还明确规定了不正当竞争行为的各种具体表现形式。但是，不应将不正当竞争行为理解为仅限于法律列举的几类行为。在法律没有明确规定的情况下，应根据诚信原则要求对某种行为是否构成不正当竞争行为进行认定。

第三，不正当竞争行为是损害经营者、消费者合法权益，扰乱社会秩序的行为。通常情况下不正当竞争行为不仅可能侵犯经营者或消费者的具体利益，而且会扰乱社会秩序，侵犯社会公共利益。因此，行为人除可能承担私法上的责任（民事责任）外，还可能承担公法上的责任即行政责任，甚至刑事责任。

（二）不正当竞争行为的表现形式

反不正当竞争法规定了七类不正当竞争行为，包括混淆行为、商业贿赂行为、虚假或引人误解的商业宣传行为、侵犯商业秘密的行为、不当有奖销售行为、诋毁他人商誉行为和网络领域不正当竞争行为。现分述如下。

1. 混淆行为

所谓混淆行为，是指经营者通过擅自使用他人有一定影响的标识等方式，引人误认其生产经营的产品是他人商品或与他人存在特定联系的行为。根据《反不正当竞争法》的规定,它包括四种情况:(1)擅自使用与他人有一定影响的商品名称、包装、装潢等相同或近似的标识;(2)擅自使用他人有一定影响的企业名称(包括简称、字号)、社会组织名称(包括简称)、姓名(包括笔名、艺名、译名等);(3)擅自使用他人有一定影响的域名主体部分、网站名称、网页等;(4)其他足以引人误认为是他人商品或者与他人存在特定联系的混淆行为。这四类行为可以分为两大类:第一类是擅自使用类混淆行为,包括前三种情况;第二类是其他混淆行为。

第一类行为都是擅自使用的行为,但擅自使用的对象不同,包括商品标识、主体标识和互联网特殊标记等。商品标识是经营者用以区别自己商品与他人商品的标志,包括商标、产地名称和标志、商品名称、包装、装潢等。但是,考虑到商标、产地名称和标志已经在《商标法》《产品质量法》中有明确规定,故在修订《反不正当竞争法》时,删除了原法(1993 年法)中关于擅自使用他人注册商标等规定。从目前的规定来看,商品的标识,主要指商品名称、包装、装潢等,也就是说,经营者不得擅自使用与他人商品名称、包装、装潢相同或近似的标识。主体标识,是指表明特定主体身份的标识,包括企业名称(含简称、字号等)、社会组织名称(含简称等)、姓名(包括笔名、艺名、译名等)。互联网特殊标识,包括域名主体部分、网站名称、网页等。应当注意的是:首先,被经营者擅自使用他人的标识并不一定要求必须是商业标识,使用非商业标识(如红十字等非商业性组织的名称和标识),也可能会构成不正当竞争。其次,被使用的标识应具有一定的影响。具有一定的影响,应当理解为该标识已经为相关领域的公众所知悉。是否具有一定影响,可以从使用时间、区域、销售量、广告宣传等方面综合考虑认定。最后,经营者的擅自使用行为产生了引人误认的效果。误认,即认为经营者所经营的商品就是拥有被其擅自使用的标识的其他人的商品或与其有特定联系。既包括已经产生了购买者误认,也包括足以产生购买者误认;既包括对商品本身的误认,也包括对特定联系的误认,如误认擅自使用他人标识的经营者已经得到被使用标识拥有者授权,或与其存在联营关系等。

第二类行为是其他混淆行为,指上述擅自使用他人具有一定影响标识以外的,足以引人误认为是他人商品或者与他人存在特定联系的混淆行为。这是《反不正当竞争法》对混淆行为的兜底性规定。主要目的是为认定、处理该法漏列的混淆行为和新出现的混淆行为,提供法律依据。

监督检查部门对经营者实施的混淆行为,可责令停止违法行为,没收擅自使用他人具有一定影响标识的或其他足以引人误认为使他人商品或与他人有特定联系的商品,违法经营额 5 万元以上的,可以并处违法经营额 5 倍以下的罚款;没有违法经营额或违法经营额 5 万以下的,可以并处 20 万元以下的罚款。实施混淆行为,情节严重的,吊销营业执照。经营者登记的企业名称违反规定的,应当及时办理名称变更登记;名称变更登记前,由原企业登记机关以统一社会信用代码代替其名称。经营者混淆行为,给他人造成损害的,应当依法承担民事责任。构成犯罪的,追究刑事责任。

2. 商业贿赂

商业贿赂,是指经营者为了谋取交易机会或者竞争优势而采用财物或其他手段贿赂可能影响交易的单位和个人的行为。商业贿赂的主体,一方是经营者,经营者的工作人员进行贿赂的,应当认定为经营者的行为,但是,经营者有证据证明该工作人员的行为与为经营者谋取交易机会或竞争优势无关的除外;另一方是交易相对方工作人员、受交易相对方委托办理相关事务的单位和个人,以及利用职权或者影响力影响交易的单位或个人。应当注意的是,法律没有规定交易相对方本身。这是因为如果将财物直接给予交易相对方,可能构成交易中的正常折扣,或企业之间的合法赠与。

商业贿赂的构成在客观方面要求经营者有为了谋取交易机会或竞争优势,给予受贿赂方一定财物或其他利益的行为。给予受贿赂主体一定金额的金钱或财物,是最常见的贿赂方式,但不限于此。例如,为对方承担免费出国旅游的费用,或为对方子女提供工作机会等。以折扣和佣金名义进行商业贿赂是商业贿赂中的常见做法。从法律性质来看,经营者向交易相对方支付折扣或向中间人支付佣金,其本身并不违法,也不会当然构成商业贿赂。关键的问题是要看折扣和佣金是否以明示方式支付,并如实入账。无论是支出折扣的经营者,还是接受折扣和佣金的经营者或中间人,都应如实入账。如果折扣、佣金以账外暗中的形式支付,即私下支付并不如实入账(原反不正当竞争法中称为"回扣"),就会构成商业贿赂。

在主观方面,商业贿赂要以谋取交易机会和竞争优势为目的。商业贿赂的目的都是谋取交易机会或竞争优势。谋取交易机会,是指增加交易达成的可能性。例如,某一商品由于存在多家供货商,购买方可以在众多的供货商中选择,如果其中某一供货商对交易相对方工作人员或其代理人进行商业贿赂,该供货商与购买方达成交易的可能性就会增加。所谓竞争优势,是指增加竞争获胜的可能性。例如,项目投标活动中,通过对相关人员进行商业贿赂,可能提高某一投标人中标的可能性。《反不正当竞争法》规定的商业贿赂,一般以商业行为为限,收受贿赂的交易相对方工作人员或其他人,由于并不存在谋求交易机会和竞争优势的目的,虽然也要受到法律的制裁,但一般不按照商业贿赂处理,而直接按照刑法或公司法的有关规定处理。

在行为性质上,应具有违法性,即行为人的行为违反了法律规定和商业道德,足以达到认定商业贿赂的程度。因此,一般商业习惯中赠送广告小礼品、符合财务制度的礼仪性接待中互赠礼品等行为,不应认定为商业贿赂。

对商业贿赂行为,除应依法承担民事和刑事责任外,监督检查部门可以对商业贿赂行为给予以下制裁:(1)没收违法所得。由监督检查部门(一般为市场监管部门)没收与商业贿赂有关的违法所得,通常情况下,主要是用于贿赂的财物。(2)罚款。由监督检查部门处以10万元以上300万元以下罚款。(3)吊销营业执照。经营者进行商业贿赂,情节严重的,可由监督检查部门吊销营业执照。

3. 虚假或引人误解的商业宣传行为

虚假或引人误解的商业宣传行为,是指经营者为了谋取交易机会及竞争优势,对商品进行虚假或引人误解的商业宣传,导致或足以导致购买者对商品产生错误认识的不正当竞争行为。

《反不正当竞争法》第8条规定,经营者不得对其商品的性质、功能、质量、销售状况、用户评价、曾获荣誉等作虚假或引人误解的商业宣传,欺骗、误导消费者。经营者不得通过组织虚假交易等方式,帮助其他经营者进行虚假或引人误解的商业宣传。

虚假或引人误解的商业宣传行为的主体是经营者,即行为人是以营利为目的的从事商品生产经营的自然人、法人和非法人组织。在主观上应存在故意,即明知宣传内容存在虚假或可能引人误解,而有意进行宣传行为。其目的是误导他人购买被宣传的商品,谋取更多的交易机会和竞争优势。客观上存在虚假或引人误解的宣传行为,虚假宣传,即通过捏造不存在的事实来进行宣传;引人误解的宣传,即可能使宣传对象或受宣传影响的人对商品的真实情况产生错误的联想,从而影响其购买决策的商品宣传。根据最高人民法院2007年发布的《关于审理不正当竞争民事案件应用法律若干问题的解释》的规定,经营者具有下列行为之一,足以造成相关公众误解的,可以认定为引人误解的虚假宣传行为:(1)对商品作片面的宣传或者对比的;(2)将科学上未定论的观点、现象等当作定论的事实用于商品宣传的;(3)以歧义性语言或者其他引人误解的方式进行商品宣传的。但是,以明显的夸张方式宣传商品,不足以造成相关公众误解的,不属于引人误解的虚假宣传行为。

除经营者对自己的商品进行虚假或引人误解的宣传外,经营者通过虚假交易等方式帮助其他经营者进行虚假或引人误解的商业宣传,也会构成虚假或引人误解的商业宣传的不正当竞争行为。例如,通过网络虚构交易量、用户好评量等,帮助他人推销商品或服务的行为。

对虚假或引人误解的商业宣传行为,除应依照《反不正当竞争法》规定承担民事责任和其他责任外,监督检查部门,可给予以下制裁:(1)责令停止违法行为。(2)罚款。监督检查部门可对违法经营者处以20万元以上100万元以下的罚款;情节严重的,处以100万元以上200万元以下的罚款。(3)吊销营业执照。对经营者实施虚假及引人误解商业宣传,情节严重的,监督检查部门可以吊销营业执照。经营者虚假或引人误解的商业宣传,属于虚假广告的,依照《广告法》规定处罚。

4. 侵犯商业秘密的行为

所谓商业秘密,是指不为公众知悉、具有商业价值并经权利人采取相应保密措施的技术信息和经营信息等商业信息。这里的权利人,即享有商业秘密的所有权或使用权的自然人、法人和非法人组织。对于商业秘密的构成要件或特征,理论上有不同的认识,主要有四性说和三性说之分。四性说认为,商业秘密具有秘密性、价值性、实用性、保密性(也有人称为管理性);三性说认为商业秘密具有秘密性、价值性和保密性。根据《反不正当竞争法》的规定,我们认为,一项技术或经营信息要成为受法律保护的商业秘密,必须符合以下四个要件:(1)秘密性。即商业秘密的非公知性,是指商业秘密是不为公众所知悉、处于秘密状态、一般人不易通过正当途径或方法获得的信息。(2)商业价值性。即商业秘密应当具有商业价值。所谓商业价值,是指商业秘密可以在商业经营中运用并给权利人带来利益或竞争优势。这是商业秘密区别于私人秘密或国家机密的标志。例如,未申请专利保护的技术秘密,可以用于生产产品,为权利人带来巨大的商业利益。(3)保密性。也称管理性,即权利人为了维持商业秘密涵盖的相关信息处于秘密状态,采取了相应的保密措施。(4)商业信息性(非物质性,无体性、无形性)。商业秘密是一种信息,是人类智力劳动的产物,它包括技术信息和经营信息等具有商业上使用价值并能够在商业经营中使用的信息。商业秘密主要有两种类型:一为技术秘密(know-how,技术诀窍、专有技术、非专利技术),是指不为公众所知悉的具有商业价值并经权利人采取相应保密措施的技术信息。二为经营秘密,是指不为公众所知悉,具有商业价值并经权利人采取保护措施的经营信息。如企业的经营战略,商品推销计划,市场占有情况,客户名单、经营渠道、投资计划、管理模式和方法等方面的信息,都可能构成经营秘密。

《反不正当竞争法》列举了以下四种经营者侵犯商业秘密的行为表现：

第一，不正当获取行为。这是指经营者以盗窃、贿赂、欺诈、胁迫、电子侵入或其他不正当手段获取权利人的商业秘密的行为。盗窃，即采用偷盗的方式获取他人商业秘密，如通过盗窃他人记载有商业秘密信息的文件等而获取商业秘密。贿赂，指以给予一定金额的金钱或其他利益的方式，从知晓他人商业秘密者处获取商业秘密，如贿赂权利人内部了解商业秘密的人从而获取商业秘密。欺骗，即采用欺骗的手段骗取他人的商业秘密，如谎称支付高价获得商人商业秘密使用许可，在获得他人商业秘密后却不支付承诺费用等。胁迫，即采取威胁手段逼迫他人交出商业秘密，如以告发权利人内部知晓商业秘密的人侵占公款相威胁，逼迫的告知商业秘密。电子入侵，即通过入侵权利人或其内部工作人员的电子信息系统，获取他人的商业秘密，如侵入权利人存有商业秘密文件的电脑，获取或复制载有商业秘密的文件等。其他不正当方式，是指以上方式之外的违法或违反商业道德准则的方式。

第二，披露、使用或允许他人使用不正当获取的商业秘密行为。即经营者披露、使用或者允许他人使用以前项手段获取的权利人的商业秘密。披露，即对外泄露，让自己以外的人知晓相关商业秘密。使用，即将商业秘密使用于生产经营活动。允许他人使用，就是允许他人知晓商业秘密并将其适用于生产经营活动。值得注意的是：这里的披露、使用或允许他人使用的主体是经营者，相关的商业秘密是其通过不正当手段获得的商业秘密，即以盗窃、贿赂、欺诈、胁迫、电子侵入等不正当手段获得的商业秘密，而非行为人自己享有权利的商业秘密或其通过合法渠道获得的商业秘密。

第三，违反保密义务披露、使用或允许他人使用所掌握的商业秘密行为。即经营者违反保密义务或者违反权利人有关保守商业秘密的要求，披露、使用或者允许他人使用其所掌握的商业秘密。这里主要是指已经掌握了某一商业秘密的经营者，按照合同或相关规定要求，本有保守秘密，遵守相关要求的义务，但其违反了该义务和要求，将商业秘密泄露给其他人，或擅自使用该商业秘密，或允许他人使用该商业秘密。例如，甲企业通过合同取得乙企业的某一商品配方许可使用权，按照合同，它负有不得将该配方告诉其他人义务，但为了使其下属企业丙经营得更好，而将该配方泄露给丙企业等。

第四，教唆、引诱、帮助他人违反保密义务，获取、披露、使用商业秘密的行为。即经营者教唆、引诱、帮助他人违反保密义务或者违反权利人有关保守商业秘密的要求，获取、披露、使用或者允许他人使用权利人的商业秘密。教唆，即唆使、怂恿他人实施某种行为。引诱，即使用利诱的方式，诱使他人实施某种行为。帮助，即协助、支持他人实施某种行为。在这里，教唆、引诱和帮助的主体是经营者，对象是负有保密义务或应遵守权利人相关要求的人，这些人可能已经掌握，也可能没有掌握相关商业秘密，但是由于其特殊的身份，可能更容易获得商业秘密；教唆、引诱、帮助的目的是让他人获取权利人的商业秘密，或让其披露商业秘密，或使用商业秘密。例如，某甲的朋友个体经营者乙，为了使其儿子丙的生意做得更好，教唆引诱某甲将其掌握的某企业处于保密状态的客户名单泄露给丙，并使丙在经营活动中使用该客户名单的行为。

以上四种行为是《反不正当竞争法》列举的经营者侵犯商业秘密的行为。除此之外，该法还规定了两种视为侵犯商业秘密的行为。这些行为的主体不是经营者，而是其他人：(1)经营者以外的人侵犯商业秘密行为。经营者以外的其他自然人、法人或非法人组织实施上述行为的,视为侵犯商业秘密。这里的经营者以外的人,是指非以营利为目的从事生产经营活动的人,如国家机关、社会团体,或者一般非从事经营活动的个人。他们在与权利人进行交往的过程中,也可能实施上述经营者所实施的侵犯商业秘密的行为。这些人的行为,应视作侵犯商业秘密的行为。(2)第三人故意侵犯商业秘密行为。第三人明知或应知商业秘密权利人的员工、前员工或者其他单位、个人实施的泄露商业秘密的行为是违法行为,仍然获取、披露或允许他人使用该商业秘密的,视为侵犯商业秘密。首先,这里的主体是第三人。所谓第三人,是指商业秘密的权利人及实施侵犯商业秘密行为的行为人以外的其他人。例如,甲企业不是商业秘密所有人,也不曾实施法律列举的侵犯商业秘密的行为,此时,它才可能成为这里的第三人。其次,必须是明知或应当知道某项商业秘密是权利人的员工、前员工或其他单位和个人实施了侵犯商业秘密的违法行为。最后,必须有获取、披露、使用或允许他人使用该商业秘密的行为。例如,甲企业知道某乙是某商业秘密权利人的原员工,并且知道其违反保密义务,泄露原企业的商业秘密的行为是违法行为,但仍然使用由该员工泄露给他的商业秘密的行为。

新修订的《反不正当竞争法》一项重大的修改就是增加了侵犯商业秘密的民事审判中双方当事人证明责任的规定,这项规定见修改后的该法第32条。据此,主要有以下两点应予注意:(1)商业秘密的证明责任。权利人应提供初步证据,证明其已经对所主张的商业秘密采取了保密措施。涉嫌侵权人要免除侵犯商业秘密的责任,应当证明权利人所主张的商业秘密不属于《反不正当竞争法》规定的商业秘密。(2)侵犯商业秘密行为的证明责任。商业秘密权利人应提供初步证据合理表明商业秘密被侵犯,且提供下列证据之一:有证据表明涉嫌侵权人有渠道或机会获取商业秘密,且其使用的信息与该商业秘密实质上相同(通常所称的“接触+实质相同”规则);有证据表明商业秘密已经被涉嫌侵权人披露、使用或有被披露、使用的风险(披露、使用或披露使用风险);有其他证据表明商业秘密被涉嫌侵权人侵犯。

涉嫌侵权人要否定其责任,在权利人提供上述证据之一时,应当证明其不存在侵犯商业秘密的行为。

对侵犯商业秘密行为,《反不正当竞争法》规定了以下处罚:经营者以及其他自然人、法人或非法人组织违法侵犯商业秘密的,由监督检查部门责令停止违法行为,没收违法所得,一般处以10万元以上100万元以下罚款;情节严重的,处以50万元以上500万元以下罚款。

5. 不当有奖销售行为

有奖销售,又被称为附奖赠促销,是指经营者销售商品时附带性地向购买者提供物品、金钱或其他利益,以促进销售的行为。有奖销售通常有两种形式:一是附赠式有奖销售,即给予每一购买者奖励的有奖销售;二是抽奖式有奖销售,即通过抽签、摇号等方法随机选择一部分中奖的购买者而给予奖励的有奖销售。有奖销售作为商业促销手段,其本身并不违法。《反不正当竞争法》并不禁止所有的有奖销售,而只禁止不当有奖销售。不当有奖销售,又称不当附奖赠促销,是指经营者违反诚信和公平竞争原则,利用物质、金钱或其他经济利益引诱购买者与之交易,损害竞争对手公平竞争权的行为。

不当有奖销售行为主体是卖方经营者,行为人应存在主观故意,即故意设置奖励以促进商品销售。客观上实施了法律禁止的有奖销售行为,即行为人至少实施了《反不正当竞争法》第10条规定的三种不当有奖销售的行为当中的一种行为。有奖销售行为侵害了正常的竞争秩序,损害了其他经营者的公平竞争权,没有侵害正常竞争秩序的有奖销售,如果销售者与中奖者发生纠纷,则按照一般民事纠纷处理。

《反不正当竞争法》规定了以下三种不当有奖销售的行为:(1)有奖销售信息不明确影响兑奖的有奖销售。即经营者在有奖销售时,设奖的种类、兑奖条件、奖金或奖品等有奖销售信息不明确,影响兑奖的有奖销售。(2)欺骗性有奖销售。即采用谎称有奖或者故意让内定人中奖的欺骗方式进行有奖销售。(3)巨额抽奖式有奖销售。即采用抽奖式有奖销售,最高奖励金额超过5万元的有奖销售。

对不当有奖销售行为,监督检查部门可以责令停止违法行为,并可处5万元以上50万元以下罚款。

6. 诋毁他人商誉行为

诋毁他人商誉行为,又称商业诽谤行为、商业诋毁行为,是指经营者通过编造、传播虚假信息或者误导性信息,损害竞争对手的商誉,获取不正当利益的行为。

诋毁他人商誉行为的行为主体是经营者。通常情况下,经营者会自己实施诋毁他人商誉行为,如果经营者利用他人实施这种行为,被唆使、收买或欺骗的行为人实施的行为,应视为该经营者的行为。经营者实施诋毁他人商誉的行为是故意进行的,即明知或应当知道其行为会有损他人的商誉,仍然实施这种行为。其目的往往是贬低竞争对手的商誉,削弱其竞争力,为自己谋求更多的交易机会和交易优势。过失造成其他经营者商誉的损害,可能构成侵权,并承担侵权责任,但不构成不正当竞争行为。经营者侵害的直接客体是特定经营者的商誉。所谓商誉,是指经营者在商品生产经营过程中逐渐形成的、反映社会对其本身及其商品服务等形成的综合评价,包括商业信誉和商品声誉。商业信誉通常是针对经营者的,是社会公众对某一经营者的经济能力、信用状况等所给予的综合评价。商品声誉,通常是针对商品的,是社会公众对经营者的商品性能、品质所给予的评价。商誉侵害的直接客体是特定经营者的商誉,侵害商誉,就是使特定经营者的商誉受到负面的影响。如对诚实守信的经营者,散布谣言说其经常不履行债务,拖欠工资等,就会降低社会对该经营者守信状况的评价。针对某一经营者的商品,散布谣言说,该商品不安全,经常出现安全事故,就会对该商品的声誉产生负面的影响。无论是针对经营者的商业信誉,还是针对商品的诋毁行为,都可能导致对商誉的侵害,构成诋毁他人商誉的不正当竞争行为。侵害他人商誉行为在客观方面应有编造、传播虚假信息或者误导性信息行为(诋毁行为)。虚假信息即完全与事实不符的信息。误导性信息,是指因为信息表达模糊或不准确等原因而引起他人错误联想的信息。例如,对某经营者有正当理由偶尔不履行合同的行为,通过过度渲染,使社会普遍产生该经营者经常不守信的评价。再如,将乙经营者的违法行为,经过有意隐瞒某些信息,而使人普遍联想是甲经营者的行为,也可能对甲的商誉造成不利影响。编造、传播虚假信息或误导性信息的行为,都可能构成商业诋毁的不正当竞争行为。

经营者违反法律,损害竞争对手商业信誉和商品声誉的,除应承担民事责任和刑事责任外,由监督检查部门责令停止违法行为,通过指定媒体赔礼道歉,消除影响,并可处10万元以上 50 万元以下罚款;情节严重的,处 50 万元以上 300 万元以下罚款。

7. 网络领域不正当竞争行为

网络领域不正当竞争行为,是指经营者利用技术手段,通过影响用户选择或其他方式,妨碍、破坏其他经营者提供的网络产品和服务正常运行的行为。

广义而言,网络不正当竞争行为,是利用网络实施的各种不正当竞争行为。既包括通过网络实施的传统的不正当竞争行为,也包括利用技术手段妨碍、破坏其他经营者网络产品和服务的行为。对利用网络实施的传统不正当竞争行为,按照法律关于相关不正当竞争行为的规定处理即可。例如,利用网络进行虚假或引人误解的宣传,利用网络编造、传播虚假信息或误导性信息诋毁其他经营者商誉等,这些不正当竞争行为虽然也可通过网络实施,但网络仅仅是其实施行为的手段,其实施行为的目的和后果与非通过网络实施并没有区别。故《反不正当竞争法》第 12 条第 1 款规定,经营者利用网络从事生产经营活动,应当遵守本法的各项规定。

除此之外,该法还规定了网络领域特有的不正当竞争行为。它是经营者利用网络专业技术手段,影响网络用户选择或其他方式,妨碍、破坏其他经营者提供的网络产品和服务正常运行的行为。这些行为在非网络领域不可能发生,正因如此,2017 年修订的《反不正当竞争法》将其作为一种特殊的不正当竞争行为加以规定。

网络不正当竞争行为的主体是经营者。这里的经营者通常是利用网络从事商品服务经营的法人、个人和非法人组织。行为人主观上要存在故意,即明知或应当知道其行为可能导致其他人的商品或服务运行将因此受到影响,仍实施了这种行为。客观上要有利用网络专业技术妨碍、破坏他人产品和服务正常运行的行为。这种行为可能会以影响用户选择或以其他方式妨碍、破坏他人产品服务的正常运行;被妨碍、破坏的其他经营者产品和服务是该经营者合法提供的产品和服务。《反不正当竞争法》并未规定妨碍、破坏行为必须造成损害结果。此外,该行为应是违反商业道德准则,扰乱市场竞争秩序的行为,即行为人的行为不仅会损害对方的利益,而且扰乱了市场竞争秩序。

《反不正当竞争法》第 12 条规定了网络领域不正当竞争行为的四种表现形式,分别是:(1)插入链接、强制进行目标跳转。即经营者未经其他经营者同意,在其合法提供的网络产品或服务中插入链接、强制进行目标跳转。这种行为可能使被插入链接的网络产品经营者失去交易机会,而使插入链接的经营者获得更多交易机会。(2)误导、欺骗、强迫用户修改、关闭、卸载。即通过技术手段误导、欺骗、强迫用户修改、关闭、卸载其他经营者合法提供的网络产品和服务。(3)恶意实施不兼容。即恶意对其他经营者合法提供的网络产品和服务实施不兼容。实施不兼容,就是通过技术手段,恶意不支持其他某个经营者的产品和服务在特定的系统中稳定运行。网络产品之间互不兼容的现象是非常普遍的,并非出现一网络产品对另一网络产品不兼容现象就一定意味着存在不正当竞争行为。因此在这里,法律特别强调“恶意”二字。恶意,即有不良居心。这里的不良居心,通常是通过排斥其他经营者利用某特定系统、软件或其他产品,从而使其产品、服务不能与更多的用户见面,以降低其交易机会,使其陷入竞争劣势。(4)其他行为。指上述行为以外的妨碍、破坏其他经营者合法提供的网络产品或服务正常运行的行为。这是《反不正当竞争法》的兜底条款,除上述行为外,如果经营者实施了其他行为,而这些行为也会产生妨碍或破坏其他经营者网络产品或服务的正常运行的效果,也可能被认定为网络不正当竞争行为。

根据《反不正当竞争法》的规定,对经营者实施的网络领域不正当竞争行为,除对受害人承担民事责任外,监督检查部门可责令停止违法行为,处10万元以上50万元以下罚款,情节严重的,处50万元以上300万元以下罚款。

以上是《反不正当竞争法》规定的七种具体的不正当竞争行为。应当注意的是:通常情况下,不正当竞争行为都表现为这七种行为,但是,这并不意味着在这七种行为之外就不会有其他不正当竞争行为。如果某一行为,违反商业道德准则,严重破坏竞争秩序,损害其他经营者和消费者的合法权益,也可根据该法第2条一般条款的规定,认定其构成不正当竞争行为。

第三节　价格管理法律制度

一、价格管理法律制度概述

价格管理法律制度中所指的价格通常包括商品的价格和服务收费标准。商品的价格(物价)包括各种商品在流通过程各环节的价格。根据商品的生产方式不同,可将其分为农副产品价格、工业产品的价格。根据商品的用途不同,可将其分为生产资料商品价格和消费资料商品的价格。根据其流通环节不同,可以将其划分为出厂价格、收购价格、商业批发价格、零售价格等。在这些价格类型中,与消费者具有直接利害关系的价格主要是农副产品、轻工业产品价格,消费资料价格以及商品的零售价格。然而,重工业品、生产资料及出厂价、收购价以及批发价虽然与消费者一般不发生直接关系,但它们对前一类价格具有决定性的影响。因此,要控制生活资料的零售价格,必须首先对后一类价格进行控制。服务收费,是指各种服务部门在为社会或个人提供服务时所收取的费用。根据服务提供者及其提供的服务性质不同,可将服务收费分为经营性服务收费、事业性服务收费和行政性服务收费。经营性服务收费是由服务业经营者以营利为目的就其提供的服务向接受服务的人收取的费用,如客运费、照相费、修理费等。事业性收费是国家机关或事业单位就其提供的服务向接受服务者所收取的费用,如医疗单位收取的医疗费、学校收取的学杂费等。行政性收费是国家机关在履行社会管理职能过程中依照法律规定向接受服务的一方所收取的费用,如企业登记费、各种证照工本费等。在这些服务收费中,与消费者联系最为密切是经营性服务收费。

价格是商品价值的货币表现。交易是否公平,主要反映在商品价格和服务收费是否合理。在商品交易中,经营者一般以营利为目的,因而往往受利益驱动而违背商品和服务的实际价值确定商品的价格,使消费者蒙受不必要的经济损失。在现代市场经济条件下,商品本身及市场环境的变化,使消费者判断商品价值的能力受到很大的影响,这也为经营者利用不当价格侵害消费者利益提供了更为方便的条件。为了保障交易公平,国家必须站在经济上的弱者——消费者的立场上,对经营者的价格行为进行规制,对市场价格进行管理与监督。

二、价格管理的一般内容

(一)价格构成

商品的价格构成包括生产成本、税金、利润及正常的流通费用。在以上四项构成要素中生产成本、税金及流通费用属相对不变要素。其中,社会平均成本指生产这一商品所必需的社会必要劳动消耗,包括物化劳动的消耗和活劳动消耗。在工业产品中,它包括购买材料、辅助材料、燃料、动力的支出,厂房及生产设备的折旧费以及生产工人的劳动报酬,管理人员的薪金支出以及其他与生产有关的支出。在农产品中,包括购买种子、农药、肥料的费用,农机具及耕畜等折旧费,生产者的劳动报酬和其他与生产有关的费用支出。生产成本是价格构成的基本要素。税金,即为缴纳国家税收而支出款项,凡按国家规定可以计入价格的税收(价内税)都可以将作为价格构成的一个方面。流通费用,是指在流通过程中所支出的费用,包括广告费、运输费、保管费等。利润是价格构成中的可变要素,它可根据经营者的意志进行升降。作为价格构成的利润应当合理,经营者不得牟取暴利。

(二)价格的制定

在我国,价格的确定有三种方式:一是由国家物价部门及业务主管部门直接定价,这类价格通常称之为政府定价。二是由政府价格主管部门或者其他有关部门,按照定价权限和范围规定基准价及其浮动幅度,指导经营者制定的价格,称为政府指导价。三是由交易当事人根据商品和服务的具体情况以及市场供求状况,在交易过程中,自行确定的价格,这类价格通常称之为市场调节价。

根据法律规定,政府定价由县级以上各级人民政府物价部门及其他有关部门按照规定的权限制定。实行政府定价的商品和服务主要是关系国计民生的重要商品和服务,根据《价格法》的规定,对与国民经济发展和人民生活关系重大的极少数商品价格,资源稀缺的少数商品价格,自然垄断经营的商品价格,重要的公用事业价格,重要的公益性服务价格,政府在必要时可以实行政府指导价或者政府定价。政府指导价、政府定价的定价权限和具体适用范围,以中央的和地方的定价目录为依据。中央定价目录由国务院价格主管部门制定、修订,报国务院批准后公布。地方定价目录由省、自治区、直辖市人民政府价格主管部门按照中央定价目录规定的定价权限和具体适用范围制定,经本级人民政府审核同意,报国务院价格主管部门审定后公布。省、自治区、直辖市人民政府以下各级地方人民政府不得制定定价目录。国务院价格主管部门和其他有关部门,按照中央定价目录规定的定价权限和具体适用范围制定政府指导价、政府定价;其中重要的商品和服务价格的政府指导价、政府定价,应当按照规定经国务院批准。省、自治区、直辖市人民政府价格主管部门和其他有关部门,应当按照地方定价目录规定的定价权限和具体适用范围制定在本地区执行的政府指导价、政府定价。市、县人民政府可以根据省、自治区、直辖市人民政府的授权,按照地方定价目录规定的定价权限和具体适用范围制定在本地区执行的政府指导价、政府定价。制定政府指导价、政府定价,应当依据有关商品或者服务的社会平均成本和市场供求状况、国民经济与社会发展要求以及社会承受能力,实行合理的购销差价、批零差价、地区差价和季节差价。政府价格主管部门和其他有关部门制定政府指导价、政府定价,应当开展价格、成本调查,听取消费者、经营者和有关方面的意见。制定关系群众切身利益的公用事业价格、公益性服务价格、自然垄断经营的商品价格等政府指导价、政府定价，应当建立听证会制度，由政府价格主管部门主持，征求消费者、经营者和有关方面的意见，论证其必要性、可行性。政府指导价、政府定价制定后，由制定价格的部门向消费者、经营者公布。政府指导价、政府定价的具体适用范围、价格水平，应当根据经济运行情况，按照规定的定价权限和程序适时调整。消费者、经营者可以对政府指导价、政府定价提出调整建议。

市场调节价，由经营者自行制定，但包括定价在内的经营者的价格行为，必须符合法律规定的要求。

（三）经营者价格行为的法律规制

经营者定价，应当遵循公平、合法和诚实信用的原则，以生产经营成本和市场供求状况为依据，执行依法制定的政府指导价、政府定价和法定的价格干预措施、紧急措施。

经营者销售、收购商品和提供服务，应当按照政府价格主管部门的规定明码标价，注明商品的品名、产地、规格、等级、计价单位、价格或者服务的项目、收费标准等有关情况。经营者不得在标价之外加价出售商品，不得收取任何未予标明的费用。

经营者不得有下列不正当价格行为：(1)相互串通，操纵市场价格，损害其他经营者或者消费者的合法权益；(2)在依法降价处理鲜活商品、季节性商品、积压商品等商品外，为了排挤竞争对手或者独占市场，以低于成本的价格倾销，扰乱正常的生产经营秩序，损害国家利益或者其他经营者的合法权益；(3)捏造、散布涨价信息，哄抬价格，推动商品价格过高上涨的；(4)利用虚假的或者使人误解的价格手段，诱骗消费者或者其他经营者与其进行交易；(5)提供相同商品或者服务，对具有同等交易条件的其他经营者实行价格歧视；(6)采取抬高等级或者压低等级等手段收购、销售商品或者提供服务，变相提高或者压低价格；(7)违反法律、法规的规定谋取暴利；(8)法律、行政法规禁止的其他不正当价格行为。

1995 年 1 月，国家计划委员会发布了《制止牟取暴利的暂行规定》，对商品和服务价格提出了以下要求：(1)某一商品或服务价格水平不得超过同一地区、同一期间、同一档次、同种商品或服务的市场平均价格的合理幅度；(2)某一商品或服务的差价率不超过同一地区、同一期间、同一档次、同种商品或服务的平均差价率的合理幅度；(3)某一商品或服务的利润率不超过同一地区、同一期间、同一档次、同种商品或服务平均利润率的合理幅度。商品与服务的市场平均价格、平均差价率、平均利润率及其合理幅度由省级人民政府价格管理部门会同其他部门制定、公布。违反上述要求即构成牟取暴利行为，相关部门可以予以警告、没收违法所得，并可处以违法所得 5 倍以下罚款。

（四）价格水平的调控

价格水平的调控，或称价格总水平调控，是国家根据国民经济发展的需要和社会承受能力，确定市场价格总水平调控目标，并综合运用货币、财政、投资、进出口等方面的政策和措施予以实现的活动。价格水平调控是国家宏观调控的重要组成部分，对维护消费者的利益具有极为重要的意义。

根据《价格法》的规定，政府可以建立重要商品储备制度，设立价格调节基金，调控价格，稳定市场。为适应价格调控和管理的需要，政府价格主管部门应当建立价格监测制度，对重要商品、服务价格的变动进行监测。政府在粮食等重要农产品的市场购买价格过低时，可以在收购中实行保护价格，并采取相应的经济措施保证其实现。当重要商品和服务价格显著上涨或者有可能显著上涨时，国务院和省、自治区、直辖市人民政府可以对部分价格采取限定差价率或者利润率、规定限价、实行提价申报制度和调价备案制度等干预措施。当市场价格总水平出现剧烈波动等异常状态时，国务院可以在全国范围内或者部分区域内采取临时集中定价权限、部分或者全面冻结价格的紧急措施。

三、价格监督检查

价格监督包括国家监督、社会监督以及内部监督三种形式。国家监督是指国家有关部门在其职权范围内对各种商品、服务经营者和收费单位价格行为依法实施的监督。社会监督是指由有关社会组织、人民群众对商品、服务经营者的价格行为实施的监督。内部监督是指商品和服务经营者或其他收费单位的物价人员和物价监督组织对其自身的价格行为进行的监督。其中，国家监督是价格监督最有效、最常见的形式。

在我国享有价格监督权的国家机关主要是各级物价管理部门(根据《国务院机构改革方案》，原国家发展和改革委员会的价格监督检查职责转由市场监督管理总局行使)。根据《价格法》的规定，县级以上各级人民政府价格主管部门，依法对价格活动进行监督检查，并依照本法的规定对价格违法行为实施行政处罚。政府价格主管部门进行价格监督检查时，可以询问当事人或者有关人员，并要求其提供证明材料和与价格违法行为有关的其他资料；查询、复制与价格违法行为有关的账簿、单据、凭证、文件及其他资料，核对与价格违法行为有关的银行资料；检查与价格违法行为有关的财物，必要时可以责令当事人暂停相关营业；在证据可能灭失或者以后难以取得的情况下，可以依法先行登记保存，当事人或者有关人员不得转移、隐匿或者销毁。经营者接受政府价格主管部门的监督检查时，应当如实提供价格监督检查所必需的账簿、单据、凭证、文件以及其他资料。

消费者组织、职工价格监督组织、居民委员会、村民委员会等组织以及消费者，有权对价格行为进行社会监督。政府价格主管部门应当充分发挥群众的价格监督作用。新闻单位有权进行价格舆论监督。政府价格主管部门应当建立对价格违法行为的举报制度。任何单位和个人均有权对价格违法行为进行举报。政府价格主管部门应当对举报者给予鼓励，并负责为举报者保密。

四、价格违法行为及其处罚

价格违法行为包括：经营者不执行政府指导价、政府定价以及法定的价格干预措施、紧急措施的行为，不正当价格行为，违反明码标价的行为，以及不服从价格管理的行为。对于这些行为，《价格法》均规定了相应的责任。

经营者不执行政府指导价、政府定价以及法定的价格干预措施、紧急措施的，责令改正，没收违法所得，可以并处违法所得5倍以下的罚款；没有违法所得的，可以处以罚款；情节严重的，责令停业整顿。经营者有《价格法》第14条所列不正当价格行为之一的，责令改正，没收违法所得，可以并处违法所得5倍以下的罚款；没有违法所得的，予以警告，可以并处罚款；情节严重的，责令停业整顿，或者由工商行政管理机关吊销营业执照。经营者违反明码标价规定的，责令改正，没收违法所得，可以并处5000元以下的罚款。

除上述处罚性责任外，经营者因价格违法行为致使消费者或者其他经营者多付价款的，应当退还多付部分；造成损害的，应当依法承担赔偿责任。

第四节　计量管理法律制度

一、计量管理法律制度概述

（一）计量与消费者利益

计量，是指用确定的某种事物的特定量与同类事物未知量进行比较，以确定该未知量的活动。统一、准确的计量标准和规范的计量行为是经济生活得以顺利进行的基本前提。商品的价格总是以一定量的单位商品的货币价值形式表现出来的，商品价格本身又是商品价值量的货币表现形式。消费者购买商品及经营者出卖商品都要以量的确定为其交易的必要内容，没有计量，便无法进行交易。而且，商品的品质亦与计量有密切的联系。决定商品的质量各种成分的含量以及表现商品品质的商品性能好坏等，都要通过一定的计量活动才能确定。因此，计量在经济活动中具有非常重要的地位。

计量与消费者的利益具有密切的联系。在商品交换过程中，商品的价格与数量以及消费者应支付的货币量之间的关系为："货币支付量 = 商品价格 × 数量"。因此，经营者欲得较高的利润，通过提高商品价格或克扣数量都可以实现。而无论在何种情况下，消费者的利益都要受到损害。同时，在商品制造加工过程中，计量不准确，往往会降低商品的品质和效用，亦可能对消费者的利益造成损害。

在商品交换关系中，经营者不可能摆脱利益最大化规则的影响。他们在从事商品和服务经营活动过程中，总是千方百计地谋求更多的利润。受利益最大化动机的驱动，经营者极有可能通过对商品和服务量的减少来获得更多的利润。而且，在商品生产和流通过程中，经营者对量的方面具有优势的控制权。首先，商品生产大多在消费者的背后进行，经营者对各种原料、成分的数量有绝对的支配、决定权，消费者无法直接地施加任何影响。其次，在流通过程中，根据一般的交易规则，计量器具的提供者大多为经营者。因而对经营者来说，通过计量器具本身调整及通过对计量器具进行有利于自己的使用技巧的掌握来获得对自己有利的计量结果，亦甚为便利。最后，现代商品交换关系中，商品大多以包装的形式出现，消费者在使用消费之前，对其数量更无法准确地了解，这亦为经营者克扣提供了便利条件。

由于计量与经济活动的密切联系，以及商品经济中经营者通过计量活动侵害消费者利益的趋向存在，必须对计量器具及计量行为进行有效的管理。唯有如此，才能保证经济活动有序、效率与公正，保障消费者公平交易权的充分实现。

（二）计量管理法律制度的基本功能及其实现

计量管理法律制度的基本作用主要表现在以下方面：

第一,实现计量单位的统一。通过计量法对在一国境内使用的计量单位进行统一规定,并以法律强制力予以实施,可以为经济活动提供统一的计量标准。统一的计量标准不仅可以使经济活动中的不同交易当事人相互理解,简化换算程序,降低交易成本,而且也有利于各种经济、技术信息的传播和推广,对经济发展具有重大的推动作用。

第二,确保计量器具量值的准确。通过各种计量基准器具、计量标准器具的建立,以及对各种经济活动过程中使用的计量器具的制造、修理、使用等活动的检查、监督,可以为经济活动提供统一的量值标准,并保证各种计量器具与作为最高量值依据的计量基准器具在量值上的统一,从而实现经济活动中计量活动的准确。准确的计量器具对维护交易当事人的正当权利,实现有效管理和准确预测,提高经济效益,推动科技发展,都具有重要的现实意义。

第三,实现计量行为的规范化。通过计量法建立计量监督检查各项法律制度,可以促使所有计量器具的使用单位和个人正确地使用计量器具,从而保证经济活动过程中各种计量器具正确、客观地反映实际数量,保护国家和人民的利益不受侵害,保障经济建设、贸易和科技活动顺利进行。

计量管理法律制度的基本价值目标是实现计量活动的统一和准确。这一价值目标是通过以下逻辑过程而实现的:首先,通过计量法统一计量单位;其次,按照统一的计量单位建立计量基准器具;再次,通过计量标准器具传递量值,建立并矫正计量标准器具,保证计量标准的准确;又次,通过计量标准器具传达的量值的传达及矫正作用,实现工作计量器具的准确;最后,通过各种监督制度,保证使用者正确规范地使用计量器具,保证计量器具准确反映测量数据,从而最终实现计量活动的统一和准确。

(三)计量管理法对消费者利益的保护作用

计量管理法律制度并非单纯以对消费者保护为唯一的宗旨,但它对消费者的利益确实具有非常重要的作用。这些作用主要表现在以下方面:

第一,统一计量单位,使消费者易于对经营者计量行为进行监督。按照法定的计量单位进行计量表示,有利于消费交易的简化。由于法定计量单位是广泛使用的,消费者对其量值较为熟悉,因而,如果有重大悬殊,可以凭直觉而发现,并予以纠正。

第二,保证计量器具的准确,保障消费者获得准确计量的消费品。计量法对计量器具的制造、销售、使用规定了各种管理制度,从而可以保证计量器具的准确性,保证经营者使用的计量器具行为的可靠性,使消费者获得足量的商品。

第三,督促经营者正确的使用计量器具,准确表达计量数据,防止对消费者进行克扣,杜绝消费交易中的欺骗行为。

二、计量单位

计量单位是人们选定的用以衡量、测定同类事物的参照量。我国采用以国际计量单位为基础的法定计量单位制。根据法律规定,我国法定的计量单位包括7个国际单位制的基本单位(包括长度单位中的“米”,质量单位中的“千克”,时间单位中的“秒”,电流单位中的“安”等)、2个国际制单位中的辅助单位、19个国际单位制中具有专门名称的导出单位、15

个国家选定的非国际单位制单位以及由以上单位组合形成的单位以及 16 个由词头和以上单位构成的十进倍数和分数的单位。

根据法律规定，除农田土地面积计量单位外，凡有国家计量单位的，应一律采用法定计量单位。未经国务院计量行政部门批准，不得制造、销售和进口国务院规定废除的非法定计量单位的计量器具和国务院禁止使用的其他计量器具。

三、计量器具及其管理

（一）计量器具

计量器具，是指能用以直接或间接测出被测对象量值的装置、仪器仪表、量具和用于统一量值的标准物质。计量器具从其作用来看，包括计量基准器具、计量标准器具和工作计量器具三种。基准计量器具，简称计量基准，是国家建立的作为统一全国量值最高依据的计量器具。基准计量器具是精确度和效力最高的计量器具。其基本功能是传递量值并保持量值的稳定，每一测量参数全国只能有一个计量基准。计量基准由国家计量行政主管部门（以下简称计量部门，现隶属国家市场监督管理总局）负责建立。计量基准器具的使用必须符合法定的条件，其量值应与国际上的量值保持一致。

标准计量器具，简称计量标准，是由国家有关部门及企事业单位建立的用于检定其他计量标准和工作计量器具的计量器具。计量标准是根据计量基准而建立，其基本作用是传递量值，并作为检定依据。计量标准分社会公用的计量标准、部门计量标准和企事业单位计量标准。社会公用计量标准由各级计量部门建立，经上级计量部门考核合格后使用。部门计量标准是由国务院有关部门或省级政府有关行政主管部门根据本部门的特殊需要建立的在本部门使用的计量标准。其各项最高计量标准器具经同级计量部门主持考核合格后使用。企事业单位计量标准，由各企事业单位根据需要建立，在本单位使用，其各项最高计量标准器具经主管部门及同级计量部门主持考核合格后使用。乡镇企业建立本单位的各项最高计量标准须向当地县级政府计量部门申请考核，经考核合格后方能使用。

计量工作器具，是日常生产、工作及生活活动过程中使用的计量器具。它根据计量标准制造，其基本功能是衡量测定各种被测对象的量值。计量工作器具的制造、修理、销售和使用，必须遵守计量法的规定。

（二）计量器具的管理

根据《计量法》的规定，计量器具的管理，主要有以下制度：

1. 许可证制度

计量器具的准确程度，直接关系到每一个消费者的切身利益。因此，国家必须对计量器具的制造和修理实行许可证管理。从事计量器具制造、修理的企、事业单位及个体户，必须事先取得许可证，方可使用国家统一规定的许可标志，从事计量器具的生产活动。

申请制造计量器具许可证的企、事业单位，由其主管部门、同级的人民政府计量部门进行考核，乡镇企业由当地县级计量部门考核。申请修理计量器具许可证的，由当地县（市）级人民政府计量部门考核，当地不能考核的，由上级计量部门考核。为了保护消费者的利益，我国法律规定制造、修理计量器具的个体工商户，须在固定的场所从事生产经营；易地生产经营的,须经所到地方的计量部门验证核准后,方可申请办理营业执照。计量部门在接到申请后,应对申请人的生产设施、出厂检定条件、人员的技术状况以及有关技术文件和计量规章制度等方面进行考核,符合条件的发给制造计量器具许可证或修理计量器具许可证。

2. 计量检定制度

计量检定,是指国家有关部门或计量器具使用单位依据计量基准和计量标准对计量器具的性能进行评定,以确定其是否合格的各项活动。

计量检定,根据其检定对象的不同,可以分为计量标准的检定和对工作计量器具的检定;根据其实施强制性不同,可以分为强制检定和自愿检定;根据检验的目的不同,可以分为合格检定、周期检定、定期检定、仲裁检定;根据实施检定的主体不同,可以分为第三者检定和自我检定。

强制检定,是指由计量检定机构依法强制实施的计量检定。根据法律规定,实行强制检定的计量器具包括:(1)社会公用计量标准器具;(2)部门和企、事业单位使用的最高计量标准器具;(3)用于贸易结算、安全防护、医疗卫生、环境监测方面的列入强制检定目录的工作计量器具。其中,计量标准器具的检定由县级以上人民政府计量部门负责进行,工作计量器具的检定由县级以上人民政府计量部门指定的计量检定机构进行。强制检定以外的其他计量器具,实行自愿检定。

合格检定,是国家有关机关及制造、修理计量器具的单位,为了保证计量器具计量性能的合格,而在其交付使用、销售前对其进行的检定。根据《计量法》的规定,对实行强制检定的计量器具由有关当事人按照规定申请强制检定,检定不合格的不得使用。制造、修理计量器具的企业、事业单位必须对制造修理的计量器具进行检定,保证产品计量性能合格,并对合格产品出具产品合格证。检定不合格的不得出厂销售。

周期检定,是指对正在使用的计量器具为了保证其计量性能而对其定期实施的计量检定。凡使用强制检定的计量标准的单位和个人,应当向主持考核该项计量标准的有关人民政府计量部门申请周期检定。使用实行强制检定的工作计量器具的单位和个人,应当向当地县级人民政府计量部门指定的计量检定机构申请周期检定;当地不能检定的,向上一级人民政府计量行政部门指定的计量检定机构申请周期检定。周期检定属于强制性检定。

定期检定,是指计量器具使用单位为保证计量性能对于实行非强制检定的计量器具按一定期间对其进行的检定。定期检定属于非强制检定的范围。定期检定可由使用单位依照本单位计量标准自行进行,亦可送有关计量检定机构进行检定。企、事业单位应当配备与生产、科研、经营管理相适应的计量检测设施,制定具体的检定管理办法和规章制度,规定本单位管理的计量器具明细目录及相应的检定周期,保证使用的非强制检定计量器具能得到定期检定。

仲裁检定,是指为了解决计量纠纷而使用计量基准或社会公用计量标准所进行的以作出公正裁决为目的的计量检定调试活动。在经济活动中,交易当事人经常就商品计量问题发生纠纷。为了顺利解决纠纷,对作出公正裁决提供依据,可以对争议涉及的计量器具进行检定。仲裁检定的检定对象是与计量争议有关的计量器具,其主要目的在于为作出公正裁决提供技术依据。根据法律规定,县级以上人民政府计量行政部门负责计量纠纷的调解和仲裁检定,并可根据司法机关、合同管理机关、涉外仲裁机关或其他单位的委托,指定有关计量检定机构进行仲裁检定。在调解、仲裁及案件审理过程中,任何一方当事人均不得改变与计量纠纷有关的计量器具的技术状态。当事人对检定不服的,可以在接到检定通知后 15 日内,向上一级计量部门申诉,上一级计量部门进行的仲裁检定为终局仲裁检定。

3. 定型鉴定、形式批准和样机试验制度

定型鉴定,是指有关计量检定机构对计量器具新产品样机的计量性能进行全面的审查考核。形式批准,是指对计量器具新产品及进口的计量器具在进行定型鉴定合格的基础上,对生产或进口该计量器具作出的批准。样机试验,是指对国内已经定型但生产单位首次制造的计量器具的样机进行的考核、检验。定型鉴定的鉴定对象是计量器具的新产品样机以及从国外进口的计量器具新产品。其鉴定的目的是审查、考核其计量性能,以便决定是否可以组织生产。凡在全国范围内制造从未生产过的计量器具新产品,必须经过定型鉴定。定型鉴定合格后,应当履行形式批准手续,颁发证书。在全国范围内已经定型,而本单位未生产过的计量器具新产品,应当进行样机试验。样机试验合格后,发给合格证书。凡未经形式批准或未取得样机试验合格证书的计量器具,不准生产。定型鉴定由国务院计量行政部门授权的技术机构进行。计量器具新产品的形式,由当地省级人民政府计量部门批准,获得批准的形式经国务院计量部门审核同意后,作为全国通用形式。

4. 计量认证制度

计量认证是指政府计量部门对有关技术机构的计量检定、测试能力和可靠性进行考核和证明。在我国,许多计量检测任务是由计量部门指定的机构和单位进行的。为了保证其检测的准确、可靠,必须对这些机构本身的技术条件进行审查考核。根据法律规定,为社会提供公证数据的产品质量检验机构必须经省级以上人民政府计量部门的计量认证。认证的内容包括计量检验、测试性能,计量检测设备的工作环境和人员的操作技能,保证量值统一、准确的措施及检测数据公正可靠的管理制度。对经考核符合条件的,由受理申请的计量部门发给计量认证合格证书,未取得合格证的,不得开展产品质量检验工作。已经取得计量认证合格证书的产品质量检验机构,需新增检验项目的,应按法律规定申请单项计量认证。

5. 计量器具销售管理制度

根据法律规定,对企、事业单位制造、修理的计量器具质量,县级以上人民政府计量部门有权进行监督检查。其内容包括抽检和监督试验。凡无合格证书或经检定不合格的计量器具不准出厂。县级以上人民政府计量部门有权对当地销售的计量器具实施监督检查。凡没有产品合格印、证和制造计量器具许可证标志的计量器具,不得销售。进口计量器具,必须向国务院计量行政部门申请形式批准,并提供有关技术资料,由国务院计量部门安排授权的技术机构进行定型鉴定。鉴定合格的,由国务院计量行政部门批准,并予以公布。对展览会留购的计量器具,确属急需或销售量极少以及国内暂无定型鉴定能力的进口计量器具,可以办理临时形式批准。除应履行形式批准手续外,申请进口计量器具,还应按国家有关进口商品的规定程序进行审批,海关对进口计量器具凭审批部门的批件验放。进口以销售为目的的计量器具,在海关验放后,订货单位必须向所在地省级人民政府计量部门申请检定,当地不能检定的,向国务院计量行政部门申请检定。

6. 计量器具的使用管理制度

使用计量器具,不得破坏其准确度,损害国家和消费者的利益。任何单位和个人不准在工作岗位上使用无检定合格印、证或超过检定周期以及经检定不合格的计量器具,但在教学示范中使用计量器具不受此限。

7. 违法行为及法律责任制度

计量违法行为主要包括以下几类:(1)使用非法定计量单位的行为,包括在出版物或非出版物中使用非法定计量单位的行为,以及制造、销售非法定计量单位的计量器具和国家禁止使用的其他计量器具的行为。(2)使用未经检定的计量器具的行为,包括属强制检定范围内的计量器具未经检定而使用的行为,属非强制检定范围的计量器具未自行定期检定或送其他机构定期检定的行为等。(3)非法制造、修理计量器具的行为,包括未取得许可证而从事计量器具制造、修理的行为,制造、销售国家禁止的计量器具的行为,未经批准而生产计量器具新产品的行为,以及个体工商户制造、修理国家规定范围以外的计量器具的行为等。(4)非法销售计量器具的行为,包括销售不合格计量器具的行为,销售无检定标志的计量器具的行为以及销售残次计量器具零配件的行为等。(5)未取得计量认证合格证而为产品质量检验的行为。(6)伪造、盗用、倒买强制检定印、证的行为。(7)计量监督管理人员违法失职、徇私舞弊的行为。对以上行为,计量管理部门可视具体情况和情节,给予责令停止使用,责令停止销售,责令停止制造、修理,责令停止出厂,责令赔偿损失,没收违法所得,罚款等行政处罚;构成犯罪的,由司法机关追究刑事责任。给消费者和国家造成损失的,应当赔偿损失。

第五节　消费合同法律制度

一、消费合同法律制度概述

(一)消费合同的定义、特征和类型

1. 消费合同的定义及其特征

消费合同是指消费者为了生活需要,在购买商品或接受服务过程中与经营者达成的明确相互权利义务关系的协议。它具有以下法律特征:

第一,消费合同的当事人一方是消费者,另一方是经营者。消费合同是消费交易的法律形式,其合同一方必须是消费者,即为了生活需要而购买商品或接受服务的人。消费者在一般情况下,为个体社会成员,但并非只能是一个人。经营者即以营利为目的而向社会提供商品和服务的人,可以是个人,也可以是经济组织以及其他社会团体,甚至可以是国家机关。经营者双方签订的合同不属消费合同,同样,消费者之间签订的合同也不属消费合同。

第二,消费者签订消费合同的目的是满足生活需要。作为消费合同主体一方的消费者,其签订合同是为了获得自己或家庭需要的各种商品或服务,或作为礼物赠送给其他人,以满

足他人的生活需要,而不是为了转手获取利润。因此,同一个人,即使其购买的商品相同,但若其购买商品的目的不同,其合同的性质亦不一样。用于生活消费的,则为消费合同;为了经营获利的,则为非消费合同。

第三,消费合同是双务合同。它以消费者一方支付货币,经营者一方提供商品和服务为基本内容。在消费合同中,货币从消费者一方流入经营者一方,作为合同标的的商品或服务则从经营者一方流向消费者一方,是合同交易过程中利益转移的一般形式。在通常情况下,在消费合同中,负有特定给付义务的当事人始终是经营者,消费者始终为一般给付(货币支付)的义务人。所以,收购合同等不具有此种价值与使用价值对流关系的合同,亦不属消费合同。

2. 消费合同的类型

根据不同的标准,可以对消费合同进行不同的分类。除传统民法中对合同的一般性分类(如书面合同与口头合同,诺成性合同与实践性合同,有偿合同与无偿合同,单务合同与双务合同等)以外,还可以对消费合同作如下具有消费者保护法意义上的分类:

第一,根据消费合同的内容不同,可将消费合同分为消费买卖合同、水电气热供应合同、客运合同、消费承揽合同、服务合同、消费租赁合同、消费信贷合同、消费者保险合同、旅游合同等。此种分类的意义在于,由于合同的内容不同,在法律调整上亦应区别对待。各种不同合同除都必须适用合同法的一般原则外,应分别根据其特殊性制定相应的法律进行调整。

第二,根据合同的订立过程不同,可将消费合同分为标准合同及普通合同。对合同进行此种分类其意义在于,在普通合同中,当事人双方的意思均得到充分的体现,合同的内容往往对双方的利益都能全面照顾。而标准合同则按一方当事人意思而形成合同文本,他方只能附合对方提出的合同条件,往往会忽视消费者一方的利益。因此,相对于普通合同而言,采用标准合同形式的消费合同更可能对消费者的利益造成侵害,必须通过法律对有关标准合同的制作、内容、解释等作出特别规定,以保护消费者的利益。

第三,根据合同受法律调整的时间不同,可以将消费合同分为传统消费合同与新型消费合同。凡在传统民法中作为有名合同进行规定的,属于传统合同。相反,凡在传统民法没有作为有名合同进行规定,而是随着经济、社会的发展,在晚近才出现并被纳入法律调整的合同,则属新型合同。这种划分的意义在于,对于传统消费合同,在通常情况下,仍应以传统民法规定的原则为基础进行调整;而对新型合同,一般就该合同有专门特殊规定,在法律适用时,优先适用这些特殊规定。新型合同不仅包括内容上的新型,亦应包括形式及缔结方式的新型。前者如分期付款买卖合同、消费信用合同、旅游合同,后者如标准合同、邮购合同等。

(二)消费合同法律制度的历史发展

传统民法中,并无消费合同的概念。在基于一切民事主体绝对平等的假设而确定的传统民法体系中,每一主体的具体特征几乎被毫无保留地抹杀了,作为民事主体的人是高度抽象的一般的人,每一个人都是绝对平等的,因而只能获得同样的法律保护。消费者作为一种特殊主体亦不可能享受其他民事主体不能享受的特权。基于一切人绝对平等的假设,因而必然得出每一个人都是自由的结论。由于一切人都平等,所以任何人都不得把自己的意志强加于他人之上,若使他人为一定行为必须取得其同意。同样地,只要行为人不损害其他人的利益,他便对自己的行为、财产有绝对的支配权。基于这种认识,传统民法将“契约自由”推崇为至高无上的民事活动原则,并将这一原则绝对化。根据这种绝对的契约自由原则,每一个人都有缔结或不缔结契约的权利,有自由选择缔结契约相对方当事人的权利,有与相对方当事人协商确定契约形式和内容的权利。无论契约内容如何,只要它充分体现了当事人的意志,就受到法律保护。民事主体地位平等与契约自由观念作为近代民法的两大基石,反映了近代资产阶级对摆脱封建束缚的渴求,对历史的发展曾经发挥过重要的推动作用。然而,由于先天或后天的原因,每一个人都不可能完全一样,基于绝对平等的假设而确定的传统民法体系其本身就蕴含不公平的因子。

随着经济的发展,契约自由绝对化观念更日益暴露出其历史的局限性。仅就消费者与经营者的契约关系而言,市场的垄断破坏了消费者选择缔结契约对方当事人的权利,资本的集中及现代化经营方式使经营者的实力越发膨胀,其与消费者的实力悬殊越来越大;科技的发展导致消费者对产品服务更加无知,使消费者随时都可能在与经营者的交易中受到欺骗;标准合同的广泛采用,使消费者对合同的内容几乎丧失了任何发言权;现代营销方式的采用以及各种新型交易形式的出现,更使消费者的命运完全置于经营者的掌握之中。契约自由,实际上只能是经营者肆无忌惮地剥夺消费者的自由,而不可能是消费者获得公平交易利益的自由。

基于对作为法律主体的个体差异的认识,现代法律逐渐开始摒弃对一般的抽象的正义的追求,而根据不同主体的具体情况区别对待,以谋求法律价值中的实质正义。劳动法、消费者保护法、未成年人保护法、残疾人保护法等,均是这一法律体系变革的产物。由此可见,根据不同法律主体的个体差异而给予保护,并不是对人类自由、平等法律原则的践踏。相反,正是人类认识进步及法制发展完善的标志。消费合同法律制度的基本精神就是基于对消费者弱者地位的认识对传统合同自由的观念进行修正,以实现对消费交易中消费者正当权益的充分保护。消费合同法律制度的产生同样是人类进步和法制完善的重要标志。

早在19世纪初,英国法律就有关于公共马车不得任意拒载顾客的规定。〔4〕这一规定反映了法律为了消费者利益而对马车主选择缔约当事人的限制,可谓开为保护消费者利益而限制契约自由之先河。但这种规定毕竟带有偶然性,并不能说明消费合同法律制度已经形成。至19世纪末,法国、德国、奥地利等国相继制定了有关分期付款买卖的法律。一般认为,这些法律的颁布标志着消费合同法律制度的正式产生。〔5〕德国《民法典》从社会公共利益的立场出发,出于对消费者利益的考虑,对契约自由原则规定了诸多限制。例如,在租赁合同中,即对出租人终止租约,承租人违约金约定等问题作了有利于承租人的规定。

20世纪60年代以后,随着经济的发展,特别是消费信用和商品销售方式的发达以及标准合同的广泛使用,使消费者的公平交易利益更易于受到侵害。在这种情况下,各国相继颁布了一系列有关消费合同方面的特殊法律规范。例如,英国1964年制定了《租买法》,1971年制定了《主动上门提供货物和劳务法》,1974年又制定了《消费者信用法》,1977年制定了《不公正合同条款法》等;美国于1968年颁布《消费者信用保护法》,1971年制定了《信用报

〔4〕 谢怀栻:《外国民商法》(上),中国人民大学出版社1986年版,第26页。
〔5〕 谢次昌主编:《消费者保护法通论》,中国法制出版社1994年版,第395页。

告法》,1975年制定了《信用机会均等法》,美联邦贸易委员会还制定了《上门推销规则》《邮购规则》等;日本于1978年制定了《关于访问销售等的法律》;德国于1976年制定了《规制一般契约条款》的法律,1986年颁布了《关于门口交易和类似交易的撤销的法律》;等等。随着社会的发展,各国特别是发达国家,有关消费合同法律制度正逐步走向完善。

随着《消费者保护法》和《民法典》的相继出台,我国消费合同法律制度也开始逐步走向完善。

二、格式条款管理制度

(一)格式条款的含义和特征

通常认为,格式条款,又称一般契约条款,是指在商业活动中反复使用的由一方当事人按照自己意志决定的,他方只能予以接受的契约条款。严格地说,格式条款不同于标准合同,标准合同是由一方当事人按照规定格式起草的在商业交易中反复使用的合同草拟文本。标准合同并不排除当事人相互协商对其内容进行增加、删除或变更,其中的有关内容亦并非都具有附合性质。格式条款大多作为标准合同的内容出现,因此,不少人认为,标准合同就是格式条款。[6] 格式条款具有以下特征:(1)附合性。格式条款的内容是由一方当事人决定的。当事人在拟定时,无须征求对方的意见,在进行相关交易时,对方必须接受。(2)形式的灵活性。格式条款既可以在标准合同中订入,亦可在标准合同外订入,还可以在有关说明书以及张贴于营业场所或其他公共场所的规章、告示中订入,甚至以经营者口头说明的形式表现出来。(3)反复适用性。格式条款在制定时,一般并不是针对某一具体的当事人的,而是针对不特定多数的某一类人。当这些人与契约拟定者进行交易时,格式条款的规定对他们反复适用。格式条款也不同于不公平契约条款。不公平契约条款一般指明显违反公平原则的契约条款。格式条款并非都是不公平条款,但是,由于它按照一方当事人的意志而决定,而且在商业交易中,决定格式条款的经营者往往受利益驱动,过分强调自己的利益而忽视他人的利益,因而极易将不公平的合同条件以格式条款形式强加给对方当事人。因此,为了保护相对方当事人的利益,对于格式条款,许多国家对其生效条件、内容和解释都作了特别的规定。

格式条款既可以在消费交易中使用,亦可以在其他交易中使用,但以在消费交易及以小经营者作为相对方当事人的商业交易中使用最普遍。对格式条款进行规制,主要是为了保护消费者的利益。例如,根据德国《格式条款法》第24条的规定,该法的目的在于保护消费者,因而对于商人及公法上的法人均不适用。

格式条款的广泛采用,是现代经济发展的必然要求。通过格式条款,可以不必就每一交易条件与每一交易对方进行协商,因而可以简化交易过程、减少交易时间、降低交易成本。但是,由于其附合性和反复适用性,往往会使众多的交易对方受到不公平格式条款的损害,因此,必须对其进行有效的管理和规制。

本节中我们将根据我国《民法典》和《消费者保护法》的规定,结合国外的立法,就格式条款的管理问题作一般性阐述。

---

〔6〕 谢次昌主编:《消费者保护法通论》,中国法制出版社1994年版,第402页。

(二)关于消费合同格式条款法律适用问题

《消费者权益保护法》和《民法典》均对格式条款进行了规定。《民法典》第496条对格式条款进行了定义,并就格式条款订入合同作为合同条件提出了要求。根据《民法典》的规定,格式条款是当事人为了重复使用而预先拟定,并在订立合同时未与对方协商的条款。《民法典》关于该条的规定是对格式条款的一般定义。这一定义并非仅针对消费合同——消费者与经营者之间签订的合同,对非消费合同同样适用。

《民法典》第496条第2款实际上是对格式条款订入合同提出的要求。根据本款规定,格式条款要成为有效的合同,应当满足以下条件:(1)格式条款应当公平。即采用格式条款订立合同的,提供格式条款的一方应当遵循公平原则确定当事人之间的权利和义务。(2)应采用合理方式提示或说明。即提供格式条款的一方应当采取合理的方式提示对方注意免除或者减轻其责任等与对方有重大利害关系的条款,按照对方的要求,对该条款予以说明。如果格式条款的使用不符合以上要求,则认为该格式条款没有订入合同,不能当然成为对对方当事人有约束力的合同条款,亦即提供格式条款的一方未履行提示或者说明义务,致使对方没有注意或者理解与其有重大利害关系的条款的,对方可以主张该条款不成为合同的内容。

《民法典》第497条对无效的格式条款进行了规定。据此,以下三类格式条款无效:(1)属于一般无效情形的合同和无效免责条款(《民法典》第一编第六章第三节规定的无效合同和第506条规定的无效免责条款);(2)提供格式条款一方不合理地免除或者减轻其责任、加重对方责任、限制对方主要权利;(3)提供格式条款一方排除对方主要权利。

《民法典》第498条对格式条款的解释问题进行了规定。据此,对格式条款的理解发生争议的,应当按照通常理解予以解释。对格式条款有两种以上解释的,应当作出不利于提供格式条款一方的解释。格式条款和非格式条款不一致的,应当采用非格式条款。

《消费者权益保护法》对格式条款也进行规定,该法的规定与《民法典》的规定有一定差异,主要表现在以下方面:(1)《民法典》仅要求以合理的方式提醒格式条款,而《消费者权益保护法》则要求经营者必须以显著的方式提醒。(2)《民法典》要求提醒的内容仅包括免除或者减轻其责任等与对方有重大利害关系的条款,而《消费者权益保护法》则要求提醒商品、服务的数量和质量、价款或费用、履行期限和方式、安全注意事项和风险警示、售后服务、民事责任等与消费者有重大利害关系的内容。《消费者权益保护法》的规定比《民法典》规定更加细致、具体。(3)《民法典》仅就一般格式条款提出了要求,而《消费者权益保护法》除格式条款外,还对以通知、声明、店堂告示等方式作出限制消费者权利、减轻、免除经营者责任、加重消费者责任等对消费者不公平、不合理的规定进行了禁止性规定。(4)《民法典》规定未提醒说明的后果是对方当事人可主张该条款不成为合同的内容,而《消费者权益保护法》则明确规定,格式条款、通知、声明、店堂告示等有法律禁止规定内容的,其内容无效。(5)《民法典》规定,不合理地免除或者减轻其责任、加重对方责任、限制对方主要权利,排除对方主要权利的格式条款无效。按照《民法典》规定,只有"不合理地"减免本方的责任,限制对方"主要权利"的格式条款,才可能是无效格式条款。而《消费者权益保护法》则没有"不合理地"和"主要权利"这些限制。(6)《民法典》对格式条款的解释问题进行了规定,而《消费者权益保护法》则没有就此作出特别规定。

《民法典》出台在《消费者权利保护法》之后，相对于后者，前者是新法。但是，《消费者权益保护法》相对于《民法典》而言，则是特别法。《民法典》关于格式条款的规定，是关于格式条款的一般规定，而《消费者权益保护法》则是专门针对消费者与经营者之间的消费合同的格式条款而作的规定。基于一般法与特别法的关系，在法律适用方面，尽管《民法典》颁布在后，对消费合同中的格式条款，《消费者权益保护法》有特别规定的，仍应优先使用其规定；但对《消费者权益保护法》没有规定的内容，《民法典》的规定对消费合同同样适用。例如，《民法典》关于格式合同条款应当公平的规定，关于格式条款解释的规定，对消费合同同样适用。

（三）消费合同中格式条款使用的一般要求

1. 使用格式条款应当以显著方式提醒、说明相关内容

格式条款的表现形式十分复杂，在什么情况下它才可能作为该条款提出方与具体相对方当事人之间的合同内容之一部分呢？对此，根据各国立法，其内容一般包括以下方面：

第一，应让对方当事人明确该条款的存在。格式条款应在契约中明确规定，由于受缔约方式限制不能在合同中明确规定的，应当在公开场所以醒目的方式予以表示。此处所指的场所应为订约前就能到达的场所，如果有关告示不是在店堂中而是在经理的办公室里，由于一般消费者不到这一场所，因而亦不发生效力。此外，在有关文件中表达的格式条款，若无特别提示并使相对方能便利获得，也不能成为合同一部分。德国《一般契约条款法》规定，条款利用者应于订约时明白呈示该条款，在由于缔约方式致明示有困难时，应将其悬挂于订约场所的清晰可见之处。

第二，应使对方了解其内容。即格式条款应以使相对方能够理解的语言文字而表达出来。格式条款可以以书面形式订于书面合同之中，或作为店堂告示呈于商店的醒目之处。以书面形式表现时，应用使消费者得以理解的语言表达出来。同时，字迹要清楚，意思明确，不能模棱两可。格式条款亦可以口头方式表达出来，以口头方式表达时，亦应使用相对方理解的语言，并使相对方了解其真实含义。

第三，相对人同意。对格式条款的同意可以采用明示或默示的方式，在通常情况下是以默示的方式同意的，即相对方没有就该条提出异议的情况下，才能作为契约的内容。相对人提出异议时，格式条款利用者可就与该条款有关的问题与相对人协商达成特别约定，该特别约定可以排除格式条款的适用。在不能达成协定的情况下，可不缔结合同。相对人虽对某一条款表示不满，但仍然实施了完成交易所需的各种行为，在这种情况下，应视为已经同意。

我国《消费者权益保护法》规定，经营者在经营活动中使用格式条款的，应当以显著方式提请消费者注意商品或者服务的数量和质量、价款或者费用、履行期限和方式、安全注意事项和风险警示、售后服务、民事责任等与消费者有重大利害关系的内容，并按照消费者的要求予以说明。这一规定的目的就是让经营者通过提醒的方式使消费者知道有格式条款的存在，并且明确格式条款的主要内容。如果消费者明确了解格式条款内容，并愿意与经营者签订合同，则格式条款订入合同，并对双方当事人产生效力。

2. 不得利用格式条款、通知、声明、店堂告示等作不公平、不合理规定

对格式条款的内容，各国法律都有限制性规定，如规定格式条款不得违反法律强制性规

定,不得损害公共利益,不得违反诚实信用原则等。如根据德国法律规定,格式条款不得违反诚实信用原则,不得不当损害相对人利益,不得与其所欲变更的法律规定的基本思想不符或过分限制相对人基于契约而生的基本权利或义务,以使契约的目的有不能实现之虞。

除了这些一般性限制规定外,要求格式条款应当公平合理,也是各国立法的一般趋势。此方面的内容主要是限制不当免责、限权条款的使用。免责条款是指以免除一方当事人法律责任为内容的合同条款。以格式条款等形式免除经营者应负的有关责任是消费交易中比较常见的现象,也是法律对格式条款进行规制的主要原因之一。因此,各国法律特别重视对格式条款中免责条款的限制。作为免除对象的责任,是指按照法律规定或一般交易习惯,一方当事人应当承担的责任。对于免责条款的限制一般有以下两点:(1)得免除的责任只能是契约责任,而不包括侵权责任。在消费品交易中,经营者只能就商品的更换、修理、违约金,违约赔偿金等民事责任予以免除,而不能以免责条款的方式对因产品缺陷致人损害的产品侵权责任予以免除。(2)得免除的责任仅限于一般责任而不包括故意或重大过失责任。

我国《民法典》第506条规定,合同中的免除造成对方人身损害以及因故意或者重大过失造成对方财产损失的免责条款无效。

我国《消费者权益保护法》第26条规定,经营者不得以格式条款、通知、声明、店堂告示等方式,作出排除或者限制消费者权利、减轻或者免除经营者责任、加重消费者责任等对消费者不公平、不合理的规定,格式条款、通知、声明、店堂告示等含有前款所列内容的,其内容无效。这一规定意味着,在经营者与消费者达成消费交易的情况下,如果格式条款中存在以上内容,该内容的约定也是无效的。

除《消费者权益保护法》的规定外,《海商法》第126条也规定,海上旅客运输合同中,含有下列内容之一的条款无效:(1)免除承运人对旅客应当承担的法定责任;(2)降低承运人的法定责任限额;(3)对法律规定的举证责任作相反约定;(4)限制旅客提出赔偿请求的权利。

3. 不得利用格式条款并借助技术手段强制交易

在网络消费交易中,经营者往往利用格式条款并借助技术手段进行强制交易,如要求消费者提供非必需的个人信息,如消费者不予提供,则拒绝与消费者交易;利用技术手段隐藏格式条款的不公平、不合理约定,使消费者在不知情的情况下接受不公平、不合理的交易条件;或者通过“二选一”条款要求消费者必须放弃某一其他经营者的产品和服务,而接受其提供的产品和服务;等等。针对这种行为,《消费者权益保护法》在2013年修订时,专门增加了此项要求。但该法只对经营者不得利用格式条款并借助技术手段进行强制交易作了禁止性规定,却并没有对这种交易的效力作出规定。我们认为,如果经营者利用格式条款并借助技术手段进行强制性交易,应当按照强制交易进行认定,又因为此种强制交易,某种程度上带有欺骗性质,消费者是在违背真实意思的情况下接受交易的,因此,可根据《民法典》第148条规定将其认定为可撤销的民事法律行为。对于此类交易,消费者有权请求人民法院或仲裁机构予以撤销。

(四)格式条款的排除

对于格式条款,当事人可以通过特别约定予以排除。所谓特别约定,即就格式条款规定的内容通过双方协商作出不同于格式条款的约定。格式条款约定的内容从本质上说属于当事人在订立合同时应当协商一致而确立的内容，只是为了简化交易程序、节约交易成本，而对其作为一般性交易条件而对待，并纳入合同。既然如此，如果当事人通过协商就这一问题达成了其他协议，那么这一特别约定理应优先发生效力，从而排除一般契约条款的适用。

我国《民法典》第 498 条也规定，格式条款和非格式条款不一致的，应当采用非格式条款。

（五）格式条款的解释

一般认为，格式条款的解释应遵循以下两个原则：(1)不得无限制扩张原则。格式条款应根据其表述词句，按照一般消费者通常理解的含义来进行解释。不得无限制进行扩张解释。对有关专业术语，在必要时应作限缩解释。(2)由格式条款提出者承担不利解释后果的原则。即在格式条款文意不清时，应当作不利于经营者的解释。经营者作为格式条款提出者，其具有较强的经济实力和有关专业知识，在拟定该条款时，有机会深思熟虑，反复推敲，条款文意不清，其本身就有责任；而消费者一方既无专门的知识，又无对条款内容反复推敲、斟酌的余地，故如有不清楚之处，当然应由经营者承担后果。

我国《民法典》第 498 条规定，对格式条款的理解发生争议的，应当按照通常理解予以解释。对格式条款有两种以上解释的，应当作出不利于提供格式条款一方的解释。这一规定，也充分体现了以上两个解释原则。

（六）关于格式条款审查制度

在许多国家，为了防止合同当事人一方利用格式条款损害相对方利益，法律对格式条款的订立规定了一定的限制。有些国家设立格式条款审查制度，即要求对某些行业中格式条款使用者将其拟定的格式条款送有关专门机关审查。例如，在德国和日本，法律规定对特定行业中适用的一般契约条款进行强制审查，当事人必须将其拟定的一般契约条款报主管部门审批后，才可以使用。在以色列则实行自愿申请审查制度，由有关使用者根据自愿原则将一般契约条款报主管部门审核。在英国和法国则有一般契约条款使用监督制度。根据法国有关法律规定，由政府组织由 15 人组成的委员会，对商业活动中使用的不公平合同条款进行调查。该委员会在发现问题时，有权建议政府发布命令，禁止不公平合同条款的使用。在英国，法律规定国务大臣有权发布禁令禁止特定的不公平契约条款的使用。有些国家则规定由专门机关统一制定普遍适用的合同条款。如美国法律规定，某些标准合同样本由联邦贸易委员会统一制定，经营者可以采用统一制定的合同样本。对标准合同的订立进行统一审查、监督或拟定，有利于克服狭隘的个人利益和部门利益的局限，保证一般契约条款的公正性。

此外，许多国家的法律还规定，法院有权撤销不公平的格式条款。根据德国法律规定，消费者组织有关机构及工商团体还可以提起不作为之诉，要求禁止使用某项格式条款，此属对格式条款的社会监督。

在我国，格式条款的应用亦十分普遍。它们有些是由有关部门根据国家法律的规定而拟定的，有些是由经营者自己拟定的。前一类主要适用于有关公用事业，但由于某些部门在拟定时受部门利益的局限，存在对经营者进行偏袒和照顾倾向，其中往往含有不公平的内容;至于经营者自行拟定的格式条款,其公正性更难保证。尽管《民法典》规定采用格式条款订立合同的,提供格式条款的一方应当遵循公平原则确定当事人之间的权利和义务。但并未建立对格式条款是否遵循公平原则进行审查的制度。特别是对消费者交易而言,建立相应的格式条款审查制度,似乎尤为必要。

三、几种典型消费合同法律制度

(一)一般消费买卖合同

消费买卖合同,是消费者为了购买商品而与经营者之间缔结的契约。消费买卖合同是消费合同最常见的一种类型,有关消费买卖合同方面的制度在与其他消费合同的法律制度不冲突的情况下,对其他消费合同亦同样适用。消费买卖合同作为合同的一种类型,除适用合同法的一般规定外,还有以下几个方面对消费者特别保护的权利义务是由合同所确定的。虽然,无合同即无义务,但在消费合同中,经营者除了应履行合同约定的义务外,尚须对消费者承担某些合同前的义务。

这些义务包括:(1)不得无故拒绝与消费者签订合同,提供有关商品的信息知识,对商品进行明码标价,对需要测试的商品进行当场测试等。(2)经营者商品、服务品质担保责任。经营者应当保证在正常使用商品或者接受服务的情况下其提供的商品或者服务应当具有的质量、性能、用途和有效期限。以广告、产品说明、实物样品或者其他方式表明商品或者服务的质量状况的,应当保证其提供的商品或者服务的实际质量与表明的质量状况相符。对此我们第七章已作详述,不再赘述。(3)售后服务义务。其形式包括修理、更换、退货等。前已述及,请参阅本书第七章。(4)经营者的其他附随义务。经营者为使消费者获得商品,正确的使用商品,应根据其出售商品的不同情况,承担一定的附随义务。例如,出售大型笨重的商品,应当为消费者提供搬运条件,或送货上门;出售高技术商品以及危险性较大的商品,应告知或演示该商品的使用方法,或对消费者进行免费培训;等等。

(二)网络、电视、电话及邮购合同

网络、电视、电话及邮购合同(以下简称网电邮合同),具有某些基本方面的共同特点。在这些合同中,买方与卖方不直接见面,买方通过相关媒介广告而获得有关商品的信息,因而对商品缺乏直觉的感观认识,并且,他不能像在商店中购买商品那样,可以对商品进行对比和挑选。同时,这些交易往往以买方先支付价格为条件,钱货不能当场清结。买方在支付价款后,是否能获得商品以及获得的商品是否与其欲购的商品一致,是否具有邮售广告中表明的品质,完全取决于卖方是否讲信用。由于买卖双方常常相隔两地,彼此不甚了解,在发生问题后,也不能立即采取有效措施进行救济。因此,在网电邮合同中,买方当事人的利益极易受到他方的侵害。在实际生活中,有些经营者在广告中对商品作夸大宣传,引诱消费者上当受骗,推销伪劣商品,消费者在将钱汇出后,得到的却是残缺不全、质量低劣的商品。有些网络销售或邮售经营者,在收到货款后,长期不发货,使消费者的需求得不到及时满足,并受到长期的精神折磨。还有些不法分子利用邮售的特点,以网售、邮售为名,行诈骗之实,制造假象,骗取钱财。因网购、邮购而受害的消费者可谓不计其数,举不胜举。对网电邮交易的管理是一项综合性的工作,需要各部门及消费者共同努力才能实现。根据消费保护的有

关法律规定,网电邮合同有以下特殊的制度需要注意:

第一,即时成立合同。网电邮合同的成立方式与一般合同不同,网电邮交易广告不同于一般宣传性广告。在网电邮广告中,通常商品的情况以及价格、履行方式等都已经确定,并且,销售者允诺在收到货款后即寄送商品,消费者在订购后,理应获得其欲购的商品。因此,网电邮广告应视为要约,消费者订购并付款后,合同便成立。邮售经营者一经发出邮售广告,于收到货款后一定的期间内就必须按广告内容向邮购者寄送商品,不得以任何理由拒绝提供。对于货到付款的网电邮合同,合同订立时间,仍应以经营者收到消费者订购通知时间为准,但由于消费者是在未见实物的情况下签订合同的,因此,在实物与广告不符时,消费者有权拒收商品,解除合同。对属于7天无理由退货范围内的产品,消费者可不说明理由直接退货。已经付款的,消费者在收到商品后7天内可不说明理由退货,并要求经营者退还货款。经营者应当自收到退回商品之日起7日内返还消费者支付的商品价款。退回商品的运费由消费者承担,经营者和消费者另有约定的,按照约定。此项约定,包括经营者以广告方式作出的自己承担运费的承诺。

第二,提供的商品应符合消费者一方的要求,并具备相应广告中表示的品质。经营者寄送的商品,必须是消费者所欲购买的商品,不得以其他商品替代;同时,该商品必须具备法律规定及相应广告或约定中表示的品质,商品质量与消费者欲购买的商品不符的,应当允许消费者依法退货,或进行更换、修理,并由经营者承担有关费用。消费者享有《消费者权益保护法》第24条、第25条规定的要求退货、更换、修理的权利,经营者必须承担与此对应的义务。

第三,经营者一方必须及时提供商品。相应广告、约定中有期限保证的,应在保证的期限内将商品寄出或送出,没有保证的,应在收到货款后立即寄出。消费者有权期待在合理的期间内获得商品,超过合理期限而使该商品对邮购者失去意义时,经营者应当允许退货,并承担相应的费用,造成损失的,应当赔偿损失。

第四,提供法定信息的义务。根据《消费者权益保护法》第28条的规定,网电邮合同的经营者一方应当向消费者提供经营地址、联系方式、商品或服务的数量和质量、价款或者费用、履行期限和方式、安全注意事项和警示、售后服务、民事责任等方面的信息。

(三)预收款交易合同

预收款交易,又称预付式消费交易,是指消费者向经营者先行付费,后按照约定的方式分次享受产品或服务的一种消费模式。[7] 预付式交易中,商品的交付与价金的支付并非同时发生,作为购买方的消费者获得的只是期待利益,而非现实利益。由于各种原因,这种期待利益到时是否能够实现,尚不确定。有些经营者利用预付式交易预先收取消费者货款或费用,但却不能保障消费品和服务的充分提供。甚至有些不法分子利用预付式交易骗取他人钱财,然后逃之夭夭。现实生活中,一些理发店、美容店、加油站、洗车行等,频繁更换经营者,而在新旧经营者之间不进行合理的业务交接,未对原经营者通过预收款而获得的资金和消费者未来的消费作出安排,使大量已预先付款的消费者不能获得预定的服务或商品,严重

[7] 王叶刚:《论预付式消费交易的法律构造》,载《现代法学》2015年第3期。

侵害了消费者的权益。针对这种现象,《消费者权益保护法》第53条规定,经营者以预收款方式提供商品或者服务的,应当按照约定提供。未按照约定提供的,应当按照消费者的要求履行约定或者退回预付款;并应当承担预付款的利息、消费者必须支付的合理费用。据此,在预收款交易中,消费者应当特别注意经营者的以下义务:

第一,按照约定提供商品。经营者应按预收款交易合同的约定,提供商品和服务。经营者不应擅自变更交付商品和提供服务的场所,如因特殊原因必须更换的,应当及时通知消费者,如果消费者购买商品或接受服务的成本因此而大幅度增加,应当允许消费者解除合同。经营者不应擅自对商品价格和服务收费进行调整,如消费者预付款购买的是特定商品或服务,经营者对商品价格和服务收费进行大幅度调整的,需经消费者同意,消费者不同意继续购买的,应允许消费者解除合同,并退还货款余额。

第二,不能依照约定提供的商品、服务的,应由经营者重新按约定履行或退还货款。经营者如果不能按照合同约定提供相关商品或服务,消费者有权要求经营者重新按约定履行。如果消费者不再愿意接受经营者提供的商品和服务,可提出解除合同,此时,经营者应向消费者退还预付货款的余额。

第三,经营者不能履行时应支付预付款利息及消费者必须支付的合理费用。经营者如果不能按约定提供商品或服务,除应退还预付款外,还应按法定利息率支付消费者利息;消费者对因其不能履行而必须作出的费用支付(如往返必需交通费),亦可请求经营者赔偿。当然,经营者支付的利息只能按法定的利息率计算。但法定利息应当以存款利息率还是贷款利息率计算,似乎仍值斟酌。若以存款利息率计算,对经营者甚为有利,有些经营者可以利用预售获得比银行贷款利息率低得多的借款;而若以贷款利息计算,似乎亦缺乏理论和法律依据。因此,有人主张应抛弃预售合同中的预付款概念,将预售合同中的预付金额视为定金,在经营者不履行预售合同时,由经营者双倍返还。这样处理,加重了经营者的责任,似乎更有利于对消费者的保护。

(四)分期付款买卖合同

分期付款买卖合同,是指买卖双方约定的,由卖方预先提供标的物,买受人分期支付标的物价款的合同。

分期付款买卖合同,可以促进商品的销售,并使消费者的某种需求得以预先满足。然而,分期付款买卖对消费者具有强大的诱惑力,消费者往往迫于需要,过高的估计自己的履行能力,而作出购买商品的决定。待付款期届临时,才感到自己陷入困境。而且,分期付款买卖中通常附有过重的违约责任、较高的价格和严格的履行要求,消费者稍有延迟,便可能承担严重的后果。因此,一些国家和地区出于对消费者利益考虑,对分期付款合同亦作了专门规定。这些规定通常包括以下内容。[8]

1. 违约金及赔偿金限制性规定

即规定分期付款买卖合同中买方违反合同支付的违约金不得超过一定的限度,买受人违约给出卖人造成损失的,其损失额的计算应当合理。例如,我国台湾地区"民法"第390

---

〔8〕 李凌燕:《消费信用法律制度研究》,法律出版社2000年版,第58~80页。

条规定，分期付价之买卖，如约定出卖人于解除契约时得扣留其所领受价金者，其扣留之数额，不得超过标的物使用之代价及标的物受有损害时之赔偿额。

2. 买受人一定期限内的撤销权

在不少国家的法律中都规定，对分期付款买卖合同，应给予消费者一定期间的“冷却期”。在此期限内，消费者得无条件撤销合同。如根据德国分期付款买卖法规定，买方在缔约后一个星期内，享有以书面撤销合同的权利。

3. 买受人期限利益不受剥夺

买受人接受分期付款买卖关键在于在这种交易中他享有期限利益，即对价金之一部分于将来支付的利益。但是，经营者如果对履约要求过严，而使买受人动辄丧失这一利益，实际上，分期付款买卖即如一般买卖无异。为了保护买受人的期限利益，一些国家和地区的法律对经营者随意取消分期支付、要求买受人违约时一次付清全部价金的行为作了一定的限制。例如，我国台湾地区“民法”规定，分期付款之买卖，如约定买受人有延迟时，出卖人得即请求支付全部价金者，除买受人有连续两期给付延迟，而且，延迟额已达全部价金 1/5 外，出卖人不得请求支付全部价金。

4. 合同形式和内容限制

一些国家和地区的法律要求，分期付款买卖合同应采用书面形式，其目的是使消费者明确理解合同的含义，并对其内容进行仔细斟酌。此外，还要求合同必须具备法定的内容，这些内容包括标的和市场价、分期付款出售的总价、第一期付款期数及每期支付的金额、付款时间及付款方式、违约责任等。

我国目前尚没有专门规定分期付款买卖的法律，只是在《民法典》第三编第二分编买卖合同一章中的第 634 条对此进行了规定。据此，分期付款的买受人未支付到期价款的数额达到全部价款的 1/5，经催告后在合理期限内仍未支付到期价款的，出卖人可以请求买受人支付全部价款或解除合同。出卖人解除合同的，可以向买受人请求支付该标的物的使用费。

随着我国分期付款消费交易的日益普遍，有必要建立专门的法律制度对分期付款交易中的消费者给予特别的保护。

（五）消费承揽合同

消费加工承揽合同，是由消费者与经营者之间就经营者完成一定工作，交付工作成果，并由消费者支付报酬签订的合同。传统民法中将以提供一定劳务为标的的合同称为劳务合同。而将以完成一定工作为标的的合同（有工作成果之交付）称为承揽合同。

消费承揽合同涉及的范围非常广泛。消费者日常生活中衣服、鞋子、家具的定作、修理，住房的维修、装饰，家用电器及其他日用品修理，相关物品、设备的复制、测试、检验等，都可能发生消费承揽合同关系。

在消费承揽合同关系中，消费者支付有关费用，经营者按照消费者的要求加工制作一定的定作物，或对有关标的物进行修理。消费加工承揽合同通常包括消费品定作（如皮鞋、家具等的定作）合同、消费品加工（由消费者提供原料，由经营者加工，如金银首饰的加工等）合同、消费品修理（如各种家用车辆、家用电器、日用品的修理）合同、文书制作（如代理书写书信、文状等）合同等。

消费承揽合同关系中,经营者负有完成标的物的制作、加工、修理等工作的义务。根据《民法典》第三编第二分编第十七章的规定,在消费承担合同中,消费者应特别注意以下问题:(1)经营者应当按照消费者的要求完成工作,交付工作成果。作为承揽人的经营者如发现消费者提供的图纸或者技术要求不合理,应当及时通知消费者,消费者应当及时回复。经营者不得擅自调整消费者的要求,按照自己的意愿完成承揽的工作。(2)消费者提供材料的,经营者应当使用消费者提供的材料完成承揽的工作。不得擅自更换消费者提供的材料,更不得更换不需要修理的零部件。(3)经营者交付的工作成果不符合质量要求的,应当承担修理、重作、减少报酬、赔偿损失等违约责任。在日常房屋装修和物件修复等承揽工作中,若消费者认为经营者完成的工作不符合约定的质量,可以要求其返工、重作,以消除标的物瑕疵,也可要求减少报酬,给消费者造成损失的,经营者应当赔偿损失。(4)经营者应当妥善保管消费者提供的材料及完成的工作成果,因保管不善造成毁损灭失的,应当承担赔偿责任。(5)经营者应当保守秘密,未经消费者许可,不得留存复制品或者技术资料。(6)在多个经营者承揽某项工作的情况下,共同承揽的经营者之间对消费者承担连带责任。经营者在完成消费者交付的工作时,若造成消费者材料灭失或损害消费者其他权益,除非另有约定,否则,消费者有权同时对多个经营者或其中的任一经营者请求赔偿。

(六)客运合同

客运合同,是指消费者与经营者就消费者支付一定费用,由经营者提供运输工具将其运送约定地点而达成的协议。

客运合同属提供劳务的合同,在客运合同中,由作为旅客的消费者支付费用,承运经营者按照消费者的要求将旅客送至约定地点。

客运合同一般采用标准合同形式,合同内容除车票、船票、飞机票中载明的事项以外,还有公布于车站、码头,机场等处的告示、通知、要求、规则等。它们具有格式条款的性质,其内容大多是对旅客的要求和约束及对承运人的责任免除。其中,不乏过于苛刻和有失公平者。很有必要针对这类合同的实践情况进行重新清理、审查和规范。在客运合同中,承运人主要负有以下义务和责任:

1. 不得拒绝运载

《民法典》第810条规定,从事公共运输的承运人不得拒绝旅客、托运人通常、合理的运输要求。对铁路运输、航空运输、船舶运输,旅客在取得有关乘坐票后,即取得乘坐资格,承运人不得以任何理由拒绝运送。运输经营者在有存票的情况下,不得拒绝旅客购票,出租车司机亦不得拒绝运载旅客。

2. 按约定的时间将旅客送至约定地点

《民法典》第811条规定,承运人应当在约定期限或者合理期限内将旅客、货物安全运输到约定地点。在客运合同中,有发车、启航、起飞时间的,应按规定的时间发车、启航、起飞,不得无故提前或拖延。同时,应在合理的时间内将旅客送至约定地点,途中可根据需要做适当停留,但不得无故停留或停留时间过长。非有特殊情况发生不得随意改变路线。所谓约定地点,是指旅客购买的车、船、机票上所载明的到达站(码头、机场)。旅客因自己的原因不能按照客票记载的时间乘坐的,应当在约定的期限内办理退票或者变更手续。承运人应当按照有效客票记载的时间、班次和座位号运输旅客。承运人迟延运输或者有其他不能正常运输情形的，应当及时告知和提醒旅客，采取必要的安置措施，并根据旅客的要求安排改乘其他班次或者退票；由此造成旅客损失的，承运人应当承担赔偿责任，但是不可归责于承运人的除外。

3. 应保证旅客途中的人身、财产安全

《民法典》第 819 条规定，承运人应当严格履行安全运输义务，及时告知旅客安全运输应当注意的事项。旅客对承运人为安全运输所作的合理安排应当积极协助和配合。此外，承运人在运输过程中，应当尽力救助患有急病、分娩、遇险的旅客。除伤亡是旅客自身健康原因造成的或者承运人证明伤亡是旅客故意、重大过失造成的以外，承运人应当对运输过程中旅客的伤亡承担赔偿责任；在运输过程中旅客随身携带物品毁损、灭失，承运人有过错的，应当承担赔偿责任。旅客托运的行李毁损、灭失的，按照货物运输的有关规定处理。根据《海商法》第 114 条的规定，旅客人身伤亡或自带行李灭失损坏是由于船舶沉没、碰撞、搁浅、爆炸、火灾所引起的或是由于船舶缺陷所引起的，承运人或承运人的受雇人、代理人除非提出反证证明其无过失，应当视为其有过失。可见，由于特定原因造成旅客人身、财产损害，实行推定过失原则。此一原则对公路、铁路及航空运输中特定事故造成的损害亦具有适用参考价值。

（七）旅店住宿合同

旅店住宿合同，是指由旅客与旅店经营者就旅客支付有关费用，由旅店经营者提供一定住宿及相关服务而达成的协议。

在旅店住宿合同中，消费者的主要义务是支付有关费用，经营者的义务和责任主要包括：一是接受旅客住宿的义务。在旅客愿意支付住宿费用并且不存在其他不宜接受其住宿的合理原因的情况下（如客满、旅客患有传染病或接受其住宿违反法律禁止性规定），应当接受旅客的要约。二是应提供安全卫生的住宿条件和必要的服务设施。其具体要求应根据收费的高低进行判断，各项条件和设施应与旅客支付费用相适应。三是应保证旅客的人身和财产安全。各种服务设备应安全，旅店提供的食品、饮料、卧具等应符合卫生要求。对旅客行李及其他财产应采取必要的保护措施，旅客行李物品在旅店内发生丢失毁坏、灭失，应由业者承担赔偿责任。四是根据具体情况为旅客提供必要的服务供应、代订车票、船票等。

（八）旅游合同

旅游合同，是指游客与旅游业经营者就游客支付有关费用，由旅游业经营者提供各种旅游条件及相应服务而达成的协议。旅游经营者，是指旅行社、景区以及为旅游者提供交通、住宿、餐饮、购物、娱乐等服务的经营者。旅游合同往往要求旅游业经营者包括提供交通工具、餐饮、住宿和导游服务等多种服务。而且，不同的游客其要求极不一致，各种旅游业经营者提供的旅游服务内容亦千差万别，这就给旅游业的管理及旅游合同的规范带来一定的困难。正因如此，对旅游合同进行法律规制，对保护旅游消费者（旅游者）具有重要的意义。2013 年 4 月 25 日，第十二届全国人民代表大会常务委员会第二次会议通过了《中华人民共和国旅游法》（以下简称《旅游法》，2016 年、2018 年修改）。该法对旅游合同签订及履行等问题作出了全面的规定，其中的大量规定均与旅游消费者保护有密切关系。现择其要者，归

纳如下:

1. 旅游消费者享有的权利

根据《旅游法》规定,旅游者有权自主选择旅游产品和服务,有权拒绝旅游经营者的强制交易行为;有权知悉其购买的旅游产品和服务的真实情况;有权要求旅游经营者按照约定提供产品和服务;旅游者的人格尊严、民族风俗习惯和宗教信仰应当得到尊重;旅游者在人身、财产安全遇有危险时,有权请求救助和保护。旅游者人身、财产受到侵害的,有依法获得赔偿的权利。

2. 对旅游业经营者的一般要求

一是不得指定具体购物场所、另行安排旅游项目。旅行社组织、接待旅游者,不得指定具体购物场所,不得安排另行付费旅游项目。违反规定的,旅游者有权在旅游行程结束后30日内,要求旅行社为其办理退货并先行垫付退货货款,或者退还另行付费旅游项目的费用。二是导游、领队行为规范。导游和领队应当严格执行旅游行程安排,不得擅自变更旅游行程或者中止服务活动,不得向旅游者索取小费,不得诱导、欺骗、强迫或者变相强迫旅游者购物或者参加另行付费旅游项目。三是旅游经营者应当保证其提供的商品和服务符合保障人身、财产安全的要求。四是为旅游者提供交通、住宿、餐饮、娱乐等服务的经营者,应当符合法律、法规规定的要求,按照合同约定履行义务。五是对其在经营活动中知悉的旅游者个人信息,应当予以保密。

3. 旅游合同的形式和内容

旅行社组织和安排旅游活动,应当与旅游者订立合同。包价旅游合同应当采用书面形式,一般应包括下列内容:(1)旅行社、旅游者的基本信息;(2)旅游行程安排;(3)旅游团成团的最低人数;(4)交通、住宿、餐饮等旅游服务安排和标准;(5)游览、娱乐等项目的具体内容和时间;(6)自由活动时间安排;(7)旅游费用及其交纳的期限和方式;(8)违约责任和解决纠纷的方式;(9)法律、法规规定和双方约定的其他事项。

4. 旅游开始前应尽的义务

旅行社应当在旅游行程开始前向旅游者提供旅游行程单。旅游行程单是包价旅游合同的组成部分。旅行社应当提示参加团队旅游的旅游者按照规定投保人身意外伤害保险。订立包价旅游合同时,旅行社应当向旅游者告知下列事项:(1)旅游者不适合参加旅游活动的情形;(2)旅游活动中的安全注意事项;(3)旅行社依法可以减免责任的信息;(4)旅游者应当注意的旅游目的地相关法律、法规和风俗习惯、宗教禁忌,依照中国法律不宜参加的活动等;(5)法律、法规规定的其他应当告知的事项。在包价旅游合同履行中,遇有前款规定事项的,旅行社也应当告知旅游者。

5. 特殊事件影响旅游行程的处理

对包价旅游而言,旅行社应当按照包价旅游合同的约定履行义务,不得擅自变更旅游行程安排。因不可抗力或者旅行社、履行辅助人已尽合理注意义务仍不能避免的事件,影响旅游行程的,按照下列情形处理:(1)合同不能继续履行的,旅行社和旅游者均可以解除合同。合同不能完全履行的,旅行社经向旅游者作出说明,可以在合理范围内变更合同;旅游者不同意变更的,可以解除合同。(2)合同解除的,组团社应当在扣除已向地接社或者履行辅助人支付且不可退还的费用后,将余款退还旅游者;合同变更的,因此增加的费用由旅游者承担,减少的费用退还旅游者。(3)危及旅游者人身、财产安全的,旅行社应当采取相应的安全措施,因此支出的费用,由旅行社与旅游者分担。(4)造成旅游者滞留的,旅行社应当采取相应的安置措施。因此增加的食宿费用,由旅游者承担;增加的返程费用,由旅行社与旅游者分担。旅游行程中解除合同的,旅行社应当协助旅游者返回出发地或者旅游者指定的合理地点。由于旅行社或者履行辅助人的原因导致合同解除的,返程费用由旅行社承担。

6. 违约责任

旅行社不履行包价旅游合同义务或者履行合同义务不符合约定的,应当依法承担继续履行、采取补救措施或者赔偿损失等违约责任;造成旅游者人身损害、财产损失的,应当依法承担赔偿责任。旅行社具备履行条件,经旅游者要求仍拒绝履行合同,造成旅游者人身损害、滞留等严重后果的,旅游者还可以要求旅行社支付旅游费用1倍以上3倍以下的赔偿金。在旅游者自行安排活动期间,旅行社未尽到安全提示、救助义务的,应当对旅游者的人身损害、财产损失承担相应责任。

住宿经营者应当按照旅游服务合同的约定为团队旅游者提供住宿服务。住宿经营者未能按照旅游服务合同提供服务的,应当为旅游者提供不低于原定标准的住宿服务,因此增加的费用由住宿经营者承担。

(九)消费租赁合同

消费租赁合同,是指消费者与租赁经营者就消费者支付租金租用经营者有关财产而达成的协议。消费租赁在现实生活中亦比较普遍,概括起来,可分为两类。一是动产租赁,如消费者租用图书、录像带、游客租用照相机、游船、车辆等。二是不动产租赁,主要是指住宅租赁。动产租赁涉及的标的物价值一般不大,亦不会对消费者生存带来严重威胁。租赁目的大多是获得某种消费享受,经营者应在缔约前明确告知承租人有关信息,特别是有关租金、标的物瑕疵,使用注意事项等,以便承租人能在未受欺骗的前提下自愿地订立租赁合同。超过租赁期的租金计算及标的物灭失及损坏赔偿金的计算应当合理。超过租用期一般只能按原计租标准加收租金。标的物损坏原则上亦只能请求与修复费用相当的赔偿;标的物灭失时,其赔偿金额一般亦应限制在该标的物市价扣除合理的折旧费的水平内。租赁经营者提供的租赁物应具有正常的使用性能,以满足承租人租赁目的。出租人不得隐瞒瑕疵,更不得将已经损坏的标的物租给承租人,并借口承租人损坏而要求其赔偿。租赁物不具有正常使用性能的,承租人有权解除合同,并要求出租人返还租金。出租人应妥善保管承租人的质押物,并予承租人归还租赁物时,返还承租人。出租人不得使用承租人的质押物,因保管不善造成灭失或损坏的应予以赔偿。

消费性不动产租赁主要是住房租赁,它与消费者的生存利益密切相关。目前,在我国城市居民的住房不少是公房,房屋的所有人一般是国家,住房租赁由国家房产主管部门统一规范管理。但是,随着住房制度改革及经济发展,私有房屋的数量越来越多,私有房屋的租赁必然要采用租赁合同的形式。同时,即便是公房租赁,实行契约化管理亦是公房租赁管理的一种必然趋势。因此,建立相应的合同制度,对人民安居、社会稳定,都具有非常重要的意义。

住房租赁合同制度在资本主义国家经历了一个曲折的发展过程。在自由资本主义时期,受契约自由、所有权绝对主义等思想的影响,住房租赁合同与其他合同一样,认为当事人是自己利益的最佳裁判者,无须第三人或国家的干涉。因此,有关合同对方当事人的选择、房屋的租金、租期、租金支付方式、承租人与出租人的义务、解除租约、违约金等完全由当事人自行约定。由于所有权的绝对化,在住房租赁中,以"买卖可击破租赁"为一般原则。在房屋出租人将房屋出售给其他人的情况下,新所有人在取得房屋所有权后,可以随意解除租约。然而,房屋租赁不同于其他物品租赁,承租人为了获得安身之所,往往被迫接受出租人提出的各种不合理条件。承租人迫于生存需要,在订立合同时,往往不能充分地满足自己的利益。随着社会的发展,各国逐渐抛弃了绝对契约自由和所有权至高无上的立法原则,开始从保护消费者的立场出发,对合同的内容进行必要的限制。随着我国法治建设的发展,特别是《民法典》的颁布,我国消费租赁制度逐步走向完善。

在消费租赁中,作为承租人的消费者应特别注意《民法典》第三编第二分编第十四章规定承租人依法享有的以下权利:

(1)正常使用租赁物损耗的免责权。《民法典》第710条规定,承租人按照约定的方法或者根据租赁物的性质使用租赁物,致使租赁物受到损耗的,不承担赔偿责任。

(2)租赁物维修影响使用的租金减免权。租赁物维修义务一般由出租人承担,承租人在租赁物需要维修时可以请求出租人在合理期限内维修。出租人未履行维修义务的,承租人可以自行维修,维修费用由出租人负担。因维修租赁物影响承租人使用的,应当相应减少租金或者延长租期。

(3)经出租人同意的转租权。承租人经出租人同意,可以将租赁物转租给第三人。承租人转租的,承租人与出租人之间的租赁合同继续有效;第三人造成租赁物损失的,承租人应当赔偿损失。承租人未经出租人同意转租的,出租人可以解除合同。出租人知道或者应当知道承租人转租,但是在6个月内未提出异议的,视为出租人同意转租。

(4)租赁物收益权。除另有约定外,在租赁期限内因占有、使用租赁物获得的收益,归承租人所有。

(5)租赁物无法使用的租金减免权和解除权。根据《民法典》第723条、第724条规定,因第三人主张权利,致使承租人不能对租赁物使用、收益的,承租人可以请求减少租金或者不支付租金。因租赁物被司法机关或者行政机关依法查封、扣押,或租赁物权属有争议,或租赁物具有违反法律、行政法规关于使用条件的强制性规定情形等非因承租人原因致使租赁物无法使用的,承租人可以解除合同。

(6)买卖不破租赁。租赁物在承租人按照租赁合同占有期限内发生所有权变动的,不影响租赁合同的效力。例如,房屋租赁合同中,如果房屋所有权人将房屋转让给其他人,此时,该房屋租赁合同的效力不受影响,承租人仍可继续占有、使用该房屋。

(7)承租人优先购买权。出租人出卖租赁房屋的,应当在出卖之前的合理期限内通知承租人,承租人享有以同等条件优先购买的权利;但是,房屋按份共有人行使优先购买权或者出租人将房屋出卖给近亲属的除外。出租人委托拍卖人拍卖租赁房屋的,应当在拍卖5日前通知承租人。承租人未参加拍卖的,视为放弃优先购买权。出租人未通知承租人或者有其他妨害承租人行使优先购买权情形的,承租人可以请求出租人承担赔偿责任。

(8)租赁物不可归责事由毁损的租金减免权。因不可归责于承租人的事由,致使租赁物部分或者全部毁损、灭失的，承租人可以请求减少租金或者不支付租金；因租赁物部分或者全部毁损、灭失，致使不能实现合同目的的，承租人可以解除合同。

（9）不定期租赁的随时解约权。当事人对租赁期限没有约定或者约定不明确，依据法律规定仍不能确定的，视为不定期租赁。当事人可以随时解除合同，但是应当在合理期限之前通知对方。

（10）租赁物不安全的绝对解约权。租赁物危及承租人的安全或者健康的，即使承租人订立合同时明知该租赁物质量不合格，承租人仍然可以随时解除合同。

（11）共同居住人的续租权。根据《民法典》第733条规定，承租人在房屋租赁期限内死亡的，与其生前共同居住的人或者共同经营人可以按照原租赁合同租赁该房屋。

（12）承租人优先承租权。租赁期限届满，承租人继续使用租赁物，出租人没有提出异议的，原租赁合同继续有效，但是租赁期限为不定期。租赁期限届满，房屋承租人享有以同等条件优先承租的权利。

（十）消费信贷合同

消费信贷合同，是指由消费者与经营者就一定期间内有偿使用对方提供的货币资金而达成的协议。广义的消费信贷合同，包括消费者提供货币信用的合同（储蓄、购买债券等）和消费者接受货币信用的合同。但储蓄合同、购买债券合同等由公民提供货币信用的行为从本质上说属于投资行为，因此，狭义的消费信贷合同仅指有关消费者接受由经营者提供信用的合同。本书采用的消费信贷合同是从狭义上使用的。

消费信贷合同通常表现为消费者为了生活需要而从金融机构或其他经营者处获得贷款的消费借贷合同。但实际上，除此之外，消费者分期付款买卖合同、典当、租赁合同、融资租赁合同，甚至消费性租赁等，亦属于消费信贷合同的范围。鉴于前面已就有关问题进行了阐述，这里仅就消费借款合同作适当阐述。

消费借款是消费者为了生活需要而从金融机构或其他经营者处有偿获得货币资金的行为。在我国，目前消费性借款主要存在于民间。公民之间为了生活需要相互调剂应急，借贷适量货币在现实生活中是普遍存在的，这些借贷大多是无息借贷，有些亦收取一定量的利息，但大多带有互助性质。我国《民法典》第三编第二分编第十二章对借款合同作了专门规定。由银行或其他金融机构向消费者提供信用的情况，目前在我国也逐渐增加，特别是网络服务经营者利用网络提供的各种借贷服务，如“支付宝”提供的“借呗”“花呗”等消费者借贷服务，尽管为消费者带来了极大的便利，但也可能使消费者陷入困境。随着我国消费借贷的日益增加，相关领域的消费者保护制度建设也需不断跟进。

我们认为，为了保护消费借贷合同中消费者一方的利益，在完善此项法律制度时，应着重注意以下几点：

首先，借贷合同的订立必须充分体现平等、自愿、公平、协商的原则。任何以欺骗、强迫手段成立的消费借贷合同应属无效。尤其应当需要注意的是，应通过相关制度，严防经营者利用网络技术强制消费者接受消费借贷交易，或接受不公平的交易条件。

其次，贷款方在签订合同前，可以对借款人的偿还能力进行适当调查。但不得以此为由而侵犯他人隐私和人格。

再次,贷款的利息率应该合理。金融机构应按国家规定利息率计算,民间借贷的利息率应当合理,严禁高利贷。国家应通过法律规定消费借贷利息率的最高限度,超过最高限度的,视为高利贷。对超出部分的利息,应规定贷款人无请求权,同时应规定对高利贷行为由国家有关部门予以处罚。

最后,贷款利息的计算方法应当合理。禁止使用复利计算或借款时预先扣除利息等对消费者不利的计息方法。

第十章　商品、服务表示管理法律制度

第一节　商品、服务表示管理制度概述

一、商品、服务表示与消费者利益

表示,是经营者以一定方式向消费者传达与商品、服务有关的信息的活动,包括商品、服务标示与商品、服务宣传。商品、服务标示是指经营者在商品及其包装上或服务设施上就该商品和服务有关的信息所作的书面公开表示。商品、服务标示的内容根据商品和服务的种类不同而有差别,通常包括商品名称或服务标志、产地标志,商标或专利标志、质量标志、优质产品标示、质量等级、采用标准,认证标志、商品的构造或成分、功能、效果、作用、使用方法、使用消费期限(出厂期、有效期、保质期、保鲜期)等。就商品来说,此项标示一般在商品或商品包装或附随商品的某些物体上为之;就服务而言,一般在有关服务设施上为之。商品、服务标示通常采用书面形式,即用文字、图画或其组合来表示商品、服务的有关信息。商品、服务宣传,则是指经营者为了推销商品和服务而积极传播商品和服务有关信息的活动。它既包括通过大众传媒(网络、报纸、广播、电视、杂志等)进行的广告宣传,亦包括通过宣传专栏、标语,传单、小册子等其他媒体进行的宣传,还包括经营者及其代理人进行的口头宣传。商品、服务标示本身亦可以取得对商品、服务进行宣传的作用(但不限于宣传)。商品、服务标示、宣传是沟通经营者与消费者,向消费者提供商品和服务信息的活动,它与消费者的利益具有密切联系,对消费者可以产生以下几方面的影响:

第一,唤起消费者的消费欲望、刺激消费。商品标示或宣传的一个重要功能就是唤起消费者的消费欲望,通过对商品质量、性能、功效的标示和许诺,使消费者产生购买某一商品或接受某种服务的内在冲动,从而作出消费决定并付诸实施。当商品、服务标示、宣传传递错误信息,诱使消费者实施购买、接受商品和服务的行为,而其获得的商品和服务又不能满足其需要时,消费者实施的消费行为便为不必要的消费行为,从而使消费者蒙受损失。

第二,保证或妨碍消费者对商品或服务作出正确的选择。消费者在作出消费决策后,他往往面临着多种不同的选择,即在多种都可以满足其需求的商品、服务中,根据自己的支付能力选择最能满足其需求的某一种。消费者对商品或服务的选择,首先要了解有关商品和服务,而了解商品和服务除了凭直觉对其进行观察、比较外,最主要的途径就是通过商品标示或宣传获得相关的信息。如果标示或宣传提供了真实、全面的信息,则有利于消费者作出

正确的判断和选择;相反,如果其提供了虚假的信息,则会导致消费者作出错误的判断和选择。

第三,保证或妨碍消费者获得公平交易条件。消费交易是否公平主要表现在商品价格、服务收费标准与该商品、服务价值是否相当,而对商品、服务价值的判断只能在对其充分了解的情况下才能正确地作出。如果商品标示、宣传真实充分地给出了有关信息,则消费者便可以作出正确的估价,并对经营者提出的价格或其他交易条件是否合理、公平作出正确的判断。相反,如果消费者获得的有关信息是虚假的,则往往易于接受经营者提出不公平交易条件,从而使自己蒙受经济损失。

第四,保证或妨碍消费者获得充分的消费效果。商品和服务消费通常要求按照特定的方式进行,才能使消费者的需求得到最大限度的满足。如果从商品、服务标志或宣传中,消费者可以获得正确消费方法,则其消费需求就可以获得充分的满足;相反,若消费者不能获得有关消费方法的信息或获得的信息不正确,则往往达不到满意的消费效果。

第五,保障或妨碍消费者的安全。通过正确的商品标示和宣传,消费者可以了解商品、服务的构造、功能、成分、有效期、消费方法等信息,正确地使用商品或接受服务,避免在消费过程中造成人身伤害和财产损失。对于具有特殊危险性的商品和服务,还可以通过标示和宣传给予消费者必要的警告,要求消费者严格按约定的方法进行消费,以防止安全事故的发生。

第六,影响消费者救济权实现。消费者在消费过程中受到损害时,商品标示可以为消费者采取救济措施提供必要的信息,如商标、企业名称、地址的标示可以帮助消费者顺利发现索赔对象。经营者所作的有关商品质量标示构成明示担保,在发生争议时可以作为认定责任的依据。同时,各种商品标示也可为纠纷的解决提供证据。

总之,商品、服务标志和宣传涉及消费者多方面的利益。正确的标示和宣传对引导合理消费、保证消费者作出正确的判断选择、维护交易公平及保障消费安全都具有非常重要的意义。正因如此,必须加强对商品、服务标示和宣传的管理,只有这样,才能使消费者与上述各方面有关的利益获得充分切实的保护。鉴于商品、服务标示和宣传的重要性,有必要对其进行系统阐述。

二、商品、服务表示的一般原则

商品、服务表示活动应当遵循以下原则:

一是真实原则。这是商品表示活动应该遵循的一项最基本的原则。任何经营者在进行商品标示或宣传活动时,都应该遵循这一原则。经营者必须根据商品或服务的真实情况,实事求是地进行标示和宣传,不得为推销商品、服务面对其品质、功能、效用等过分夸大,更不得无中生有,捏造事实,进行虚假不实的标示或宣传。同时,真实原则要求经营者不能只片面地公开对其有利的信息,而且还应提供与消费者有关的、对其不利的信息(如商品属残次品,具有某种隐在缺陷,具有哪些副作用等),故意隐瞒商品、服务的缺陷而使消费者蒙受损害的,经营者亦应承担责任。

二是充分原则。根据这一原则,经营者在进行商品表示活动时,对与消费者有关的信息都应如实提供。应当提供的信息范围应根据商品的种类及标示、宣传活动的不同而不同。就商品标志来说,一般而言,某种商品应当标示哪些内容应考虑商品的技术性高低、包装状况、危险性的大小,消费者的一般认识能力等因素。结构越复杂、技术性越强,应该标示的内容越多。消费者经常接触的并且凭自己的经验和知识能够作出正确判断、使用的商品,应该标示的内容可相对较少。同样,包装越严密,消费者在购买前不能直接进行直观识别的商品,应标示的内容较裸装商品较多。危险性大的商品较危险性小或无危险性商品来说应标示更为详细。总之,是否充分,主要看这些信息的提供能否为消费者正确判断商品价值,正确、安全地使用、消费该商品的需要。由于各种商品千差万别,因而不可能有一个固定不变的标准。

三是便于理解原则。经营者在进行商品或服务表示时应以通俗的文字、语言或易于理解的图形进行,字迹、图示应该明晰清楚,使用的文字应规范、通顺,通俗易懂,表达准确无歧义。对日常使用的进口商品应当使用我国通用的语言文字。

三、与商品、服务表示有关的几种行为的法律性质

其一,商品、服务标示与宣传中有关商品、服务质量的许诺的性质。经营者在商品标示宣传中所作的与商品质量有关的许诺具有明示担保的性质,是其与消费者签订的合同内容的一部分。经营者必须保证其商品具有其保证的品质,否则,属于违反担保的行为,应承担违反品质担保责任。

其二,不为标示及不适当标示行为的法律性质。对法律规定或依交易习惯应当标明的内容,不作标示,或虽有标示但标示不当,应视为该商品存在质量瑕疵。经营者提供有瑕疵商品的,应按违反品质担保责任的行为处理。如因不为标示或不当标示致消费者损害,经营者应当承担赔偿责任。

其三,不交付有关标示载体的行为的民事法律性质。对法律规定或依合同约定应当由经营者提供的有关标示载体(如产品说明书),经营者未能交付的,则构成不完全给付的违约。消费者可以要求经营者及时提供,在其不能提供时,可解除合同或由经营者承担违约责任。

第二节 商品标示管理制度

一、商标管理制度

商标是商品标示的一种,是商品经营者用以区别自己商品与其他经营者商品的标记。商标法律制度的建立,主要是为了维护商标权人的利益。商标代表着商品经营者的信誉,反映了商品的质量,因此,在日常消费生活中往往成为消费者判断商品质量、选择商品的重要依据。当某一经营者冒用他人的商标时,对被冒用商标的经营者会产生两方面的损害后果:一是利用其他经营者的信誉,推销自己的产品,从而使被假冒商标的经营者在市场中所占的份额减少,直接影响其商品的销售量;二是使被冒用商标的经营者承担市场对其商品的不利评价,使其良好的市场信誉受到消极影响,最终导致消费者和用户对其商品的冷落,而使其

在竞争中失去优势。然而,假冒商标的行为在使商品经营者的利益受到损害的同时,往往也会使消费者的利益受到侵害。本来没有销路的劣质产品贴上他人优质畅销商品的商标后,一方面,会使消费者为获得该劣质产品而支付高价,从而蒙受经济损失;另一方面,各种劣质商品假用名牌优质商品已经打通的消费渠道而大量地进入消费领域,会导致消费者正常的消费需求不能满足,甚至引起消费者人身伤害和财产损害。因此,加强商标管理,是维护消费者利益的一项重要工作。

我国《商标法》中与消费者有关的法律规定主要包括以下方面:

1. 商标使用的文字、图形的规定

商标使用的文字、图形与消费者的利益关系极大,文字图形使用不当会导致消费者产生误解,并且有可能使消费者受到侮辱或心理伤害。为此我国商标法规定,商标使用的文字、图形或其组合,应当具有显著的特征,便于识别。使用注册商标的,并应当标明“注册商标”或注册标记。商标中不得使用与中华人民共和国的国家名称、国旗、国徽、军旗、勋章,外国的国家名称、国旗、国徽、军旗,政府间国际组织的旗帜、徽记、名称以及“红十字”“红新月”的标志名称相同、近似的文字或图形;不得使用本商品的通用名称和图形以及直接表示商品的质量、主要原料、功能、用途、重量、数量及其他特点的文字或图形;不得使用带有民族歧视性或夸大宣传并带有欺骗性的文字或图形,亦不得使用有悖于社会主义道德风尚或有其他不良影响的文字或图形。县以上行政区划的地名或公众知晓的外国地名,不得作为商标,但地名具有其他含义的除外,已经注册的使用地名的商标仍继续有效。

2. 强制注册的规定

在我国,商标注册一般实行自愿原则。但是,对与消费者安全健康密切相关的药品及烟草制品(卷烟、雪茄烟、有包装的烟),法律规定实行强制注册。

3. 保证注册商标归属者唯一性的规定

注册商标专用权的确立,既是对经营者利益的保护,亦是对消费者利益的保护。通过确立商标权人的专用权,使商标与商标使用人的关系固定下来,从而可以使商标与商品的质量及特定生产、经营者的信誉联系起来,保证消费者按照商标选择消费品不致受到损害。为了使消费者不会作出错误的选择,必须保证相同或类似的商品不得有两个以上经营者使用相同或类似的商标,即保证商标使用者的唯一性。为此,我国商标法规定,申请商标注册的,应当按规定的商品分类表填报使用商标的商品类别和商品名称。同一申请人在不同类别的商品上使用同一商标的,应当按商品分类表提出注册申请。注册商标需要在同一类其他商品上使用的,应当另行提出注册申请。注册商标需要改变文字、图形的,应当重新提出注册申请。注册商标需要变更注册人名义、地址或其他注册事项的,应当提出变更申请。申请注册的商标同他人在同样商品或类似商品上已经注册的或者初步审定的商标相同或近似的,由商标局驳回申请,不予公告。两个或两个以上的申请人在同一种商品或类似商品上,以相同或近似的商标申请注册的,初步审定并公告申请在先的商标;同一天申请的,初步审定并公告使用在先的商标,驳回其他人的申请,不予公告。商标经核准注册后,即享有专用权,任何其他经营者未经许可不得在相同或类似的商品上使用与其相同或近似的标志。

4. 商标使用人保证商品质量的规定

商标使用人应当对其使用商标的商品质量负责。使用注册商标,其商品粗制滥造、以次充好,欺骗消费者的,由各级市场监管部门分别不同情况责令限期改正,并可以予以通报或处以罚款。商标注册人可以转让或许可其他人使用注册商标,但受让人或被许可人应当保证使用该注册商标的商品质量。

5. 商标专用权保护的规定

侵犯商标专用权的行为,会引起消费者依据商标购买商品时发生判断失误而蒙受损害,也是侵犯消费者利益的行为。根据我国《商标法》的规定,未经注册商标所有人许可,在同种商品或类似商品上使用与注册商标相同或近似商标的,销售明知是假冒注册商标的商品的,伪造、擅自制造他人注册商标标识或销售伪造、擅自制造的注册商标标识,以及给他人注册商标专用权造成其他损害的行为,均属侵犯注册商标专用权的行为。对此,被侵权人可以向县级以上市场监管部门要求处理。市场监管部门有权责令侵权人立即停止侵权、赔偿损失,并可处以罚款。假冒他人注册商标、伪造、擅自制造他人注册商标标识或销售伪造、擅自制造的注册商标标识、销售明知是假冒注册商标的商品,构成犯罪的,除赔偿被侵权人损失外,依法追究刑事责任。

二、商品标示管理

(一)商品标示的一般内容

除裸装商品(主要为农副产品)以及其他不宜标示或无须标示的商品以外,都应根据具体情况,通过标签、说明书、包装等对有关信息进行必要的标示。商品标示的内容包括法律规定应当标示的内容和经营者自行决定的内容。

1. 商品标示应具备的内容

根据《产品质量法》等有关法律的规定,一般商品或其包装上的标识应符合以下要求:

一是有产品质量检验合格证明。产品生产企业应建立严密、有效的质量保证体系,建立健全质量检验机构,保证质量机构能够独立行使监督检验的职权,保证合格证的签发过程中的客观、公正。经营者不得以不合格产品冒充合格产品。

二是有中文标明的产品名称、生产厂厂名和地址。产品名称即产品通用的名字,产品名称应与产品的内容保持一致,不得弄虚作假。生产厂厂名即生产该产品的企业名称,企业名称在主管登记机关(各级市场监管部门)辖区内不得与已登记注册的同行业企业名称相同或相似。企业一般只能使用一个名称,确有特殊需要的,经省级登记主管机关批准,可以在规定的范围内使用一个从属名称。企业使用外文名称的,其外文名称应当与中文名称相一致。联营企业可以使用联营成员的字号,但不得使用联营成员企业的名称,而应使用自己的名称。设有分支机构的企业,在名称中使用"总"字的,必须有 3 个以上分支机构;不能独立承担民事责任的分支机构,其企业名称应当冠以其所属企业的名称,能独立承担民事责任的分支机构,应当使用独立的企业名称,并可以使用其所属企业的字号;能够独立承担民事责任的分支机构再设立分支机构的,其所设分支机构不得在其企业名称中使用总机构的名称。除国务院决定设立的公司外,其他新设立的公司(包括其他各类经济实体)一律不得在名称中冠以"中国""中华""全国""国家""国际"等字样。企业名称必须为生产企业自己的名称,不得伪造名称或冒用其他企业名称。厂址,即生产企业所在的地址。商品标示的厂址应与生产企业的实际地址一致,经营者不得伪造或冒用其他企业的名称。1986 年,国家工商局发布《关于酒类商品商标标识上使用产地名称问题的通知》指出，使用产地名称，必须是已经政府公布的行政区划名称，使用产地名称的必须是该产地范围内的企业，并且必须标明该产地的行政区划单位（省、市、县、镇），产地名称的字体、写法、大小、颜色必须一致。不得以产地名称代表商品名称。由于“香槟”一词是法文的音译，不是酒的名称，而是原产地名称，因此1989年国家工商局发出通知，要求我国企、事业单位、个体工商户以及在中国的外国（法国除外）企业，不得在酒类商品上使用“Champagne”或“香槟”（包括大香槟、小香槟、女士香槟等）字样。

三是根据产品的特点和使用要求，需要标明产品规格、等级、所含主要成分的名称和含量的，相应予以标明。

四是限期使用的商品，应标明生产日期，安全使用期或失效期。

五是使用不当，容易造成产品本身损坏或者可能危及人身、财产安全的产品，应有警示标示或中文警示说明。

六是剧毒、危险、易碎、储运中不能倒置以及有其他特殊要求的产品，应有警示标志或中文警示说明标明储运注意事项。

七是实行许可证管理的商品，应标明许可证编号、批准日期。

八是执行强制性标准的产品，应当标明产品标准代号。

2. 经营者自行决定商品标示

一般来说，对法律无强制性要求的内容，经营者都可以在商品或其包装或附属物中标示，但不得带有欺骗性内容，不得违反法律，损害其他经营者及消费者的利益。经营者所作的商品标示具有明示担保性质，必须保证其产品质量与标示中的许诺一致。通常情况下，除了上述应该标示的内容外，经营者还可以标示以下内容：

第一，优质产品标志。国家优质产品奖由国家质量奖审定委员会负责评选，对获奖商品颁发国家优质产品奖证书和标有“优”字标志的奖牌。获得国家优质产品奖的经营者可以对获奖产品使用优质产品标志。除此之外，省、自治区、直辖市人民政府以及国务院有关主管部门，可以制定本地区、本部门的产品评优办法，除国家优质产品以及按国务院有关主管部门或省、自治区、直辖市人民政府的规定评选的优质产品外，任何单位不得对工业产品授予优质产品称号。名优产品标志的使用应遵循以下要求：(1)名优产品标志只能由获得名优产品称号的产品生产企业使用，不得伪造或冒用名优产品称号，获奖企业不得转让优质产品标志。(2)获得名优产品称号的产品生产企业，只能在获奖商品上使用名优标志，不得在本企业生产的其他产品上使用。(3)使用名优产品标志应当保证产品的质量，如产品质量下降，限期整顿后，仍达不到获奖标准的，应当收回其获得的证书和奖牌，并禁止其继续使用名优标志。

第二，产品质量认证标志。对通过产品质量认证的产品，由国家产品质量认证委员会发给认证证书，并准许在该产品或其包装上使用规定的认证标志。使用认证标志的产品必须是经国家认证合格、获得质量认证证书的产品，不得滥用、转让认证标志，不得伪造或冒用认证标志。使用认证标志的经营者必须保证产品符合国家规定的标准，产品质量不符合认证采用标准的，不得使用认证标志出售。

第三，专利标志。根据《中华人民共和国专利法》（以下简称《专利法》）的规定，获得专利的产品可在专利产品或其包装上使用专利标志。专利标志只能由权利人或其授权的人对获得专利的产品使用，但其只是表明该产品为专利产品，并不是一种质量保证。专利产品是否达到较高的质量水平，主要看专利实施者，即从事该产品生产的企业的技术水平。实施专利的生产企业如果不具备较好的技术条件，同样可能生产粗制滥造、质量低劣的产品。

（二）几类特殊商品标示的具体要求

1. 食品标示制度

根据《食品安全法》的规定，食品标示主要应遵守以下要求：

其一，预包装食品的标示。预包装食品，即预先定量包装或制作在包装材料和容器中的食品。预先包装食品的包装上应当有标签，标签应当标明下列事项：(1)名称、规格、净含量、生产日期；(2)成分或者配料表；(3)生产者的名称、地址、联系方式；(4)保质期；(5)产品标准代号；(6)贮存条件；(7)所使用的食品添加剂在国家标准中的通用名称；(8)生产许可证编号；(9)法律、法规或者食品安全标准规定应当标明的其他事项。专供婴幼儿和其他特定人群的主辅食品，其标签还应当标明主要营养成分及其含量。食品安全国家标准对标签标注事项另有规定的，从其规定。

其二，散装食品的标示。食品经营者销售散装食品，应当在散装食品的容器、外包装上标明食品的名称、生产日期或者生产批号、保质期以及生产经营者名称、地址、联系方式等内容。

其三，转基因食品的标示。转基因食品是指利用转基因生物技术获得的转基因生物或以该生物为原料加工生产的食品。生产经营转基因食品应当按照规定显著标示。

其四，食品添加剂的标示。食品添加剂应当有标签、说明书和包装。标签、说明书应当载明法律规定的事项，以及食品添加剂的使用范围、用量、使用方法，并在标签上载明“食品添加剂”字样。食品和食品添加剂的标签、说明书，不得含有虚假内容，不得涉及疾病预防、治疗功能。生产经营者对其提供的标签、说明书的内容负责。食品和食品添加剂的标签、说明书应当清楚、明显，生产日期、保质期等事项应当显著标注，容易辨识。食品和食品添加剂与其标签、说明书的内容不符的，不得上市销售。食品经营者应当按照食品标签标示的警示标志、警示说明或者注意事项的要求销售食品。

其五，进口食品的标示。进口的预包装食品、食品添加剂应当有中文标签；依法应当有说明书的，还应当有中文说明书。标签、说明书应当符合法律、法规和食品安全国家标准的要求，并载明食品的原产地以及境内代理商的名称、地址、联系方式。预包装食品没有中文标签、中文说明书或者标签、说明书不符合规定的，不得进口。

2. 农产品包装和标识制度

作为初级产品的农产品，往往具有易腐烂、变质的特点，需要及时消费；有些农产品则可能通过转基因技术而生产，因而在包装和标识方面也有自己的特殊要求；有些农产品为了保鲜，包装过程需要添加更多的防腐剂、添加剂或其他物质。农产品的特点决定，为保证其质量安全，在包装、标识方面也应有特殊要求。《农产品质量安全法》在农产品包装和标识方面主要确立了以下制度：

第一，特定农产品的强制包装、标识制度。根据法律规定，农产品生产企业、农民专业合作经济组织以及从事农产品收购的单位或者个人销售的农产品，按照规定应当包装或者附加标识的,须经包装或者附加标识后方可销售。包装物或者标识上应当按照规定标明产品的品名、产地、生产者、生产日期、保质期、产品质量等级等内容,使用添加剂的,还应当按照规定标明添加剂的名称。属于农业转基因生物的农产品,应当按照农业转基因生物安全管理的有关规定进行标识。根据法律规定,依法需要实施检疫的动植物及其产品,应当附具检疫合格标志、检疫合格证明。

第二,添加物控制制度。包装环节的农产品添加物主要包括为了保持农产品新鲜、不腐烂、变质而添加的各种保鲜剂、防腐剂、添加剂等。根据法律规定,农产品在包装、保鲜、贮存、运输中所使用的保鲜剂、防腐剂、添加剂等材料,应当符合国家有关强制性的技术规范。

第三,优质农产品标识管理制度。根据法律规定,销售的农产品必须符合农产品质量安全标准。生产者可以申请使用无公害农产品标志。农产品质量符合国家规定的有关优质农产品标准的,生产者可以申请使用相应的农产品质量标志。禁止冒用农产品质量标志。

3. 药品包装及标示制度

药品包装应当适合药品质量的要求,方便储存、运输和医疗使用。发运中药材应当有包装。在每件包装上,应当注明品名、产地、日期、供货单位,并附有质量合格的标志。药品包装应当按照规定印有或者贴有标签并附有说明书。标签或者说明书应当注明药品的通用名称、成分、规格、上市许可持有人及其地址、生产企业及其地址、批准文号、产品批号、生产日期、有效期、适应证或者功能主治、用法、用量、禁忌、不良反应和注意事项。标签、说明书中的文字应当清晰,生产日期、有效期等事项应当显著标注,容易辨识。麻醉药品、精神药品、医疗用毒性药品、放射性药品、外用药品和非处方药的标签、说明书,应当印有规定的标志。

药品经营企业零售药品应当准确无误,并正确说明用法、用量和注意事项;调配处方应当经过核对,对处方所列药品不得擅自更改或者代用。对有配伍禁忌或者超剂量的处方,应当拒绝调配;必要时,经处方医师更正或者重新签字,方可调配。药品经营企业销售中药材,应当标明产地。

4. 化妆品标示制度

化妆品的最小销售单元应当有标签,标签应当符合相关法律、行政法规、强制性国家标准,内容真实、完整、准确。进口化妆品可以直接使用中文标签,也可以加贴中文标签;加贴中文标签的,中文标签内容应当与原标签内容一致。化妆品标签应当标注产品名称、特殊化妆品注册证编号;注册人、备案人、受托生产企业的名称、地址;化妆品生产许可证编号;产品执行的标准编号;全成分;净含量;使用期限、使用方法以及必要的安全警示;法律、行政法规和强制性国家标准规定应当标注的其他内容。

化妆品标签禁止标注明示或者暗示具有医疗作用的内容;虚假或者引人误解的内容;违反社会公序良俗的内容;行政法规禁止标注的其他内容。

5. 消费品使用说明

根据《消费品使用说明总则》(国家标准)的规定,消费品使用说明一般包括以下主要内容:(1)一般识别性内容。包括商标、品名、型号、等级、优质产品标志、认证标志、生产许可证标志、生产日期、有效期、批号、制造单位、名称、地址。(2)性能说明。包括产品特点,主要原材料及成分、性能数据,能耗、水耗,对环境影响,安全注意事项和警告,卫生、健康指标及其他情况。(3)储运说明。包括储存条件、运输条件等。(4)安放及组装说明。包括安放和组装的方法,使用和维护的空间,属不适当安放的情形,安放组装的安全措施,废物处理措施。(5)使用方法说明。包括打开包装的方法、使用方法及程序、使用注意事项、常见错误使用方法、可能发生的故障和处理办法等。(6)维修护理说明。包括维护项目及要求,一般外行人能够做到的小维修和零件更换,维护时的正确操作及顺序,维护时的安全注意事项,维护周期、备件及线路图、装配图的识别方法。(7)售后服务说明。包括售后服务的联系办法及责任承担。

6. 纺织品、服装使用说明

纺织品和服装使用说明应包括以下主要内容:(1)商标和制造单位;(2)型号;(3)规格;(4)采用原料的成分和含量,必要时应标明特殊辅料的成分;(5)产品特殊使用性能(包括阻燃性、防虫、防水、防缩等);(6)洗涤,包括洗涤方法、洗涤剂的选择、脱水方法、熨烫方法及有关注意事项;(7)穿用或使用时的注意事项;(8)储藏条件和注意事项;(9)其他。

7. 处理品标志

处理品是指质量达不到有关标准规定要求,但仍有使用价值的产品。失去使用价值的产品,不能视为处理品。处理品必须经主管机关批准后,方可降价销售,并且要在产品或其包装上标出显著的"处理品"字样。

8. 香烟标示

香烟经营者必须在其烟盒上标明注册商标、生产厂名称、焦油含量、烟型以及"吸烟有毒健康"的警语。"吸烟有害健康"的警语对经营者来说具有免责的功能。作此标示后,消费者因吸烟而导致健康的损害,不得向经营者请求损害赔偿。

9. 进口商品的标示

在我国销售的进口商品,凡与消费者有密切联系的有关信息应采用中文标示或使用国际通用的标志。对国家实行进口商品质量许可证管理的商品,应由商检部门加贴印有 CCIB 字样的黄色标志。根据国家商检局 1989 年发布的《实施进口商品质量许可制度目录》规定,我国目前实行质量许可证管理的进口商品包括涉及安全、卫生和环境保护的进口汽车、摩托车、摩托车发动机、电冰箱、电冰箱压缩机,空调器、空调器压缩机、电视机和显像管等商品。对于这些商品,由商检部门在检测、审查后加贴黄色 CCIB 标志。加贴此标志后,该商品即认定为质量合格,对消费者无安全危险,可以在国内市场上销售。否则,不准进口,不准在国内市场上销售。

第三节 广告管理法律制度

一、广告管理法律制度概述

广告是宣传活动最常见的形式,是通过一定的媒介和方式向公众传播有关信息的活动。通常所说的广告仅指商业广告。所谓商业广告(以下使用的"广告"皆指商业广告),是指商品经营者或服务提供者承担费用,通过一定的媒介和形式直接或间接地介绍自己所推销的商品或所提供的服务的广告。广告可以通过多种媒介和形式而进行,可以利用报纸、刊物、电视、广播、网络等大众传播媒介进行,亦可以通过在街道、广场、机场、车站、码头等公共场所的建筑物及其他设施设置广告牌、宣传标语等方式进行,还可以通过邮寄、散发宣传材料或赠送实物等形式进行。

广告既是经营者推销商品和服务的重要手段,亦是消费者获得商品、服务信息的重要途径。广告对消费者具有传递商品、服务信息,引导消费方向的作用。广告的内容是否真实、合法、可靠,与消费者的利益关系极大。因此,制定有关法律规范,加强对广告的管理是各国普遍采用的保护消费者利益的重要措施。

我国自改革开放以来,颁布了一系列有关广告管理的法律规范。1994 年 10 月 27 日,八届全国人大常委会十次会议通过的《中华人民共和国广告法》(以下简称《广告法》,2015 年、2018 年修改)的颁布,标志着我国广告管理制度正逐步趋于完善。除《广告法》之外,目前有关广告管理方面的法律规范主要还有 1995 年 3 月国家工商局、卫生部发布的《药品广告审查办法》(2018 年修改)等。

根据《广告法》的规定,在中华人民共和国境内,商品经营者或者服务提供者通过一定媒介和形式直接或者间接地介绍自己所推销的商品或者服务的商业广告活动,适用本法。在广告法律关系中,通常涉及广告主、广告经营者、广告发布者和广告代言人等主体。其中,广告主,是指为推销商品或者服务,自行或者委托他人设计、制作、发布广告的自然人、法人或者其他组织。广告经营者,是指接受委托提供广告设计、制作、代理服务的自然人、法人或者其他组织。广告发布者,是指为广告主或者广告主委托的广告经营者发布广告的自然人、法人或者其他组织。广告代言人,是指广告主以外的,在广告中以自己的名义或者形象对商品、服务作推荐、证明的自然人、法人或者其他组织。

广告活动应当遵循真实、合法、符合社会主义精神文明要求的原则。广告不得有虚假的内容,不得欺骗和误导消费者。广告主、广告经营者、广告发布者从事广告活动应当遵守法律、行政法规,遵循公平、诚实信用原则。

国务院市场监督管理部门主管全国的广告监督管理工作,国务院有关部门在各自的职责范围内负责广告管理相关工作。县级以上地方市场监督管理部门主管本行政区域的广告监督管理工作,县级以上地方人民政府有关部门在各自的职责范围内负责广告管理相关工作。广告行业组织依照法律、法规和章程的规定,制定行业规范,加强行业自律,促进行业发展,引导会员依法从事广告活动,推动广告行业诚信建设。

二、广告内容准则

一般而言,经营者就自己合法经营的商品和服务都可以采用广告方式进行宣传。作为广告宣传对象的商品和服务必须是法律规定可以流通的产品和法律不禁止的服务。广告的目的在于推销商品和服务,如商品不能流通,则广告便失去意义,甚至会构成违法。就服务来说,亦是如此。法律禁止经营的服务项目,如色情服务,内容构成犯罪的服务,均不得进行广告宣传。

(一)对广告内容的一般要求

第一,广告应当准确、清楚、明白。广告中对商品的性能、功能、产地、用途、质量、成分、价格、生产者、有效期限、允诺等或者对服务的内容、提供者、形式、质量、价格、允诺等有表示的,应当准确、清楚、明白。广告中表明推销的商品或者服务附带赠送的,应当明示所附带赠送商品或者服务的品种、规格、数量、期限和方式。法律、行政法规规定广告中应当明示的内容,应当显著、清晰表示。

第二,广告内容应当真实。广告内容涉及的事项需要取得行政许可的,应当与许可的内容相符合;广告使用数据、统计资料、调查结果、文摘、引用语等引证内容的,应当真实、准确,并表明出处,引证内容有适用范围和有效期限的,应当明确表示;广告中涉及专利产品或者专利方法的,应当标明专利号和专利种类;未取得专利权的,不得在广告中谎称取得专利权,禁止使用未授予专利权的专利申请和已经终止、撤销、无效的专利作广告。

第三,广告应当具有可识别性。广告应当具有可识别性,能够使消费者辨明其为广告;大众传播媒介不得以新闻报道形式变相发布广告;通过大众传播媒介发布的广告应当显著标明"广告",与其他非广告信息相区别,不得使消费者产生误解;广播电台、电视台发布广告,应当遵守国务院有关部门关于时长、方式的规定,并应当对广告时长作出明显提示。

第四,广告内容必须合法。广告内容必须符合广告法的规定,不得有法律禁止的内容;广告不得贬低其他生产经营者的商品或者服务;广告不得损害未成年人和残疾人的身心健康。

(二)广告的一般性禁止内容

广告内容应当有利于人民的身心健康,促进商品和服务质量的提高,保护消费者合法权益,遵守社会公德和职业道德,维护国家尊严和利益。为了实现上述要求,《广告法》规定广告不得有下列情形:(1)使用中华人民共和国国旗、国歌、国徽、军旗、军歌、军徽;(2)使用或变相使用国家机关和国家工作名义和形象;(3)使用国家级、最高级、最佳等用语;(4)损害国家的尊严或者利益,泄露国家秘密;(5)妨碍社会安定,损害社会公共利益;(6)危害人身、财产安全,泄露个人隐私;(7)妨碍社会公共秩序和违背社会良好风尚;(8)含有淫秽、色情、赌博、迷信、恐怖、暴力的内容;(9)含有民族、种族、宗教、性别歧视的内容;(10)妨碍环境、自然资源和文化遗产保护;(11)法律、法规规定禁止的其他情形。

(三)几类特殊商品广告的禁止性规定

1. 医疗、药品及医疗器械的广告

《广告法》对医疗、药品及医疗器械广告作出了如下限制性规定:(1)不得作广告的特殊药品。麻醉药品、精神药品、医疗用毒性药品、放射性药品等特殊药品,药品类易制毒化学品,以及戒毒治疗的药品、医疗器械和治疗方法,不得作广告。前款规定以外的处方药,只能在国务院卫生行政部门和国务院药品监督管理部门共同指定的医学、药学专业刊物上作广告。(2)医疗、药品、医疗器械广告,不得含有下列内容:表示功效、安全性的断言或者保证;说明治愈率或者有效率;与其他药品、医疗器械的功效和安全性或者其他医疗机构比较;利用广告代言人作推荐、证明;法律、行政法规规定禁止的其他内容。

除此之外,此类广告还要符合以下要求:药品广告的内容不得与国务院药品监督管理部门批准的说明书不一致,并应当显著标明禁忌、不良反应;处方药广告应当显著标明“本广告仅供医学药学专业人士阅读”,非处方药广告应当显著标明“请按药品说明书或者在药师指导下购买和使用”;推荐给个人自用的医疗器械的广告,应当显著标明“请仔细阅读产品说明书或者在医务人员的指导下购买和使用”;医疗器械产品注册证明文件中有禁忌内容、注意事项的,广告中应当显著标明“禁忌内容或者注意事项详见说明书”。

除医疗、药品、医疗器械广告外,禁止其他任何广告涉及疾病治疗功能,并不得使用医疗用语或者易使推销的商品与药品、医疗器械相混淆的用语。

2. 保健食品

根据《广告法》的规定,保健食品广告不得含有下列内容:(1)表示功效、安全性的断言或者保证;(2)涉及疾病预防、治疗功能;(3)声称或者暗示广告商品为保障健康所必需;(4)与药品、其他保健食品进行比较;(5)利用广告代言人作推荐、证明;(6)法律、行政法规规定禁止的其他内容。

此外,保健食品广告广告还应符合以下要求:应当显著标明“本品不能代替药物”;广播电台、电视台、报刊音像出版单位、互联网信息服务提供者不得以介绍健康、养生知识等形式变相发布医疗、药品、医疗器械、保健食品广告;禁止在大众传播媒介或者公共场所发布声称全部或者部分替代母乳的婴儿乳制品、饮料和其他食品广告。

3. 农药、兽药、饲料和饲料添加剂广告

根据《广告法》的规定,农药、兽药、饲料和饲料添加剂广告,不得含有下列内容:(1)表示功效、安全性的断言或者保证;(2)利用科研单位、学术机构、技术推广机构、行业协会或者专业人士、用户的名义或者形象作推荐、证明;(3)说明有效率;(4)违反安全使用规程的文字、语言或者画面;(5)法律、行政法规规定禁止的其他内容。

4. 烟草广告

根据《广告法》的规定,禁止在大众传播媒介或者公共场所、公共交通工具、户外发布烟草广告;禁止向未成年人发送任何形式的烟草广告;禁止利用其他商品或者服务的广告、公益广告,宣传烟草制品名称、商标、包装、装潢以及类似内容;烟草制品生产者或者销售者发布的迁址、更名、招聘等启事中,不得含有烟草制品名称、商标、包装、装潢以及类似内容。

5. 酒类广告

根据《广告法》的规定,酒类广告不得含有下列内容:(1)诱导、怂恿饮酒或者宣传无节制饮酒;(2)出现饮酒的动作;(3)表现驾驶车、船、飞机等活动;(4)明示或者暗示饮酒有消除紧张和焦虑、增加体力等功效。

6. 教育、培训广告

根据《广告法》的规定,教育、培训广告不得含有下列内容:(1)对升学、通过考试、获得学位学历或者合格证书,或者对教育、培训的效果作出明示或者暗示的保证性承诺;(2)明示或者暗示有相关考试机构或者其工作人员、考试命题人员参与教育、培训;(3)利用科研单位、学术机构、教育机构、行业协会、专业人士、受益者的名义或者形象作推荐、证明。

7. 有投资回报预期的商品、服务广告

根据《广告法》的规定,招商等有投资回报预期的商品或者服务广告,应当对可能存在的风险以及风险责任承担有合理提示或者警示,并不得含有下列内容:(1)对未来效果、收益或者与其相关的情况作出保证性承诺,明示或者暗示保本、无风险或者保收益等,国家另有规定的除外;(2)利用学术机构、行业协会、专业人士、受益者的名义或者形象作推荐、证明。

8. 房地产广告

根据《广告法》的规定,房地产广告,房源信息应当真实,面积应当表明为建筑面积或者套内建筑面积,并不得含有下列内容:(1)升值或者投资回报的承诺;(2)以项目到达某一具体参照物的所需时间表示项目位置;(3)违反国家有关价格管理的规定;(4)对规划或者建设中的交通、商业、文化教育设施以及其他市政条件作误导宣传。

9. 种类广告

根据《广告法》的规定,农作物种子、林木种子、草种子、种畜禽、水产苗种和种养殖广告关于品种名称、生产性能、生长量或者产量、品质、抗性、特殊使用价值、经济价值、适宜种植或者养殖的范围和条件等方面的表述应当真实、清楚、明白,并不得含有下列内容:(1)作科学上无法验证的断言;(2)表示功效的断言或者保证;(3)对经济效益进行分析、预测或者作保证性承诺;(4)利用科研单位、学术机构、技术推广机构、行业协会或者专业人士、用户的名义或者形象作推荐、证明。

(四)虚假广告

虚假广告,是指含有虚假信息或引人误解内容的欺骗误导性广告。根据《广告法》规定,广告以虚假或者引人误解的内容欺骗、误导消费者的,构成虚假广告。广告有下列情形之一的,为虚假广告:(1)商品或者服务不存在的(即广告推荐、宣传的商品、服务是虚构的,不存在的);(2)商品的性能、功能、产地、用途、质量、规格、成分、价格、生产者、有效期限、销售状况、曾获荣誉等信息,或者服务的内容、提供者、形式、质量、价格、销售状况、曾获荣誉等信息,以及与商品或者服务有关的允诺等信息与实际情况不符,对购买行为有实质性影响的;(3)使用虚构、伪造或者无法验证的科研成果、统计资料、调查结果、文摘、引用语等信息作证明材料的;(4)虚构使用商品或者接受服务的效果的;(5)以虚假或者引人误解的内容欺骗、误导消费者的其他情形。

三、广告行为规范

广告行为,是指广告主、广告经营者、广告发布者和广告代言者设计、制作、代理、发布、代言广告以及与此相关的各种行为。根据《广告法》的规定,广告行为必须遵守以下方面的行为规范。

(一)广告业务行为规范

广告业务行为规范,是广告经营者、广告发布者从事广告业务活动应遵循的规范。根据《广告法》的规定,主要有以下要求:(1)广告发布业务登记制度。广播电台、电视台、报刊出版单位从事广告发布业务的,应当设有专门从事广告业务的机构,配备必要的人员,具有与发布广告相适应的场所、设备,并向县级以上地方市场监督管理部门办理广告发布登记。(2)广告合同制度。广告主、广告经营者、广告发布者之间在广告活动中应当依法订立书面合同。(3)不正当竞争禁止制度。广告主、广告经营者、广告发布者不得在广告活动中进行任何形式的不正当竞争。(4)广告委托制度。广告主委托设计、制作、发布广告,应当委托具有合法经营资格的广告经营者、广告发布者。(5)使用他人名义形象的事先知情同意制度。广告主或者广告经营者在广告中使用他人名义或者形象的,应当事先取得其书面同意;使用无民事行为能力人、限制民事行为能力人的名义或者形象的,应当事先取得其监护人的书面同意。

(二)广告主体管理规范

这是法律对广告经营者、发布者内部管理制度建设提出的规范要求。根据《广告法》的规定,这方面的规范要求主要有以下方面:(1)业务承接登记、审核、档案管理制度。广告经营者、广告发布者应当按照国家有关规定,建立、健全广告业务的承接登记、审核、档案管理制度。(2)广告内容审核制度。广告经营者、广告发布者应当依据法律、行政法规查验有关证明文件,核对广告内容。对内容不符或者证明文件不全的广告,广告经营者不得提供设计、制作、代理服务,广告发布者不得发布。(3)收费公开制度。广告经营者、广告发布者应当公布其收费标准和收费办法。(4)资料真实制度。广告发布者向广告主、广告经营者提供的覆盖率、收视率、点击率、发行量等资料应当真实。(5)不得发布禁止商品服务广告制度。对法律、行政法规规定禁止生产、销售的产品或者提供的服务,以及禁止发布广告的商品或者服务,任何单位或者个人不得设计、制作、代理、发布广告。

(三)广告代言规范

这是法律对广告代言行为的规范性要求。根据《广告法》的规定,这方面的规范要求主要包括:广告代言人在广告中对商品、服务作推荐、证明,应当依据事实,符合法律规定,并不得为其未使用过的商品或者未接受过的服务作推荐、证明。不得利用不满10周岁的未成年人作为广告代言人。对在虚假广告中作推荐、证明受到行政处罚未满3年的自然人、法人或者其他组织,不得利用其作为广告代言人。

(四)未成年人广告规范

这是法律从未成年人的利益出发,对在未成年人集中的场所和主要以未成年人为宣传对象的媒体进行广告活动所提出的规范性要求。主要有三个方面:(1)中小学幼儿园广告活动限制。根据法律规定,不得在中小学校、幼儿园内开展广告活动,不得利用中小学生和幼儿的教材、教辅材料、练习册、文具、教具、校服、校车等发布或者变相发布广告,但公益广告除外。(2)未成年人传媒广告限制。根据法律规定,在针对未成年人的大众传播媒介上不得发布医疗、药品、保健食品、医疗器械、化妆品、酒类、美容广告,以及不利于未成年人身心健康的网络游戏广告。(3)针对未成年广告的内容限制。针对不满14周岁的未成年人的商品或者服务的广告不得含有下列内容:劝诱其要求家长购买广告商品或者服务;可能引发其模仿不安全行为。

(五)户外广告规范

这是法律对利用户外场所、空间、设施等发布广告提出的规范性要求。对此,法律规定了不得设置户外广告的情形。根据《广告法》的规定,有下列情形之一的,不得设置户外广告:(1)利用交通安全设施、交通标志的;(2)影响市政公共设施、交通安全设施、交通标志、消防设施、消防安全标志使用的;(3)妨碍生产或者人民生活,损害市容市貌的;(4)在国家机关、文物保护单位、风景名胜区等的建筑控制地带,或者县级以上地方人民政府禁止设置户外广告的区域设置的。

县级以上地方人民政府应当组织有关部门加强对利用户外场所、空间、设施等发布户外广告的监督管理,制定户外广告设置规划和安全要求。户外广告的管理办法,由地方性法规、地方政府规章规定。

(六)发送广告的行为规范

发送广告,是指通过散发或电子信息传送方式发给特定个体的广告。根据《广告法》的规定,任何单位或者个人未经当事人同意或者请求,不得向其住宅、交通工具等发送广告,也不得以电子信息方式向其发送广告。以电子信息方式发送广告的,应当明示发送者的真实身份和联系方式,并向接收者提供拒绝继续接收的方式。

(七)互联网广告规范

这是法律对利用互联网从事广告活动提出的规范要求。根据《广告法》的规定,利用互联网从事广告活动,适用本法的各项规定。利用互联网发布、发送广告,不得影响用户正常使用网络。在互联网页面以弹出等形式发布的广告,应当显著标明关闭标志,确保一键关闭。

公共场所的管理者或者电信业务经营者、互联网信息服务提供者对其明知或者应知的利用其场所或者信息传输、发布平台发送、发布违法广告的,应当予以制止。

四、广告监管

广告监管,是为了规范广告行为而由国家监管部门、社会组织及大众依法进行的监督和管理。对广告的监督管理,《广告法》规定了以下制度。

(一)广告审查制度

这里的广告审查,是指广告审查机关在广告交付设计、制作、代理和发布前,对广告主的主体资格、广告的内容和表现形式、有关证明文件或材料的进行审查、核实,并出具与审查结果和审查意见相应的证明文件的一种广告管理活动。它不同于广告经营者和发布者对其承接或发布的广告进行的审查,是国家机关依法行使监督管理权的一种公法上的行为。

根据《广告法》的规定,发布医疗、药品、医疗器械、农药、兽药和保健食品广告,以及法律、行政法规规定应当进行审查的其他广告,应当在发布前由有关部门对广告内容进行审查;未经审查,不得发布。广告主申请广告审查,应当依照法律、行政法规向广告审查机关提交有关证明文件。广告审查机关应当依照法律、行政法规规定作出审查决定,并应当将审查批准文件抄送同级市场监督管理部门。广告审查机关应当及时向社会公布批准的广告。任何单位或者个人不得伪造、变造或者转让广告审查批准文件。

(二)监管部门的广告监管制度

市场监督管理部门是广告监管的职能部门,在广告监管中可以行使下列职权:(1)对涉嫌从事违法广告活动的场所实施现场检查;(2)询问涉嫌违法当事人或者其法定代表人、主要负责人和其他有关人员,对有关单位或者个人进行调查;(3)要求涉嫌违法当事人限期提供有关证明文件;(4)查阅、复制与涉嫌违法广告有关的合同、票据、账簿、广告作品和其他有关资料;(5)查封、扣押与涉嫌违法广告直接相关的广告物品、经营工具、设备等财物;(6)责令暂停发布可能造成严重后果的涉嫌违法广告;(7)法律、行政法规规定的其他职权。为实施广告监管,市场监督管理部门应当建立健全广告监测制度,完善监测措施,及时发现和依法查处违法广告行为。市场监督管理部门依法行使职权,当事人应当协助、配合,不得拒绝、阻挠。市场监督管理部门和有关部门及其工作人员对其在广告监督管理活动中知悉的商业秘密负有保密义务。

(三)广告社会监督制度

《广告法》规定,任何单位或者个人有权向市场监督管理部门和有关部门投诉、举报违法行为。市场监督管理部门和有关部门应当向社会公开受理投诉、举报的电话、信箱或者电子邮件地址,接到投诉、举报的部门应当自收到投诉之日起7个工作日内,予以处理并告知投诉、举报人。

消费者协会和其他消费者组织对违反法律规定,发布虚假广告侵害消费者合法权益,以及其他损害社会公共利益的行为,依法进行社会监督。

五、法律责任

《广告法》对各种违反该法的广告行为规定了明确的法律责任。这些法律责任包括民事责任、行政责任和刑事责任。

(一)民事责任

《广告法》对违反该法的民事责任,主要有以下两方面的规定:

一是虚假广告的民事责任主体规定。根据《广告法》第56条的规定,主要有以下内容:(1)一般情形的责任主体——广告主。违反法律规定,发布虚假广告,欺骗、误导消费者,使购买商品或者接受服务的消费者合法权益受到损害的,由广告主依法承担民事责任。(2)不能提供广告主信息时先行赔偿责任主体——广告经营者、发布者。广告经营者、广告发布者不能提供广告主的真实名称、地址和有效联系方式的,消费者可以要求广告经营者、广告发布者先行赔偿。(3)连带责任主体——经营者、发布者、代言人。关系消费者生命健康的商品或者服务的虚假广告,造成消费者损害的,其广告经营者、广告发布者、广告代言人应当与广告主承担连带责任。其他商品或者服务的虚假广告,造成消费者损害的,其广告经营者、广告发布者、广告代言人,明知或者应知广告虚假仍设计、制作、代理、发布或者作推荐、证明的,应当与广告主承担连带责任。

二是广告侵权行为规定。广告主、广告经营者、广告发布者违反本法规定,有下列侵权行为之一的,依法承担民事责任:(1)在广告中损害未成年人或者残疾人的身心健康的;(2)假冒他人专利的;(3)贬低其他生产经营者的商品、服务的;(4)在广告中未经同意使用他人名义或者形象的;(5)其他侵犯他人合法民事权益的。

《广告法》并未就民事责任的具体形式作出规定,这主要是因为,对于广告活动中的民事侵权责任,《民法典》等相关法律已经作了明确的规定,在发生广告侵权时,可根据侵权行为的类型按《民法典》《消费者权益保护法》《产品质量法》等法律的相关规定确定侵权人具体承担哪些责任。如虚假广告中冒用他人专利号，便可能侵害专利权人的专利权，此时，专利权人可根据《专利法》《民法典》等法律的相关规定，请求法院判定侵权人承担相应的侵权责任。

（二）行政责任

《广告法》针对违反该法的各种行为规定了各种行政处罚和行政处分。从该法的规定来看，行政责任适用的范围非常广泛，包括与广告主体有关的虚假广告行为、内容违反广告准则的行为、违反广告行为规范行为、擅自发布广告的行为、未健全管理制度的行为、未公开收费标准和办法的行为、违法代言行为、违法发送广告的行为、互联网不规范广告行为、拒绝阻挠监管执法的行为，公共场所的管理者和电信业务经营者、互联网信息服务提供者对违法广告不予制止的行为，以及监管部门相关的违法作出审查批准决定的行为和其他玩忽职守、滥用职权、徇私舞弊的行为等。

从责任形式来看，违反《广告法》责任形式主要有两种：一是行政处罚，包括由市场监督管理部门或其他部门责令停止发布广告，责令改正，责令在相应范围内消除影响；没收违法所得，没收广告费用；处广告费用一定倍数的罚款或定额罚款；吊销营业执照，吊销广告发布登记证件，吊销诊疗科目或者吊销医疗机构执业许可证，撤销广告审查批准文件；一定时间内不受理其广告审查申请，暂停广告发布业务，依法停止相关业务；一定时间内不得担任公司、企业的董事、监事、高级管理人员，记入信用档案并依法公示。二是行政处分和治安处罚。如对违法作出审查批准决定的，对负有责任的主管人员和直接责任人员，由任免机关或者监察机关依法给予处分；对拒绝阻挠监管执法的行为，依法给予治安管理处罚；对报刊音像出版单位负有责任的主管人员和直接责任人员，依法给予处分等。由于篇幅所限，这里不作详细阐述。

（三）刑事责任

对违反《广告法》，构成犯罪的行为，应依法追究刑事责任。我国《刑法》第 221 条规定了损害商业信誉、商品声誉罪。据此，如果通过广告捏造并散布虚伪事实，损害他人的商业信誉、商品声誉，给他人造成重大损失或者有其他严重情节的，可依法处 2 年以下有期徒刑或者拘役，并处或者单处罚金。《刑法》第 222 条专门就虚假广告罪作出规定。据此，广告主、广告经营者、广告发布者违反国家规定，利用广告对商品或者服务作虚假宣传，情节严重的，处 2 年以下有期徒刑或者拘役，并处或者单处罚金。

第十一章　消费者争议

第一节　消费者争议概述

一、消费者争议的概念和分类

消费者争议，是指消费者与经营者之间发生的与消费者权益有关的争议。

消费者争议的当事人一方是消费者，另一方是经营者。双方都是消费者或都是经营者的争议不属于消费者争议。消费者是相对于经营者的一个概念，因而，没有经营者亦无所谓消费者。一般公民与行政机关的争议，不具有消费者争议的性质。

消费者争议是有关消费者权益的争议。消费者权益是消费者在购买、使用商品及接受服务时依法享有的权利和利益。消费者争议的发生或是由于其认为经营者的行为侵犯了其合法权益，或者是由于消费者与经营者之间就与消费者权益有关的问题具有不同的认识，因而发生争执。

消费者争议具有民事纠纷的性质。经营者与消费者之间发生的实体法律关系一般只能是民事性质的法律关系。双方的法律地位平等，彼此不存在隶属关系，因而不可能发生行政争议。消费者在实施消费行为时，有可能受到国家行政机关的处理，因而与国家行政机关发生纠纷，但这种纠纷不属于消费者争议。国家以民事主体身份为消费者提供服务时，亦可能在国家机关与消费者之间发生争议（如不合理收费引起的争议）。在这种情况下，国家机关与经营者地位相当，其与消费者之间的争议具有民事争议的性质，属于消费者争议的范围。

消费者争议可根据不同标准进行分类。根据争议涉及的消费者利益不同，可将消费者争议分为消费者财产利益争议、消费者人身权益争议，以及同时涉及消费者人身、财产权益的争议。消费者认为经营者提供的商品、服务违反担保或数量上有短缺或价格不合理等而与经营者发生的争议，属财产权益争议。消费者在购买商品、接受服务时受经营者非法搜身、侮辱，或在接受服务时受到伤害，或因产品缺陷受到人身伤害等而与经营者发生的争议属于人身权益争议。在消费者争议中，许多争议都既涉及消费者的人身利益，又涉及其财产利益，如因产品缺陷在致消费者伤害的同时又损及消费者财产。此时，消费者与经营者之间的争议便涉及人身和财产双重利益。

从争议性质来看，消费者争议可分为合同争议与侵权争议。消费者与经营者之间就合同是否成立、有效，合同的内容、形式、履行等问题发生的争议属合同争议。在消费交易中，合同常采用口头合同、标准合同、商品标示等特殊的形式,通常不存在典型的书面合同。经营者不准确计量行为,提供商品不合质量标准、许诺的行为,不及时提供商品、服务的行为,未提供商品使用说明等资料的行为等,都具有违约行为的性质。由此发生的纠纷都属合同纠纷。侵权争议包括直接侵权而发生的争议和间接侵权而发生的争议。前者是指经营者的行为直接构成了对消费者人身、财产的侵害,如经营者对消费者实施搜身、拘禁的行为等;后者则指经营者通过一定的中间媒介而使消费者利益受损害的行为,如产品责任侵权等。

根据争议当事人一方人数的多少不同,可将消费者争议分为单一性争议与共同性争议。前者指消费者与经营者双方人数皆为一人的争议,后者则指争议双方至少有一方人数为两人以上的争议。在共同争议中,根据人数的多少可将其再分为一般共同争议与集团性争议。由于经营者的经营活动以一般消费者为对象,往往会造成众多消费者同时受到损害。如出售变质食品使成百上千消费者中毒,使用计量器具不准而使众多消费者受损,发布虚假广告而使众多消费者上当受骗等。此时,在经营者与众多受害消费者之间便可形成集团性争议。

二、对消费者争议应持的态度

受传统儒家思想的影响,在我国广大消费者眼中,为些微小利争得面红耳赤,甚至对簿公堂并不是一件光彩的事情。因此,很多消费者在自己的权利受到侵害时,碍于情面,往往自甘倒霉,听之任之。

诚然,争议的发生并不是一件好事。对消费者来说,发生争议往往会使其精神受到伤害,并且影响正常的工作、学习和生活;对经营者来说,会影响其正常的营业活动;而对社会来说,也不利于社会的安定。消费者正当合法的权利受到侵害,就应当为维护自己的权利而斗争。消费者为维护自己权利的斗争,不仅可以维护自己的利益,而且可以督促经营者自觉地遵守法律,不断地提高商品和服务质量,促进人类社会的进步与发展。相反,如果对经营者一味忍让,则不仅自己的利益会受到损害,而且会纵容经营者任意妄为,践踏法律。因此,不行使合法的权利,不争取自己应得的利益,而将其拱手让与不法经营者,则无异于奖励非法经营行为。消费者如此草率地对待自己的权利是缺乏社会责任感的。

因此,我们认为,应该正确认识消费者争议。应当积极培养消费者的权利意识,鼓励消费者为争取和维护自己的合法权利而斗争。国家机关、消费者组织和社会舆论应当对消费者维护自己合法权益的行为提供方便,给予物质或道义上的支持。就消费者来说,应当抛弃种种顾虑,勇敢地为维护自己的权利而斗争。

当然,支持消费者为维护自己的权利而斗争,并不是说鼓励消费者无理取闹、蛮横无理。为此,必须使消费者明确自己的权利,以及维护权利的合法途径和方法。应大力加强有关消费者保护方面的法制宣传工作,提高消费者的法律意识;同时,应完善有关纠纷解决方面的法律制度,使消费者能够经济、便利地利用各种救济渠道,并保证纠纷解决的公正和高效率。

三、消费者争议的解决途径

根据《消费者权益保护法》第 39 条的规定,消费者争议可以通过与经营者协商和解、消费者协会或依法成立的其他调解组织调解、行政投诉、仲裁和诉讼解决。对此,我们将在后文讨论。

第二节　消费者争议中的当事人

一、消费者一方当事人

在消费者争议中,消费者一方当事人是与争议有直接利害关系的消费者。它包括两种情况:一是侵权纠纷中因经营者侵权行为而受人身或财产损害的人。例如,因经营者出售假药而中毒的人,因经营者的商品存在缺陷而受财产、人身损害的人,因经营者搜身、拘禁而受侵害的人等。二是合同纠纷中发生争议的合同关系的当事人,即与经营者缔结合同,并受合同约束的人。但有以下例外:(1)在受害消费者死亡的情况下,受害消费者的近亲属可以作为争议的当事人。消费者近亲属包括死者的父母、配偶、子女等。(2)在消费保险合同争议中,与经营者签订合同的投保人和受益人都可以作为争议的当事人。(3)因经营者违反品质担保而发生的争议中,虽与担保者没有合同关系,但与销售产品的销售者有合同关系的人,可以作为与担保者争议的当事人。(4)因虚假广告而遭受损失的消费者虽与广告经营者没有合同关系,在特定情形下,亦可以作为与广告经营者发生纠纷的当事人。

二、经营者一方当事人

经营者一方当事人的确定,应考虑消费争议的具体情况来决定。根据消费者保护法规定,消费者在其权益受到侵害或发生争议时,可根据具体情况,确定以下经营者中的某一经营者作为争议的对方当事人。

1. 生产者

根据法律规定,消费者因商品存在缺陷造成人身、财产损害的,可以向生产者要求赔偿。在产品责任纠纷中,生产者一般为最终责任承担者,消费者在明确生产者的情况下,可以以生产者为对方当事人直接请求,或通过消费者协会,有关行政部门、仲裁机关、人民法院向其请求损害赔偿。生产者承担产品责任后,如认为损害是由于销售者或其他人造成的,可以向他们追偿。在产品品质担保争议案件中,消费者亦可以直接请求作出担保的生产者承担责任。

2. 销售者

消费者因产品缺陷造成人身、财产损害的,亦可以向销售者要求赔偿。此外,销售者亦可以作为合同纠纷的当事人。在销售者不是最终责任者时,其承担责任后,可以向生产者或其他销售者追偿,但此类争议已不再具有消费者争议的性质。

3. 服务者

服务者即向消费者提供服务的经营者。消费者在接受服务时,其合法权益受到损害的,可以向服务者要求赔偿。如服务经营者未按合同提供服务、服务收费过高、显失公平,服务过程中使用方法不当而致消费者伤害等。在这些情形下,消费者都可以要求服务经营者承担责任。在其他人对损害的发生负有责任的情况下,如服务经营者在服务过程中使用的工具存在质量问题或食品有毒或因有关服务人员故意或过失而致消费者损害,则服务经营者在向消费者承担责任后亦可要求负有责任的人承担最终责任。

4. 承受原经营者权利义务的经营者

致消费者合法权益损害的企业发生合并、分立的,消费者可以向合并后的企业请求赔偿,或向分立后承受原企业权利义务的企业请求赔偿。分立时对原企业的权利义务承担未作明确划分的,分立后的各企业应承担连带责任,消费者可择其一而请求承担责任,亦可以分立后的各企业作为共同当事人而要求承担责任。

5. 营业执照持有人

使用他人营业执照的违法经营者提供商品、服务损害消费者合法权益的,消费者除可向其提出承担责任的要求外,还可以要求营业执照的持有人承担责任。

6. 展销会举办者及柜台出租者

消费者在展销会、租赁柜台购买商品或接受服务时,其合法权益受到侵害,一般应向销售者或服务提供者要求赔偿。但在展销会或柜台租赁期满后,除仍可向销售者、服务提供者请求外,还可以向展销会的举办者或柜台出租者要求赔偿。展销会举办者或柜台出租者在赔偿后,可以向销售者、服务提供者追偿。

7. 广告经营、发布者

根据《消费者权益保护法》第 45 条的规定,广告经营者、发布者可能成为消费者争议当事人的情形包括以下几种:一是不能提供经营者必要信息的情形。在经营者利用虚假广告提供商品、服务而使消费者权益遭受侵害时,若广告经营者、发布者不能提供其广告所宣传的商品、服务经营者的真实姓名、地址和有效联系方式,按照法律规定,就应当承担赔偿责任。在这些情况下,广告经营者、发布者均可成为消费者争议的对方当事人。二是设计、制作、发布关系消费者生命健康商品、服务虚假广告致消费者损害的情形。广告经营、发布者设计、制作的广告所宣传的商品、服务,关系消费者的生命安全与健康,如食品、药品等,若其中存在虚假宣传,导致消费者损害,此时按照法律规定,广告经营者、发布者应当与相关商品、服务的经营者承担连带责任。在这种情形下,广告经营者、发布者也可能作为消费者争议的当事人。

8. 以虚假广告、虚假宣传推荐商品、服务者

根据《消费者权益保护法》第 45 条第 3 款的规定,社会团体、其他组织或个人在关系消费者生命健康商品或服务的虚假广告或其他虚假宣传中向消费者推荐商品或者服务,造成消费者损害的,也应当与相关商品或服务经营者承担连带责任。在这种情形下,推荐商品服务的社会团体、组织或个人可能成为消费者纠纷的当事人。

9. 网络交易平台提供者

根据《消费者权益保护法》第 44 条的规定,网络交易平台提供者可能作为争议当事人的情况主要有以下三种:(1)不能提供商品、服务经营者必要信息的情形。消费者通过网络交易平台购买商品或者接受服务,其合法权益受到损害时,若网络交易平台提供者不能提供销售者或服务者的真实名称、地址和有效联系方式,消费者也可以向网络平台提供者要求赔偿。此时,网络平台提供者便可能作为争议一方当事人对消费者承担赔偿责任。(2)对消费者作出更有利的承诺的情形。网络交易平台提供者就通过该平台进行交易的商品和服务

如果作出了更有利于消费者的承诺,则应当履行承诺,如其不履行承诺,与消费者发生争议,则也可能因此而承担责任。例如,通过某一平台销售商品的经营者仅承诺可到指定地点修理有瑕疵商品,而平台的经营者则承诺上门修理。此时,消费者可以要求网络平台提供者履行上门修理服务的义务,如果其不履行该义务,则应对消费者承担相应的责任。(3)明知或应知商品、服务经营者侵害消费者权益而不采取措施的情形。即网络交易平台提供者明知或应当知道商品销售者或服务提供者利用其交易平台侵害消费者的合法权益,但没有采取必要的措施予以制止。此时,便有可能与该销售者或服务提供者承担连带责任。如对于已经检验机构检验证明存在有毒有害物质,并进行公告,要求下架的食品,平台提供者仍允许该食品的经营者通过其平台进行销售。此时,若消费者因食用该食品中毒,平台经营者就可能要对此承担连带责任。以上三种情形,网络交易平台提供者均有可能成为消费者纠纷中的一方当事人。

第三节　消费者争议的协商和解

一、协商和解的含义

协商和解,是指消费者与经营者在发生争议后,就与争议有关的问题进行协商,达成和解协议,使纠纷得以解决的活动。

协商和解是解决消费者纠纷最常见的形式之一。消费者在发现自己的权利受到侵害,或就与自己利益有关的问题与经营者发生意见分歧时,可以主动与经营者联系,提出自己的要求和看法。如经营者认为消费者的要求合理,及时答应满足消费者的要求,则双方便达成和解协议,纠纷得以解决。如经营者认为消费者的要求不合理,可以提出自己的看法或解决方案,由消费者予以考虑。消费者认为适当的,可以予以接受,和解协议亦因此成立。协商过程是双方反复妥协、互谅互让的过程,是双方观点不断冲突、调整,最终趋于一致的过程。协商和解具有及时、便利、经济、有利于维持当事人之间友好关系的优点。由于消费者争议大多是涉及标的不大、案情比较简单的争议,因此,协商和解在实际生活中运用最为普遍。

二、协商和解过程中应当注意的几个问题

协商和解从性质上说属于当事人自力救济的一种形式,因此,在协商和解中应特别注意以下几个问题:

第一,协商和解必须遵守自愿原则。在协商和解中,是否进行协商和解以及按照怎样的条件进行和解,都须由当事人自己决定,不得强迫协商,更不得采用暴力、威胁手段强行要求对方接受某种和解条件。和解协议达成后,由当事人自觉履行,当事人一方不履行的,可以重新协商,任何一方不得强迫对方履行。不愿和解或和解协议达成后反悔的,应通过其他途径解决。

第二,争议当事人应当具有和解权利。可以协商和解的争议应当是当事人具有和解权

利的争议，即其涉及的权利义务必须是当事人可以处分的权利义务。对涉及犯罪行为的争议以及涉及公共利益的争议，当事人不得进行和解。例如，有关经营者在提供经营服务时致消费者重伤或死亡可能要承担刑事责任的争议，就不能由双方协商私了。

第三，协商和解不得损害第三方利益。当事人协商和解不得损害国家利益、社会公共利益或其他第三人的利益。和解协议的内容不得违法。例如，经营者对其伪劣商品给消费者造成的损害虽答应赔偿，但以消费者对其假冒商标的行为不得检举、揭发为条件。损害第三方合法利益的和解协议应为无效。当事人的行为视其情形可构成共同违法或共同侵权行为，对此，国家有关机关可以追究其公法责任，受侵害第三方可以要求其承担侵权责任。

第四节 消费者协会和调解组织调解

一、消费者协会调解的含义

调解，即由第三方对争议双方当事人进行说服劝导，以促成争议双方达成解决纠纷的协议的活动。

调解与和解都是通过当事人达成协议而使纠纷得以解决，但和解协议是在没有第三方参加的情况下由当事人自愿达成的，而调解协议则是第三方促成争议双方达成的。《消费者权益保护法》规定，消费者争议可以通过消费者协会或其他依法成立的调解组织调解解决。实际上，消费者纠纷的调解并非只能由消费者协会进行，任何第三人参与消费者纠纷的解决，促成争议双方达成协议的，都属调解的范围。并且，只要不存在违法行为，则调解同样受法律承认。不过消费者协会调解是消费者纠纷调解中最规范、最普遍、最有效的一种调解形式。

二、消费者协会调解消费者争议中应注意的问题

调解从性质上说仍属于私力救济的范围。消费者协会在调解过程中，应特别注意以下几个问题：

第一，严格遵守自愿原则。在调解过程中消费者协会应充分尊重当事人的意愿。是否调解、是否达成调解协议以及怎样达成调解协议，应由当事人自己决定。调解协议达成后，亦应由当事人自动履行，消费者协会可以督促当事人履行，但不得强迫。

消费者协会可以在调解过程中提出解决纠纷的方案，供双方当事人参考，但不得代当事人作出决定，或以仲裁者身份作出裁决。

第二，不得拒绝调解。消费者协会在调解过程中，应当通过宣传法律、政策，明确利害，积极主动地促成当事人达成协议，并鼓励当事人自觉履行。由于法律规定消费者协会有调解消费者纠纷的职责，因此，对属于其受理范围的争议，在消费者提出请求时，不得拒绝调解。

第三，认真履行监督职责。消费者协会负有监督经营者经营行为，保护消费者合法权益的职责。在调解过程中发现经营者违法犯罪行为时，应及时报告国家有关部门，并要求国家

有关部门采取措施,及时予以制止。同时,还可对某些不法行为或侵害消费者利益的其他问题,通过新闻媒介予以曝光,维护消费者利益。

第四,依法公正地进行调解。消费者协会在受理投诉、进行调解过程中,应当遵循以事实为根据,以法律为准绳的原则。在充分掌握事实证据的前提下,依法进行调解,不得"和稀泥",更不得为追求调解成功率,利用消费者势单力薄,容易满足的心理特点,与经营者串通,损害消费者的利益。不得利用消费者对其的信任,在调解过程中,欺骗消费者,鼓动消费者接受于其不利的条件。

第五,不得妨碍当事人行使诉权。调解不是解决消费者争议的必经程序,当事人不愿意调解或调解不能达成协议,或达成协议后一方反悔的,都可以通过仲裁或诉讼解决争议,消费者协会不得妨碍当事人申请仲裁或起诉。

第五节　消费者争议的行政处理

一、行政投诉的含义

消费者在发生权益纠纷后,除协商和解或向消费者协会申请调解外,还可以向有关行政机关投诉,要求行政机关维护自己的合法权益。

这里的行政投诉,是指消费者认为自己的合法权益受到侵害而向行政机关提出,要求行政机关予以处理的请求。行政投诉提出后,由行政机关依法进行处理。行政机关收到消费者投诉后,根据情况分别采用不同的方式进行处理。如消费者投诉涉及经营者违法行为,行政机关应当在查明事实后,可根据有关法律规定对违法经营者作出行政处罚。如认为经营者虽然侵害消费者权益,但不足以给予行政处罚的,可以责成相关经营者改正,或对双方当事人纠纷进行调解,促成当事人双方达成处理纠纷的协议;在法律规定允许的情况下,也可以对双方当事人之间的纠纷进行仲裁,并依法作出仲裁裁决。如经营者侵害消费者的行为构成犯罪,则应将争议提交司法机关处理。对于属于行政机关处理范围的消费者争议,行政机关也可根据情况作出处理纠纷的决定,此项决定性质上属于行政裁决。行政裁决行为具有准司法行为的性质,是行政机关解决一定范围内的带有民事性质的争议案件的活动,属于行政裁判行为的一种类型。行政裁判行为包括行政复议和行政裁决。前者用于解决公民与行政机关之间的争议,即公民、法人对行政机关的具体行政行为不服时,请求上级行政机关或法定复议机关依照法定程序重新审查,并作出决定的活动。后者则用于行政机关处理公民或法人之间的争议。[1] 我国有关食品安全、药品管理、价格管理、环境保护、医疗卫生、产品质量等保护消费者的法律规范中都有有关行政机关处理消费者纠纷的规定。消费者认为其权利受到侵害或发生争议时,可以依法向经营者的上级主管部门或有关国家监督管理部

---

〔1〕 王连昌主编:《行政法学》,中国政法大学出版社 1994 年版,第 270~290 页。

门申诉，要求其作出公正的处理。

二、与行政处理有关的几个问题

（一）受理投诉的国家机关

消费者投诉时，应根据案件的性质和具体情况，选择适当的受诉机关。如因一般商品、服务、食品、药品、化妆品质量、价格、服务收费而发生的争议，可请求市场监管部门处理；因金融服务而发生的争议，可请求当地人民银行、银保监会等金融监管机构处理；因农产品质量问题发生争议，可请求当地农业农村部门处理。

（二）消费者投诉行政处理时间限制

根据《消费者权益保护法》第46条的规定，消费者向有关行政部门投诉的，该部门应当自收到投诉之日起7个工作日内，予以处理并告知消费者。此处的7个工作日时限应当理解为对行政机关处理投诉的时间限制，而不是处理消费者权益受到侵害事件的时间限制，更不是最终解决消费者与经营者之间纠纷的时间限制。例如，对消费者投诉检举的经营者的一般违法行为，属于自己主管范围并可以及时作出处理的，可依法作出处理决定，并告知消费者。此时，其处理决定作出应当受该时限限制。对于疑难案件，虽属该行政机关主管范围，但需要较长时间调查取证才能作出处理的，是否立案的决定应当受该时限限制，但处理该案件的最终决定的作出则按照有关行政执法的程序规定执行。对不属于自己职责范围内的投诉，受理投诉的行政机关应当向有关部门转达，或告知消费者向有权处理的部门投诉；涉及刑事犯罪的，应当移送司法机关。至于司法机关在什么时间内作出判决，则不受该7日时限的限制，而受刑事诉讼法规定限制。提交仲裁或调解的消费者纠纷案件以及涉及行政处罚的案件，仲裁裁决和调解终结的时间以及行政处罚决定最终作出与生效的时间，也同样不受本条规定时限的限制。

（三）处理消费者投诉的行政行为的效力

国家行政机关处理消费者纠纷作出的决定一般不具有强制执行的效力，不能直接作为人民法院强制执行的根据。作出决定的国家行政机关也不得直接采取强制措施强迫当事人履行。当事人不服的，可以向法院起诉。但国家行政机关在处理消费者争议过程中对经营者违法行为所作的行政处罚决定有些可以发生法律效力，经营者必须履行。行政处罚决定作出后，经过一定时间，经营者不履行也提起诉讼或申请复议的，作出决定的行政机关可以申请强制执行。

（四）处理消费者投诉的具体行政行为的复议

对国家行政机关处理消费者投诉作出的决定，当事人可否申请复议，我国法学界有肯定和否定两种不同的看法。[2] 根据《行政复议法》第8条的规定，不服行政机关对民事纠纷作出的调解或其他处理，依法申请仲裁或向人民法院起诉，不能依照该法申请复议。最高人民法院《关于贯彻执行〈中华人民共和国行政诉讼法〉若干问题的意见（试行）》规定，行政机

---

〔2〕 王连昌主编：《行政法学》，中国政法大学出版社1994年版，第287页。

关居间对公民、法人或其他经济组织间以及他们相互之间的民事权益争议作调解或根据法律规定作仲裁处理,当事人对调解、仲裁不服的,人民法院不作为行政案件受理。法规或规章规定行政机关对某些事项可以作"最终裁决",公民、法人或其他组织不服而依法起诉的,人民法院应当受理。据此,我们认为,对纯属消费者与经营者之间民事性质的争议,当事人对行政机关作出的处理决定不服的,一般无须申请复议。因为,行政机关只是以第三人身份参与当事人纠纷处理,并不涉及实体权利义务的承担问题,因而不是案件的一方当事人,此项消费者纠纷并不因为行政机关的处理而转化为行政案件,一方当事人不服的,可以直接向法院起诉。在行政机关作出的处理,法规、规章规定为"最终裁决"的情况下,依最高人民法院解释,可以提起诉讼。但此项诉讼的性质如何,颇值探讨。我们认为,其仍然具有民事诉讼的性质。当事人提起诉讼后,法院应依法对当事人之间的实体权利义务关系重新认定,并作出判决。判决生效后,行政机关的"最终裁决"自动失效。

(五)对违法行为的处理

国家行政机关在处理消费者争议过程中,发现经营者有违反行政管理法律规范,损害消费者利益的行为时,可以依职权进行处罚。此种处罚行为应与国家机关处理消费者争议的行为严格区别开来。前者是国家行政机关以社会管理者身份行使公共管理权的行为,要与经营者具有直接的法益联系,属于受罚经营者与国家行政机关的行政法律关系范畴。对于此项处罚,受罚的经营者不服的,可以依法申请复议或向人民法院提起行政诉讼。

(六)行政处理与诉讼的关系

我们认为,任何民事纠纷的解决都应遵循司法最终解决原则。行政机关对消费者争议的处理也不得妨碍当事人行使诉权,无论行政机关作出的处理决定是否标有"最终裁定"或"最终决定"的字样,只要当事人对其处理不服,都可以向司法机关提起诉讼。当事人诉权不容剥夺,行政机关对违法经营者作出正确适当的处罚也并不意味着作为争议当事人的消费者便放弃了对自身利益的要求。对经营者处罚目的在于维护公共利益,而消费者行使诉权目的在于维护自身的利益,二者不能混淆,更不能互相替代。

第六节 消费者争议的仲裁

仲裁,即由第三人根据当事人间的仲裁协议,以中间者的身份,按照一定的程序,对纠纷进行审理,并作出裁决的活动。它是解决民商事纠纷的重要途径之一。根据《消费者权益保护法》的规定,对消费者权益争议,如当事人之间存在仲裁协议,可将纠纷提交仲裁机构仲裁。有关消费者争议的仲裁,应根据《中华人民共和国仲裁法》(以下简称《仲裁法》)的规定进行。这里仅就其中值得注意的一些问题进行阐述。[3]

---

〔3〕 有关仲裁方面的具体问题可参见谭兵主编:《中国仲裁制度研究》,法律出版社1995年版。

一、关于仲裁机构

在《仲裁法》颁布以前,我国民商事纠纷仲裁分别由各种行政机构附设的仲裁机关进行。这种仲裁机构的设置反映了计划经济体制的要求,已不能满足市场经济发展的需要。为此,1994 年 8 月 31 日八届全国人大常委会九次会议正式通过了《仲裁法》,对民商事纠纷的仲裁机构作了统一的规定。以前,对消费者纠纷的仲裁一般由消费者协会负责进行。在《仲裁法》颁布后,一些地方的消费者保护条例仍然规定由消费者协会负责仲裁工作。法学界亦有不少人认为,消费者争议应由消费者协会进行仲裁。我们认为,这种做法和看法是不妥的。首先,《消费者权益保护法》只规定了消费者协会的调解权,而没有规定其仲裁权,由消费者协会仲裁消费者争议与法律规定的精神不符。其次,消费者协会为维护消费者利益的社会组织,故由消费者协会作为仲裁人,难以保证仲裁的中立性和公正性。最后,仲裁不同于调解。在仲裁中,仲裁裁决具有法律强制力,可以作为法院强制执行的依据,由消费者协会进行仲裁不利于维护法律的严肃性。因此,消费者争议的仲裁应统一适用《仲裁法》。

根据《仲裁法》的规定,对民商事纠纷(但婚姻、收养、监护、抚养、继承纠纷除外)进行仲裁的机构是各省级人民政府所在地或较大城市设立的仲裁委员会。仲裁委员会相互间不存在隶属关系,并且无管辖权划分。消费者可根据需要在与经营者的合同中约定仲裁条款或在争议发生后达成的仲裁协议中约定仲裁机构。在经营者提供标准合同的场合,消费者应注意其中是否存在仲裁条款,其规定的仲裁机构是否对自己有利。如不愿仲裁或对其中约定的仲裁机构或其他内容不满意,可向经营者提示,或取消仲裁条款,或要求变更仲裁机构的约定。

鉴于我国仲裁机构设置较少,一般中小县、市无仲裁机构,于消费者不甚便利,故我们认为,在坚持仲裁机构统一的前提下,可根据需要在中小城市、县、镇或大城市的繁华商业区设立分支仲裁机构或小型仲裁庭,受理消费者纠纷,为广大消费者提供便利。

二、仲裁案件的范围

根据《仲裁法》的规定,平等主体的公民、法人和其他组织之间发生的合同纠纷案件和其他财产权益纠纷案件可以仲裁,但婚姻、收养、监护、抚养、继承纠纷以及依法应当由行政机关处理的行政争议,不能仲裁。根据《消费者权益保护法》的规定,消费者争议亦可以通过仲裁解决。消费者合同纠纷都可以通过仲裁解决,侵权纠纷仅涉及消费者民事权益的,亦可以进行仲裁。

三、仲裁协议

仲裁协议是争议双方当事人达成的将争议提交仲裁机构仲裁的协议。仲裁协议是仲裁解决争议的前提,当事人之间没有仲裁协议的,不能申请仲裁。仲裁协议可在纠纷发生前在有关合同中约定,亦可在纠纷发生后由双方当事人签订独立的仲裁协议。消费者交易经常采取标准合同的形式,经营者提供的标准合同如果有仲裁协议,应采用醒目的字体表明,或就该仲裁条款向消费者作特别提示,或要求消费者就该条款签名。仲裁协议应采取书面形式(包括电报、信函、电传),其内容一般应包括:将争议提交仲裁的意思表示、仲裁事项以及选定的仲裁机构。当事人之间存在仲裁协议的,发生纠纷后,即有义务将争议提交仲裁,而不得向法院起诉。并且,即便有关消费合同发生变更、解除、终止或无效,仲裁协议的效力仍不受影响。若当事人对仲裁协议的效力有异议,可以请求仲裁委员会作出决定,或由人民法院作出裁定。一方请求仲裁委员会决定,另一方请求法院裁定的,以法院裁定为准。当事人之间无仲裁协议的,仲裁机关不予受理。

四、仲裁申请的提出

在存在仲裁协议的情况下,消费者认为自己的权益受到侵害,可以向仲裁委员会提出仲裁申请,并附交仲裁协议。仲裁申请应当写明当事人的基本情况(姓名、年龄、性别、职业、工作单位、住所,或法人、其他单位的名称、住所、法定代表人或主要负责人的姓名、职务)、仲裁请求和所根据的事实理由、证据及证据来源、证人姓名和住所。

五、仲裁庭的组成

仲裁活动具体由仲裁庭或独任仲裁员承担,仲裁庭由3名仲裁员组成。在仲裁程序中,当事人享有选定仲裁员的权利。案件由仲裁庭还是独任仲裁员仲裁,由当事人约定。以仲裁庭仲裁时,由双方各选1名或各自委托仲裁委员会主任指定1名仲裁员,第三名仲裁员由当事人共同选定或共同委托仲裁委员会主任指定,第三名仲裁员是首席仲裁员。采用独任仲裁员仲裁的,仲裁员由当事人共同选定或委托仲裁委员会主任指定。当事人在规定期间内没有约定仲裁庭的组成方式或选定仲裁员的,由仲裁委员会主任指定仲裁员。仲裁员是本案当事人或当事人、代理人的近亲属或与本案有利害关系,或与本案当事人、代理人有其他关系,可能影响公正仲裁的,或私自会见当事人、代理人、接受当事人、代理人请客送礼的,当事人有权提出申请,要求该仲裁员回避。

六、关于仲裁程序中消费者的权利

在开庭和裁决过程中,消费者作为当事人享有下列权利:(1)协议是否开庭审理。仲裁案件一般开庭审理,但当事人协议不开庭审理的,可以不开庭审理(由仲裁庭根据有关材料作出裁决)。(2)协议是否公开审理。仲裁案件以不公开审理为原则,但当事人协议公开审理的,可以公开审理。(3)要求延期开庭。当事人有正当理由,可在仲裁规则规定的期限内请求延期开庭,是否延期,由仲裁庭决定。(4)要求鉴定。对有关专门性问题,当事人可约定由鉴定部门鉴定,并可要求鉴定部门派鉴定人员参加开庭。(5)申请证据保全。在证据可能灭失或以后难以取得的情况下,当事人可以申请证据保全,由仲裁委员会交当地基层法院采取保全措施。(6)辩论。当事人有权进行辩论,辩论结束后,仲裁员应当征询当事人的最后意见。(7)阅读笔录并要求补正。(8)自行和解。当事人申请仲裁后,可以自行和解,达成和解协议的,可以请求仲裁庭根据和解协议作出裁决书,也可以撤回仲裁申请。和解后又反悔的,可以重新申请仲裁。(9)接受或拒绝调解。当事人可根据情况决定是否接受调解,经调解达成协议的,仲裁庭应当制作调解书或根据协议制作裁决书。调解书与裁决书具有同等的法律效力。但当事人在调解书签收前可以反悔的,仲裁庭应当及时裁决。(10)要求获得裁决书或调解书。(11)请求补正裁决书中的笔误。当事人自收到裁决书之日起30

日内可以请求仲裁庭补正裁决书中的明显错漏。

七、仲裁裁决的法律效力与执行

仲裁裁决自作出之日起发生法律效力,对生效仲裁裁决,当事人应当履行。一方当事人不履行的,另一方当事人可依照民事诉讼法向人民法院申请强制执行。人民法院在接到当事人执行申请后,应依法组成合议庭审查核实,符合执行条件的,予以执行;不符合条件的,不予执行。当事人可根据双方达成的仲裁协议重新申请仲裁,也可以向人民法院起诉。

八、仲裁裁决的撤销

消费者认为仲裁裁决存在下列问题,并且能提出证据予以证明的,可以在收到裁决6个月内向仲裁委员会所在地的中级人民法院提出申请,要求法院撤销裁决:(1)没有仲裁协议;(2)仲裁裁决的争议不属于仲裁协议的范围或仲裁委员会无权仲裁的;(3)仲裁庭的组成或仲裁程序违反法定程序的;(4)对方当事人隐瞒了足以影响公正裁决的证据的;(5)裁决所根据的证据是伪造的;(6)仲裁员在仲裁该案时有索贿受贿、徇私舞弊、枉法裁决行为的。法院受理当事人申请后应组成合议庭进行审核,经审查核实的,应当裁定撤销。仲裁裁决被撤销的,当事人亦可重新按协议申请仲裁或向人民法院起诉。当事人重新按仲裁协议申请仲裁时,其仲裁程序如前次仲裁的程序相同,但原仲裁庭组成人员应当进行回避,以保证仲裁能公正进行。

第七节 消费者纠纷的诉讼解决途径

一、概述

消费者争议发生后,当事人在没有仲裁协议的情况下,可以向法院起诉。如前所述,我们认为,消费者争议是消费者与经营者之间的权益争议。因此,从性质上说,它一般为民事案件。不可否认,某些行政诉讼亦具有保护消费者的功能,但在行政纠纷中,争议的一方当事人不是经营者而是国家行政机关,因而其相对方的当事人亦就不是以消费者的身份而是以一般公民的身份出现的,此种争议应不属消费者争议的范畴。但是在特殊情况下,消费者争议可能属于刑事案件。根据最高人民法院的司法解释,对于轻微的伤害案件、侮辱诽谤案件,受害人可以提起自诉刑事诉讼。[4] 此外,《刑事诉讼法》亦规定,被害人由于被告人的犯罪行为遭受物质损失的,在刑事诉讼过程中,有权提起刑事附带民事诉讼。如消费者在购买商品时,遭经营者殴打致轻伤或受到经营者侮辱可能构成犯罪时,便可提起刑事自诉案件。此时,人民法院可按刑事诉讼法的有关规定进行审理。然而,这种情况毕竟少见。对消费者

---

〔4〕 参见最高人民法院《关于审理刑事案件程序的具体规定》第1条。

来说,适用最为普遍的司法救济途径就是民事诉讼。

二、民事诉讼

民事诉讼,是指人民法院在当事人及其他诉讼参与人的参加下,依照法定程序,审理和解决民事纠纷的活动。消费者与经营者之间因合同或侵权而发生的财产权益和人身权益纠纷都可以向人民法院提取民事诉讼。消费者提起民事诉讼应注意以下问题:

(一)受诉法院的选择

消费者纠纷发生后,消费者欲通过诉讼途径解决时,首先必须明确向哪一个法院提起诉讼。就地域管辖而言,根据《民事诉讼法》的规定,民事诉讼一般以原告就被告为原则,亦即在通常情况下,消费者应当向经营者所在地的人民法院提起诉讼。所谓被告所在地,就自然人来说,就是被告方住所地(户籍所在地),被告住所与经常居住地(连续居住 1 年以上)不一致的,经常居住地视为被告所在地。就法人来说,被告所在地就是法人的主要营业地或法人的主要办事机构所在地。如被告已被劳动教养或监禁,则可以向原告所在地法院起诉。消费者除可向被告所在地法院提起诉讼外,还可以根据争议的性质不同选择其他法院。争议属于合同纠纷的,还可向合同履行地法院起诉;属保险合同纠纷的,还可向保险标的物所在地法院起诉;属票据纠纷(实际上亦为合同纠纷),还可向票据支付地法院起诉;属铁路、公路、水上航运或联合运输合同纠纷的,还可向运输始发地、目的地法院起诉。除此之外,对于合同争议,只要不违背级别管辖和专属管辖的规定,争议的双方当事人可以通过协议约定由被告住所地、合同履行地、合同签订地、原告住所地、标的物所在地的法院管辖。若当事人对管辖法院有约定,则应向约定的法院起诉。争议属侵权纠纷的,除可向被告所在地法院起诉外,就一般侵权争议来说,还可向侵权行为地法院起诉,属铁路、公路、水上和航空事故请求损害赔偿的侵权性争议,还可以向事故发生或车辆、船舶最先到达地、航空器最先降落地的法院起诉。属船舶碰撞或其他海事损害事故请求损害赔偿的侵权性争议,还可向碰撞发生地、碰撞船舶最先到达地、加害船舶被扣留地法院起诉。但对以不动产为标的物的争议和因港口作业发生的争议,按我国法律规定,实行专属管辖,消费者只能向不动产所在地法院或港口所在地法院起诉。就级别管辖而言,由于消费者争议大多具有标的小、案情比较简单的特点,因而在大多数情况下由基层人民法院受理。但如果争议案件在有关中级、高级人民法院的辖区内或在全国有重大影响的,亦可向相应的中级、高级人民法院或最高人民法院起诉。如某些影响较大、造成严重后果的产品责任案件,涉及消费者人数众多、影响范围广、社会反映强烈的集团性争议,以及在国际上造成较大影响的涉外产品责任案件等,都可能由中级人民法院、高级人民法院或最高人民法院作为一审法院。

(二)消费者可利用的诉讼程序

消费者可以利用的诉讼程序主要包括以下几种:

1. 第一审普通程序

第一审普通程序是人民法院审理第一审民事案件通常适用的程序。第一审普通程序因当事人起诉而开始,消费者争议发生后,可亲自或通过自己的法定代理人或委托代理人提起诉讼。提起民事诉讼应当具备四个条件:(1)原告应当与本案有直接利害关系。就消费者来说,可提起民事诉讼的消费者包括争议消费合同的当事人,因产品缺陷而导致人身或财产损害的人,因虚假广告而受损害的人以及在购买商品或接受服务时受经营者殴打、搜身、侮辱等侵害而致人身或财产损害的人。在受害者死亡的情况下,消费者的近亲属亦可依法提起诉讼。(2)有明确的被告。消费者在提起诉讼时应明确指出侵犯其权益或与其发生权益争议的经营者是谁。关于被告人的确定,请参见本章第二节。(3)有具体的诉讼请求和事实理由。所谓诉讼请求,即消费者要求法院通过审判保护的权益的具体内容或解决的具体问题,如要求法院判决解除消费合同,或判决被告人履行消费合同或承担某种违约责任,或判决被告赔偿因有关缺陷产品而造成的人身财产损害等。请求应当明确具体,属财产给付请求的,应提出有关的数额。所谓事实、理由,是指消费者提出诉讼请求所依据的案情事实、证据事实和法律依据。(4)属于人民法院主管和受诉法院管辖,消费者与经营者之间的消费者权益争议一般都属人民法院主管范围。消费者选择的法院应当对案件具有管辖权。

起诉的方式包括口头起诉和书面起诉,以书面为原则。消费者在书写起诉状确有困难时,可以口头起诉。

消费者提起诉讼后,经法院审查符合以上条件的,予以受理,并按民事诉讼法规定的程序进行审理,最终作出判决。

2. 简易程序

由于消费者纠纷大多具有标的小、案情简单的特点,因而在很多情况下,可以按简易程序进行审理。简易程序是人民法院审理简单民事案件所适用的简便程序。在简易程序中消费者可以享受以下便利:(1)简便的起诉。消费者可以选择采用口头起诉或书面起诉,当事人双方可以同时到基层法院或其派出法庭请求解决纠纷,法院可当即审理,亦可另定日期审理。(2)简便的传唤方式。审理过程中,可以使用一些非正规的方式传唤当事人、证人。如托人捎信、打电话、广播传呼或口头约定等。(3)独任审判员审理。(4)开庭审理程序简化。审理开庭前无须公告,开庭审理过程中亦无须严格遵循法定的顺序,而完全由审判员灵活掌握。(5)较短的审结期。简易程序审理的案件,应在3个月内审结(普通程序的审结期为6个月,并可延长)。

3. 督促程序

它是债权人通过人民法院督促债务人履行金钱、有价证券给付义务时适用的诉讼程序。督促程序较简易程序更具有迅速、简便的特点。在经营者对消费者负有金钱或有价证券给付义务(如不履行存款及利息支付义务或不退还预付款项等)情况下,如双方当事人债权债务关系明确,没有其他争议,则可以直接通过督促程序要求经营者履行义务,并在经营者不履行义务时,由人民法院强制其履行。督促程序的提起应具备以下条件:(1)债务人对债权人负有到期的,并且以金钱或有价证券为给付内容的债务。(2)债务人未履行或未完全履行该债务。(3)债权人与债务人之间没有其他债务纠纷。(4)支付令能够送达债务人。消费者如认为其与经营者之间的法律关系符合以上要求,可向有管辖权的基层人民法院提出申请。人民法院受理申请后,对债权人提供的事实、证据进行审查,认为债权、债务关系明确合法的,将在15日内向债权人发出支付令。债务人在收到支付令后15日内应当清偿债务,或向人民法院提出异议。如债务人在规定期间不提出异议又不履行支付令,则债权人可以向人民法院申请强制执行。如果债务人提出书面异议,则人民法院应当裁定终结督促程序,支付令自动失效。作为债权人的消费者可以按普通程序或简易程序的规定,向法院起诉。

除以上程序之外,若消费者对一审未生效的判决不服,还可以提起上诉。利用第二审程序改变第一审判决的不利结果。在第一审判决生效后或第二审判决作出后,如果有充分证据证明该判决不当,还可以向法院提出申诉,以引起审判监督程序的发生,并通过这一程序改变已生效判决中的不利于自己的内容。在判决生效后,经营者在法定期限内不履行判决确定的义务的,消费者可以申请法院强制执行,利用强制执行程序使自己的合法权益得以实现。

(三)消费者在民事诉讼中的举证责任

在民事诉讼过程中,消费者的举证责任因争议的性质不同而有差异。

在合同性纠纷中,消费者欲要求经营者承担违约责任,应当证明:(1)合同的合法与有效。此处的合同除包括当事人协商签订的普通合同及由经营者一方提出的标准合同外,经营者在营业场所商品或其标签上所作的许诺,以及法律为保护消费者而规定的法定担保等亦应视为合同内容的一部分。(2)经营者有违反合同的行为。经营者提供的商品和服务不符合约定或法定的质量标准,给付商品和服务的数量不足,未按约定期限提供商品和服务,提供的商品或服务未附有法定或约定的说明书及其他材料等,均属违约行为。就违约金支付、解约、修理、更换、退款等责任的承担而言,消费者只要就上述两方面内容提出充分证据,即可确定经营者应承担法律责任。若消费者要求经营者承担损害赔偿责任,除上述两点外,还需证明经营者的违约行为对其造成了损害,即损害的存在以及损害与违约行为之间存在因果关系。此外,根据法律规定,由于违约责任的归责适用严格责任原则,因此,消费者不必证明经营者对违约行为存在过错。

侵权性纠纷中,加害人责任的承担根据因具体情况的不同有些适用过失责任原则,有些适用过失推定原则,还有些则适用无过失责任原则。因而当事人的举证责任亦因具体情况的不同而有变化。就消费者争议来说,直接的人身侵权案件中一般适用过错责任原则。如消费者在购买商品或接受服务时受经营者殴打、侮辱,或经营者服务过程中,一时疏忽而使消费者受到伤害的侵权案件中即实行过错责任原则。消费者在此类案件中应提出证据证明经营者存在侵权行为,其侵权行为造成了消费者的损害,经营者主观上存在故意或过失,经营者的过错行为与损害结果之间存在因果关系。

间接侵权一般适用过失推定或无过失责任原则。例如,消费者在购商品或接受服务时,由于经营者经营场所的建筑物或其他设施及其上搁置物、悬挂物发生倒塌、脱落、坠落造成损害的侵权案件,就适用过失推定原则。在此类案件中,消费者要提出证据证明:(1)有致害事故的发生;(2)损害的存在;(3)致害事故与损害结果之间存在因果关系。法院在审理案件过程中,应首先推定经营者存在过失,但若经营者提出充分证据证明自己没有过错,则可以免除责任。但由于消费者是在经营者场所购买商品和提供服务的,因而,经营者对该场所负有管理的职责。若发生上述致消费者损害事故,经营者还有责任指明有过失的侵权行为人(因自然事故发生的除外),否则,仍应承担责任。生产者产品责任则实行严格责任原则,消费者无须证明其对产品缺陷的形成存在过错。此时,由消费者举证证明的事实包括:产品缺陷的存在,损害的存在,损害与产品缺陷之间存在因果关系。生产者不得通过证明自己对产品缺陷的形成无过失而免责。但如果发现该产品缺陷的形成确非自己的原因,而是由于其他生产者或销售者或仓储保管者、运输者所致,则在赔偿消费者后,可以向负有过错的其他经营者追偿。

(四)集团性消费者争议的诉讼程序

对集团性消费者争议,我国民事诉讼法设有代表人诉讼制度。代表人诉讼是共同诉讼的一种特别形态,它是指诉讼当事人一方人数众多,无法全部参加诉讼,而由其代表参加诉讼的一种诉讼制度。在消费者争议中,无论是合同争议还是侵权争议,都可能适用代表人诉讼制度。就合同纠纷来说,因经营者提供的产品不符合合同约定或法定的质量标准而使众多消费者受到损害时,可以提起代表人诉讼。就侵权纠纷来说,产品生产者生产的有缺陷产品致使众多消费者人身(如食品中毒)或财产损失,也可以提起代表人诉讼。代表人诉讼有两种情况:一为当事人人数众多(10 人以上),但范围确定的代表人诉讼;二为当事人人数众多且起诉时范围不确定的代表人诉讼。第一种代表人诉讼包括一方当事人人数众多的必要共同诉讼和当事人众多的普通共同诉讼。根据民事诉讼法规定,当事人一方人数众多的共同诉讼,可以由当事人推选代表人进行诉讼,代表人的行为对其所代表的当事人发生效力,但代表人变更、放弃诉讼请求或承认对方当事人的诉讼请求、进行和解,必须经被代表人同意。推选代表人时,可以由全部当事人推选代表,亦可由部分当事人推选代表,推选不出代表的当事人,在案件属必要共同诉讼时,可由自己参加诉讼,属普通的共同诉讼的,可以另行起诉。对第二种代表人诉讼,人民法院在受理部分当事人起诉后,可以发出公告,说明案件情况和诉讼请求,通知权利人在一定期间向人民法院登记,其代表人的产生有三种方式:一为推选产生,即由已作登记的权利人推选代表人;二为商定产生,即由已作登记的权利人协商确定代表人;三为指定产生,即在推选、协商不出的情况下,由法院指定代表人。代表人的诉讼行为对其代表的当事人的效力与第一种代表人诉讼相同。法院作出的判决、裁定具有扩张力,对参加登记的全体权利人都发生效力。并且,未登记的权利人在诉讼时效期间提起诉讼的,亦适用该判决、裁定。

一种观点认为,在代表人诉讼中,应当允许消费者协会代表消费者集团提起诉讼,并以消费者协会作为代表人。[5] 我们认为,这种观点是值得商榷的。因为在代表人诉讼中,作为代表人的必须具有当事人资格,无论是推选产生,还是协商产生或指定产生,都只能在当事人中确定代表人。消费者协会以保护消费者利益为宗旨,但其本身与争议的实体法律关系没有直接的联系,不是案件的当事人,因而不可能成为代表("代表"二字本身就意味着代表者本身就是其代表的成员之一,无成员资格,亦就无所谓代表)。而且,作为民事诉讼的当事人,他有权处分自己的民事权利和诉讼权利,若以消费者协会作为代表人,亦与民事诉讼的本质相违背。诚然,消费者协会参加诉讼确实有利于对消费者利益的维护,但以消费者协会作为支持起诉人支持起诉或作为诉讼代理人参加诉讼便可以实现这一目的。

(五)消费者公益诉讼

消费者公益诉讼,是指为维护与消费者有关的公共利益而由法律规定的适格主体提起

---

〔5〕 参见谢次昌等:《消费者保护法通论》,法律出版社 1994 年版,第 253 页。

的诉讼。《消费者权益保护法》第47条规定,对侵害众多消费者合法权益的行为,中国消费者协会以及在省、自治区、直辖市设立的消费者协会,可以向人民法院提起诉讼。在我国,消费者公益诉讼由2012年8月31日修订的《民事诉讼法》最先确立。该法第55条规定,对污染环境、侵害众多消费者合法权益等损害社会公共利益的行为,法律规定的机关和有关组织可以向人民法院提起诉讼。由此,确立了我国环境公益诉讼和消费者公益诉讼两种公益诉讼的形式。新修订的《消费者权益保护法》回应了民事诉讼法的规定,并进一步明确了消费者公益诉讼的适格原告,即中国消费者协会和省、自治区、直辖市消费者协会。消费者公益诉讼制度的确立,对维护消费者普遍利益,有效制止侵害众多消费者权益的行为,节约消费者救济的社会成本,都具有重要的意义。但消费者公益诉讼如何提起,可以提起公益诉讼的侵害众多消费者利益的行为如何理解,诉讼程序如何运行,裁判如何执行等,对于这些问题,现行法律都没有给予明确的回答。消费者公益诉讼制度还需要在实践中摸索完善。

三、刑事附带民事诉讼

刑事附带民事诉讼,是指在人民法院受理刑事案件后,因被告的犯罪行为而受物质损失的公民、法人或其他组织依法于刑事诉讼程序中提起的民事诉讼。损害消费者利益,情节严重的行为往往会构成犯罪,而且此种犯罪行为又往往会导致消费者的物质损害。例如,经营者出售劣质有毒食品、酒类商品、饮料等致消费者中毒,出售不符合安全要求的商品致消费者人身或财产遭受重大损害等行为,都可以构成犯罪,并导致消费者物质损害,因而,有可能提起附带民事诉讼。

根据最高人民法院的司法解释[6],人民法院受理刑事案件后,应当告知遭受物质损害的被害人、已死亡的被害人近亲属、无行为能力或限制行为能力被害人的法定代理人,有权提起附带民事诉讼。有权提起附带民事诉讼的人放弃诉讼权利的,应当许可。附带民事诉讼的提起应具备四个条件:(1)原告有权提起附带民事诉讼。原告应是因犯罪行为而受物质损害的个人、法人或其他组织,所受损失经依法退赔仍不能弥补的被害人,亦可提起附带民事诉讼。但是,被害人不能提供证据证实被告确有财产可供赔偿的,人民法院裁定驳回。(2)有明确的被告人、有请求赔偿的具体请求与事实根据。(3)被害人的损失是由被告人的犯罪行为造成的。(4)属于人民法院受理附带民事诉讼的范围和受诉人民法院管辖。附带民事诉讼的管辖法院为受理该刑事案件的人民法院,附带民事诉讼与附带它的刑事诉讼一并审理。

附带民事诉讼应当在刑事案件立案后,第一审判决宣告前提起。有权提起附带民事诉讼的人未在上述期限内提起的,不得再提起附带民事诉讼。但是,在判决生效后,可以另行提起民事诉讼。在刑事案件起诉前,已向公安、检察机关提出赔偿要求并记录在案的,刑事案件起诉后,法院应按附带民事诉讼案件受理。已经公安、检察机关调解,达成协议并已给付,被害人又坚持向法院提起附带民事诉讼的,人民法院也可以受理。

消费者提起附带民事诉讼,一般应当提交附带民事诉讼状,书写诉状确有困难的,可以口头起诉,由审判人员制作笔录,经原告人签名、盖章后有效。

---

〔6〕 参见最高人民法院《关于审理刑事案件程序的具体规定》第61~76条。

提起附带民事诉讼的消费者应提供证据证明自己提出的主张，在审理过程中，亦可在自愿合法的基础上进行调解，不愿调解或调解不成或调解达成协议后送达前当事人又反悔的，附带民事诉讼与刑事诉讼一并开庭审理。人民法院认定公诉案件被告人不构成犯罪的，对已经提起的附带民事诉讼，仍由同一审判组织作出刑事附带民事判决。

附带民事诉讼中依法负有赔偿责任的人包括：刑事被告人（公民、法人和其他组织）及没有被追究刑事责任的其他共同致害人以及未成年刑事被告人的法定代理人、已被执行死刑的罪犯的遗产继承人以及对刑事被告人的犯罪行为应当承担民事赔偿责任的企业、事业单位、机关、团体。附带民事诉讼的被告人是成年人的，应当由其承担赔偿责任，如果其亲属自愿代为承担，亦应许可。消费者在公诉案件中提起附带民事诉讼，可以不交诉讼费。

四、自诉刑事诉讼

自诉刑事诉讼，是指人民法院审理法律规定属于告诉才处理的刑事案件的诉讼。根据最高人民法院的司法解释，[7]属于告诉才处理的刑事案件和其他不需要侦查的轻微刑事案件共有七种，其中与消费者有关的包括：符合《刑法》第234条第1款规定，有原告和被告的明显属于轻伤、且因果关系清楚不需要侦查的故意伤害案件和符合《刑法》第246条规定的侮辱、诽谤案件。例如，消费者在购买商品或接受服务时，被经营者殴打致伤的，以及受经营者侮辱，情节严重的，都可能提起刑事自诉（告诉）。如果被害消费者因被强制、威吓等原因无法告诉，人民检察院和被害人近亲属可以代为告诉。被害人是无行为能力人或限制行为能力人或由于年老、患病、盲聋哑等原因不能亲自告诉的，他的近亲属也可以代为告诉。公民代为告诉的，应当提供与被害人关系的证明和被害人不能亲自告诉的原因的证明。

人民法院对刑事自诉案件进行审查后，认为犯罪事实清楚，有足够证据的，应当开庭审判；认为必须由人民检察院提起公诉的，应当移送人民检察院；认为缺乏罪证，自诉人不能提供补充证据，且经人民法院调查又不能收集必要证据的，应当说服自诉人撤回自诉，或裁定驳回。

对属告诉才处理的轻伤案及侮辱诽谤案件，人民法院经审理，认为构成犯罪的，可以依刑法规定处罚。

---

〔7〕 参见最高人民法院《关于审理刑事案件程序的具体规定》。

第十二章　消费者保护法中的法律责任

第一节　消费者保护法中的法律责任概述

一、消费者保护法中的法律责任的含义

法律责任是法律主体违反法律义务而应承担的法律后果。任何法律规范都是围绕法律主体的权利义务而展开的。权利之行使产生受法律保护的后果，而义务之违反则应受到法律的制裁。故任何责任均以法律义务的存在为前提，责任是确保义务的履行而设置的措施。[1] 法律义务既包括法律直接规定的义务，也包括依当事人约定而产生的义务。积极义务是主体积极的作为，它应当由法律直接规定，在法律没有直接规定某一主体的义务，而只规定另一主体的权利时，也应视为对该主体设置了一种义务，即消极的义务（以不作为形式履行的义务）。任何人不得非法侵犯他人的权利，这种义务的违反，同样亦可能产生法律责任。约定义务是当事人间以合同方式而确立的义务。当合同符合法定的有效条件时，便在当事人之间产生法律约束力。合同义务的违反在当事人间发生与违反法定义务相当的法律责任。

消费者保护法中法律责任是经营者违反保护消费者法律规定的或经营者与消费者约定的义务而依法承担的法律后果。它是保证经营者依法履行义务的措施，是保障消费者保护法顺利实施的重要手段。

二、消费者保护法中法律责任的特点

消费者保护法中的法律责任具有以下特点：

第一，综合性。消费者保护法是以法的功能为基础而形成的一个法律类别。为了保护消费者利益，立法者必然要采用多种方法来对经营者与消费者之间的关系进行调整。同时，经营者对消费者的利益损害也表现为多种多样的形式，其中某些仅涉及消费者的私人利益，另一些则既损害消费者的私人利益，又侵犯社会公共利益。有些表现为轻微的损害，另一些则是严重的损害。这也必然要求根据经营者损害消费者利益行为的性质和程度差异，规定经营者不同的法律责任。消费者保护法中法律责任的综合性表现在，其涵括了各种不同性

---

〔1〕 王利明：《违约责任论》，中国政法大学出版社1996年版，第11～16页。

质、不同内容的法律责任形式。从性质上看，既有公法责任，亦有私法责任，既有民事责任，又有行政责任和刑事责任。从内容上看，既有经济责任（以一定财产利益损失来承担的责任），亦有申诫（警告等）、能力剥夺（如吊销许可证、营业执照等）及剥夺自由与生命的责任（如拘留、徒刑、死刑等）。从目的上看，既有补偿性责任（如损害赔偿）、教育性责任（如警告），亦有惩罚性责任（如罚款、死刑）。

第二，消费者保护法中的责任是经营者责任。这是由消费者保护法的性质决定的，消费者保护法以消费者保护为目的，故其内容主要为消费者权利和经营者义务的规定。经营者在消费者保护法中总是以义务主体的身份出现，因此，以义务为基础的法律责任必然多以经营者为责任主体。当然，在具体案件中，消费者亦可能承担一定的法律责任，但这种责任的追究是以其他法律为依据的。例如，某消费者在购买商品时，无理取闹，打伤经营者，则该消费者当然要承担侵权责任，甚至刑事责任，但这种责任是根据民法和刑法的一般规定而产生的，并不由消费者保护法所规定。

第三，经营者损害消费者利益的责任。损害消费者利益既包括损害消费者的一般利益（公共利益之一种表现形式），亦包括损害具体消费者的利益。当经营者的行为仅损害消费者的私人利益时，常引起私法责任。当经营者的行为既损害私人利益，又损害公共利益时，则既要承担私法责任，亦要承担公法责任。当经营者的行为仅涉及公共利益（如制造劣质、不安全商品尚未出售的），则仅承担公法责任，即行政责任或刑事责任。经营者仅当其实施损害消费者利益的行为时，才依消费者保护法规定承担责任。

三、消费者保护法中责任条款的适用规则

消费者保护法包含了不同性质和类型的法律规范，这些法律规范如何适用是一个值得研究的课题。在处理具体案件适用法律规范方面，一般应遵循以下规则：

1. 依法律规范的效力层次高低依次适用

法律规范根据其效力高低可分为不同层次。宪法作为国家根本大法具有最高的效力，全国人大及人大常委会制定的各项法律具有仅次于宪法的效力，国务院发布的行政法规在全国范围内具有次于法律的效力，最高人民法院对适用法律所作的司法解释具有补充、解释法律的效力，各级法院应当遵守。国务院各部门制定的行政规章以及地方各省级权力机关和人民政府制定的地方法规和地方规章具有次于行政法规的效力。不同层次的法律规范发生冲突时，优先适用效力较高的法律规范（法院在处理案件时一般适用法律）。但这里有一例外，在法律规范本身明确规定优先适用效力较低的法律规范时，则低级规范优先适用。例如，《消费者权益保护法》第56条规定，经营者有该条规定的损害消费者利益的各种情形之一的，除承担相应的民事责任外，其他法律、法规对处罚机关和处罚方式有规定时，依照该法律、法规规定执行；未作规定的，才能依照本法规定由市场监管部门或其他有关行政部门责令改正，根据情节单处或并处警告、没收违法所得、处以违法所得1倍以上10倍以下的罚款，没有违法所得的，处以50万元以下罚款，情节严重的，责令停业整顿、吊销营业执照。在这里，在有关行政处罚机关或处罚方式方面，法规就可以优先于《消费者权益保护法》而适用。

2. 新法优于旧法

就同一法律关系而言，新法颁布后，与此相应的旧法自然废止。但这里必须满足以下条

件:(1)新法规范的社会关系应统摄旧法规范的社会关系,即新法调整的社会关系范围应大于或等于旧法。(2)新法已经生效。(3)新法中没有适用例外的规定。(4)新法与旧法属同一效力层次的法律或新法效力高于旧法。若效力层次不同,则效力较低的新法与旧法抵触时,新法无效。(5)受不溯及既往原则制约。若法律没有规定新法可以溯及既往,则对新法生效前行为,该新法不能适用。

3. 特别法优于一般法

特别法是针对其特定社会关系的特点而于一般法之外制定的法律规范。特别法与一般法的关系是相对的。相对于《民法典》而言,《消费者权益保护法》中的民事法律规范具有特别法性质,而相对于《消费者权益保护法》而言,有关食品卫生、产品质量等方面的法律规范属特别法。特别法优于一般法也仅在特别法与一般法为同一效力层次上的法律规范时才能适用,但一般法中明确规定不受此限者除外。

四、法律责任追究的一般规则

消费者保护法中的法律责任具有综合性的特征,损害消费者利益承担的责任应当根据案件的性质、案情、责任性质以及各种责任形式的相互关系等因素来进行综合考虑。在追究经营者责任时,一般应遵循以下规则:

1. 公法责任与私法责任分别追究的原则

在现代法治社会,公私法划分是现代法治的基础。"对于任何法律法规,若不究明其属于公法或属私法,就不可正确了解其内容和意义,不可能正确解释和适用。"[2] 对于法律责任的追究而言,亦应首先区分公法责任与私法责任。公法责任是行为人违反刑法、行政法等公法规定,损害国家与社会公共利益,而由国家直接依职权追究的法律责任。私法责任则为行为人违反民法等私法规定,损害他人的私人利益,而依法对受害人承担的责任。公法与私法责任区分对责任追究的意义在于:这两种责任相互独立,当事人承担了私法责任,并不排斥其承担公法责任的可能性,反之亦然。例如,假冒商标、出售假冒商品的经营者既要向商标权人承担侵权责任,亦要向消费者承担赔偿责任,此两种责任均属私法责任(民事责任)。经营者在承担这些责任后,国家仍可依职权以经营者违反商标管理为依据追究其行政责任,或以假冒商标罪追究其刑事责任。公法责任由国家直接依职权追究,而私法责任则由受侵害之权利人自己决定。

2. 不重复追究的原则

这是指同种性质、内容相同或具有替代性的责任不得重复追究。例如,在私法责任中,经营者提供的商品违反其担保的品质时,消费者可要求修理、退款、更换,此三者之间具有相互替代的性质,消费者仅能择其一而要求经营者承担。经营者在承担修理责任后,若修理达到满意的效果,则退款、更换责任相应免除。在公法责任中也是如此。某一行政机关在对经营者进行罚款后,其他行政机关便不得再就同一违法行为对同一经营者进行罚款。不仅如此,法院若就同一违法行为判决罚金,则行政机关已作的罚款应充抵罚金。若法院认为行政机关之罚款数额明显过低,则可以判决较高的罚金。此时,法院罚金与行政罚款之差额,经

---

〔2〕 梁慧星主编:《社会主义市场经济管理法律制度研究》,中国政法大学出版社1993年版,第9页。

营者仍应补足。

3. 私法责任主体唯一原则

在私法责任中,法律责任由违约或侵权行为的实施者承担,行为人独立的民事主体资格和责任能力是其承担法律责任的基础。在违法或违约行为以法人名义实施时,仅由该法人对受害方承担责任,行为的实施者不直接对受害人承担责任。

4. 公法责任中个人与单位责任分别追究的原则

公法责任中个人与单位的责任应当相互分离,但行政机关或司法机关在依法给予违法法人行政处罚或刑事制裁后,仍可依法追究有关直接责任人员的行政责任和刑事责任。

5. 民事赔偿优先原则

经营者侵害消费者权益,导致消费者人身、财产损害,既可能承担民事责任,也可能承担行政责任,甚至刑事责任,在以金钱等财产利益承担责任时,由于经营者承担责任的能力是有限的,因而可能出现不能完全承担或暂时不能完全承担各种责任的情况。此时,就需要在各种责任之间进行权衡,确立责任承担的先后顺序。为更好地保护消费者的合法权利,弥补消费者因经营者的行为所造成的损害,《消费者权益保护法》第 58 条规定,经营者违反本法规定,应当承担民事赔偿责任和缴纳罚款、罚金,其财产不足以同时支付的,先承担民事赔偿责任。

五、《消费者权益保护法》中民事责任和行政处罚的法律适用规则

根据《消费者权益保护法》第 48 条的规定,经营者提供商品或者服务有下列情形之一的,除本法另有规定外,应当依照其他有关法律、法规的规定,承担民事责任。这一规定表明,在民事责任方面,《消费者权益保护法》有规定的,优先适用该法的规定,该法没有规定的,适用其他法律、法规的规定。《消费者权益保护法》优先适用的情形包括:(1)商品或者服务存在缺陷的;(2)不具备商品应当具备的使用性能而出售时未作说明的;(3)不符合在商品或者其包装上注明采用的商品标准的;(4)不符合商品说明、实物样品等方式表明的质量状况的;(5)生产国家明令淘汰的商品或者销售失效、变质的商品的;(6)销售的商品数量不足的;(7)服务的内容和费用违反约定的;(8)对消费者提出的修理、重作、更换、退货、补足商品数量、退还货款和服务费用或者赔偿损失的要求,故意拖延或者无理拒绝的;(9)法律、法规规定的其他损害消费者权益的情形。

但是,在行政责任的追究上,《消费者权益保护法》却作出了相反的规定。根据该法第 56 条规定,经营者有下列情形之一,除承担相应的民事责任外,其他有关法律、法规对处罚机关和处罚方式有规定的,依照法律、法规的规定执行;法律、法规未作规定的,由工商行政管理部门(现为市场监管部门)或者其他有关行政部门责令改正,可以根据情节单处或者并处警告、没收违法所得、处以违法所得 1 倍以上 10 倍以下的罚款,没有违法所得的,处以 50 万元以下的罚款;情节严重的,责令停业整顿、吊销营业执照。由此可见,在行政处罚方面,其他法律、法规优先适用,仅在其他法律、法规未作规定的情形,才由市场监管部门按照该法该条的规定,追究行政责任。适用这一规定的情形,包括:(1)提供的商品或者服务不符合保障人身、财产安全要求的;(2)在商品中掺杂、掺假,以假充真,以次充好,或者以不合格商品冒充合格商品的;(3)生产国家明令淘汰的商品或者销售失效、变质的商品的;(4)伪造商

品的产地,伪造或者冒用他人的厂名、厂址,篡改生产日期,伪造或者冒用认证标志等质量标志的;(5)销售的商品应当检验、检疫而未检验、检疫或者伪造检验、检疫结果的;(6)对商品或者服务作虚假或者引人误解的宣传的;(7)拒绝或者拖延有关行政部门责令对缺陷商品或者服务采取停止销售、警示、召回、无害化处理、销毁、停止生产或者服务等措施的;(8)对消费者提出的修理、重作、更换、退货、补足商品数量、退还货款和服务费用或者赔偿损失的要求,故意拖延或者无理拒绝的;(9)侵害消费者人格尊严、侵犯消费者人身自由或者侵害消费者个人信息依法得到保护的权利的;(10)法律、法规规定的对损害消费者权益应当予以处罚的其他情形。

第二节　经营者的民事责任

一、经营者民事责任的特点

民事责任是民事主体违反民事法律规定或当事人约定的义务,损害他人的民事权益,而依法承担的责任。消费者保护法中经营者的民事责任是经营者违反消费者保护法规定或其与消费者约定的义务,损害消费者的民事权益,而依法承担的法律责任。

消费者保护法中经营者的民事责任,从本质上说,与其他民事责任并无不同,具备一般民事责任的特点。从发生基础来看,它是经营者违反民事义务应承担的法律后果。民事义务包括法律直接规定的义务,亦包括消费者与经营者约定的义务,违反民事义务是经营者承担民事责任的前提;而行政责任、刑事责任则以当事人违反公法义务,损害公共利益为基础。从主体来看,民事责任是民事法律关系当事人之间的责任,在通常情形,即为违反义务的一方当事人对因其违反义务而受损害的另一方当事人的责任;而行政责任和刑事责任则是行为人对作为社会管理者的国家承担的责任。当然,国家在以民事主体身份参加民事活动时,相对方当事人对其承担的责任仍然属于民事责任。从责任的承担和追究程序来看,民事责任的承担与追究充分体现了当事人意思自治。违反义务的一方可以主动的承担责任,受害方亦可以请求对方承担责任,在对方拒绝承担责任的情况下,可以通过仲裁或诉讼,强制对方承担民事责任,享有权利的一方当事人是否请求或以何种方式请求对方承担责任,由其自主选择,国家不主动干预;而行政责任和刑事责任则分别由国家行政机关和司法机关主动依法追究。从责任的范围来看,违反民事义务的一方当事人承担责任的范围取决于权利人(受害方)的意志,权利人可以完全放弃要求对方承担责任(免除对方责任),亦可以部分放弃其请求权,仅要求其承担部分责任;而在行政责任和刑事责任中,行政机关和人民法院都必须严格依法确定行为人的行政或刑事责任。

消费者保护法中经营者的民事责任既有一般民事责任的共同特征,又有自己特别之处。一般民事责任以一般民事主体为责任主体,它可以是任何有民事责任能力的自然人、法人或国家;而消费者保护法中的民事责任则以经营者为责任主体,是经营者对消费者的责任。消费者保护法中的民事责任是经营者违反消费者保护法,损害消费者合法权益的民事责任,而一般民事责任则是民事主体依一般民事法律规范而承担的责任。一般民事责任基于当事人地位平等原则而确立,故一般民事责任具有补偿性的特点,而消费者保护法中的民事责任则基于对消费者的特殊保护而确立,故除具有补偿性外,还具有惩罚性。《消费者权益保护法》第55条规定,经营者提供商品或服务有欺诈行为的,应当按消费者的要求增加赔偿其受到的损失,增加赔偿的金额为消费者购买商品价款或接受服务费用的3倍。此即为典型的带有惩罚性的民事责任。

《消费者权益保护法》第七章第48条至第55条对经营者的民事责任作了较为系统的规定。但应当注意的是,这些规定只是经营者承担民事责任的一些特别性的规定。除了这些规定外,《民法典》《产品质量法》《食品安全法》《药品管理法》等对经营者的民事责任也有诸多的规定。在没有冲突的前提下,这些规定对确认经营者民事责任时同样可能适用。

二、经营者民事责任的类型及责任形式

《消费者权益保护法》第49条至第55条,对经营者承担民事责任的其他情形作了特别的规定。从责任的发生基础看,《消费者权益保护法》规定的经营者民事责任,可以归纳为侵权责任、合同责任以及惩罚性赔偿责任。《消费者权益保护法》的这些民事责任的规定,应优先于其他法律适用。

(一)经营者的侵权责任

侵权责任是经营者违反法律规定的义务,侵害消费者的人身、财产权利,依法承担的责任。经营者的侵权责任一般有三种类型:一为商品、服务侵权责任;二为直接侵犯消费者人格权的责任;三为对消费者未尽安全保障义务的侵权责任。《消费者权益保护法》对优先适用该法的经营者的侵权责任主要有以下两方面的特别规定:

1. 侵犯消费者人身权益的责任

《消费者权益保护法》第49条就商品、服务造成人身伤害的责任作了特别规定。据此,经营者提供商品或者服务,造成消费者或者其他受害人人身伤害的,应当赔偿医疗费、护理费、交通费等为治疗和康复支出的合理费用,以及因误工减少的收入。造成残疾的,还应当赔偿残疾生活辅助具费和残疾赔偿金。造成死亡的,还应当赔偿丧葬费和死亡赔偿金。

应当注意的是,这一特别规定,不仅适用于消费者,而且适用于其他受害人。此处的其他受害人,应当理解为因商品、服务而人身受到伤害的非商品、服务的购买人。此处的人身伤害,是指造成他人的身体伤害,如使人肢体或器官残缺或全部或部分丧失功能等。

《消费者权益保护法》第50条对侵害人格尊严、人身自由及个人信息的责任作了特别规定。据此,经营者侵害消费者的人格尊严、侵犯消费者人身自由或者侵害消费者个人信息依法得到保护的权利的,应当停止侵害、恢复名誉、消除影响、赔礼道歉,并赔偿损失。应当注意的是,这一规定涉及的侵权,主要是经营者的直接侵权。例如,对消费者进行辱骂、搜身、非法限制人身自由,非法收集、传播消费者个人信息等。

《消费者权益保护法》第51条对侵害人身权益的精神损害赔偿责任作了特别规定。据此,经营者有侮辱诽谤、搜查身体、侵犯人身自由等侵害消费者或者其他受害人人身权益的

行为,造成严重精神损害的,受害人可以要求精神损害赔偿。

对消费者人身权益的侵害,《消费者权益保护法》的上述规定优先于其他法律的规定适用。对不属于以上特别规定的消费者人身权利侵害,消费者仍可按照《民法典》或其他法律的规定获得救济。

2. 侵犯财产权责任的特别规定

《消费者权益保护法》第 52 条规定,经营者提供商品或者服务,造成消费者财产损害的,应当依照法律规定或者当事人约定承担修理、重作、更换、退货、补足商品数量、退还货款和服务费用或者赔偿损失等民事责任。应当注意的是,这里的财产损害,是指经营者提供的商品、服务造成消费者的财产损害。它包括提供商品本身的损害和因商品、服务具有不合理危险而发生产品责任事故,导致消费者的其他财产损害。前者如经营者提供的商品存在不符合质量要求,或短斤少两,而使消费者蒙受损失;后者如经营者提供的手机发生爆炸而导致消费者财产毁损等。在以上的责任形式中,修理、重作、更换、退货、补足商品数量、退还货款和服务费用、赔偿损失的责任形式对商品本身的损害都可适用;而对商品以外的消费者财产损害,则一般只能以损害赔偿的方式承担责任。

(二)违约责任

消费者可根据《民法典》和其他法律的相关规定,在经营者违约时,要求经营者承担相应的违约责任。但是,《消费者权益保护法》对经营者采用预收款方式提供商品服务的违约责任和提供不合格产品的违约责任作了特别规定,这些规定应优先于其他法律而适用。

《消费者权益保护法》第 53 条规定,经营者以预收款方式提供商品或者服务的,应当按照约定提供。未按照约定提供的,应当按照消费者的要求履行约定或者退回预付款;并应当承担预付款的利息、消费者必须支付的合理费用。

《消费者权益保护法》第 54 条规定,依法经有关行政部门认定为不合格的商品,消费者要求退货的,经营者应当负责退货。

(三)惩罚性赔偿责任

传统大陆法系民法中,损害赔偿作为一种民事责任通常仅具有补偿性,这种损害赔偿原则是根据民事主体地位平等的特征而确立的。由于每一主体平等,故若其在民事活动中致他人损害,则受害人仅能就其损害而获得赔偿,对加害人在民事活动中存在的违法行为,只能通过公法责任的追究来进行制裁,一般不加重其对受害人的责任。消费者保护法突破了传统民事赔偿责任中的这一限制,规定了惩罚性赔偿责任,这种责任的确立是为了更充分地保护消费者的利益。其基本作用主要表现在两个方面:第一,通过惩罚性赔偿责任可以加大经营者违法侵害消费者权益的成本,督促经营者诚实经营,否则,经营者就可能承担加重责任;第二,可以鼓励消费者积极同经营者不诚实经营行为作斗争,检举、揭发经营者的不法经营行为。

《消费者权益保护法》颁布后,出现了所谓的"王海现象",即以获得双倍赔偿为目的购买假冒伪劣商品,简称"买假索赔"。王海现象引起了强烈的社会反响,社会各界褒贬不一。但不容否认的是,它对制止不诚实经营,减少假冒伪劣商品,确实发生了立竿见影的效果,是应当肯定的。但是,以获得双倍赔偿为目的故意购买假冒伪劣商品是否应适用消费者保护法，似乎是一个值得探讨的问题。对此，法学界亦有两种不同的看法。一种观点认为，“王海”现象的出现可以有效地制止不诚实经营行为，因而，应按《消费者权益保护法》规定给予“王海们”3倍的赔偿。另一种观点则认为，“王海行为”，不符合消费者保护法规定的条件，因而不应适用该条规定。其理由是消费者保护法规定的惩罚性赔偿责任仅适用于消费交易。所谓消费交易，是消费者为了生活需要而与经营者发生的交易。“王海行为”之所以不能适用这一规定是因为“王海们”不是消费者，他们购买商品不是为了生活消费，而是为了获得双倍赔偿。但“王海现象”的出现确实有利于维护消费者利益，因此，对检举、揭发不诚实经营者应规定一定的奖励措施。

值得注意的是，2013年12月9日，最高人民法院审判委员会第1599次会议通过《审理食品药品纠纷案件适用法律若干问题的规定》（2020年修改）。其第3条规定，因食品、药品质量问题发生纠纷，购买者向生产者、销售者主张权利，生产者、销售者以购买者明知食品、药品存在质量问题而仍然购买为由进行抗辩的，人民法院不予支持。其中的食品和药品质量问题，显然应当包括产品不符合经营者承诺的质量。因此，经营者经营的商品如果是“假货”，无疑可以认定为质量不符合约定的要求。由此而产生的纠纷，无疑应属于质量纠纷的范围。该条中使用了“购买者”的表述，而没有使用“消费者”的表述，这表明，即便购买该食品、药品者不是严格意义的消费者，也可以获得赔偿。但该条规定并没有明确非消费者的购买者是否可以作为消费者请求经营者承担惩罚性赔偿责任。而“规定”的第15条则规定，生产不符合安全标准的食品或者销售明知是不符合安全标准的食品，消费者除要求赔偿损失外，依据食品安全法等法律规定向生产者、销售者主张赔偿金的，人民法院应予支持。生产假药、劣药或者明知是假药、劣药仍然销售、使用的，受害人或者其近亲属除请求赔偿损失外，依据药品管理法等法律规定向生产者、销售者主张赔偿金的，人民法院应予支持。在本条中，使用了“消费者”的表述，而没有使用“购买者”的表述。这似乎表明，对于生产不符合强制性食品安全标准的食品以及生产假药、劣药或明知假药、劣药仍然销售、使用的惩罚性赔偿责任，应当以消费者为请求主体，非消费者不享有请求经营者承担惩罚性赔偿责任的权利。

《消费者权益保护法》主要就两类行为的惩罚性赔偿责任作了规定：

1. 欺诈行为的增加赔偿（惩罚性赔偿）责任

《消费者权益保护法》第55条第1款规定，经营者提供商品、服务有欺诈行为的，应当按照消费者的要求增加赔偿其受到的损失，增加赔偿的金额为消费者购买商品的价款或接受服务费用的3倍；增加赔偿的金额不足500元的，为500元。法律另有规定的，依照其规定。据此可知，欺诈行为惩罚性赔偿责任的适用应符合以下条件：（1）经营者提供商品、服务有欺诈行为之存在。所谓欺诈行为，是指为了获得有利的交易结果而故意隐瞒或捏造事实的行为。消费交易中常见的欺诈行为有：直接出售假冒商品的行为，故意短斤少两行为，消费加工承揽中偷工减料、偷换原材料的行为，修理服务中偷换零件、虚列修理项目、增报修理费的行为等。（2）消费者受到损害。一方面，要有消费者受到损害的事实发生，即对经营者提供的虚假信息消费者信以为真并因此而蒙受财产损失。另一方面，受损害者一般情况只能是消费者，即为了生活需要而购买商品或服务的人。（3）消费者要求经营者承担惩罚性赔偿责任。3倍赔偿实际上是受法律保护的、消费者依法要求经营者增加赔偿的最高限度，在此范围内，消费者的要求受法律支持，在消费者提出后，经营者应当按价款的3倍赔偿。否则,消费者可通过法律手段强制经营者赔偿。但如果经营者通过合同或其他方式对赔偿的倍数有明示的高于3倍的承诺,也可以按照其作出的承诺赔偿。在以上条件同时具备的情况下,经营者应当承担惩罚性赔偿责任。除向消费者退还商品价款或服务收费外,经营者还应增加赔偿消费者购买商品价款或接受服务费用3倍的赔偿金。

2. 故意提供有缺陷商品服务的惩罚性赔偿责任

《消费者权益保护法》第55条第2款规定,经营者明知商品或者服务存在缺陷,仍然向消费者提供,造成消费者或者其他受害人死亡或者健康严重损害的,受害人有权要求经营者依照本法第49条、第51条的法律规定赔偿损失,并有权要求所受损失2倍以下的惩罚性赔偿。据此,如果经营者明知商品或者服务存在不合理的危险,仍然向消费者提供,并实际造成了消费者或其他受害人死亡或健康严重受损。此时,受害人不仅可以按照本法第49条、第51条规定,要求经营者承担医疗、康复费用、误工损失、残疾辅助具费、残疾赔偿金、丧葬费和死亡赔偿金,以及精神损害赔偿。而且,除此之外,还可以要求不超过损失2倍的惩罚性赔偿。明知商品或服务存在缺陷,应根据案件的具体情况作出判断。在通常情形下,如果商品、服务有强制性的安全标准,经营者提供的商品和服务没有达到该强制性标准,或商品已经被列入国家明令淘汰的商品范围,而向消费者提供该商品或服务,若消费者合理消费而受到损害,经营者将很难逃脱承担此类惩罚性赔偿责任。

应当注意的是,《食品安全法》《药品管理法》等法律规定也规定了经营者的惩罚性赔偿责任。如按照《药品管理法》的规定,生产假药、劣药或者明知是假药、劣药仍然销售、使用的,受害人或者其近亲属除请求赔偿损失外,还可以请求支付价款10倍或者损失3倍的赔偿金;增加赔偿的金额不足1000元的,为1000元。《食品安全法》第148条规定,生产不符合食品安全标准的食品或者经营明知是不符合食品安全标准的食品,消费者除要求赔偿损失外,还可以向生产者或者经营者要求支付价款10倍或者损失3倍的赔偿金;增加赔偿的金额不足1000元的,为1000元。我们认为,尽管《消费者权益保护法》对民事责任其规定有优先适用的效力,但是,《食品安全法》《药品管理法》规定的惩罚性赔偿责任适用的违法行为,即生产假药、劣药或者明知是假药、劣药仍然销售、使用的行为,以及生产不符合食品安全标准的食品或者经营明知是不符合食品安全标准的食品行为,与《消费者权益保护法》规定的行为并不相同。因此,经营者违反《食品安全法》《药品管理法》等规定应当承担惩罚性赔偿责任的,仍应依照这些法律的规定承担,而不适用《消费者权益保护法》有关惩罚性赔偿的规定。

第三节　消费者保护法中的行政责任

一、经营者行政责任概述

行政责任是一个颇具分歧的概念。目前,法学界对行政责任主要有两种不同的理解。

一种观点认为,行政责任是行政主体及公务人员违反法定职责和义务的责任。[3] 依此见解,行政责任仅为国家行政机关、其他享有行政权的主体或公务人员违反法定职责而承担的责任(实为违法行政责任)。另一种观点则认为,行政责任是公民、法人、国家机关及其工作人员违反行政法规定而应承担的法律后果。依此见解,则行政责任既包括行政主体违法行政的责任,亦包括公民、法人违反行政管理法规定的责任。目前,我国法律规范中大多在后一种意义上使用行政责任这一概念,本书使用的行政责任亦是这种广义的行政责任。

行政责任,从其发生依据来看,包括两种类型:一为违法行政的责任,即狭义上的行政责任;二为公民、法人违反行政管理的责任(行政处罚责任),即公民、法人违反行政管理的规定而应受到的行政处罚。前者是一种内部责任,而后者则属于外部责任。

消费者保护法中规定的行政责任也是一种广义上的行政责任。它既包括行政机关(或其他行政权主体)及其工作人员的违法行政责任,亦包括经营者违反消费者保护行政管理法规定的义务,违法经营,损害消费者利益而承担的行政责任(以下简称违法经营行政责任)。其中主要是经营者违法经营的行政责任。

违法经营的行政责任不仅包括《消费者权益保护法》中的有关规定,而且,也包括其他消费者保护规范中的行政责任规定。这些法律规范包括《产品质量法》《食品安全法》《药品管理法》《化妆品管理法》《广告法》《标准化法》《计量法》《进出口商品检验法》《反不正当竞争法》《行政处罚法》等法律以及与其配套的行政法规。

二、确立经营者行政责任的法律依据

(一)优先适用其他法律、法规的规定

根据《消费者权益保护法》第56条第1款的规定,经营者有下列情形之一,除承担相应的民事责任外,其他有关法律、法规对处罚机关和处罚方式有规定的,依照法律、法规的规定执行;只有在法律、法规未作规定的情况下,才按照该法执行。这表明,对《消费者权益保护法》规定的经营者违法侵害消费者权益应当承担行政责任行为,在有关处罚机关和处罚方式上,其他法律的规定优先适用。因此,《消费者权益保护法》的关于行政责任的规定,是一种补充性规定。即在其他法律、法规没有规定的情况下,才适用该法的规定。

(二)《消费者权益保护法》对处罚机关与处罚方式补充规定

对经营者违法经营,损害消费者利益的行为,在其他法律、法规就处罚机关和处罚方式没有规定的情况下,由市场监管部门或者其他有关行政部门处理。也就是说,在通常情况下,由市场监管部门处理,如查处相关违法行为属于其他有关行政部门职责范围的,则由有关行政部门处理。例如,涉及金融消费者权益侵害的,则应当由中国人民银行或银保监会等金融监管部门处理等。

在处理方式上,消费者权益保护法规定的处罚方式包括:责令改正;警告;没收违法所得;罚款,有违法所得的,处以违法所得1倍以上10倍以下的罚款,没有违法所得的,处以50万元以下的罚款;责令停业整顿、吊销营业执照;等等。

---

[3] 王连昌主编:《行政法学》,中国政法大学出版社1994年版,第337页。

三、经营者侵害消费者权益的行为及其行政责任

经营者损害消费者利益的行政责任是经营者违反消费者保护行政管理法,从事损害消费者利益的经营活动而依法受到的行政处罚。行政处罚从内容上看包括四种类型,即申诫罚、财产罚、能力罚和人身罚。在消费者保护法中,这几种类型的行政处罚都可以适用。

根据有关法律、法规和《消费者权益保护法》的规定,经营者损害消费者的行政责任主要包括以下几种:

1. 提供不安全商品、服务的行政责任

提供不安全商品、服务,即经营者生产、销售的商品或者提供的服务不符合保障人身、财产安全要求。生产销售不安全商品是指经营者生产、销售的商品不符合保障人身、财产安全要求。此处所指的保障人身、财产安全要求与产品责任中判断产品是否存在缺陷的安全性要求具有不同的含义。产品存在缺陷致消费者损害,经营者应承担产品责任,但承担产品责任并不一定会受到行政处罚。其原因在于:这里所说的商品不符合保障人身、财产的安全要求与产品“缺陷”(商品具备不合理危险)是不同的概念。在这里,判断商品是否具备保障人身财产安全的要求应主要根据商品是否符合国家标准、行业标准或法律的强制性规定来判断。[4] 不符合上述要求的,经营者就可能承担行政法律责任。同时,行政责任的追究并不以损害结果的发生为要件,因此,只要经营者生产、销售的商品不符合规定要求,即便未发生损害结果,仍有可能承担责任。

根据《产品质量法》的规定,生产、销售不符合保障人体健康和人身、财产安全的国家标准、行业标准的产品的,责令停止生产、销售,没收违法生产、销售的产品,并处违法生产、销售产品(包括已售出和未售出的产品,下同)货值金额等值以上 3 倍以下的罚款;有违法所得的,并处没收违法所得;情节严重的,吊销营业执照;构成犯罪的,依法追究刑事责任。此外,在《食品安全法》《药品管理法》《化妆品监督管理条例》等其他法律规范中,亦有经营某类不安全产品的行政责任规定(参见本书第八章)。在确立经营者行政责任时,应首先适用这些特殊规定,在其没有规定时,适用《产品质量法》规定(下同)。

鉴于目前对经营者提供不安全服务的行政责任仍没有一般的规定,对于提供不安全服务的行政责任,一般情形,可按《消费者权益保护法》第 56 条的规定执行。

2. 掺杂使假的行政责任

掺杂使假指经营者在商品中掺杂、掺假,以假充真、以次充好,或以不合格商品冒充合格商品。在产品中“掺杂、掺假”,是指在产品中掺入杂质或者异物,致使产品质量不符合国家法律、法规或者产品明示质量标准规定的质量要求,降低、失去应有使用性能的行为。“以假充真”,是指以不具有某种使用性能的产品冒充具有该种使用性能的产品的行为。“以次充好”,是指以低等级、低档次产品冒充高等级、高档次产品,或者以残次、废旧零配件组合、拼装后冒充正品或者新产品的行为。“不合格产品”,是指不符合《产品质量法》第 26 条第 2 款规定的质量要求的产品。对上述行为难以确定的,应当委托法律、行政法规规定的产品质

---

〔4〕 参见《产品质量法》第 13 条。

量检验机构进行鉴定。[5]《产品质量法》规定,在产品中掺杂、掺假,以假充真、以次充好,或者以不合格产品冒充合格产品的,责令停止生产、销售,没收违法生产、销售的产品,并处违法生产、销售产品货值金额50%以上3倍以下的罚款;有违法所得的,并处没收违法所得;情节严重的,吊销营业执照;构成犯罪的,依法追究刑事责任。由于这些行为带有欺诈性,故因此而上当受骗的消费者可以要求经营者价款3倍赔偿。

3. 生产、销售淘汰、失效、变质商品的行政责任

明令淘汰的商品是指国家通过法规明确规定不得生产的以前曾允许生产的商品。明令淘汰的商品一般为性能落后、技术层次低的机电产品,已经科学证明对人类有害的产品以及会造成不良社会影响的产品(如严重污染环境等)。据统计,1982年至1992年间,原机电部会同有关部门共发布了15批共计601项淘汰产品目录,原卫生部亦在1992年宣布淘汰了127种疗效不确、毒副作用大的药品。[6] 失效指商品已丧失其基本功能和效用。商品失效通常有两种:一为实际失效。即产品事实上已经丧失其基本功能和效用。二为推定失效,即产品已超过有效期。对于销售者来说,判断其经销的商品是否失效应以第二标准为主,但又不能完全不考虑第一个标准。产品虽在有效期内,但经有关技术部门检测确认其失效的,应追究生产者责任。销售者与生产者通谋、弄虚作假的,亦应承担责任。变质,是指商品(主要为食品)已丧失其应有的品质,其判断标准与失效相似。

《产品质量法》第51条规定,生产国家明令淘汰的产品的,销售国家明令淘汰并停止销售的产品的,责令停止生产、销售,没收违法生产、销售的产品,并处违法生产、销售产品货值金额等值以下的罚款;有违法所得的,并处没收违法所得;情节严重的,吊销营业执照。第52条规定,销售失效、变质的产品的,责令停止销售,没收违法销售的产品,并处违法销售产品货值金额2倍以下的罚款;有违法所得的,并处没收违法所得;情节严重的,吊销营业执照;构成犯罪的,依法追究刑事责任。《食品安全法》《药品管理法》等对生产销售失效、变质,淘汰的食品、药品等的行政责任亦作了规定(参见本书第八章)。

4. 伪造、冒用的行政责任

这是指经营者伪造商品的产地、伪造或冒用他人的厂名、厂址,篡改生产日期,伪造或冒用认证标志等质量标志的行政责任。伪造产地,即以非某地出产的产品冒充该地产品。伪造厂名、厂址,即无中生有、捏造与事实不符的厂名、厂址。冒用他人厂名、厂址,即未经他人同意而使用他人的厂名、厂址。篡改生产日期,即改变商品真实生产日期的行为;伪造认证标志等质量标志,即未获得认证或名优标志的产品经营者制造假认证标志或名优标志,或虽获认证或名优称号,但其制造的标志与所获的认证或名优称号不同(如本获银奖,而使用金奖标志)。冒用认证标志或名优称号标志,是指在没有获得认证或名优称号的产品上使用认证标志和名优标志。如经营者根本没有获得认证而对其产品贴上认证标志,或经营者的某一产品虽获名优称号,但将该产品名优标志使用于其生产的其他产品。

根据《产品质量法》第53条的规定,伪造产品产地的,伪造或者冒用他人厂名、厂址的,

---

〔5〕 参见2001年最高人民法院、最高人民检察院《关于办理生产、销售伪劣商品刑事案件具体应用法律若干问题的解释》。

〔6〕 李昌麒主编:《产品质量法学研究》,四川人民出版社1995年版,第320页。

伪造或者冒用认证标志等质量标志的,责令改正,没收违法生产、销售的产品,并处违法生产、销售产品货值金额等值以下的罚款;有违法所得的,并处没收违法所得;情节严重的,吊销营业执照。对于篡改生产日期的行为,《产品质量法》没有作出明确规定,可按《消费者权益保护法》的规定执行。

5. 销售未检疫、检验商品的行政责任

这是经营者销售应当检验、检疫而未检验、检疫的商品或伪造检验、检疫结果而应受到的行政处罚。检验是国家商检部门对商品的质量、规格、安全性等所进行的检查和鉴定。检疫是国家指定的检疫机构为了防止传染病菌入境或扩散而对出入境人员和动、植物采取的强制性检验措施。此处的检疫是指对作为商品的动、植物的检疫。

根据《进出口商品检验法》的规定,将必须经商检机构检验的进口商品未报经检验而擅自销售或者使用的,或者将必须经商检机构检验的出口商品未报经检验合格而擅自出口的,由商检机构没收违法所得,并处货值金额5%以上20%以下的罚款。进口或者出口属于掺杂掺假、以假充真、以次充好的商品或者以不合格进出口商品冒充合格进出口商品的,由商检机构责令停止进口或者出口,没收违法所得,并处货值金额50%以上3倍以下的罚款;构成犯罪的,依法追究刑事责任。

6. 虚假宣传的行政责任

这是经营者对商品、服务作虚假或令人误解的虚假宣传而应承担的行政责任。《反不正当竞争法》规定,经营者违反本法第8条规定对其商品作虚假或者引人误解的商业宣传,或者通过组织虚假交易等方式帮助其他经营者进行虚假或者引人误解的商业宣传的,由监督检查部门责令停止违法行为,处20万元以上100万元以下的罚款;情节严重的,处100万元以上200万元以下的罚款,可以吊销营业执照。有关虚假广告的行政责任,请见本书第十章。

7. 拒绝、拖延执行对商品、服务采取紧急处置措施的行政责任

这是指经营者对国家有关行政部门责令对缺陷商品或服务采取停止销售、警示、召回、无害化处理、销毁、停止生产或提供服务等措施拒不执行或拖延时间不及时执行的行为而可能承担行政责任。本项规定是修订后的《消费者权益保护法》新增的规定,在行政责任方面,可直接适用该法的规定。

8. 拒绝、拖延承担有关民事责任的行政责任

这是经营者对消费者提出的修理、重作、更换、退货、补足商品、退还货款和服务费用或赔偿损失的要求,故意拖延或无理拒绝的行政责任。对经营者的此项违法行为,可以直接适用《消费者权益保护法》第56条的规定,由市场监管部门或有关行政部门责令其履行,处以警告或罚款等处罚。

9. 侵犯消费者人格、自由和个人信息权的行政责任

这是经营者侵害消费者人格尊严、侵犯消费者人身自由或侵害消费者个人信息依法得到保护的权利时可能受到的行政处罚。对此项行为,可根据《消费者权益保护法》第56条的规定,视其具体情节,给予责令改正、警告、罚款,情节严重的,可责令停业整顿,吊销营业执照。对情节严重,但未构成犯罪的,可由公安机关给予责任人员行政拘留。情节严重构成犯罪的,则应移交司法机关追究刑事责任。

10. 法律、法规规定的损害消费者权益应当予以处罚的其他情形

除上述情形之外，经营者的行为侵害消费者权益，法律、法规规定应当处罚的，也应给予行政处罚。

为加大经营者违法成本，有效约束经营者侵害消费者权益的行为，新修订的《消费者权益保护法》在第56条第3款还规定了处罚信息公开制度。据此，对于经营者侵害消费者权益的上述行为，除依照法律、法规规定给予处罚外，处罚机关还应将经营者的上述行为记入其信用档案，并对社会公布。

第四节 常见的损害消费者利益的犯罪行为及其刑事责任

违反法律损害消费者利益的行为不仅可能承担民事责任和行政责任，而且可能承担刑事责任。常见的损害消费者利益的犯罪行为包括五类：(1)制售假冒伪劣商品型犯罪，其中包括掺杂使假罪，生产制造假药、劣药罪，生产、销售伪劣食品罪，生产、销售有毒有害食品罪，生产、销售伪劣医用器械材料罪，生产、销售有害人身、财产安全产品罪，生产、销售伪劣农业生产资料罪，生产、销售伪劣化妆品罪等。(2)扰乱市场秩序型犯罪，其中主要有《刑法》第三章第八节规定的发布虚假广告罪，利用合同骗取财物罪，非法经营罪，强买强卖罪，伪造、倒卖票证罪，逃避商品检验罪等。(3)侵犯知识产权型犯罪，其中与消费者利益关系密切的有：假冒注册商标罪，销售假冒注册商标商品罪，制售注册商标标识罪，假冒专利罪，侵犯著作权犯罪等。(4)危害公共卫生型犯罪，其中包括医疗责任事故罪，非法行医罪等。(5)渎职型犯罪，其中与消费者利益最为密切的有：《刑法》第414条规定的对生产、销售伪劣商品的犯罪行为徇私舞弊罪，第413条规定的伪造商品检验结果罪等。现择其要者，略述如下：

一、假冒注册商标罪

假冒注册商标罪是经营者未经注册商标权人的同意在同种或类似商品上使用与他人注册商标相同或近似的标志，构成犯罪的行为。假冒注册商标罪的主体一般是工商企业及其主管人员或假冒他人注册商标的个体经营者。没有营业执照的个人假冒他人注册商标构成犯罪的，也按假冒注册商标罪论处。[7] 在客观方面，构成本罪首先要有假冒他人注册商标的行为，即有在同种或类似商品上适用与他人注册商标相同或近似的标志的行为。是否为类似标志，应根据这一标志的适用是否足以引起消费者、用户将该标志与他人注册商标混同来决定。其次，被假冒的商标应为他人的注册商标，即该商标已经核准注册，获得商标注册

[7] 参见最高人民法院《关于假冒商标案件两个问题的批复》。

证。最后,假冒他人商标的行为应为情节严重的行为。所谓情节严重,包括以下情况:[8](1)个人假冒他人注册商标,非法经营数额在10万元以上的;(2)单位假冒他人注册商标,非法经营数额在50万元以上的;(3)假冒他人驰名商标或者人用药品商标的;(4)虽未达到上述数额标准,但因假冒他人注册商标,受过行政处罚二次以上,又假冒他人注册商标的;(5)造成恶劣影响的。在主观方面,假冒商标罪为故意犯罪,即行为人明知该标志为他人已注册商标标志或与他人注册商标标志极为近似,足以使消费者用户对二者产生混同,仍然在相同或类似的商品上使用该标志。假冒商标罪侵犯的客体是他人注册商标专用权和国家商标管理秩序。

根据《刑法》第213条的规定,对假冒商标,情节严重,构成犯罪的行为,处3年以下有期徒刑或者拘役,并处或单处罚金;情节特别严重的,处3年以上7年以下有期徒刑,并处罚金。

二、制售注册商标标识罪

制售注册商标标识的犯罪行为在1993年全国人大常委会《关于惩治假冒注册商标犯罪补充规定》颁布以前,是按照假冒注册商标罪处理的。该规定颁布后,实际上增设了一个罪名,即制售注册商标标识罪。1997年新修订的《刑法》中再次确定了这个罪名。此罪在客体、主体、主观方面与假冒注册商标罪基本一致。但在客观方面则与假冒注册商标罪有别。构成制售注册商标标识罪,必须在客观方面符合以下条件:第一,行为人实施了伪造、擅自制造注册商标标识、销售伪造或擅自制造的注册商标标识的行为。所谓伪造,是指未经商标权人许可仿照他人注册商标的文字、图案、形态、色彩、名称等特征制作与他人注册商标相同的标识。所谓擅自制造,主要包括:(1)未取得印制许可而制造,即未取得监管部门签发的《印刷商标单位证书》而承接印制他人注册商标标识业务的行为;(2)未获得印制授权而制造,即未取得商标权人的委托或同意而印制该商标标识的行为;(3)超量印制,即未经商标权人的委托或同意,私自违反合同规定,超量印刷他人注册商标标识,而将超印部分归自己所有。所谓销售伪造或擅自制造的注册商标标识,包括两种情况:一是将自己伪造或擅自制造的注册商标标识而交付他人销售牟利;二是明知是伪造或擅自制造的商标标识而帮助他人销售牟利。第二,情节严重。根据有关规定,情节严重包括以下情况:[9](1)非法制造、销售非法制造的注册商标标识,数量在2万件(套)以上,或者违法所得数额在2万元以上,或者非法经营数额在20万元以上的;(2)非法制造、销售非法制造驰名商标标识的;(3)虽未达到上述数额标准,但因非法制造、销售非法制造的注册商标标识,受过行政处罚二次以上,又非法制造、销售非法制造的注册商标标识的;(4)利用贿赂等非法手段推销非法制造的注册商标标识的。

根据《刑法》第215条的规定,对制售注册商标标识,情节严重的行为,处3年以下有期徒刑、拘役或者管制,并处或者单处罚金;情节特别严重的,处3年以上7年以下有期徒刑,并处罚金。

---

〔8〕 参见2001年最高人民检察院、公安部《关于经济犯罪案件追诉标准的规定》。
〔9〕 参见2001年最高人民检察院、公安部《关于经济犯罪案件追诉标准的规定》。

三、销售假冒注册商标的商品罪

销售假冒注册商标的商品罪，是指明知商品是假冒他人注册商标的商品而进行销售，情节严重，构成犯罪的行为。在新《刑法》颁布以前，这种犯罪行为类推适用假冒商标犯罪的规定，在新《刑法》中，确立了销售假冒注册商标商品罪的独立罪名。销售假冒注册商标的商品罪在主体、客体方面与假冒商标罪和制售注册商标标识罪相同，但客观方面与上述两罪不同。即犯罪主体必须有销售假冒注册商标的商品的行为。所谓假冒注册商标的商品，是指使用与他人注册商标相同或近似标记的商品。此外，构成本罪也以情节严重为条件，所谓情节严重，是指销售金额较大，销售金额不构成较大的，不构成本罪。在主观方面，本罪的构成要求行为人确定的知道其销售的商品非法使用了他人的注册商标，即明知销售的商品非法使用了他人的注册商标，仍予以销售。过失销售假冒注册商标的商品的，不构成犯罪。

根据《刑法》第 214 条的规定，构成本罪的，处 3 年以下有期徒刑或者拘役，并处或单处罚金；销售金额巨大的，处 3 年以上 7 年以下有期徒刑，并处罚金。

四、掺杂使假罪

掺杂使假，是指生产者，销售者在产品中掺杂、掺假，以次充好或以不合格产品冒充合格产品的行为。掺杂使假罪，是指经营者在经营活动中，掺杂使假，情节严重，构成犯罪的行为。掺杂使假罪以违法销售金额的大小作为认定是否构成犯罪的标准。根据《刑法》第 140 条的规定，掺杂使假罪以违法销售金额 5 万元为起点，销售金额不满 5 万元的，不构成犯罪。违法销售金额在 5 万元以上不满 20 万元的，处 2 年以下有期徒刑或者拘役，并处或单处 50% 以上 2 倍以下的罚金；销售金额 20 万元以上不满 50 万元的，处 2 年以上 7 年以下有期徒刑，并处销售金额 50% 以上 2 倍以下的罚金；销售金额 50 万元以上不满 200 万元的，处 7 年以上有期徒刑，并处销售金额 50% 以上 2 倍以下的罚金；销售金额 200 万元以上的，处 15 年以上有期徒刑或无期徒刑，并处销售金额 50% 以上 2 倍以下的罚金或者没收财产。

五、制售假药罪

根据《药品管理法》的规定，所谓假药，包括两种情况：一为纯粹的假药，包括药品中所含成分的名称与国家药品标准或省级药品标准规定不符，或以非药品冒充药品。二为按假药处理的药品，它包括国家卫生部门禁止使用的药品，未取得批准文号生产的药品，变质不能药用的药品，以及被污染不能药用的药品。制售假药罪，是指生产、销售假药，足以危害人体健康，构成犯罪的行为。根据《刑法》第 114 条的规定，生产、销售假药的，处 3 年以下有期徒刑或者拘役，并处罚金；对人体健康造成严重危害或者有其他严重情节的，处 3 年以上 10 年以下有期徒刑，并处罚金；致人死亡或者有其他特别严重情节的，处 10 年以上有期徒刑、无期徒刑或者死刑，并处罚金或者没收财产。

六、制售劣药罪

劣药，包括成分含量与国家药品标准或省级药品标准不符合的药品、超过有效期的药品以及其他不符合药品标准规定的药品。根据《刑法》第 142 条的规定，生产销售劣药，对人体健康造成严重危害的,处3年以上10年以下有期徒刑,并处销售金额50%以上2倍以下的罚金;后果特别严重的,处10年以上有期徒刑或者无期徒刑,并处销售金额50%以上罚金或者没收财产。

七、制售不安全食品罪

制售不安全食品罪,是指违反法律规定,生产、销售不符合安全标准的食品,足以造成严重食物事故或其他严重食源性病患,而依法应承担刑事责任的行为。根据《刑法》的规定,生产、销售不符合食品安全标准的食品,足以造成严重食物中毒事故或者其他严重食源性疾病的,处3年以下有期徒刑或者拘役,并处罚金;对人体健康造成严重危害或者有其他严重情节的,处3年以上7年以下有期徒刑,并处罚金;后果特别严重的,处7年以上有期徒刑或者无期徒刑,并处罚金或者没收财产。

八、制售有毒有害食品罪

制售有毒有害食品罪,是指经营者在其生产、销售的食品中掺入有毒有害的非食品原料,构成犯罪的行为。此罪的构成与生产销售不安全食品罪不同。在本罪的客观要件中,要求有经营者有将有毒有害物质掺入食品的行为,本罪的构成也不以损害结果的发生为要件,只要经营者有上述行为,即便未发生损害结果(如该食品未出售),亦可构成犯罪,但损害后果的发生可以作为加重情节。本罪与《刑法》规定的投毒罪不同。在投毒罪中,行为人一般为自然人,行为人常以危害不特定多数人的安全为目的,且投毒的对象不限于商品,投放的毒物通常为剧毒药物。而在本罪中,行为人一般为经营者,既可以是个人,也可以是法人。行为人以盈利为动机,并无直接危害公共安全的目的。如为增加食品的成色而添加有毒色素,为了食品的长期保存而添加有毒防腐物质等。在本罪中,有毒、有害的物质是以食品原料的形式加入的,掺入有毒、有害的物质的对象只能是以投放市场销售为目的的食品。若其他人为了对经营者报复而在其生产的食品中投放毒物,则应按投毒罪处理。根据法律规定,在生产、销售的食品中掺入有毒、有害的非食品原料的,或者销售明知掺有有毒、有害的非食品原料的食品的,处5年以下有期徒刑,并处罚金;对人体健康造成严重危害或者有其他严重情节的,处5年以上10年以下有期徒刑,并处罚金;致人死亡或者有其他特别严重情节的,依照《刑法》第141条的规定处罚。

九、生产、销售劣质医用器材罪

生产、销售劣质医用器材罪,是指经营者生产不符合保障人身健康的国家标准、行业标准的医疗器械、医用卫生材料或明知是上述器械和材料而予以销售,对人体健康造成严重危害,构成犯罪的行为。此罪与生产、销售伪劣食品罪的构成要件基本一致,同样不以损害结果(即时身体健康造成严重损害)的发生为构成要件,只是生产、销售的对象不是食品,而是医疗器械和医用卫生材料。根据《刑法》第145条的规定,生产劣质医疗器械,对人体健康造成严重损害,构成犯罪的行为,处5年以下有期徒刑,并处销售金额50%以上2倍以下罚金;后果特别严重的,处5年以上10年以下有期徒刑,并处销售金额50%以上2倍以下罚金。其中,情节特别恶劣的,处10年以上有期徒刑或者无期徒刑,并处销售金额50%以上2

倍以下罚金或者没收财产。

十、生产、销售劣质安全管制商品罪

为了保护消费者的安全,国家对某些危险性较大商品的生产实行安全管制,这些产品必须符合国家安全标准或行业标准,才能出厂销售。生产、销售劣质安全管制商品罪,是指经营者生产不符合保障人身、财产安全的国家标准、行业标准的电器、压力容器、易燃易爆产品或其他产品,或明知是上述产品而进行销售,造成严重后果,构成犯罪的行为。此罪的构成要件与生产劣质医用器材罪基本相同,只是生产、销售的对象不同。根据《刑法》第 146 条的规定,构成本罪的,处 5 年以下有期徒刑,并处销售金额 50% 以上 2 倍以下的罚金。

十一、生产、销售伪劣农用生产资料罪

这是指经营者生产假农药、假兽药、假化肥,或销售明知是假的或者失去使用效能的农药、兽药、化肥、种子,或者生产者、销售者以不合格的农药、兽药、化肥、种子冒充合格的农药、兽药、化肥、种子,使生产遭受较大损失,构成犯罪的行为。在我国,农民购买、使用农业生产资料亦受消费者保护法的保护。规定生产、销售伪劣农用生产资料的经营者的刑事责任,对充分保护广大农民的利益,提高农产品产量和质量,都具有非常重要的意义。根据《刑法》第 147 条的规定,构成本罪的,处 3 年以下有期徒刑或者拘役,并处或单处销售金额 50% 以上 2 倍以下罚金;使生产遭受重大损失的,处 3 年以上 7 年以下有期徒刑,并处销售金额 50% 以上 2 倍以下罚金;使生产遭受特别重大损失的,处 7 年以上有期徒刑或者无期徒刑,并处销售金额 50% 以上 2 倍以下罚金或者没收财产。

十二、生产销售劣质化妆品罪

这是指经营者生产不符合卫生标准的化妆品或销售明知是不符合卫生标准的化妆品,造成严重后果的行为。本罪与生产、销售劣质医用器材罪在构成要件上基本相同,但生产、销售的对象为不符合卫生标准的化妆品。构成本罪的,处 3 年以下有期徒刑或者拘役,并处或单处销售金额 50% 以上 2 倍以下罚金。

十三、虚假广告罪

虚假广告罪,是指广告主、广告经营者、广告发布者违反国家规定,利用广告对商品或者服务作虚假宣传,情节严重,构成犯罪的行为。所谓虚假广告,是指含有虚假信息或引人误解内容的欺骗误导性广告。例如,广告推荐、宣传的商品、服务是虚构的,不存在的商品或者服务;广告对商品的性能、功能、产地、用途、质量、规格、成分、价格、生产者等进行的宣传与实际情况不符等。

根据《刑法》第 222 条的规定,广告主、广告经营者、广告发布者违反国家规定,利用广告对商品或者服务作虚假宣传,情节严重的,处 2 年以下有期徒刑或者拘役,并处或者单处罚金。

主要参考书目

一、中文类

1. 王泽鉴:《商品制造人责任与消费者之保护》,台北,正中书局 1979 年版。
2. 梁慧星:《社会主义市场经济管理法律制度研究》,中国政法大学出版社 1993 年版。
3. 梁慧星:《民法解释学》,中国政法大学出版社 1995 年版。
4. 梁慧星、陈华彬:《物权法》(第 4 版),法律出版社 2007 年版。
5. 王利明:《违约责任研究》,中国政法大学出版社 1996 年版。
6. 李昌麒主编:《经济法学》,法律出版社 2016 年版。
7. 杨紫煊主编:《经济法》(第 4 版),北京大学出版社、高等教育出版社 2006 年版。
8. 张守文主编:《经济法学》(第 2 版),高等教育出版社 2018 年版。
9. 李昌麒:《经济法——国家干预经济的基本法律形式》,四川人民出版社 1995 年版。
10. 吴宏伟:《消费者权益保护法》,中国人民大学出版社 2014 年版。
11. 王振民、吴革:《消费者权益保护及产品责任——指导案例与审判依据》,法律出版社 2011 年版。
12. 齐爱民:《私法视野下的信息》,重庆大学出版社 2012 年版。
13. 钟瑞华:《消费者权益及其保护新论》,中国社会科学出版社 2018 年版。
14. 金福海:《消费者法论》,北京大学出版社 2005 年版。
15. 许光耀:《垄断协议的反垄断法调整》,人民出版社 2018 年版。
16. 颜苏:《金融消费者保护比较研究》中国政法大学出版社 2013 年版
17. 谢次昌主编:《消费者保护法通论》,中国法制出版社 1994 年版。
18. 张忠民:《转基因食品法律规制研究》,中国政法大学出版社 2014 年版。
19. 钱玉文:《消费者权利变迁的实证研究》,法律出版社 2011 年版。
20. 杜景林、卢谌:《现代买卖法瑕疵担保责任制度》,法律出版社 2012 年版。
21. 戚天常主编:《消费者保护法》,中国政法大学出版社 1995 年版。
22. 罗志如、范家骧、厉以宁、胡代光:《当代西方经济学说》(下册),北京大学出版社 1989 年版。
23. [美]保罗 · A. 萨缪尔森等:《经济学》(上下册)(第 12 版),中国发展出版社 1992 年版。
24. [英]斯蒂芬森 · W. 海维特:《产品责任法概述》,陈丽洁译,中国标准出版社 1992 年版。
25. 乔新生:《消费者权益保护法总论》,中国检察出版社 2018 年版。
26. 尹优平:《互联网金融消费者权益保护研究——基于行为金融监管的视角》,中国金融出版社 2017 年版。
27. 王晓晔:《反垄断法》,法律出版社 2011 年版。
28. 袁远:《互联网金融消费者权益保护研究——以 P2P 网贷平台监管为视角》,法律出版社 2020 年版。
29. 李凌燕:《消费信用法律研究》,法律出版社 2000 年版。
30. 厉以宁:《经济学的伦理问题》,三联书店 1995 年版。

31. 河山、肖水:《消费者权益保护法概要》,中国商业出版社 1993 年版。
32. 孙虹:《消费者保护法》,清华大学出版社 2008 年版。
33. 张斌主编:《金融消费者保护理论与判解研究》,法律出版社 2015 年版。
34. 于春敏:《金融消费者保护研究》,上海财经大学出版社 2017 年版。
35. 刘建民等主编:《消费者权益保护法》,知识产权出版社 2014 年版。

二、英文类

1. Laurence P. Feldman:*Comsumer Protection, Problems and Prospects*,West Publishing Co. ,1980.
2. Karen Cohl:*Consumer Law*,I. P. I. Publishing Ltd. and Metbuen Publication,1983.
3. David G. Epstein and Stere H. Nickles:*Consumer Law in a Nutshell*,2th ed. ,West Publishing Co. ,1991.
4. M. J. ledar:*Consumer Law*,Macdonalel and Evans,1980.
5. Prosser:*Tort Law*,4th ed. ,West Publishing Co. ,1979.

三、日文类

1. 北川善太郎、及川昭武:《消费者保护法之基础》,青林书院新社 1986 年版。
2. 田中诚二等:《独占禁止法》,劲草书房 1981 年版。

图书在版编目(CIP)数据

消费者保护法 / 李昌麒，许明月编著. -- 5版. --
北京：法律出版社，2021(2023.7重印)
ISBN 978-7-5197-5732-8

Ⅰ. ①消… Ⅱ. ①李… ②许… Ⅲ. ①消费者权益保护法-中国-高等学校-教材 Ⅳ. ①D923.8

中国版本图书馆CIP数据核字(2021)第129559号

消费者保护法(第五版)
XIAOFEIZHE BAOHUFA
(DI-WU BAN)

李昌麒 许明月 编著

责任编辑 刘 琳
装帧设计 乔智炜

出版发行 法律出版社
编辑统筹 法律教育出版分社
责任校对 晁明慧 王 皓
责任印制 胡晓雅
经　　销 新华书店

开本 787毫米×1092毫米 1/16
印张 19 **字数** 450千
版本 2021年7月第5版
印次 2023年7月第2次印刷
印刷 固安华明印业有限公司

地址：北京市丰台区莲花池西里7号(100073)
网址：www.lawpress.com.cn
投稿邮箱：info@lawpress.com.cn
举报盗版邮箱：jbwq@lawpress.com.cn

销售电话：010-83938349
客服电话：010-83938350
咨询电话：010-63939796

书号：ISBN 978-7-5197-5732-8
定价：48.00元

凡购买本社图书，如有印装错误，我社负责退换。电话：010-83938349